कवि-परम्परा की पड़ताल

प्रगतिवाद से जनवाद तक समकालीन कविता

(आलोचना)

कवि-परम्परा की पड़ताल

(प्रगतिवाद से जनवाद तक समकालीन कविता)

हेमन्त कुकरेती

वाणी प्रकाशन ग्रुप

भारतीय ज्ञानपीठ

वाणी प्रकाशन : भारतीय ज्ञानपीठ की पुस्तकों के एकमात्र प्रकाशक एवं वितरक

लोकोदय ग्रन्थमाला : ग्रन्थांक 1300

सजिल्द पहला संस्करण : 2017
सजिल्द दूसरा संस्करण : 2025

वाणी प्रकाशन ग्रुप | भारतीय ज्ञानपीठ

वाणी प्रकाशन : भारतीय ज्ञानपीठ की पुस्तकों के एकमात्र प्रकाशक एवं वितरक

वाणी प्रकाशन
4695, 21-ए, दरियागंज, नयी दिल्ली-110 002
दूरभाष : 011-23273167, 23275710
ईमेल : sales@vaniprakashan.in
www.vaniprakashan.com

ISBN : 978-93-7112-189-7

मूल्य : ₹ 495

कवि-परम्परा की पड़ताल
(आलोचना)
हेमन्त कुकरेती

KAVI PARAMPARA KI PADTAL
(Criticism)
by Hemant Kukreti

मुद्रक : आर. टेक ऑफसेट प्रिंटर्स, दिल्ली-110 032

भूमिका के बहाने हिन्दी कविता पर बेतरतीब पंक्तियाँ

यह किताब उत्तरछायावादी दौर के बाद उभरनेवाले कवियों से लेकर बीसवीं सदी के सातवें दशक तक स्थापित हो चुके कवियों की कविता को देखने का विशुद्ध पाठकीय उपक्रम है। इन कवियों ने आज की हिन्दी कविता के लिए पुख्ता आधार बनाने का काम किया है। इस काम के सिलसिले में यह विचार और भी मजबूत हुआ है कि हिन्दी कविता अपने स्वभाव में सर्वसमावेशी और बहुलतावादी है। अनेक विचार और उन्हें कहने की कई पद्धतियाँ हिन्दी कविता में आद्यन्त विद्यमान रही हैं। विशेष तथ्य यह है कि मनुष्य और उसका जीवन जगत इस कविता का केन्द्रीय विचार रहा है। मनुष्य जीवन के सरोकारों को रचनात्मक विवेक बनाना यानी काव्य विषय के रूप में प्रस्तावित करना इसकी खासियत है। बुनियादी तौर पर यह कविता जनोन्मुख रही है। मनुष्य के जटिल जीवन को सरल लोकधर्मी शैली में सहज संप्रेषित करनेवाली कविता ही बड़ी कविता के रूप में सामने आई है। आज हिन्दी कविता लातिनी अमेरिका कविता के साथ विश्व की श्रेष्ठतम कविता का दर्जा हासिल कर चुकी है। यहाँ तक कि आधुनिक हिन्दी काव्य ने भी इतना विकास कर लिया है कि उसे विश्व कविता कहने में कोई हिचक नहीं होनी चाहिए। ऐतिहासिक नजरिये से देखे तो इस किताब में जिन कवियों पर बात की गयी है वे प्रगतिवाद, प्रयोगवाद, नई कविता, साठोत्तर कविता और बीसवीं सदी के सातवें दशक के स्थापित कवि हैं। यह कहने में कोई हिचक नहीं। कि यह वर्गीकरण कतई अकादमिक है लेकिन कोई और विकल्प ग़ैर अकादमिक ऋषि-मुनियों ने अब तक सुझाया नहीं है। इसलिए फ़िलहाल इससे ही काम चलाना होगा।

सरस, सुकोमल और सौष्ठवता से समृद्ध छायावाद अपनी ऐतिहासिक भूमिका का निर्वाह कर अतिशय कल्पना और अनावश्यक आलंकारिकता के कारण परिवर्तित

होते परिदृश्य में क्रमशः अस्पष्ट और अपर्याप्त सिद्ध होता गया। बदलते सामाजिक यथार्थ को छायावाद में निराला पहचान रहे थे लेकिन छायावादी कल्पना लोक में डगमगाती कविता को ठोस जमीनी यथार्थ का स्पर्श प्रगतिशील कविता ने कराया। 1936 ई. के आसपास प्रगतिवाद (1936–1943) बाकायदा एक काव्यान्दोलन के रूप में उभरा।

इस काव्यान्दोलन के पहले दौर में केदारनाथ अग्रवाल, शील, शिवमंगल सिंह सुमन, रामविलास शर्मा, नागार्जुन आए तो पहले से कविता लिख रहे नरेन्द्र शर्मा, अंचल, निराला ने भी इसमें अपना योगदान दिया और बाद में भारतभूषण अग्रवाल, त्रिलोचन, शमशेर, मुक्तिबोध, केदारनाथ अग्रवाल इत्यादि कवियों ने भी कविता की प्रगतिशील काव्य धारा को समृद्ध किया। शोषकों के खिलाफ तीखा आक्रोश और उत्पीड़ित, शोषित, दलित जन की पक्षधरता को इन कवियों ने व्यक्त किया है। प्रगतिवादी काव्य की वैचारिक नींव मार्क्सवाद पर टिकी है। इसीलिए यह कवि पूँजीवादी समाज की विसंगतियों के उन्मूलन के लिए क्रान्ति का आह्वान करते हैं। प्रगति में बाधक परम्पराओं का निषेध, ईश्वर के अस्तित्त्व पर अविश्वास और मानवीय जीवन के यर्थाथवादी चित्रण के लिए प्रगतिवादियों ने जिस शिल्प को चुना वह विषय के दबाव से उपजा है। कुछ आलोचक इन्हें कतई काव्य कला विमुख मानते हैं जो कि सत्य नहीं है।

प्रयोगवादी काव्य (1943–1950 ई.) गहरे सन्दर्भों में शिल्प केन्द्रित काव्य था। कथ्य की विशिष्ट प्रयोगशीलता और वैविध्य का प्रदर्शन इस धारा के कवियों के यहाँ मिलता है। अज्ञेय, प्रभाकर, माचवे, गिरिजाकुमार माथुर, सर्वेश्वर दयाल सक्सेना, नेमिचन्द जैन इत्यादि विभिन्न विचारधाराओं के कवियों ने व्यक्ति की विशिष्टता को समूह से ऊपर माना और अद्वितीयता पर बल दिया। उन्होंने मानवीय कामनाओं और कुंठाओं को सार्वजनिक करने में गुरेज नहीं किया। अतिशय बौद्धिक इन कवियों द्वारा नई विषय-वस्तु और संवेदना का काव्य में प्रवेश सम्भव हुआ। अज्ञेय द्वारा सम्पादित 'तारसप्तक' से प्रयोगवादी कविता सम्पूर्णता में सामने आई। चूड़ी का टुकड़ा, पाँवों में हकलाती चप्पल, रथ का टूटा पहिया–इत्यादि कहने की नवीन भांगिमाएँ और उन्हें कहनेवाले कवि आगे भी काव्य लेखन करते रहे लेकिन कविता का प्रयोगवादी तेवर नई कविता (1959–1960 ई.) के विन्यास में ढलकर नया काव्यास्वाद देने लगा।

आजादी के बाद लिखी गयी उन कविताओं को नई कविता कहा गया,

जिनमें परम्परागत कविता से आगे नये जीवन-मूल्यों, भावबोधों और नये शिल्प-विधान का अन्वेषण किया गया। यह नयापन आजादी के बाद बदले हुए नये पर्यावरण की देन था। प्रगतिवाद और प्रयोगवाद की उपलब्धियाँ नये कवि के व्यक्तित्त्व का माध्यम पाकर, नई कविता में आकर सर्म्पूणता को प्राप्त हुई। प्रयोगवाद नई कविता में विलीन नहीं हुआ बल्कि सार्थक हुआ है। नई कविता के सफर का तीन चरणों में बाँटकर देख सकते हैं।

पहले दौर की नई कविता में लगभग वही कवि हैं जिनकी रचनाएँ 'तारसप्तक' (1943) में प्रकाशित हुईं। 'तारसप्तक' के इन कवियों में केवल डॉ. रामविलास शर्मा ही ऐसे कवि थे जो अन्त तक प्रगतिवादी ही रहे। वे क्लासिक मार्क्सवाद और अनिवार्य वामपन्थ छोड़कर उदारवादी वाममार्ग पर चले। सप्तक-परम्परा से अलग कवियों में नरेश मेहता सरीखे कवियों में क्लासिक परम्परा और प्रगतिशीलता का संश्लेषण मिलता है। इस चरण के अन्य कवियों में आस्था, आशा और आत्मविश्वास देखने को मिलता है। जगदीश गुप्त के भीतर सौन्दर्य और प्रेम का रचनाकार एवं सजग चित्रकार विकसित हुआ है। दुष्यन्त कुमार की कविता ग़जल के शिल्प में व्यक्त हुई है। ठाकुर प्रसाद सिंह ने लोकगीतों की भाव सम्पदा को नवगीतों में उतारने की सफल कोशिश की है। कीर्ति चौधरी नई कविता के प्रथम चरण की नई स्त्री-चेतना की रचनाकार हैं।

दूसरे चरण के नई कविता के कवियों में मुक्तिबोध, शमशेर, भारती, रघुवीर सहाय, सर्वेश्वर, केदारनाथ सिंह तथा साही प्रमुख हैं। यह सब अलग-अलग जमीनों और विचारधाराओं के कवि हैं इनकी कविताओं में द्वन्द्व, संघर्ष, विद्रोह, विसंगति, आक्रोश, बेचैनी की अभिव्यक्ति है। आधुनिकता का सम्पूर्ण युगबोध इनकी कविताओं का केन्द्रीय स्वर है। इस दौर की कविता में मानवीय स्वतन्त्रता, लघुमानव की स्थापना और आत्मचेतनता के प्रखर स्वर हैं।

तीसरे दौर में पहुँचकर नई कविता अलग-अलग दिशाओं में मुड़ती है। यह नई कविता की विघटन की स्थिति न होकर उसके विकास की स्थिति थी। इस युग के लघु मानव के असमर्थताबोध से नई कविता का कवि प्रभावित हुआ। विवशता, भय, ऊब, आतंक और अकेलेपन का बोध नई कविता पर छाने लगा। नई कविता की एक और काव्यधारा मनुष्य की स्थितिहीनता को स्वीकार कर रही थी लेकिन वह मूल्यहीनता को लक्ष्य नहीं मानती थी। इस धारा के कवि मानव-मुक्ति और सत्य की उपलब्धि में विश्वास करते हैं। उनका दृष्टिकोण वैज्ञानिक है। इन

कवियों में केदारनाथ सिंह, विपिन कुमार अग्रवाल, अशोक वाजपेयी, मणि मधुकर, अजित कुमार आदि के नाम उल्लेखनीय हैं। यह नई कविता के अन्तिम दौर में उभरने वाले कवि हैं। इनमें से मणि मधुकर, केदारनाथ सिंह और अशोक वाजपेयी परवर्ती पीढ़ी के महत्त्वपूर्ण कवि के रूप में प्रतिष्ठित हुए।

नवीन कथ्य रूप को आविष्कृत करने का उपक्रम नई कविता के रचनाकारों ने किया। इनका रचना कर्म अपने समय की सचाई की नई अन्दाज में प्रस्तुति भर नहीं था। पद्य को इन कवियों ने गद्य जितना प्रत्यक्ष और स्पष्ट बना दिया। सपाटबयानी का जोखिम उठाते हुए इन कवियों ने कविता लिखना आसान कर दिया। इन कवियों ने लघु मानव को प्रतिष्ठित किया जिसे साठोत्तरी कविता में आम आदमी कहा गया। क्षण की महत्ता सर्वोपरि मानते हुए इन कवियों ने स्वयं को वाद विशेष से नहीं जोड़ा। घनघोर यथार्थ के साम्यवादी कवियों ने भी इस दौर में कविता में रोमानी संवेदनाओं से परहेज नहीं किया तथा मनुष्य के वाजिब आस्तित्विक प्रश्नों से भी वे टकराए। जैसा कि पहले कहा गया है कि नई कविताओं के कई कवि प्रयोगवाद से जुड़े हुए थे लेकिन परिवर्तित भाव बोध के कारण प्रयोग के लिए प्रयोग का कलावादी मोह खत्म हो गया तथा संवेदनना के गहन स्तर पर कविता फिर लोक जीवन के नजदीक आ गयी। यह विशेषताएँ नयी कविता को पूर्ववर्ती प्रयोगवादी काव्यधारा से अलग करती हैं।

नई कविता की समानान्तर काव्य प्रवृत्ति विकसित होकर नवगीत के नाम से पहचानी गयी। अंचल, नरेन्द्र शर्मा, शिवमंगल सिंह सुमन, बच्चन, जानकीवल्लभ शास्त्री जैसे कवियों ने छायावादी दौर में ही दूरारूढ़ कल्पना, अनावश्यक अलंकृति, बोझिल अस्पष्टता और पुनरावृत्ति से आहत होती गीतात्मकता को बचाए रखने का प्रयास किया। क्योंकि छायावाद तक गीत और कविता में विभक्ति नहीं मिलती लेकिन गेयता को कष्ट देनेवाली उपरोक्त दुष्प्रवृत्तियों तथा नयी परिस्थितियों से उपजी अनुभूतियों को व्यक्त करने में असमर्थ, छिछले लोकप्रिय मंचीय कथित गीतों के विरुद्ध इन कवियों के साथ नये गीति कवियों—भारती, रविन्द्र भ्रमर, नरेश मेहता, ठाकुरप्रसाद सिंह, रामदरश मिश्र, उमाकान्त मालवीय, केदारनाथ सिंह, देवेन्द्र कुमार, शुभनाथ सिंह, वीरेन्द्र मिश्र, देवेन्द्र शर्मा 'इन्द्र', रामवतार त्यागी, मधुर शास्त्री, रमेश रंजक इत्यादि ने संघर्ष किया। आज भी मुक्त छन्द के समानान्तर दिनेश शुक्ल, अष्टभुजा शुक्ल और संजय चतुर्वेदी जैसे कवि गीत लिख रहे हैं तो उसके पीछे गीति शिल्प की अपनी विशिष्टताएँ तो हैं ही, इन पूर्ववर्ती प्रतिभाशाली

गीतकारों का योगदान भी महत्त्व रखता है। इस छान्दसिक काव्यधारा पर इन पंक्तियों का लेखक अलग से काम कर रहा है।

1960 ई. के बाद हिन्दी कविता में अनेक अल्पजीवी आन्दोलन उपस्थित हुए। साठोत्तरी कविता, समकालीन कविता, सातवें दशक की कविता, अकविता, युवा कविता, अति कविता, ठोस कविता, अस्वीकृत कविता, विचार कविता, जनवादी कविता, संघर्षशील कविता, क्रुद्ध पीढ़ी, भूखी पीढ़ी, परिसर लेखन, नूतन कविता, विद्रोही कविता, ताजी कविता, गीत कविता तथा पिछली सदी के अन्तिम दो दशकों की कविता को आज की या वर्तमान कविता जैसे कई नामों और आन्दोलनों में बाँटकर देखने की कोशिश आलोचकों और कविता के इतिहासकारों ने की है। यह सभी नामकरण अपर्याप्त और अधूरे हैं। दरअसल कविता का तीव्र विकास इतनी धाराओं–उपधाराओं में हुआ कि कविता को देखने की यह संज्ञाएँ उसके अध्ययन में भी कोई विशेष सहायता नहीं कर सकी। यह सभी नाम काल सूचक या प्रवृत्तिपरक संज्ञा विशेषण या प्रत्यय लगते हैं। कई बार लगता है कि यह एक विराट काव्य की प्रवृत्तियाँ और विशेषताएँ हैं। अराजकता और अन्धकार के परिवेश में समकालीन कविता ने (1960—1980) ने आँखें खोली। इस कविता में आस्था और विश्वास के स्थान पर अनास्था का स्वर ही अधिक तीव्र है। उसमें अन्धकार के दृश्य ज्यादा हैं। यह असल में अस्वीकृति का अन्धकारमय और आस्थाहीन दौर था उस दौर में हिन्दी में भूखी पीढ़ी, शमशानी पीढ़ी, बीटनिक पीढ़ी, सनातन सर्वोदयी कविता एवं अकविता का जन्म हुआ। इस समय की कविता ने अपने परिवेश की विसंगतियों को उजागर किया और उसके प्रति निषेध, नकार की प्रवृत्ति प्रकट की। इस वर्ग में जगदीश चतुर्वेदी, श्याम परमार, सौमित्र मोहन, गंगाप्रसाद विमल आते हैं। दूसरी और ऐसे कवि आते हैं जिन्होंने कविता का प्रारम्भ अकविता आन्दोलन से किया, परन्तु लोहियावादी समाजवाद से जुड़कर तत्कालीन व्यवस्था से विद्रोह एवं आक्रोश का विषय बनाया; त्रिनेत्र जोशी, रामकमल चौधरी, रमेश गौड़ धूमिल आदि इस वर्ग के कवि हैं। अकविता साठोत्तरी कविता का सबसे सशक्त आन्दोलन था। इस आन्दोलन ने पहली बार पुराने मूल्यों और सौन्दर्यबोध को अस्वीकार किया। कविता के वस्तु एवं शिल्प के साथ नये–नये प्रयोग किए। काम–कुंठाओं का ऐसा ताना–बाना इस साहित्य में है कि उसे निकाल देने के बाद कुछ बचता नहीं है। अकवितावादियों ने व्यक्ति की वैयक्तिक, सामाजिक और राजनीतिक कुंठाओं को कविता का विषय बनाया।

अकविता, समकालीन कविता, विचार कविता और वर्तमान को कविता इत्यादि काव्यान्दोलन साठ के बाद उभरने वाले कुछ महत्त्वपूर्ण सक्रिय काव्य उत्थान है। जिनके भीतर अपने समय का आवेश, आवेग, अस्वीकार, असन्तोष और विद्रोह के साथ ही सघन आन्तरिक छटपटाहट और मानवीय इच्छाएँ धड़कती हैं। अकविता ने राजकमल चौधरी, जगदीश चतुर्वेदी, सौमित्र मोहन, गंगाप्रसाद विमल के 'योनाशयों' को व्यक्त किया तो समकालीन कविता में धूमिल, श्रीकान्त वर्मा रघुवीर सहाय, लीलाधर जूगड़ी इत्यादि ने अपने असमतल समकाल को पहचानने की कोशिश की है। चन्द्रकान्त देवताले, राजीव सक्सेना, बलदेव वंशी, नरेन्द्र मोहन, श्याम परमार इत्यादि विचार कविता के कवियों ने यह सिद्ध किया कि विचार कविता के विधान में गुँथा हुआ है। वर्तमान कविता कहलानेवाली कविता का नेतृत्व कोई एक कवि नहीं कर रहा बल्कि विष्णु खरे, राजेश जोशी, मनमोहन, नीलाभ, अरुण कमल, मंगलेश डबराल, रमेशचन्द्र शाह, आलोक धन्वा, वीरेन डंगवाल, उदय प्रकाश, अजय जैदी, ऋतुराज, नरेश सक्सेना, अशोक वाजपेयी, विजेन्द्र, विनय दुबे, सुदीप बैनर्जी, ज्ञानेन्द्रपति, कुमार विकल, कुबेर दत्त सरीखे कवियों ने अपनी भागीदारी इसमें की है। इन कवियों के बाद बीसवीं सदी के अन्त में लिखना प्रारम्भ करने वाली युवा और युवातर पीढ़ी ने भी हिन्दी कविता के कोरस में अपनी आवाज मिलायी है।

समकालीन कविता के बाद उभरनेवाली काव्य-पीढ़ी की प्रमुख आवाज प्रगतिशील है। बिना किसी राजनीतिक दलीय प्रतिबद्धता के यह कविता सामाजिक प्रतिबुद्धता की बात करती है। उसका रचनाकार प्रबुद्ध है। उसका अध्ययन क्षेत्र केवल साहित्य नहीं है। मुक्तिबोध, शमशेर, नागार्जुन, त्रिलोचन, केदारनाथ अग्रवाल, धूमिल, राजकमल चौधरी, श्रीकान्त वर्मा के बाद रघुवीर सहाय तथा कुँवर नारायण जैसे बड़े कवियों की गूँज इस कविता में मौजूद है। मुक्तिबोध का कॉस्मिक विजन, शमशेर, नागार्जुन और केदारनाथ अग्रवाल की प्रगतिशील सौन्दर्य-दृष्टि, धूमिल, राजकमल चौधरी, श्रीकान्त वर्मा का आक्रामक लहजा, रघुवीर सहाय का खबरों को अखबारी भाषा में भी कविता में बदलने का अचूक सामर्थ्य, कुँवर नारायण का उदात्त और बौद्धिक विवेक, विष्णु खरे की असम्भव, नीरस और अकाव्यात्मक ब्योरों में कविता ढूँढ़नेवाली आँख, सामूहिक स्मृति बन जाने वाले केदारनाथ सिंह के बिम्ब, मंगलेश डबराल का अर्थपूर्ण संक्रामक मुहावरा और ज्ञानेन्द्रपति, विनय दुबे, भगवत रावत, विष्णु नागर इत्यादि कवियों की काव्यात्मक सक्रियता से सम्भव हुआ यह

विराट परिदृश्य हिन्दी कविता के वर्तमान के प्रति आस्था और समृद्ध भविष्य का विश्वास जगाता है।

वैचारिक धरातलों की भिन्नता के बावजूद हिन्दी की कविता, प्रतिपक्ष की कविता है। जिसकी ताकत प्रतिरोध में है। यह कविता अपने समय के प्रति उदासीन नहीं है बल्कि जागकर समकाल के सच को प्रस्तुत कर रही है। कह सकते हैं कि यह कविता अपने समय के गहरे तनावों और दबावों से ही उपजी है। इसके केन्द्र में मानवीयबोध है। एक और खास बात यह हुई है कवियों की बजाय कविता को महत्त्व मिला है और कविता के भीतर ही एक आन्दोलन चल रहा है; चाहे विष्णु खरे, कुँवर नारायण, चन्द्रकान्त देवताले, केदारनाथ सिंह, नन्द चतुर्वेदी, नरेश सक्सेना, विष्णु चन्द्र शर्मा, जैसी वरिष्ठ पीढ़ी हो या फिर मनमोहन, नीलाभ, लीलाधर जगूड़ी, सुदीप बैनर्जी, इब्बार रब्बी, मंगलेश डबराल, वीरेन डंगवाल, ऋतुराज, अरुण कमल, असद जैदी, पंकज सिंह, आलोक धन्वा, भगवत रावत, राजेश जोशी जैसे कवियों की कविता हो या उदय प्रकाश, कात्यायनी, नीलेश रघुवंशी, लीलाधर मंडलोई का लेखन हो या मध्यमार्गी कहे जानेवाले विनोदकुमार शुक्ल, प्रयाग शुक्ल, अशोक वाजपेयी, रमेशचन्द्र शाह जैसे कवियों की कविता या हमारी पीढ़ी के तमाम कवि—यह सभी मनुष्य के लिए जीवित रहने लायक स्पेस को बनाने और बचाए रखने का उपक्रम कर रहे हैं।

हिन्दी कविता की बदली शक्ल साफ दिखा रही है कि यह बराबरी के विचार से सहमत होते हुए भी किसी वैचारिक जकड़बन्दी से बँधी नहीं है। इस कविता में परिवार और अपने आसपास की देखी-भोगी-झेली दुनिया के सच उसमें प्रामाणिकता के साथ मौजूद हैं। उसमें मानवीय जीवन को तल्लीनता, सम्पूर्णता और वैविध्यता सहित उभारने की क्षमता है। कथ्य और रूप की इतनी संश्लिष्ट जुगलबन्दी पहले सम्भव नहीं हुई।

और अन्त में—

कई महत्त्वपूर्ण कवि न चाहते हुए भी इस किताब में छूट गये हैं। यह मेरी सामर्थ्य और सोच की सीमा है!

—हेमन्त कुकरेती

अनुक्रम

कवि-परम्परा की पड़ताल

(प्रगतिवाद से जनवाद तक समकालीन कविता)

शमशेर बहादुर सिंह
13 जनवरी 1911—12 मई 1993

प्रयोगधर्मी स्वभाव का प्रगतिशील कवि

शमशेर अपने जीवन काल में ही कविता का विशिष्ट स्कूल बन गये थे। उन्होंने हिन्दी की तीन कविता पीढ़ियों को कविता कहने का सलीका सिखाया। समकालीन कविता के मुहावरे पर शमशेर का असर अज्ञेय और मुक्तिबोध से कम नहीं था। मुक्तिबोध और शमशेर ने हिन्दी कविता में नयी गहरी ऐंद्रिकता या कहें कि इन्द्रिय-बोधात्मकता जोड़ी। शमशेर ने कविता को कलात्मक अतिकविता या निष्प्रभ गद्य, दोनों से बचाकर कवित्व-सम्पन्न बनाया। वैचारिक धरातल पर घोषित प्रतिबद्ध, शमशेर कविता लिखते हुए सिर्फ कवि रहे। यही बात उन्हें दूसरों से अलग करती है इसलिए शमशेर अपनी तरह के अकेले और जरूरी कवि हैं।

कवि-विशेष को सागर का कवि, पहाड़ का कवि, रेगिस्तान का कवि या अन्तरिक्ष का कवि घोषित करना आलोचना का सजावटी प्रयोगवाद है। क्योंकि ऐसा कह भर देने में कोई खास मुश्किल नहीं है लेकिन यह किसी कवि की सम्भावनाओं और उपलब्धियों को सीमित करके देखना है। बावजूद इसके आलोचक कवियों के बारे में फतवे जारी करते रहते हैं। कवियों का कवि, नयी कविता का पहला नागरिक, कठिन कवि, जटिल कवि, दुरुह कवि-इत्यादि कई विशेषण शमशेर के नाम के साथ भी जोड़े गये। लेकिन शमशेर को समझने-जानने में किसी ने खास मदद नहीं की है। तमाम फ्रेम शमशेर की विराटता के सामने बौने पड़ते गये। शमशेर उन चौखटों को तोड़कर बाहर आते गये। मन्द प्रतिभा के आलोचक सिर खुजलाते रह गये।

वस्तु और रूप दोनों धरातलों पर शमशेर अपनी बहुआयामी प्रयोगधर्मिता की वजह से भी शास्त्रीय आलोचकों को मुश्किल में डालते आए हैं। यह गौर करने लायक पहलू है कि विशेषकर शिल्प के स्तर पर जितने प्रयोग शमशेर ने किए हैं, उतने किसी प्रयोगवादी कवि ने भी नहीं किए होंगे। त्रिलोचन ने कहा है—'इशारे के कवि हैं शमशेर यूरोपीय प्रभाव या उर्दू का ही भाव जाहिरा तौर शमशेर में कहीं नहीं है। इशारे के कवि हैं वो। गालिब ने एक शेर में कहा है—'बलाए जाँ है गालिब

उसकी हर बात, इबारत क्या, इशारत क्या, अदा क्या।' शमशेर का विषय-चयन, सोच और प्रस्तुति—सभी सतहों पर उन्हें अलग खड़ा करनेवाले घटक हैं। त्रिलोचन कहते हैं—'शमशेर में शब्द-योजना अदा के साथ है। अदायगी जो है उनकी वो और कवियों से बिलकुल अलग है, आज भी। वैसे शमशेर से प्रभावित कवियों की लम्बी लिस्ट है, नाम नहीं लूँगा। तो प्रभाव कम नहीं होता। शमशेर का बहुतेरे नाम न लेंगे। छोटे कवियों में कह रहा हूँ, जैसे मलयज आदि उनसे प्रभावित थे और भी बहुत से पुरस्कृत प्रतिष्ठित और सम्मानित जो हैं, वे भी प्रभावित हुए। अज्ञेय तक प्रभावित दिखते हैं कई जगह और परिहास में ही सही, परिमलवाले कहते थे कि भई, शमशेर को हमें दे दो, और बदले में हमारे यहाँ से किसी को भी ले लो, लेकिन, वैसे भी शमशेर को समझने में कई लोग भूल करते हैं।' इस मायने में शमशेर कच्चे कवि नहीं हैं।

शमशेर के यहाँ रोमान है; उच्छल रोमान! लेकिन वह एक विद्रोही भाव है। संकीर्ण छायावादी रोमान नहीं है। इस सन्दर्भ में त्रिलोचन ठीक कहते हैं—'शमशेर रूमानियत को बुरा नहीं मानते थे। लेकिन असामयिक मानने लगे थे। इस पर उनसे मेरी बातचीत हुई है। मैंने कहा कि रूमानियत तो व्यक्ति केन्द्रित है। और वो रहेगी। अगर हम प्रगतिशील साहित्य को संकीर्ण, एकांगी नहीं बनाना चाहते तो उसे एक्सेप्ट करना पड़ेगा। रोमेंटिसिज़्म का त्याग कर देने पर प्रगतिशील नहीं रह जाएँगे फिर। रूमानियत का रंग देखिए तो मायकोवस्की में है, गोर्की में है। गोर्की का जो काव्य है, उसको कहाँ जानते हैं हिन्दीवाले। अँग्रेजी में उनकी कविताएँ आई हुई हैं, वहाँ रूमानी है वो गद्य। कविता में नहीं है। वहाँ दृष्टि सम्पन्न और विश्लेशणपरक है वह। तो रूमानियत का असर शमशेर पर है, और छायावाद के करीब रह के छायावाद से वो लगभग मुक्त है। लेकिन अज्ञेय पर वो अन्त तक है। मानो यूरोपीय छायावाद सहित वे हिन्दी के छायावादी हैं, अन्त तक नवीनता और प्रयोग पर बल देते हुए। शमशेर मुक्त हो जाते हैं। उर्दू के असर से शायद। बड़े कैनवासवाली उनकी कविता की विषयवस्तु के बारे में भी यह कहा जा सकता है।

शब्द, अर्थ, लय, नाद, बिम्ब, प्रतीक और यहाँ तक कि शब्द-अन्तराल, शब्द-लोप, बलाघात जैसे शिल्प के सूक्ष्मतम स्तरों पर शमशेर की प्रयोगधर्मिता साफ पहचानी जा सकती है। इन भाषिक उपकरणों से इतर शाब्दिक उपादान और अमूर्तन इत्यादि की ताकत को बहुत ठीक पहचानकर शमशेर ने उनका बेहतरीन इस्तेमाल किया है—'शिला का खून पीती थी। वह जड़/ जो कि पत्थर थी स्वयं/ सीढ़ियाँ थीं बादलों की झूलतीं टहनियों-सी और वह पक्का चबूतरा/ ढाल में चिकना/ सुतल था/ आत्मा के कल्पतरु का?/ ' ''शिला का खून पीती थी'—की यह पंक्तियाँ शब्द से शब्द की दूरी के साथ-साथ पैराग्राफिंग में भी गजब के काव्य-

कौशल का उदाहरण बनती हैं। यहाँ दिखावे का या आतंकित करनेवाला बौद्धिक उलझाव नहीं है बल्कि यहाँ कवि अर्थ को कई आयामों में प्रक्षेपित करनेवाली प्रणाली विकसित कर रहा है। यह अकारण नहीं है कि इसे ठीक से नहीं पहचानकर रूपवादी आलोचक शमशेर को प्रयोगवादी चौखटें में फिट कर देते हैं। यह सिरे से शमशेर की कविता के बुनियादी प्रगतिशील स्वभाव को अनदेखा कर देना है। यहाँ यह देखना शायद कुछ लोगों को अचरज में डालता है कि रूपगठन के धरातल पर शमशेर पर निराला का नहीं, पन्त का ज्यादा असर पड़ा है। और अपने समकालीनों में वह मुक्तिबोध के नहीं; अज्ञेय के ज्यादा नजदीक हैं। मुक्तिबोध के यहाँ प्रसाद और निराला का संश्लेष मिलता है जबकि शमशेर के यहाँ पन्त और प्रसाद का मिला-जुला असर है। ध्यान देने की बात यह है कि यह बात शमशेर के शिल्प के बारे में हो रही है।

किसानी चेतना और मजदूर संघर्ष को शब्दों से उठाकर जीवन का अनुभव बनाने में केदारनाथ अग्रवाल, नागार्जुन, त्रिलोचन के साथ-साथ शमशेर ने भी बड़ी भूमिका निभाई है। शमशेर ने किसान-मजदूर वर्ग की मुश्किल जिन्दगी के सक्रिय चित्र उकेरे हैं—'शाम होने को हुई, लौटे किसान/ दूर पेड़ों में बढ़ा खग-रव/ धूल में लिपटा हुआ है आसमान/ शाम होने को हुई नीरव' तथा 'य' शाम है—कि आसमान खेत है/ पके हुए अनाज का/ लपक उठी लहू भरी दरातियाँ/—कि आग है/ गरीब के दिल/ टँगे हुए/ कि रोटियाँ लिये हुए निशान/ लाल-लाल।' यह पंक्तियाँ बताती हैं कि शमशेर की क्रान्तिकारिता पार्टीबद्ध न होकर भारतीय सर्वहारा की मार्मिक पीड़ा से उपजी हैं। इसलिए 'अमन का राग' के इस गायक के यहाँ सकारात्मक सामाजिक परिवर्तनकामी ताकतों की पक्षधरता गूँजी है। 'वाम, वाम, वाम दिशा, समय साम्यवादी' कहनेवाले इस कवि ने बराबरी को जीवन में उतारा और शाब्दिक नारेबाजी से परहेज किया है। उन्होंने अपनी वैचारिक प्रणाली को नहीं छोड़ा। यह वैज्ञानिक समझ ही उन्हें यह संज्ञान देती है कि—'सत्य का रूख समय का रुख है/ अभय जनता को/ सत्य ही सुख है,/ सत्य ही सुख/ दैन्य दानवः काल भीषण; क्रूर स्थिति; कंगाल बुद्धि; घर का मजूर/ सत्य का क्या रंग?/ पूछो/ एक संग/ एक-जनता का दुख एक हवा में उड़ती पताकाएँ/ अनेक/ दैन्य दानव/ क्रूर स्थिति/ कंगाल बुद्धि : मजूर घर-भर।/ ' अपने समय के घनघोर अँधेरे में यह विचार ही है जो शमशेर को और अँधेरे से घिरे हुए लोगों को बच निकलने का रास्ता दिखाता है। इसलिए शमशेर ने मार्क्सवाद को ऑक्सीजन कहा है। वह इस विचार को सबके विचार की तरह रखते हैं। और इस सन्दर्भ में वाचाल करार दिए जाने के जोखिम उठाकर भी जिद के साथ उस पर कायम रहते हैं।

शमशेर चित्रकार भी हैं। उन्होंने शब्दों के साथ-साथ रंग-रेखाओं से भी चित्र

बनाए हैं। कला-समीक्षक उनके चित्रों में सूक्ष्मदृष्टि, गहन-उर्वर भाव-भूमि और विशिष्ट रंग-चेतना देखते हैं। शमशेर की यह कला-प्रतिभा उनकी कविता में भी दिखाई देती है। इस पहलू पर काफी लिखा जा चुका है। फिर भी 'चीन' कविता का जिक्र करना गैर-जरूरी नहीं होगा। चीनी संकेताक्षरों के मूल अर्थपरक संवेदन-धरातल का कविता में कायान्तरण खुद में शब्द और रेखाओं के एक हो जाने का उत्कृष्ट उदाहरण है। शब्दों का ऐसा अद्‌भुत चित्रपरक विश्लेषण वही कर सकता है जिसने रेखाओं का गहरा मनन और अभ्यास करने के साथ-साथ इस कला का किताबी नहीं, व्यावहारिक ज्ञान अर्जित किया हो। शमशेर का एक प्रकृति-बिम्ब देखिए। यह चित्रण और वर्णन की रूढ़ियों से कतई मुक्त है। गत्यात्मकता इसके केन्द्र में है। क्योंकि इसमें जीवन की गति है—'धूप थपेड़े मारती है/ थप् थप्/ केले के हातों से पातों से/ केले के थम्बों पर/ खसर खसर एक चिकनाहट/ हवा में मक्खन सा घोलती है'। यहाँ हाथ, 'हात' हो गये हैं और यह केवल काव्य-सजावट नहीं है बल्कि यह नये अर्थ को प्रस्तावित करने जैसा है। यहाँ रंग-रेखा, शब्द-चित्र गति में एकाकार हो गये हैं। अतियथार्थवादी पेंटिंग्स पर भी कुछ उल्लेखनीय कविताएँ—'लहरें घेर लेती हैं', 'शिला का खून पीती थी', 'सींग और नाखून' इत्यादि शमशेर ने लिखी हैं। उन्होंने मुक्तक, गीत, रूबाई, नज़्म, गजल का फॉर्म भी बखूबी सँभाला है। 'सींग और नाखून' कविता दिल दहलानेवाले अर्थ-सन्दर्भों से भरी हुई कविता है—सींग और नाखून/ लोहे के बक्तर कन्धों पर/ सीने में सूराख हड्‌डी का/ आँखों में : घास-काई की नमी/ एक मुर्दा हाथ मेज पर टिका उलटी कलम थामे तीन तसलों में कमर का घाव सड़ चुका है/ जड़ों का भी कड़ा जाल हो चुका पत्थर/ ' इन पंक्तियों में युद्ध से उपजा भय, त्रास और विद्रूपता जैसे साकार हो जाते हैं।

शमशेर ने जो रचा, तन्मय होकर सृजित किया। शब्द और अक्षर शमशेर सरीखे कवियों के यहाँ सम्पूर्ण अर्थवत्ता के साथ चमकते हैं। लेकिन उनका रचाव रीतिवादी नहीं है। उन्होंने एक नैसर्गिक कवि की तरह कविता को पाया है। शमशेर को अर्थ सप्रयास अर्जित नहीं करने पड़े। वह उनके शब्दों में ही निहित रहते हैं। कविता लिखते समय शमशेर का भावचित्र अगर बनाया जाए तो वह चट्टान तराशते शिल्पी या मनोयोग से रंगमय होते चित्रकार का बनेगा। शमशेर की कविता मनोदशाओं की अभिव्यक्ति है। वे विचार से मनोदशा तक आते हैं। उनकी कविता में आए बौद्धिक उलझाव का यही कारण है। शमशेर अपने शब्द-चित्रों को सीधे-सपाट न रखकर इस तरह प्रस्तुत करते हैं कि पाठकीय चेतना सक्रिय हो जाती है। उनके बिम्बों के बेमेल संयोजन के पीछे यही चिन्ता काम करती है। इससे यह भी पता चलता है कि शमशेर का कवि अपने पाठक की समझदारी पर विश्वास करता

है। इसलिए जो आलोचक नयी कविता पर यह आरोप लगाते हैं कि वह पाठक को साथ लेकर नहीं चलती, शमशेर की कविता इसका जवाब बनती है।

शमशेर ने अपने समकालीन कवि-मित्रों और जनता के लिए संघर्ष करनेवाले अक्सर अज्ञात रह जानेवाले साथियों पर भी कविताएँ लिखी हैं। खास बात यह है कि शमशेर ऐसी कविताओं में केवल मित्रवत प्रशंसा-गायन और नाहक हक़ अदा करने की रूढ़ि से बचे हैं। यहाँ तक कि उन्होंने अपने समय के बड़े कवियों के अभिजात्य के खिलाफ मोर्चा बाँधा। अज्ञेयवादी कुलीनवर्गीय कथित 'सुरूचि' पर सीधे 'अज्ञेय से' से कहना अपने समय की आधुनिकतावादी कविता पर रचनात्मक आलोचनापरक तीखी टिप्पणी है। अज्ञेय की ख्याति के शिखर समय में कुलीनतावादी काव्यरूचि के प्रतिपक्ष में यह अपनी तरह का स्टैंड भी है। 'निराला के प्रति' कविता शमशेर की काव्ययात्रा का मंगलाचरण जैसा है—'भूल कर जब-जब राह भटका मैं/ तुम्ही झलके हे महाकवि/ सघन तम की आँख बन मेरे लिये।' आज केदारनाथ सिंह, कवि त्रिलोचन के पीछे चलने की जो विनम्र संवेदना व्यक्त करते हैं उनका वह पाठ इसी परम्परा में आता है। शमशेर ही हैं जो त्रिलोचन की 'धरती' के पद्य की एक पंक्ति में हृदय और विवेक सम्पन्न आलोचना करते हैं— 'सहजता उसका प्राण है'। सुभद्राकुमारी चौहान, भुवनेश्वर, मुक्तिबोध, प्रभाकर माचवे, नरेश मेहता सरीखे साहित्यिकों के साथ-साथ कामरेड रुद्रदत्त भारद्वाज जैसे साथियों को भी शमशेर ने आत्मीयता से याद किया है। इस तरह की कविताएँ व्यक्तियों को उनके जीवन प्रसंगों समेत हमेशा के लिए जीवित रखती हैं।

शमशेर बुनियादी तौर पर प्रेम के सौन्दर्यदर्शी कवि हैं। यह सौन्दर्य उनके यहाँ 'वाद' के रूप में नहीं है। उनकी मनोरचना में सौन्दर्य और प्रेम का घुलामिला स्वरूप अपने विशुद्ध रूप में मिलता है—'तुम मेरी पहली प्रेमिका हो/ जो आइने की तरह साफ बदन के माध्यम से ही/ बात करती हो और शायद/ (शायद) मेरी बात साफ-साफ समझती भी हो। प्यारी, तुम कितनी प्यारी हो/ वह काँसे का चिकना बदन/ हवा में हिल रहा है/ हवा हौले-हौले नाच रही है। इसलिए...।' शमशेर के यहाँ देह का सहज स्वीकार भी है—'एक ठोस बदन अष्टधातु का-सा सचमुच/ जँघाएँ दो ठोस दरिया ठै रे हुए-से/ मगर जानता हूँ कि वो बराबर-बराबर बहुत तेज रौ में हैं' —यहाँ प्रेम का उच्छल रोमान तो है ही, उसके साथ ही क्लासिकल यथार्थ भी है। और यह चीज अपनी तरफ खींचती है—'फिर क्यों मुझे (अंगों में सिमिटकर अपने)/ तुम भूल जाती हो पल में/ तुम कि हमेशा होगी मेरे साथ,/ तुम भूल न जाओ मुझे इस तरह/ '—यहाँ हर शब्द अपनी अर्थलय में लरज रहा है।

आज जबकि स्त्री-पुरुष सम्बन्धों में नैसर्गिक ऊष्मा नहीं बची। प्रेम कामकाजी कुटीर धन्धा बन गया है। यह सम्बन्ध पर्सनल नहीं रहकर फंक्शनल बन गया है तो

प्रेम निजी संवेदन कैसे बना रहेगा? ऐसे में शमशेर जैसे कवियों की प्रेम कविताएँ ऐतिहासिक राहत का काम करती रहेंगी— 'वह मुझ पर हँस रही है, जो मेरे होठों पर एक तलुए के बल खड़ी है/ मगर उसके बाल/ मेरी पीठ के नीचे दबे हुए हैं/ और मेरी पीठ को/ समय के बारीक तारों की तरह खुरच रहे हैं। उसके एक चुम्बन की स्पष्ट परछायीं/ मुहर बनकर उसके तलुओं के ठप्पे से/ मेरे मुँह को कुचल चुकी है/ उसका सीना मुझको पीसकर बराबर कर चुका है/ ' उद्दाम और अकुँठ प्रेम शमशेर के यहाँ एक बड़ा मानवीय मूल्य बनकर उभरता है। यह भी प्रगतिशील एप्रोच है— 'मुझको जंगली फूलों की तरह ओस से टपकने दो/ ताकि उसकी दबी हुई खुशबू से/ अपने पलकों की उनींदी जलन को/ तुम भिगो सको, मुमकिन है तो/ हाँ, तुम मुझसे बोलो/ जैसे मेरे दरवाजे की शर्माती चूलें सवाल करती हैं बार-बार.../ दिन के अनगिनती कमरों से/ हाँ, तुम मुझसे प्रेम करो/ जैसे मछलियाँ लहरों से करती हैं.../ जिनमें वह फँसनें नहीं आतीं/ जैसे हवाएँ मेरे सीने से करती हैं/ जिसको वह गहराई तक दबा नहीं पातीं/ तुम मुझसे प्रेम करो जैसे मैं तुमसे करता हूँ/ ' यहाँ मैं' है ही नहीं; तुम-ही-तुम है। यह सूफीयाना आवाज सबसे अलग है।

यहाँ प्रेम अपने समूचे निजीपन के साथ मौजूद है—'मेरी याददाश्त को तुमने गुनाहगार बनाया और उसका सूद बहुत बढ़ाकर मुझसे वसूल किया/ और तब मैंने कहा-अगले जनम में/ मैं इस तरह मुसकराया जैसे शाम के पानी में/ डूबते पहाड़ ग़मगीन मुसकाते हैं/ मेरी कविता की तुमने खूब दाद दी—मैंने समझा/ तुम अपनी ही बातें सुना रहे हो/ तुमने मेरी कविता की खूब दाद दी/ ' प्रेम यहाँ स्थायीभाव में बदल गया है। यह एकालाप नहीं, दो आत्मीयों का निजी संवाद है।

मुक्तिबोध ने इसे ठीक पहचाना था कि 'शमेशर मुख्यतः प्रणय जीवन के प्रसंगबद्ध रसवादी कवि हैं।' यह रसदृष्टि काव्यशास्त्रीय नहीं है। कठिन जीवन में छोटे-छोटे मानवीय सुखों के अन्वेषण से उपजे आनन्द का पर्याय है। इसीलिए प्रेम शमशेर को निर्वाक और निष्क्रिय नहीं करता उन्हें शब्द देता है—मौन के शब्द। प्रेम उन्हें सबसे अकेला करने के बाद उनसे मिलता है तब उन्हें ऐसा लगता है जैसे—'तुम चारों तरफ से मुझसे लिपटी हुई हो/ मैं तुम्हारे व्यक्तित्त्व के मुख में आनन्द का स्थायी ग्रास हूँ/ मूक/ ' प्रेम शमशेर के यहाँ केवल व्यक्तिगत प्रसंगों में ही व्यक्त नहीं हुआ है। उनके यहाँ प्रेम वैश्विक चेतना के व्यापक आयामों को जाहिर करता है। यह प्रेम सुन्दरता का उदात्त रूप है। अपनी 'कला' कविता में शमशेर ने इस सच को कुछ ऐसे जाहिर किया था—'प्रेम का कम्बल जितना विशाल हो जाता है/ आकाश जितना/ और केवल उसी के दूसरे अर्थ सौन्दर्य हो जाते हैं/ मनुष्य की आत्मा में'। यानी सौन्दर्य मनुष्य की सामाजिक चेतना के परिष्कार और विस्तार के उच्चतम सोपान प्रेम की प्राथमिक अवस्था है। यह सम्पूर्णता में खुद में मनुष्य को

पाना है।

सौन्दर्य का अर्थ शमशेर के लिए हवाई, अलौकिक या केवल शारीरिक मधुरिमा नहीं है। शमशेर ने 'दूसरा सप्तक' में कहा था 'सुन्दरता का अवतार हमारे सामने पल-छिन होता रहता है। अब यह हम पर है कि हम अपने सामने और चारों ओर इस अनन्त और अपार लीला को कितना अपने अन्दर घुला सकते हैं।' सौन्दर्य को पहचानने की इतनी प्रखर दृष्टि दुर्लभ है। साफ है कि शमशेर अपने पड़ोस में ही सौन्दर्य को देख लेते हैं। पा लेते हैं। उनकी सौन्दर्य-चेतना मानवीय लोक से प्रेरणा, रूप और रंग ग्रहण करती है। वे कवियों का कवि बनने की जगह जनकवि होना अधिक पसन्द करते हैं। इस सच को शमशेर ने कई तरह से कहा है। शमशेर मानते हैं कि 'चुका भी हूँ नहीं मैं' क्योंकि उन्हें भरोसा है 'बात बोलेगी/ हम नहीं/ भेद खोलेगी बात ही।' यह शब्दों के जीवित रहने पर सच्चे विश्वास का परिचायक है। शमशेर जैसे कवियों के यहाँ इसे खरे रूप में देखा जा सकता है क्योंकि उन्होंने जीवन से शब्द लिये हैं। बैल बनकर जीने का साहस ही उन्हें काल से होड़ लेने की ताकत देता है। प्रेम के इस कवि की कविताएँ प्रेम के अक्षत रहने का साक्ष्य हैं।

नयी कविता की प्रगतिशील धारा में नागार्जुन, त्रिलोचन, केदारनाथ अग्रवाल, मुक्तिबोध सरीखे बड़े कवियों के साथ शमशेर एक विशिष्ट उपस्थिति हैं। काव्य को कला और उसके कलात्मक उपादान माननेवाले कई कवि हैं लेकिन शमशेर कलावादी नहीं है। वह कविता को कला मानते है लेकिन उसके साथ ही वह उसमें मनुष्य और उसके समाज की मुक्ति के रास्ते भी प्रस्तावित करते हैं। कुछ धरातलों पर उनकी कविता अज्ञेय जैसी लगती है लेकिन शमशेर अज्ञेयवादी नहीं है क्योंकि उनके यहाँ काव्य-कला एक सचेत और प्रयत्न-साध्य कर्म नहीं है। इसके साथ ही उनके यहाँ मुक्तिबोध जैसी बुनियादी प्रतिबद्धता भी नहीं मिलती। दरअसल उनके काव्य-व्यक्तित्त्व में परस्पर विरोधी बातों का संश्लेषण मिलता है। जैसा कि पहले कहा शमशेर के यहाँ उच्छल रोमान भी मिलता है लेकिन अति भावुकता नही मिलती। शमशेर, निराला और मुक्तिबोध जैसा विकट आत्मसंघर्ष भी करते हैं और अनुभूति की प्रमाणिकता की बात भी करते हैं। इतना ही नहीं, नयी कविता के पक्षधरों की तरह उनकी कविता अर्थ की लय ढूँढती है और अपने काव्य-शिल्प को शमशेर विषय के दबावों से निर्मित करते है। हम देखते हैं कि शमशेर एक तरफ प्रगतिवादी चेतना से संचालित लगते हैं तो व्यंजना के स्तर पर शमशेर से बड़ा प्रयोगधर्मी कवि मिलना मुश्किल है। अपने काव्य-विषयों की तरह शमशेर अपने काव्य-व्यक्तित्त्व में विरूद्धों का सामंजस्य जैसा कठिन कार्य भी साध लेते हैं।

शमशेर ने ऐतिहासिक दृष्टि से हिन्दी कविता को अनूठे विषय ही नहीं दिए बल्कि अद्भुत भाषिक प्रणाली भी उसके लिए तैयार की है। उन्हें किसी भी भाषा,

बोली या काव्य-रूप से परहेज नहीं रहा है। शमशेर ने नयी काव्य-भाषा का अन्वेषण करते हुए निराला जितना बड़ा काम किया है। उन्होंने बिम्ब-निर्माण की नयी तकनीक कविता को सौंपी है।

शमशेर का वैचारिक धरातल उनके काव्य विषयों की तरह उदार है। उन्हें कार्ल मार्क्स का साम्यवाद, फ्रांसिसी प्रतीकवाद, अति यर्थाथवाद और यहाँ तक कि प्रगतिशील अस्तित्त्वाद भी प्रभावित करता रहा है। उन्होंने अनेक भाषाओं की कविता के मर्म को समझा है और ऐसी प्रगतिशील कविता प्रस्तुत की है जिसमें बिलकुल नारेबाजी नहीं है। वह द्वन्द्वात्मक भौतिकवादी विचारों के कट्टर समर्थक हैं, लेकिन मार्क्सवादी दर्शन के गुणगायन की बजाए उसे मनुष्य के विचार और उसके जीवन को बेहतर बनाने का जरिया बना देते हैं।

स. ही. वा. अज्ञेय

7 मार्च 1911—4 अप्रैल 1987

नयी कविता के प्रयोगशील प्रस्तावक

1940 के आसपास कविता में कई चौकानेवाली बातें सम्भव हुईं। कविता की बनी बनाई शक्ल बदल गयी। उसकी पुरानी आदतें छूटने लगी। इसका कारण था तत्कालीन देशकाल-वातावरण में मची उथल-पुथल। दमन और भ्रष्टाचार के कारण एक तरफ भयानक गतिरोध था और दूसरी तरफ राष्ट्रीय संघर्ष। देश के भाग्य-विधाता मध्यवर्ग में असन्तोष और क्षोभ व्याप गया। बड़े आन्दोलन असफल होने लगे। व्यक्ति की छटपटाहट बढ़ गयी। वह समाज में अपनी भूमिका की फिर से पड़ताल करने लगा।

कविता में देखे तो कोमल छायावादी कल्पनाएँ हास्यास्पद लगने लगीं। प्रगतिवादी नीरस ठस यथार्थ से भी कविता उकता चुकी थी। ऐसे में नया सौन्दर्य-विवेक उपजा जो सामाजिक तन्त्र और राजनीतिक व्यवस्था में व्यक्ति की हैसियत पुनः परिभाषित यानी समाज की महत्त्वपूर्ण इकाई के रूप में व्यक्ति कविता के केन्द्र में आ गया। यह कविता प्रतीकात्मक बिम्बों में अपने विषय को प्रस्तावित करती थी। कविता की यह प्रयोगशील प्रणाली थी। 1943 में प्रकाशित 'तारसप्तक' से इस कविता का स्वभाव और लक्षण साफ पहचान में आने लगे। इस नयी काव्यधारा के प्रस्तावक अज्ञेय थे।

तारसप्तक के कवि थे—गजानन माधव मुक्तिबोध, नेमिचन्द्र जैन, भारतभूषण अग्रवाल, प्रभाकर माचवे, गिरिजाकुमार माथुर, रामविलास शर्मा और स्वयं अज्ञेय। इसके प्रधान सम्पादक अज्ञेय ने इस सप्तक की भूमिका में इस नयी काव्य-धारा की वकालत करते हुए कविता विषयक अपनी मान्यताएँ प्रस्तावित कीं। तारसप्तक में शामिल दूसरे कवियों ने भी अपने-अपने वक्तव्य देकर अपनी काव्य-विषयक स्थापनाओं की ओर संकेत किए हैं। इसके आठ साल बाद 1951 ई. में अज्ञेय के ही सम्पादकत्व में 'दूसरा सप्तक' प्रकाशित हुआ, जिसमें भवानीप्रसाद मिश्र, शकुन्तला माथुर, हरिनारायण व्यास, शमशेर बहादुर सिंह, नरेश कुमार मेहता, रघुवीर सहाय तथा धर्मवीर भारती की कविताएँ संकलित हैं। इन सातों कवियों ने भी अपनी

मान्यताओं को स्पष्ट करते हुए यह स्वीकार किया है कि उन पर किस राजनीतिक विचारधारा का असर है और उनका काव्य विषयक नजरिया क्या है। इसके आठ साल बाद 'तीसरा सप्तक' अज्ञेय के सम्पादन में सामने आया। इसमें प्रयागनारायण त्रिपाठी, कीर्ति चौधरी, मदन वात्सयायन, केदारनाथ सिंह, कुँवर नारायण, विजय देव नारायण साही तथा सर्वेश्वर दयाल सक्सेना की कविताएँ संकलित हैं। 1979 में 'चौथा सप्तक' भी अज्ञेय के सम्पादन में सामने आया। इस प्रकार चारों सप्तकों के संकलनकर्त्ता, सम्पादन एवं भूमिका-लेखक अज्ञेय हैं। अज्ञेय की ही प्रेरणा, नेतृत्व एवं प्रोत्साहन के कारण हिन्दी में एक नयी काव्यधारा ने रूपाकार ग्रहण किया।

अज्ञेय ने सप्तक-परम्परा में पूर्वाग्रहरहित होकर कवियों का चयन किया। प्रतिबद्ध वामपन्थी कवियों के अलावा समाजवादी और मध्यमार्गी कवि-सभी को उन्होंने इस आयोजन में शरीक किया। इन कवियों ने ऐसे विषय चुने जिन्हें उनसे पहले काव्य-विषय नहीं माना जाता था। यह विषय समाज के साधारण व्यक्ति से जुड़े थे। उसके दैनिक जीवन से उठाए गये थे। प्रयोगवादी और नयी कविता के कवियों ने यह मुमकिन करने के लिए कि वह जिस व्यक्ति की बात कर रहे हैं, वह बात उस व्यक्ति तक पहुँचे और उसे आसानी से समझ आए, इसके लिए उन्होंने उसी व्यक्ति की बोली और भाषा से शब्दावली ली तथा एक नयी पदावली रचने की कोशिश की। यहाँ तक कि भाषा और भाव-विषयक साहसिक प्रयोग करने का जोखिम भी इन कवियों ने उठाया। इस नजरिए से देखें तो अज्ञेय और मुक्तिबोध दो कवियों का नाम सबसे ऊपर आता है।

अज्ञेय ने अपने सप्तक संग्रहों के माध्यम से प्रतिभाशाली कवियों को अपना हुनर पेश करने का बेहतरीन मंच दिया। उन्होंने अपनी कविताओं के द्वारा ऐसी काव्य-प्रणाली विकसित की जिसने हिन्दी कविता पर स्थायी और दूरगामी असर डाला। इस रचनाकार ने कथा-साहित्य में भी यह काम किया लेकिन एक ऐसा दौर भी आया जब बच्चन, नरेश मेहता, गिरिजाकुमार माथुर, सर्वेश्वर दयाल सक्सेना और भवानी प्रसाद मिश्र जैसे सम्प्रदाय-मुक्त कवियों के साथ अज्ञेय को भी हाशिए पर फेंकने की साजिश की गयी। वैचारिक धरातल पर अज्ञेय किसी विचार विशेष के पक्षधर नहीं रहे। जबकि बार-बार उनका नाता हिन्दी कविता के कलावादी घराने या कहें कि 'परिमल' से जोड़ा गया। जनवादियों और प्रगतिशीलों ने उनका खुला बहिष्कार किया। इससे हिन्दी कविता का ही नुकसान हुआ। यह एक कट्टरपन्थी वैचारिक पूर्वाग्रह था। लेकिन इस शीतयुद्ध से इस विराट कवि-व्यक्तित्त्व का महत्त्व कम नहीं हुआ।

7 मार्च, 1911 से लेकर 4 अप्रैल, 1987 तक सात दशकों में फैले जीवन काल में बहुमुखी प्रतिभा-सम्पन्न अज्ञेय ने विपुल मात्रा में लेखन किया है। उनकी

पुस्तक-सूची से इसका अन्दाजा लग सकता है—कविता-संग्रह : भग्नदूत; 1933, चिन्ता; 1942, इत्यलम; 1946, हरी घास पर क्षण भर; 1949, बावरा अहेरी; 1954, इन्द्रधनुष रौंदे हुए ये; 1957, अरी ओ करुण प्रभामय; 1959, आँगन के पार द्वार; 1961, सुनहले शैवाल ; 1965, कितनी नावों में कितनी बार; 1967, क्योंकि मैं उसे जानता हूँ; 1969, सागर मुद्रा; 1970, महावृक्ष के नीचे; 1970, पहले मैं सन्नाटा बुनता हूँ; 1973, नदी की बाँक पर छाया; 1982, ऐसा कोई घर देखा है आपने; 1986, मरूथल; 1995।

कहानी-संग्रह : विपथगा; 1937, परम्परा; 1944, कोठरी की बात; 1945, शरणार्थी; 1949, जयदोल; 1951, ये तेरे प्रतिरूप।

उपन्यास : शेखर : एक जीवनी, भाग-1, 1941, शेखर : एक जीवनी, भाग 2; 1944, नदी के द्वीप; 1952, अपने-अपने अजनबी; 1961।

गीति-नाटय : उत्तर प्रियदर्शी; 1961।

निबन्ध-संग्रह : त्रिशंकु; 1945, आत्मनेपद; 1960, हिन्दी साहित्य : एक आधुनिक परिदृश्य, सबसे दूर और कुछ राग, भवन्ती, अन्तरा, लिखि कागद कोरे, जोग लिखी, अद्यतन, आल-बाल, संवत्सर आदि।

यात्रा-वृत्त : अरे यायावर रहेगा याद; 1953, एक बूँद सहसा उछली; 1960।

अनुवाद : त्यागपत्र; जैनेन्द्र; 1946, और श्रीकान्त; शरदचन्द्र; 1944, उपन्यासों का अँग्रेजी में अनुवाद।

1964 में 'आँगन के पार द्वार' पर साहित्य अकादमी पुरस्कार और 1969 में 'कितनी नावों में कितनी बार' पर ज्ञानपीठ पुरस्कार भी अज्ञेय को मिले।

आधुनिक युग में अज्ञेय सबसे अधिक विवादास्पद रचनाकार रहे लेकिन तमाम आलोचना, उपेक्षा और विरोधों के बावजूद उनके रचनाकार का विकास होता रहा। आज की रचना पीढ़ी अज्ञेय के नजदीक आ रही है क्योंकि रचनात्मक कसौटियों पर अज्ञेय की प्रतिभा मन्द नहीं पड़ी है और उन्हें एक नयी स्वीकार्यता मिल रही है। जिस कथित व्यक्तिवादी विचार के कारण अज्ञेय का विरोध हुआ, उसकी पड़ताल करते हुए कई दिलचस्प तथ्य सामने आते हैं।

अज्ञेय का काव्य व्यक्तित्त्व नागर और कुलीन तत्त्वों से मिलकर बना है। इसके साथ ही वह एक चिर-यायावर भी रहे हैं। उनके शुरुआती क्रान्तिकारी झुकाव को छोड़ दें तो समसामयिक सामाजिक प्रश्नों और मुश्किलों से मुठभेड़ अज्ञेय के यहाँ कम है फिर भी अपनी कलात्मक अभिरूचियों और भावनात्मक धरातल पर अज्ञेय, छायावादी कवि प्रसाद और प्रगतिशील कवि शमशेर से जुड़ते हैं। इसके बावजूद उनकी सामाजिक सम्पृक्ति केदारनाथ अग्रवाल, नागार्जुन और त्रिलोचन या मुक्तिबोध जैसी नहीं है इसीलिए उनकी कविता को अभिजात्य करार देते हुए उसे

समकालीन सन्दर्भों में घनघोर रूप से कलावादी कहकर खरिज किया जाता रहा है। अज्ञेय की कविता पर लगे यह आरोप एक नये विमर्श को जन्म देते हैं। दरअसल अज्ञेय की अपनी आवाज या बुनियादी स्वर आत्मनिष्ठ और व्यक्तिवादी है। यह एक विडम्बना पूर्ण सच्चाई है कि सेना और किसान आन्दोलन से जुड़ा यह कवि सामाजिक जन-जीवन से जुड़ाव या उसके प्रति गहरी रागात्मकता नहीं प्रदर्शित करता लेकिन यह उनका निजी व्यक्तित्त्व है। एक ऐसे व्यक्ति का व्यक्तित्त्व जो आत्मनिष्ठ है। यही कारण है कि उनके यहाँ व्यक्ति को नदी का द्वीप माना गया है। नदी के बीच होने पर भी यानि समाज के बीच होने पर भी व्यक्ति उससे अलग और विशिष्ट है। यह मनुष्य के अस्तित्त्व और उसकी पहचान के लिए संघर्ष करनेवाले रचनाकार का परिचय है। अज्ञेय पर अस्तित्त्ववादी दर्शन का प्रभाव काफी सघन है। सवाल उठता है कि क्या यह उनके अध्ययन या शिक्षा-दीक्षा से जुड़ा है या अज्ञेय की आन्तरिक और व्यक्तिगत जरूरतें उन्हें अस्तित्त्ववाद की तरफ झुकाती रही हैं?

अज्ञेय की 'भग्नदूत' और 'चिन्ता' शुरूआती कविताओं में संकलित छायावादी कुहासे से छूटने की छटपटाहट प्रदर्शित करती हैं। हालाँकि अपने शुरूआती दौर में अज्ञेय पर जयशंकर प्रसाद के दार्शनिक मुहावरे के अतिरिक्त प्रणय और स्त्री-पुरूष सम्बन्ध के द्वन्द्व की गहरी छाप है। उनका यह दौर 'इत्यलम' तक चला। इसके बाद 1950 के आसपास 'हरी घास पर क्षण-भर'; 1949 'बावरा अहेरी'; 1954 और 'इन्द्रधनुष रौंदे हुए; 1947, में अज्ञेय एक नये दर्शन की ओर बढ़ते हैं। इस सिलसिले में अज्ञेय ऐसा एक विराट काव्य-परिदृश्य खड़ा कर देते हैं कि वह आधुनिक मनुष्य के दर्शन में बदल जाता है। यह नया दर्शन व्यक्ति-चेतना या कहें कि आत्म-चेतना का काव्यात्मक रूपान्तरण है। अपनी एक चर्चित कविता 'असाध्य वीणा में अज्ञेय बौद्ध दर्शन के मौन की शक्ति को अपने समय के हाहाकार के सामने रखते हैं। वहाँ उनकी एप्रोज सामाजिक विषमताओं और सांस्कृतिक बिखराव के जवाबदेह कारक तत्त्व भौतिकवाद से निपटने की रही है। इसके लिए इस कविता के केन्द्रीय चरित्र केशकम्बली के माध्यम से अज्ञेय समतावादी दृष्टि प्रस्तावित करते हैं। यह कविता उस समय के परिवेश के अनुकूल सत्य की प्रस्तुति नहीं करती है। अज्ञेय सत्याँवेषण और सामाजिक समता साधने के प्रयास में मुक्तिबोध जैसा जुझारू काव्यनायक या धूमिल जैसा कोई लड़ाकू केन्द्रीय चरित्र विकसित नहीं कर पाते क्योंकि बुनियादी तौर पर अज्ञेय व्यक्तिवादी अद्वैत के कवि हैं। उनकी इस व्यक्ति-पक्षधरता को 'नदी के द्वीप', 'सोन मछली', 'यह दीप अकेला', 'एक बूँद' जैसी कविताओं में देखा जा सकता है। अज्ञेय जहाँ मुश्किलों से घिरे व्यक्ति की मुक्ति की बात करते हैं, वहाँ उनकी कविता अच्छी बनती है। लेकिन मुक्ति हमेशा व्यक्ति की नहीं होती। मोक्ष बेशक वैयक्तिक होता है। वास्तविक मुक्ति सामूहिक होती है। इस

प्रगतिशील चेतना के साथ अज्ञेय खुद को नहीं जोड़ पाते क्योंकि अपने काव्य-संस्कारों तथा अपने निजी व्यक्तित्त्व के कारण अज्ञेय जिस वर्ग की वैयक्तिक चेतना को कविता का अनुभव बनाते हैं वह वर्ग आम, साधारण या सामान्य जन का वर्ग नहीं है। इसलिए उसके एजेंडे में केवल अपनी दुनिया की मुक्ति की बात सबसे ऊपर है।

छायावाद के बाद हिन्दी कविता नयी कविता में आकर दो परस्पर विपरीत धाराओं में बँट गयी। एक धारा प्रयोगवादी कविता की थी जिसका प्रतिनिधित्व अज्ञेय कर रहे थे। दूसरी धारा प्रगतिशील काव्य की थी। जिसके केन्द्रीय कवि मुक्तिबोध थे। यह दिलचस्प संयोग है कि तकनीकी धरातल और बुनियादी तौर पर ये दोनों ही कवि अहिन्दी भाषी थे। अज्ञेय की पारिवारिक पृष्ठभूमि पंजाब की थी। मुक्तिबोध का सम्बन्ध मराठी क्षेत्र से था। इन दोनों बड़े कवियों ने हिन्दी कविता को पूरी तरह से बदल दिया।

अज्ञेय अस्तित्त्वादी संवेदना के साथ सजग बौद्धिकता-सम्पन्न कविताएँ लिख रहे थे। यहाँ तक कि उन्होंने छायावादी प्राकृतिक चित्राण की अभिव्यंजना प्रणाली को भी बदल दिया—'फूल कचनार के प्रतीक मेरे प्यार के/ प्रार्थना की अर्धस्फूट काँपती रही कली/ पंक्तियों का सम्पुट, निवेदिता ज्यों अंजलि/ आए फिर दिन मनोहार के, दुलार के'—यहाँ हम देखते हैं कि प्रकृति को लेकर अज्ञेय का नजरिया वस्तुपरक है। उन्होंने नयी विचार-भित्ति का निर्माण किया। उन्होंने व्यक्ति को धारा नहीं द्वीप माना और धारा में बहना मंजूर नहीं किया। क्योंकि 'बहना रेत होना है हम बहेंगे तो रहेंगे नहीं'—अज्ञेय का व्यक्ति हर कीमत पर अपना अलग अस्तित्त्व और पहचान बचाए रखना चाहता है। उसकी वैयक्तिकता में भी एक अलग निर्वैक्तिक पक्षधरता है। अज्ञेय अद्वितीय व्यक्तित्त्व के सामने व्यक्तित्त्वहीनता को, संशय को खड़ा कर देते हैं। दरअसल जब वह व्यक्ति को प्रकृत, ब्रह्म, अच्युत मानते हैं और उसे भी पंक्ति को देने की बात कहते हैं तो कविता में दो विपरीत तनाव, नया अर्थ देने लगते हैं।

अज्ञेय ने परम्परा की बजाए आधुनिकता पर भरोसा किया। उन्हें जो रोमानी परम्परा मिली थी वह उनके सौन्दर्य-बोध और युग-बोध में अन्तर डाल रही थी इसलिए जरूरी था कि वह एक नयी परम्परा की बात करते। उन्होंने ऐसा किया भी—'बह चुकी बहकी हवाएँ चैत की,/ कट गयी फसलें हमारें खेत की,/ कोठरी में लौ बढ़ाकर दीप की,/ गिन रहा होगा महाजन सेत की।' ऐसी पंक्तियाँ अगर मुक्तिबोध, नागार्जुन, त्रिलोचन या केदारनाथ अग्रवाल लिखते तो उसे पूँजीवादी विरोधी महान प्रगतिशील रचना कहा जाता, लेकिन यह कविता अज्ञेय ने लिखी थी। यानी अज्ञेय ने ऐसी कई कविताएँ लिखी हैं जो उनके व्यक्तिवादी रूझान या आत्मनिष्ठ मुहावरे से अलग पड़ती हैं। ऐसी कविताएँ जिस वैचारिक सामाजिकता

को प्रस्तावित करती हैं वह जीवन भर उसको ढूँढ़ते रहे। 'दुख सबको माँजता है' लिखनेवाले अज्ञेय ने अपने काव्य-लेखन के शुरूआती दौर में ही अपना मन्तव्य स्पष्ट कर दिया था। उनका प्रारम्भिक संग्रह 'इत्यलम' का अर्थ है—'अब और नहीं है' जो यह बता देता है कि अज्ञेय के रूप में विलक्षण रचनाकार हिन्दी को मिल गया है। भाषा को माँजने और तराशनेवाले इस कलाकार ने एक ऐसी उदार विचारधारा का पुनर्प्रवेश कविता में कराना चाहा जो काव्य परिदृश्य में पहले से मौजूद थी लेकिन नेपथ्य में चली गयी थी।

अज्ञेय के यहाँ व्यक्ति और समाज सोच के दो ऐसे छोर हैं, जिन पर उनकी कविता बनी रहती है। अहमवाद, आत्मवाद, व्यक्तिवाद, ममवाद यानी मम और ममेतर, अहं और इदम, व्यक्ति और समाज, आत्म और अनात्म अज्ञेय के यहाँ परस्पर घात-प्रतिघात करते अपनी हाजिरी लगाते हैं। कुछ आलोचक अज्ञेय पर सामाजिक सवालों से बचनेवाले कवि-विचारक का आरोप लगाते हैं। अज्ञेय अपने 'मम' यानी 'मेरा' की व्याख्या 'मेरे हिस्से की दुनिया', 'मेरे हिस्से का यथार्थ', 'मेरा निजी देशकाल' करते हैं। उनकी नजर में 'मम' स्व-केन्द्रित समाज-विमुख व्यक्तिवादी 'मम' नहीं है। यह 'मम' समाज में तिरोहित न होकर अपनी अलग-अलग पहचान समेत वहाँ दिखता है। 'नदी के द्वीप की कविता में यह 'मम' नदी के द्वीप की तरह उभरता है—'किन्तु हम हैं द्वीप हम धारा नहीं हैं/ स्थिर समर्पण है हमारा/ हम सदा के द्वीप हैं स्रोतस्विनी के किन्तु हम बहते नहीं है/ ' क्योंकि बहना रेत होना है/ हम बहेंगे तो रहेंगे ही नहीं तुम बढ़ो प्लावन तुम्हारा घरघरा उठे—तुम बढ़ो प्लावन तुम्हारा घरघरा उठे—'तो हमें स्वीकार है वह भी। उसी में रेत होकर फिर छनेंगे हम। जगेंगे हम। कहीं फिर पैर पटकेंगे, कहीं फिर खड़ा होगा नये व्यक्तित्त्व का आकार!'—'जितना तुम्हारा सच है, उतना ही कहो' का सूत्र देनेवाली यह किर्केगार्दियन मुद्रा निजत्व में व्यक्ति की मुक्ति देखती है। यह व्यक्ति का 'कुंठा रहित इकाई' बने रहने को महत्त्व देती है। 'कुंठा रहित इकाई' की जो बात अज्ञेय करते हैं वह व्यक्ति को ही कुंठा से निकालना नहीं है, कुंठित व्यक्ति से समाज या परिवेश को बचाना भी है। दूसरे शब्दों में यह विचार व्यक्ति के आतंक और उसकी अवांछित सत्ता से समाज की रक्षा करता है, ठीक वैसे ही जैसे यह समाज के आतंक और क्रूर दमन से व्यक्ति की रक्षा करता है। इस तरह अज्ञेय के तईं यह एक ऐसा सम्यक दर्शन है जो व्यक्ति और समाज की महत्ता यथास्थान बनाए रखकर दोनों को एक-दूसरे के प्रति ग्रहणशील और उदार बनाता है। यह न तो व्यवस्था को रूढ़ि बनने देता है, न व्यक्ति को कुंठित और समाज को असहिष्णु। व्यक्ति का समाज से नयी तरह के जुड़ाव की बात अज्ञेय करते हैं। यह समाज का अस्वीकार नहीं है लेकिन व्यक्ति-स्वातन्त्र्य का भी स्वीकार है। प्रभाकर श्रोत्रिय इसे विश्लेषित करते

हुए कहते हैं 'समाज से संलग्नता के बावजूद रचनाकार व्यक्ति-स्वातन्त्रय का एक मूल्यपरक मानक बनाता है। स्नेह जोड़ता है, जबकि गर्व अपने अस्मिता बोध में अलग खड़ा है—दीप यानी स्नेहभरे समर्पण के बावजूद, गर्व की एक तटस्थता है जो एक स्तर पर बाँधता है और दूसरे स्तर पर मुक्त करता है। और यह बन्धन समाज से संलग्नता है, और कहीं नागरिक दायित्व भी है और यह मुक्ति तो है पर अलग छिटकी नहीं, यह अनुस्वारिता है।....कहीं स्वयम्भू भी है और कहीं शव को 'शिव भी बनाती है, कहीं शुद्ध ज्ञान भी है तो कहीं श्रद्धामय ज्ञान भी है जो भक्ति की पारम्परिक 'तन मन धन अर्पिति' से अलग, सचेत श्रद्धा है—'यह दीप अकेला स्नेह भरा/ है गर्व भरा मदमाता, पर इसे भी पंक्ति को दे दो।/ यह प्रकृत स्वयंभू, ब्रह्म, अयुत: इसको भी शक्ति को दे दो यह जिज्ञासु, प्रबुद्ध, सदा श्रद्धामय, इसको भक्ति को दे दो/ ' यह व्यक्ति-समाज का जटिल रिश्ता है। समाज के प्रति व्यक्ति का सशर्त समर्पण है। यह वैयक्तिकता को पार कर, निर्वैयक्तिक होने का यातना-भाव है—'यह मधु है : स्वयं काल की मौन का युग-संचय यह गोरस : जीवन-कामधेनु का अमृत-प्न पय, यह अंकुर : फोड़ धरा को रवि को तकता निर्भय,/ यह प्रकृति : स्वयम्भू, ब्रह्म, अयुत: इसको भी शक्ति दे दो।/ ' देखना यह भी होगा कि कहीं यह व्यक्तिवाद पूर्ववर्ती प्रगतिवादी सामाजिक अतिरेक की प्रतिक्रिया तो नहीं है? दुख तो व्यक्ति को भी है और समाज में भी दुख व्याप्त है। फिर 'दुख सबको माँजता है—कहनेवाले कवि के यहाँ समाज से नहीं, उन रूढ़ियों से स्वतन्त्रता की चाहत है जो 'व्यक्ति की स्वतन्त्रता' छीनती है। व्यक्ति की स्वतन्त्रता को बचाने का अर्थ है प्रत्येक व्यक्ति की स्वतन्त्रता को बचाना यानी सबकी समता। 'अहम् ब्रह्मास्मि में निहित आत्मवाद सबके भीतर ब्रह्म को देखे बिना पूर्ण नहीं होता। अज्ञेय पूछते हैं—'क्या कोई अकेला स्वाधीन हो सकता है? क्योंकि कोई भी/ व्यक्ति अपनी सम्भावनाओं को ऐसे ही परिवेश में पा सकता है, जिसमें दूसरे भी अपनी चरम सम्भावनाओं को पूरी तरह से प्राप्त करने के लिए समान रूप से स्वाधीन हों/ ' यही बात मुक्तिबोध कहते है—अपनी मुक्ति के रास्ते अकेले में नहीं मिलते। परन्तु दोनों के लिए व्यक्ति की मुक्ति में अर्थ-भेद है। मुक्तिबोध के लिए यह 'सामूहिक मुक्ति' है और अज्ञेय के लिए 'समूह में मुक्ति' परन्तु इसका कोई विरोध समूह की मुक्ति से नहीं है और दरअसल, मुक्त समूह ही व्यक्ति को मुक्त कर सकता है यानी अज्ञेय के लिए अकेले का स्वाधीन न होना दरअसल समाज से व्यक्ति के सहसम्बन्ध का स्वीकार है, जैसा कि वे हर जगह करते रहे हैं, इस दृष्टि से पश्चिमी व्यक्तिवाद की वह दृष्टि जो मानती है कि समाज का आवयविक अस्तित्त्व नहीं है, और वह स्वतन्त्रता व्यक्तियों का योग है, अज्ञेय के व्यक्तिवाद और भारतीय 'आत्मवाद' से एक हद तक निकट प्रतीत होती है; अपनी बेतरबीब

सामूहिक उपस्थिति के कारण नहीं, बल्कि मानव की सम्पूर्ण प्रतिष्ठा के कारण। यहाँ आत्मबोध इतना प्रखर है कि वह व्यक्तिवादी अर्थ देने लगता है।

अज्ञेय व्यक्ति से शुरू कर समाज तक पहुँचते हैं। फर्क इतना है कि वह व्यक्ति की इयत्ता के कायल हैं। वे समाज का विरोध नहीं करते, समाज में व्यक्ति की केन्द्रीय भूमिका को रेखांकित करते हैं। 1930 के आसपास छायावादी दौर में अज्ञेय 'घृणा का गान' लिखते हैं। वहाँ समाज को, उसके घटकों को अज्ञेय साफ-साफ देखते हैं और साफ-साफ अपनी पक्षधरता जतला देते हैं—'तुम, जो बड़े-बड़े गद्दों पर ऊँची दूकानों में,/ उन्हें कोसते हो जो भूखे मरते है खानों में तुम जो रक्त चूस ठठरी को देते हो जल-दान-/ सुनो, तुम्हें ललकार रहा हूँ, सुनो घृणा का गान!/ तुम, सत्ताधारी, मानवता के शव पर आसीन,/ जीवन के चिर-रिपु विकास के प्रतिद्वन्द्वी प्राचीन, तुम, श्मशान के देव! सुनो यह रण भेरी तान-आज तुम्हें ललकार रहा हूँ, सुनो घृणा का गान!' अज्ञेय के सामने शोषक और शोषित की भी पहचान साफ है—'उस के बाप का खून तुम्हारे बाप ने चूसा है/ उस के बाप के बाप का/ तुम्हारे बाप के बाप ने/ और यों सदियों से होता चला आया है/ हो सकता है तुम्हारे बाप ने/ अभी तुम्हें यह नहीं बताया है/ और निश्चय ही/ रूप-रक्षा के नुस्खोंवाली तुम्हारी/ रंगीली पत्रिका ने यह तुम्हें नहीं पढ़ाया है/ बात यह है कि वह/ खून देती हुई भी/ अपने खून पर पली है/ और तुम/ अनजानते भी/ उस के खून पर/' दमन-शोषण से त्रस्त समाज में यह मनुष्य की भूमिका का नया पाठ है।

यह मनुष्य की समकालीन सामाजिक चिन्ता है जिसका केन्द्रीय सरोकार भूखा व्यक्ति है—'क्योंकि मैं/ यह नहीं कह सकता/ कि मुझे/ उस आदमी से कुछ मतलब नहीं है/ जिसकी आँखों के आगे उसकी लम्बी भूख से बढ़ी हुई तिल्ली/ एक गहरी मटमैली पीली झिल्ली-सी छा गयी है/ और जिसे चाँदनी से कुछ लेना नहीं है/ क्योंकि मैं/ उसे जानता हूँ/ जिसने पेड़ के पत्ते खाए हैं/ और जो उसकी जड़ की लकड़ भी खा सकता है/ क्योंकि वह मुझे प्यारा है, इसलिए मैं पेड़ की जड़ को या लकड़ी को/ अनदेखा नहीं करता/ बल्कि पत्ती को/ प्यार भी करता हूँ और करूँगा/ क्योंकि जिसने कोड़ा खाया है/ वह मेरा भाई है/ क्योंकि यों उसकी मार से मैं तिलमिला उठा हूँ/ इसलिए मैं उसके साथ नहीं चीखा-चिल्लाया हूँ :/ मैं उस कोड़े को छीनकर तोड़ दूँगा/ मैं इनसान हूँ और इनसान का वह अपमान नहीं सह सकता।' इन आग से धधकती पंक्तियों में व्यक्ति-स्वातन्त्रय और सामाजिक-सम्पृक्ति को कैसे अलगा सकते हैं? व्यक्ति-चेतना और वर्ग-चेतना, परम्परा और आधुनिकता, व्यक्ति और समाज अज्ञेय के यहाँ नया विमर्श रचते हैं। इससे इनकार नहीं किया जा सकता है कि उनका व्यक्ति समाज-निरपेक्ष या आत्मसुरक्षित है। उनके यहाँ समाज से व्यक्ति के अलग हो जाने की आत्मपीड़ा और नैतिक परेशानी

की व्यथा नहीं मिलती। उनका भावबोध रोमांटिक है।

समय को याद कीजिए, जब अज्ञेय की काव्य पीढ़ी ने आँखें खोली थी, व्यक्ति घर से टूट रहा था। गाँव शहरों में गुम हो रहे थे। मशीने मनुष्य को निगल रही थी। कोमल सपनों को प्रस्तावित करती छायावादी रंगीन फिल्म खत्म हो गयी। नयी कविता असहज सच को ब्लैक एंड व्हाइट में दिखाने लगी—'पहाड़ियों से घिरी हुई इस छोटी-सी घाटी में/ ये मुँह झोंसी चिमनियाँ बराबर/ धुआँ उगलती जाती हैं/ भीतर जलते लाल धातु के साथ/ कमकरों की दुस्साध्य विषताएँ भी/ तप्त उबलती जाती हैं/ बन्धी लीक पर रेले लादे माल/ चिहुँकती और रम्भाती अफराए डांगर-सी/ ठिलती चलती जाती हैं।/ उधम की कड़ी-कड़ी में बन्धते जाते मुक्तिकाम/ मानव की आशाएँ ही पल-पल/ उस को छलती जाती हैं।' जिन मशीनों को मनुष्य की मुक्ति के हथियार के रूप में प्रचारित किया गया, वही उसे बन्धक बनाने लगीं। इसने भी अज्ञेय ही नहीं उनके समय की समूची काव्य-पीढ़ी के सामाजिक विवेक पर असर डाला। वह व्यंग्य में बात करने लगे क्योंकि व्यंग्य पीड़ा से पैदा होता है और करुणा उपजाता है। आधुनिकतावादी व्यंग्य से बचता है जबकि आधुनिक मनुष्य अनिवार्य तौर पर व्यंग्य को अपनी पीड़ा की अभिव्यक्ति का माध्यम बनाता है—'निकट-तर धँसती हुई छत, आड़ में निर्वेद/ मूत्र सिंचित मृक्तिका के वृत्त में/ तीन टांगों पर खड़ा नत ग्रीव/ धैर्य-धन गदहा,/ निकटतम—/ रीढ़ वंकिम किए, निश्छल किन्तु लोलुप/ खड़ा वन्य विलार—/ पीछे गोयठों के गन्धमय अम्बार।' देखिए अर्थ कितनी तरह से व्यंजित हो रहा है।

धैर्यवान गदहा और उसे झपटने को घात लगाए बैठा लोलुप वन्य-विलार कौन हैं—इसे अज्ञेय उजागर कर देते हैं। यहाँ तक कि सम्बन्धों के रीतने का निहितार्थ भी उनके व्यंग्य का निशाना बनता है—'क्रौंच बैठा हो कभी वाल्मीकि पर/ तो मत समझ/ वह अनुष्टुप बाँचता है, संगिनी के स्मरण के/ जान ले वह दीमकों की टोह में है।' पुराने कवि और आधुनिक कवि के बीच संवेदनात्मक अन्तर हमें साफ दिखाई देने लगता है। उक्त कविता के सन्दर्भ में ही डॉ. रामस्वरूप चतुर्वेदी ने लिखा है कि 'आदिकवि और आधुनिक कवि के बीच के संवेदनात्मक अन्तर को स्वचेतन रूप से शायद यहाँ पहली बार अंकित करने की चेष्टा हुई है। भावना के 'कविजनोचित' आवेग और आवेश पर नहीं उसक्री तर्कयुक्त और विज्ञानसंगत सृजनात्मकता पर अज्ञेय बल देते हैं। असल में अज्ञेय में प्रकृति के तटस्थ, निर्लिप्त, दृश्य चित्र खींचने की प्रवृत्ति कम है—'मैं सोते के साथ बहता हूँ/ पक्षी के साथ गाता हूँ/ झरे पत्तों के साथ गलकर नये प्राण पानेवाले' कहनेवाले अज्ञेय का प्रकृति-प्रेम और देश-राग गहरा है। यह प्रेम उनमें देशगत विषमताओं के प्रति व्यंग्यबोध जगाता है—'इन्हीं तृण-फूस-छप्पर से/ ढँके ढुलमुल गँवारू/ झोंपड़ों

में ही हमारा देश बसता है/ इन्हीं के ढोल-मादल-बाँसुरी के/ उगमगते सुर से/ हमारी साधना का रस सरसता है/ इन्हीं के मर्म को अनजान/ शहरों की ढँकी लोलुप/ विषैली वासना का साँप डसता है/ इन्हीं में लहरती अल्हड़/ अयानी संस्कृति की दुर्दशा पर/ सभ्यता का भूत हँसता है/' अज्ञेय ने 'साँप', 'रेंक', 'इतिहास की हवा' जैसी कविताओं में आधुनिक राजनीति की ओर व्यंग्यपूर्ण इशारा किया है। भाषा को नया, आधुनिक बनाने की लड़ाई लड़ी है।

नगर की कथित श्रेष्ठता पर इससे तीखा व्यंग्य और कहाँ मिलेगा—'साँप' तुम सभ्य तो हुए नहीं/ नगर में बसना/ भी तुम्हें नहीं आया/ एक बात पूछूँ—; उत्तर दोगे? तब कैसे सीखा डसना/ विष कहाँ पाया?/ —अज्ञेय का व्यंग्य-विधान साधारण शब्दों को असाधारण सन्दर्भों में बरतने के सलीके का श्रेष्ठ उदाहरण है। यह शब्द प्रयोग इतने अचूक और सटीक हैं कि भाषा अभिधा में भी अद्भुत सांकेतिकता हासिल कर लेती है। अज्ञेय व्यंग्य का तात्कालिक प्रयोग करने में सक्षम हैं— 'अरे भैया पंडिज्जी ने पोथी बन्द कर दी है।/ पंडितजी ने चश्मा उतार लिया है।/ पंडितजी ने आँखें मूँद ली हैं।/ पंडितजी चुप-से हो गये हैं।/ भैया, इस समय/ पंडितजी/ फकत आदमी हैं।/'—यहाँ शब्दों का खेल सतह पर है। असल में उनके मायने गहरे हैं। जो सार्थक सन्दर्भों को इस विचार-सम्पन्न काव्य-प्रसंग में बदल देते हैं कि मनुष्य अपने असली अर्थ कई परतों के नीचे छुपाकर भूल जाता है।

अज्ञेय के व्यंग्य का निशाना वे कथित बलिदानी राजनीतिक भी बने जो खुद को आजादी के सेनानी घोषित कर अनचाहे लाभ लेना चाहते थे—'ओ मेरे मसीहा,/ हाय मेरे मसीहा!/ आजादी के बीस बरस निकल गये/ और तुम्हें कुछ नहीं मिला—/ एक कमबख्त कम-से-कम पहचाना जा सकनेवाला/ जटियल सलीब भी नहीं:/ जब कि इतने-इतने मन्दिरों और रथों से इतनी-इतनी काठ-मूर्तियाँ/ तोड़ी-उखाड़ी जाकर रोज बिक रही हैं इतने अच्छे दामों!/ हाय मेरे मसीहा! बिना सलीब के तुम्हें कोई पहचाने भी तो कैसे/ और जो तुम्हें नहीं पहचाने/ उसकी आजादी क्या? पहचान तो तुम्हें, फकत तुम्हें, हुई—आजादी की भी और अपनी भी!'—यहाँ ओढ़ी हुई मसीही मुद्रा के विद्रूप को अज्ञेय का व्यंग्य उजागर कर देता है।

अज्ञेय की काव्य की शुरूआत प्रेम की छटपटाहट से हुई है। इसीलिए कवि ने संयोग के क्षणों की उन्माद-स्थिति तथा वियोग के क्षणों की तड़पन एवं विरह-कथा को अत्यन्त कुशलता के साथ अंकित किया है। कवि ने 'तारसप्तक' के अपने वक्तव्य में लिखा भी है—'और प्रेम! एक थका-माँदा पक्षी, जो साँझ घिरती देखकर आशंका से भी मरता है और साहस संचित कर लड़ता भी जा रहा है। निराशा और कुंठा से धैर्यपूर्वक लड़ता हुआ, किन्तु विश्वास की निष्कम्प अवस्था से कुछ नीचे, आज के प्रेम का सर्वोत्तम सम्भव रूप यही है। अन्धकार और आलोक का अनुक्रम,

धृति और गति का सामंजस्य, वासना और विरह का संयोग, उदासी और खंडन के बीच में विश्वास का मुक्त स्वर जो सबल कई बार हो उठता है पर निष्काम कभी नहीं होता। इसीलिए अज्ञेय ने लिखा है—'वे रोगी होंगे प्रेम जिन्हें अनुभव-रस का कटु प्याला है,/ वे मुर्दे होंगे प्रेम जिन्हें सम्मोहनकारी हाला है,/ मैंने विदग्ध हो जान लिया अन्तिम रहस्य पहचान लिया/ मैंने आहुति बनकर देखा यह प्रेम यज्ञ की ज्वाला है।' अज्ञेय ने प्रेम एवं प्रणय को अलौकिक या अतिमानवीय नहीं, ठेठ मानवीय माना है। कवि चकित है कि लोग प्रेम सरीखी नैसर्गिक और लगभग जरूरी संवेदना को भी छिपाया करते हैं—'हाय तुम्हारी नैसर्गिकता! मानव नियम निराला है—/ वह तो अपने ही में अपना प्रणय छिपानेवाला है।' इस प्रेम का जीवन्त रूप बिछुड़ने की वेदना में मौजूद रहता है। इसीलिए अज्ञेय विरह को महत्त्व देते हुए सवाल करते हैं—'प्रेम को चिर ऐक्य कोई मूढ़ होगा तो कहेगा/ विरह की पीड़ा न हो तो प्रेम क्या जीता रहेगा?' शायद यही वजह है कि प्रेम के चलते ही संयोग के क्षणों में प्रियतमा की देह कनक चम्पे की कली की तरह याद करते ही सुगन्ध देने लगती है और उसका लावण्य चेतना को मोहित कर लेता है—'तुम्हारी देह/ मुझको कनक-चंपे की कली है/ दूर ही से/ स्मरण में भी गन्ध देती है।/ रूप स्पर्शातीत वह जिसकी लुनाई/ कुहासे सी चेतना को मोह ले/' यह प्रेम वर्तमान अनुभव है। अतीत को नये अर्थ देनेवाला यह भाव भविष्य को भी तय करता है।

अज्ञेय ने क्षण की अनुभूति को अत्यन्त महत्त्व दिया है। अज्ञेय जीवन के हर क्षण को अमोघ, स्वतन्त्र एवं स्वच्छन्द मानते हैं—'क्षण अमोघ है, इतना मैंने/ पहले भी पहचाना है,/ इसलिए साँझ को/ नश्वरता से नहीं बाँधता।—यहाँ क्षण इतिहास नहीं, स्मृति बनकर सदा के लिए बचा रहता है। अज्ञेय क्षण की अनुभूति को पी जाने के लिए छटपटाते हैं। वह उस अनुभूति को शब्दों में बाँधकर रखना चाहते हैं। क्षण के सत्य का स्पर्श पाना चाहते हैं। वह क्षण के आलोक में घुलकर विभोर होना चाहते हैं, वह उस क्षण-विशेष के जीवन को ही महत्त्व देते हैं—'सत्य का सुरभिपूत स्पर्श हमें मिल जाए/ क्षण भर/ एक क्षण उसके आलोक से संयुक्त हो/ विभोर हम हो सकें/ और हम जीना नहीं चाहते।/' क्षण भर के जीवन को अर्थ देनेवाली वस्तुओं में प्रेम की उपस्थिति बड़ी है—'तुम्हारी पलकों को कम्पना/ सपने की एक किरण मुझको दो ना/ है मेरा इष्ट तुम्हारे उस सपने का कण होना।/ और सब समय पराया है,/ बस उतना क्षण अपना।/ तुम्हारी पलकों का कंपना।/' यह क्षणवाद आत्महन्ता विचार नहीं है। हर क्षण को जीवन मानकर जीने से यह विचार उपजा है।

अज्ञेय के यहाँ जिन्दा रहने की तीव्र, तीक्ष्ण इच्छा यानी जिजीविषा है। जीवन के विकट व्यूहों में, उलझनों के जटिल जालों में फँसा मनुष्य भी मृत्यु-उन्मुख नहीं होता; जिन्दा रहने के लिए छटपटाता है। उसकी इस आकुल तड़प और जीने की

अदम्य इच्छा को अज्ञेय मछली के प्रतीकार्थ से व्यक्त करते हैं—'हवा का एक बुलबुला-भर पीने को/ उछली हुई मछली,जिसकी मरोड़ी हुई देह-वल्ली में/ उसकी जिजीविषा की उत्कट आतुरता मुखर है।/ '—इस सन्दर्भ में 'बना दे चितरे', 'सोन मछली', 'मछलियाँ', 'टेर रहा है सागर', 'जीवन छाया' जैसी कविताएँ मनुष्य की जिजीविषा के जीवित बिम्ब बनाती हैं।

अव्यवस्थित और अमानवीय मशीनीकरण ने मनुष्य के होने के अर्थ को विकृत किया है। विकराल लौह भट्टियों में 'भीतर जलते लाल धातु के साथ/ कामकरों की दुस्साध्य विषमताएँ भी तप्त उबलती जाती हैं'—देखनेवाली अज्ञेय की दृष्टि आर्थिक असंगतियों में दग्ध होते कमजोर बेबस के प्रति सहानुभूति से भर जाती हैं। सरमायेदार नवकुबेरों को वह ठेठ मार्क्सवादी स्वर में फटकार लगाते हैं—'तुम जो बड़े-बड़े गददों पर, ऊँची दुकानों में,/ उन्हें कोसते हो जो भूखे मरते हैं खानों में,/ तुम, जो रक्त चूस ठठरी को देते हो जलदान,/ सुनो तुम्हें ललकार रहा हूँ, सुनो घृणा का गान!/—असमानता एवं विषमता को मिटाने के लिए रक्तमयी क्रान्ति का भी आह्वान अज्ञेय करते हैं। अनथक संघर्ष करने तथा इस भयंकर वैषम्य को हटाने के लिए अग्नि-धर्म को मानने की हुँकार लगाते हैं—'हमने न्याय नहीं पाया है, हम ज्वाला से न्याय करेंगे धर्म हमारा नष्ट हो गया, अग्नि धर्म हम हृदय धरेंगे।' यह 'अग्निधर्म सामाजिक क्रान्ति है। रक्तपूर्ण संघर्ष जन-आन्दोलन की प्रेरणा है और उन कामगरों, मजदूरों एवं श्रमजीवियों को जगानेवाला धर्म है जिनको श्रम का मूल्य नहीं मिलता। जिनका रक्त चूसकर समाज के भाग्य विधाता विलास करते हैं। इसीलिए अज्ञेय इस विषमता को मिटाकर समानता का आलोक पाने की बात करते हैं—'कवि एक बार फिर गा दो, एक बार इस अन्धकार में फिर आलोक दिखा दो/ '—अज्ञेय ने समाज में व्याप्त निराशा, बेबसी, घुटन, विषमता की खबर लेने के साथ-साथ साकार इनसानी रूप की उपस्थिति भी अपनी कविता में दर्ज की है—'तुम्हारे नैन/ पहले भोर की दो ओस-बूँदें हैं/ अछूती, ज्योतिमय/ भीतर द्रवित।/ मानो विधाता के सदय में/ जग गयी हो भाव करुणा की अपरिमित../ तुम्हारे ओठ-/ पर उस दहकते दाड़िम-पुहुप को/ मूक तकता रह सकूँ मैं—/ ; सह सकूँ मैं ताप ऊष्मा का, मुझे जो लील लेती है!'—स्त्री-आँखें और ओठों के यह बोलते चित्र छायावादी कुहासे से सौन्दर्य को उजाले में निकाल रहे हैं।

प्रेम के निजी राग से लेकर देश राग तक अज्ञेय की कविता के आयाम फैले हुए हैं। उनकी मुख्य संवेदना बुनियादी तौर पर आत्मोन्मुखी या अन्तर्मुखी है। जन-जीवन से उन्हें खासा लगाव है, किन्तु अपनी तलाश और आत्मा एवं मन की गुत्थियों को खोलने की ओर उनका ज्यादा झुकाव रहा है। यह पक्ष लगातार बढ़ता गया है।

नश्वरता, जिजीविषा, आस्था, इत्यादि अज्ञेय की कविता के बीजभाव हैं। 'मैंने देखा एक बूँद', 'सोनमछली', 'साम्राज्ञी का नैवेध दान', 'हिरोशिमा', 'कितनी नावों में कितनी बार', 'उन्होंने घर बनाए', 'पत्ता एक झरा',—जैसी विशिष्ट कविताओं के माध्यम से इन्हें समझा जा सकता है। 'मैंने देखा एक बूँद' में कवि ने बूँद के बहाने, नश्वर के माध्यम से अनश्वर सौन्दर्य का बिम्ब उपस्थित किया है। एक बूँद सागर के झाग से उछलती है। ढलते सूरज की प्रकाश में रंगीन बन गयी है। इस प्रक्रिया में कवि को सूने विराट में प्रत्येक प्रकाश में अपनापन दिखाई पड़ता है— 'मुझको दीख गया :/ सूने विराट के सम्मुख/ हर आलोक-छुआ अपनापन/ है उन्मोचन/ नश्वरता के दाग़ से!/ '—अनश्वर मानवीय सौन्दर्य-नश्वरता रूपी दाग दिखाई पड़ता है। अज्ञेय ने कविता में नयी जीवन-दृष्टि का अन्वेषण किया है। 'अरी ओ प्रभामय' में संकलित में 'सोन मछली' का बिम्ब उपस्थित करते हुए अज्ञेय सोन मछली के माध्यम से मानव की जिजीविषा का चित्रण करते हैं—'हम निहारते रूप/ कांच के पीछे/ हाँप रही है मछली।/ रूप-तृषा भी रूप-तृषा भी/ और काँच के पीछे/ है जिजीविषा।—किस प्रकार मछली को काँच के शीशे में जकड़कर रखा जाता है। उसके बीच में रखी कई मछली हाँफती हुई प्रतीत होती हैं। स्वाधीनता का हनन हो गया है। कवि उसके रूप की चमक को भी काँच के भीतर ही सिमटा हुआ पाता है। कभी-कभी रूप की आकृति काँच के पीछे प्रतिबिम्बित होती है। ऐसा लगता है कि काँच से घिरे आकार में भी सोन मछली अपनी जीवन जीने के लिए विवश है। उसकी जिजीविषा बनी हुई है। यह बाहरी बनावटी सहजता में असहजता को देख लेना है जिनमें अकुलाहट बेचैनी भरी हुई है। इस बेचैनी ने किस प्रकार आधुनिक समय में मानव की स्वतन्त्रता को भी बाँधकर रखा है। सोन मछली की प्रतीकात्मकता मानवता के उस भाव को दर्शाती है जो कही भी, किसी भी प्रकार की स्थितियों में जीने के लिए विवश है।

अज्ञेय कविता में कहानी भी कहते है। 'सोनम्राज्ञी का नेवैद्य-दान' ऐसी ही रचना है। जापान की साम्राज्ञी कोमियो प्राचीन राजधानी नारा के बुद्ध मन्दिर में जाते समय असमंजस में पड़ गयी थी कि चढ़ाने को क्या ले जाए और फिर रीते हाथ गयी थी। यही घटना अज्ञेय की 'साम्राज्ञी का नैवद्य-दान' कविता का आधार है। हे महाबुद्ध! मैं मन्दिर में खाली हाथ आई हूँ, मैं फूल नहीं ला सकी हूँ। मेरे विचार से दूसरों का संग्रह आपके योग्य नहीं होता। पूरा संसार ही आपकी करुणा से द्रवित होता रहता है। भव के सपनों, क्षण के आनन्द, जीवन के रहस्य सूत्र को मैं डाली से अलग नहीं कर सकी। उस फूल की खुशी उसी डाली पर ही विद्यमान है। कविता छोटे आकार में भी इतने विराट दर्शन को प्रस्तावित करती है।

राहों के अन्वेषक कवि अज्ञेय ने 'हिरोशिमा' नामक कविता में विध्वंसात्मक

स्थितियों का चित्रण किया है। एटम बम के प्रयोग से हिरोशिमा तबाह हो चुका है। सम्पूर्ण मानवता की हार हुई है। प्रकृति भी वहाँ स्तब्ध है। सूर्य का निकलना और नगर के चौक पर धूप का पड़ना उन सम्पूर्ण त्रासद स्थितियों को मर्मस्पर्शी बना देता है—'छायाएँ मानव-जन की/ दिशाहीन/ सब ओर पडीं—वह सूरज/ नहीं उगा था पूरब में, वह/ बरसा सहसा/ बीचोंबीच नगर के: काल-सूर्य के रथ के/ पहियों के ज्यों अरे टूट कर/ बिखरे गये हों/ दसों दिशा में/—यहाँ अज्ञेय युद्ध के विकराल परिणामों को उजागर करनेवाला वातावरण ठंडी लेकिन मारक भाषा में निर्मित करते हैं। एक दिन सूर्य निकला मगर वह क्षितिज पर नहीं नगर के चौक पर निकला। तन-मन-आत्मा को पिघलानेवाली धूप बरसती है। अन्तरिक्ष से नहीं बल्कि धरती के अन्तर से। मानवीय क्षति की भीषणता को इससे समझा जा सकता है। छायाएँ भी दिशाहीन हो गयी हैं। आहत मानव चारों ओर पड़े हुए हैं। कवि का कहना है कि सूरज पूर्व में नहीं उदित हुआ। वह तो बीचोंबीच नगर के सामने दिखाई दिया था। ऐसा प्रतीत होता है कि उस समय सूर्य के रथ के पहियों के अरे टूटकर दसों दिशाओं में बिखर गये हों। मानवता के भीषण संहार का यथार्थ चित्रण किया गया है। एटम के प्रयोग के बाद की दुखद स्थिति का बयान विचलित करनेवाला है। हिरोशिमा एक प्रतीक बन गया है। जहाँ मानवता के साथ अमानवीय अत्याचार किया गया। सम्पूर्ण मानवता समाप्त हो गयी। पृथ्वी के अन्दर से भी विनाश की आहटें सुनाई पड़ रही हैं।

अज्ञेय विपरीत स्थितियों में मानवीय आस्था को परखते हैं। 'कितनी नावों में कितनी बार' कविता में कवि ने अज्ञातशक्ति के प्रति अपनी आस्था और समर्पण भाव व्यक्त किया है—'और कितनी बार कितने जगमग जहाज/ मुझे खींचकर ले गये हैं कितनी दूर/ किन पराये देशों की बेदर्द हवाओं में/ जहाँ नंगे अँधेरों को/ और भी उघाड़ता रहता है/ एक नंगा, तीखा, निर्मम प्रकाश—/ जिस में कोई प्रभा-मंडल नहीं बनते केवल चौंधियाते हैं तथ्य, तथ्य—तथ्य—/ सत्य नहीं, अन्तहीन सच्चाइयाँ.../ कितनी बार मुझे खिन्न, विगल, संत्रस्त—/ कितनी बार/ ' कुछ क्षण ऐसे भी आते हैं जब कवि अपनी आस्था के प्रति संशयशील हो उठता है किन्तु यह स्थिति शीघ्र समाप्त हो जाती है और कवि अपनी आस्था की भाव-भूमि पर लौट आता है।

घर अज्ञेय की कविता में केन्द्रीय रूपक की तरह मंचित होता है। घर का बनना और बसना मानसिक प्रक्रिया में ही रहता है। असल में घर हर बार अधूरा या अनिर्मित रह जाता है। अज्ञेय घर को पेड़ों की शाखाओं या मायावी पहाड़ों में बसाते रहे। उनके अन्तिम दौर की कविताओं में यह भाव ज्यादा गहरा हुआ है। 'उन्होंने घर बनाए' कविता में अज्ञेय ने मन का घर बनाते व्यक्ति का चित्रण किया है। मकान बनानेवाले आत्मीय भाव से घर बनाते हैं। घर जब तैयार हो जाता है तो उसे छोड़कर

वे आगे चले जाते हैं—'इससे आगे/ कहानी किधर चलेगी? **खंडहरों पर क्या वे झंडे** फहराएँगे/ या कुदाल चलाएँगे,/ या मिट्टी पर हमीं प्रेत बन मँडराएँगे/ जबकि वे उसका गारा सान ईंटें साँचो में नयी ईंटें जमाएँगे?/' मकान बनाना आसान है। उसमें घर बसाना मुश्किल है। ऐसा क्यों होता है; यह एक कठिन कथा है—'एक बिन्दु तक/ कहानी हम बनाते हैं/ जिससे आगे/ कहानी हमें बनाती हैं:/ उस बिन्दु की सही पहचान/ क्या हमें आती है?/ मालिक आकर घर में निवास करते हैं। उसी में अपना वंश बढ़ाते हैं। अन्त में मृत्यु को प्राप्त हो जाते हैं।'—यहाँ भौतिक ऐश्वर्य में मौजूद नश्वरता का विराग, असन्तोष और व्यर्थताबोध उभरता है। कवि ने खंडहरों पर झंडा फहराने, कुदाल चलाने या साँचों में नयी ईंट जमाने का जो वर्णन किया है; उसमें जीवन की गति है। कवि के अनुसार एक बिन्दु तक हम कहानी बनाते हैं उसके बाद कहानी हमें बनाती है। उस बिन्दु की सही पहचान हम नहीं कर पाते हैं। यानी जीवन अनन्त हो जाता है या आखिरकार अनिर्णित रह जाता है। अज्ञेय पुराने की बजाय नये के पक्षधर हैं। उन्होंने कविता कहने के नये तरीके और शैलियाँ इजाद की हैं। 'कलगी बाजरे की' कविता में अज्ञेय ने नये प्रतिमान गढ़े हैं।

अज्ञेय यहाँ सौन्दर्य के पुराने प्रतीक गुलाब की जगह बाजरे की कली की नयी उपमा देते हैं—'कभी बासन अधिक घिसने से मुलम्मा छूट जाता है।/ मगर क्या तुम नहीं पहचान पाओगी:/ तुम्हारे रूप के-/ तुम हो, निकट हो, इसी जादू के- निजी किस सहज, गहरे बोध से, किस प्यार से मैं कह रहा हूँ—/ अगर मैं यह कहूँ—बिछली घास हो तुम/ लहलहाती हवा में कलगी छरहरी बाजरे की?/—यही कविता में, 'कविता के नये प्रतिमान' गढ़ने की विकलता है। इस कविता को सरल वाक्यों में फैलाकर देखते हैं—वाचक कहता हैं कि मैं तुम्हें अब बिछी हुई घास कहता हूँ, या हिलती हुई कलगी बाजरे की कहता हूँ तो इसका अभिप्राय यह नहीं है कि मेरा प्यार मैला है। मैं अगर तुम्हें लजाती साँझ की अकेली तारिका, शरद ऋतु के भोर नहाती हुई कुँई या ताजा चम्पे की कली आदि से सम्बोधित नहीं करता, तो इसका कारण यह नहीं है कि मेरे हृदय में तुम्हारे लिए प्रेम नहीं है। बल्कि ये उपमान अब पुराने हो गये हैं। मैं नये उपमान देते हुए तुम्हें बाजरे की कली कहता हूँ। शब्द अधिक प्रयोग किए जाने के कारण पुराने पड़ गये हैं। अब नये शब्द देने की जरूरत है। बर्तन अधिक घिसने से मुलम्मा छूट जाता है। मैं सहजता के साथ, तुमसे निकटता के कारण निकटता के जादू के कारण ही प्यार से हवा में लहलहाती बाजरे की कली कह रहा हूँ। आज बगीचे में सँवरी जूही के फूल से सृष्टि के विस्तार का सौन्दर्य नहीं मानकर एक सच्चा, प्यारा प्रतीक जो ऐसे ही ऐश्वर्य को देनेवाला है; बाजरे की कली कहता हूँ। यह शरद ऋतु के सुनसान आसमान की पीठिका पर हिलती हुई बाजरे की कली अकेली खड़ी है। मैं इन्हें जब-जब देखता हूँ तो सूनी संसृति की गहराई सिमट

आती है। तब मैं एकान्त समर्पित हो जाता हूँ। यह शब्द का ही जादू है बल्कि उससे भी अधिक यह समर्पण है।

अज्ञेय ने 'पत्ता एक झरा' कविता में सुनहले चँदोवे से एक पत्ते के झरने का वर्णन किया है—'सारे इस सुनहले चँदोवे से/ पत्ता कुल एक झरा/ पर उसी की अकिंचन/ झरन के/ हर कँपने में मैं कितनी बार मरा!/ मृत्यु की जड़ता के सामने जीवन का स्पन्दन व्यक्त करनेवाला झरने को हुआ पतझर का जरा अटका-सा पत्ता का बिम्ब कई कवियों का प्रिय रहा है। सबसे पहले शमशेर के यहाँ इसकी हाजिरी दर्ज है। वाचक की संवेदना के केन्द्र में है। वह कहता है कि इस पत्ते के अकिंचन झरने के हर कँपने में न जाने कितनी बार मरना पड़ा है। प्रकृति के इस बिम्ब ने अज्ञेय के मानस पर भी प्रभाव डाला है। झर जाना टूट जाना, छूट जाना जीवन के अत्यन्त ही मार्मिक पहलू हैं।

अज्ञेय ने हिन्दी कविता के विषय-क्षेत्रों को व्यापक किया है। जब हम अज्ञेय के सन्दर्भ में ऐसा कहते हैं तो तत्काल उनकी शिल्प-सजगता भी ध्यान में आती है। शब्दों को लेकर ऐसी बारीक कारीगरी अज्ञेय करते हैं जिससे पाठक दंग रह जाता है लेकिन इसके लिए उन्हें बेवजह कलाकारी नहीं दिखानी पड़ती बल्कि वह इस तरह के गढ़े हुए शिल्प का विरोध करते हैं। अज्ञेय की कविता उनके कई समकालीन कवियों की तरह वाचाल नहीं है। वह कम से कम शब्दों में अधिक से अधिक बात सामने रखती है। हर कविता के विषय के साथ उन का बर्ताव बिलकुल अलग तरीके का होता है। उनकी कविता की बनावट साफ-सुथरी है। आज के महत्त्वपूर्ण कवि एकान्त श्रीवास्तव ने यह ठीक ही कहा है कि 'वे अनूठे शब्द शिल्पी हैं। इस बात से शायद ही कोई असहमत हो सके। मितभाषी अज्ञेय की कविता का स्थापत्य ऐसा है कि जैसे संगमरमर का महल हो—कहीं कोई धूल नहीं, कोई पत्ता नहीं। एक-एक शब्द वे तौल-तौलकर कविता में टाँकते हैं। जैसे आकाश नीली चादर में सितारों को टाँकता है। भाषा का दुरुपयोग उनके यहाँ कहीं दिखाई नहीं देता। आज की हिन्दी कविता को अज्ञेय की जरूरत, इस दृष्टि से, सबसे अधिक है क्योंकि वह बहुत वाचाल हो गयी है। उसका आलाप प्रायः प्रलाप में बदल जाता है।' यहाँ एक इशारा किया गया है कि आज की कविता भाषा की दृष्टि से अज्ञेय से क्या सीख सकती है। एकान्त अज्ञेय के अनूठे भाव कौशल के कायल हैं। अज्ञेय ने काव्य भाषा के बारे में यह ठीक ही कहा था कि—'कवि जब कविता लिखता है तो बोल-चाल की भाषा उसका आदर्श होनी चाहिए। कवि जब अपना सत्य दूसरे पर प्रकट करने चलता है तब अनिवार्यतः वह मानता है कि वह सत्य जितने अधिक व्यक्तियों पर प्रकट हो, उतना ही काव्य सफल है। इसीलिए कविता की भाषा के लिए बोलचाल की भाषा सर्वदा आदर्श के रूप में रहती है और रहनी चाहिए।'

दरअसल अज्ञेय भाषा की चमक-दमक या नयापन दिखाने से ज्यादा नयेपन का बोध भरते हैं। इससे कविता में नया अर्थ उत्पन्न होता है। वह हमें भाषा का नया वातावरण, नयी शब्दावली, नया वाक्यविन्यास सौंपते हैं—यानि अज्ञेय अपनी मौलिकता से हिन्दी कविता के समूचे भाषिक वातावरण को बदलनेवाले रचनाकार हैं। उनकी प्रयोगशील दृष्टि, उनके शब्दचयन से लेकर समूचे भाषा-व्यवहार में झलकती है।

अज्ञेय ने हिन्दी कविता के अभिव्यंजना शिल्प को बदलकर रख दिया। 'अनुभव की अपेक्षाकृत विपन्नता के बावजूद भाषा-सम्पन्नता ही एक कवि को कवि बनाए रखती है—भाषा सम्पन्नता, अर्थात कहने की विशिष्ट शैली, कथन की अनूठी भंगिमा।' अपनी अनुभवगत और विषयगत अपेक्षाकृत विपन्नता के बावजूद अपने अनूठे भाषिक कौशल के चलते अज्ञेय कवि थे, हैं और बने रहेंगे। उन्हें खारिज करना आसान नहीं। बिहारी की तरह सीमित अनुभव लोक ओर माँसल प्रेम के दरबारी कवि होने के बावजूद बिहारी को कवि मानना ही होगा। आसन, निस्सन्देह उन्हें भक्तिकालीन कवियों के बाद ही मिलेगा। अज्ञेय की स्थिति भी हिन्दी कविता में कुछ-कुछ ऐसी ही है। इसका एकदम यह अर्थ नहीं कि वे आधुनिक हिन्दी भाषा के बिहारी हैं। बिहारी की तुलना में अज्ञेय का काव्य-परिसर अधिक विस्तृत और वैविध्यपूर्ण है। अज्ञेय की कविता आज भी कवियों को भाषा और शिल्प की दीक्षा दे सकती है। अज्ञेय और शमशेर ही हैं जो आज हिन्दी कविता को गद्य के दलदल में फँसने से बचा सकते हैं और सरकारी धन की तरह भाषा और शब्द के दुरुपयोग को रोक सकते हैं। इच्छित शिल्प और खासकर मनचाही भाषा कमाने के लिए अज्ञेय नये-नये प्रयोग करते रहे। यह केवल भाषिक माध्यमों की खोज भर नहीं है। यह सर्वाधिक समर्थ काव्य-भाषा अर्जित करने की लड़ाई है। एक शब्दों का वाक्य, कोष्ठकों का प्रयोग, अनेक उपवाक्यों और कई क्रियाओं का एक वाक्य में प्रयोग और तीव्र काव्य-आवेश को एकदम से रोककर एक ठिठका हुआ गद्य-वाक्य इत्यादि कई प्रयोग अज्ञेय ने किए हैं। उन्होंने स्वयं कहा है कि कविता केवल शब्दों या वाक्यों में नहीं होती है। मौन को अभिव्यंजित करनेवाले अज्ञेय ने सन्नाटे को भी छन्दबद्ध किया है।

अज्ञेय के काव्य-भाषा विषयक 'मौन' के विचार का विश्लेषण करने पर पता चलता है कि अज्ञेय ने 'मौन' को भी अभिव्यक्ति माना है। कविता में यह लगभग चमत्कृत करनेवाली एक मौलिक अवधारणा है। अज्ञेय कहते हैं—'मौन भी अभिव्यंजना है :/ जितना तुम्हारा सच है/ उतना ही कहो।/ '—अज्ञेय की कविता के मौन को समझकर ही उनकी मुखरता को समझा जा सकता है। भाषा के रूप में या अभिव्यंजना के रूप में 'मौन' का बेहतरीन प्रयोग उन्होंने अपनी कविता 'असाध्य वीणा' में किया

है। डॉ. नामवर सिंह ने लिखा है कि 'काव्य-भाषा-विषयक' 'मौन' के चरम दर्शन पर विचार करना अप्रासंगिक न होगा, जिसे अज्ञेय ने 'असाध्य वीणा' जैसी कविता में अत्यन्त सफलता के साथ व्यक्त किया है। लेकिन सवाल उठता है कि मौन के दर्शन को भी तो व्यक्त करने के लिए भाषा की जरूरत होती है। लगता है ऐसे समय में भाषा जीभ पर नहीं बल्कि दाँतों के बीच की जगहों में सटी हुई होती है और इस मौन को व्यक्त करनेवाली काव्य-भाषा में खतरनाक ताकत होती है।' अज्ञेय की कविताओं का रूप-गठन उनके काव्य-विषय के अनुरूप है। इसीलिये अज्ञेय के यहाँ इस्तेमाल हुए पद—'मौन की भाषा' और 'पहले मैं सन्नाटा बुनता हूँ'—के निहितार्थ गहरे हैं। उन्होंने सामान्य बोलचाल की भाषा को सही ढंग से बरता है।

अज्ञेय की कविता में वैसे तो आमतौर पर नागर साहित्यिक एवं परिनिष्ठित खड़ीबोली हिन्दी भाषा का प्रयोग हुआ है किन्तु उनकी इस भाषा में खासा वैविध्य मौजूद है। कई जगह अज्ञेय—'चेतना अन्तर्मुखी स्मृति लीन', 'चरम द्वन्द्व आत्मा निस्सम्बल', 'विशद श्वासाहत चिरातुर', 'अरि गोपित मायावी', 'वज्र अनजाने अप्रसूत असंधीत', 'निर्गन्धा इव किंशुकाः', 'गोचर में एक अगोचर अप्रमेय', 'उस एक अनर्विच छन्द-मुक्त को' 'द्रष्टा उन्मेष्टा, सन्धाता, अर्थवाह', 'ताप-शुभ्र केन्द्र-वृत्त में' आदि ठेठ संस्कृत की तत्सम पदावली में कविता रचते हैं। कहीं वह अत्यन्त सरल, सुबोध एवं तद्‌भव शब्द-प्रधान सीधी-सादी भाषा का प्रयोग करते हैं 'और दे भी क्या सकता हूँ हवाला', 'मलय का झोंका बुला गया', 'धमनियों में उमड़ आई लहू की धार', 'बुझी फीकी चाँदनी में दिखे शायद कैसी वाट', 'भरोसा किनका न शायद चेत हो', 'मैं हूँ वह डगर', 'जता देता है मुझे', 'नहीं कारण कि मेरा हृदय उथला या कि सूना है, या कि मेरा प्यार मैला है', 'वो रोम-रोम को कँपा गया, 'तुम्हारे नैन पहले भोर की दो ओस बूँद हैं', जैसी अत्यन्त सरल और सहज पदावली में कविताएँ लिखते हैं और कहीं 'गर तूने पहचान लिया है, 'मतियाया सागर लहराया', 'रूआँसी एक सहेली होगी', 'आकाश के भाल पर जय-तिलक आँक गयी', 'बोध को ही आंज जाती है, 'भोर की नीहार-न्हाई कुईं, 'एक बार बेझिझक देख लो', 'कहो हाथ पाहुन मनमाने', अँजुरी भरकर पीलो ', आदि देशज एवं ग्राम्य बोलचाल वाली शब्दावली का रचनात्मक इस्तेमाल अज्ञेय करते हैं।

अज्ञेय की शब्दावली में संस्कृतनिष्ठ तत्समता का बाहुल्य होने के कारण कुलीनता की रंगत है। कहीं-कहीं अप्रचलित एवं दुरूह पदावली का प्रयोग होने के कारण कविता भी अस्वाभाविक एवं सायास बनाई हुई लगती है। कहीं-कहीं पारिभाषिक एवं दार्शनिक शब्दों के इस्तेमाल और अतिशय प्रयोगशीलता की वजह से भाषा में दुर्बोधता, कृत्रिमता एवं दुरूहता भी आ गयी है। फिर भी अज्ञेय अत्यन्त शिल्प-सजग कवि हैं। तत्सम-तद्‌भव के मामले से बचने की उन्होंने भरसक

कोशिश की है। उन्होंने सन्तुलन साधने का कौशल प्रदर्शित किया है।

आधुनिक परिवेश और संवेदना को प्रस्तुत करने के लिए तद्‌भव शब्दों की क्षमता का सन्दर्भयुक्त प्रयोग अज्ञेय करते हैं। लोकजीवन के शब्द किन्हीं विशिष्ट सन्दर्भों से जुड़े होते हैं। वो विशिष्ट प्रसंगों की ही योजना कर पाते हैं। तद्‌भव शब्दावली किसी भी सन्दर्भ में समकालीन संवेदना को वहन करने में समर्थ होती है अगर उसका रचनात्मक इस्तेमाल किया गया हो। अज्ञेय शब्दों का दुरूपयोग या अपव्यय नहीं करते हैं। आधुनिक भावबोध और भाषा-बोध से जूझते हुए भाषा की सीमा का सामना करते हैं। इसी समस्या से पार पाने के लिए अज्ञेय अपनी जड़ों और परम्परा को टटोलते हैं। इस सिलसिले में उन्हें बेहतर अभिव्यक्ति का रास्ता सूझ जाता है। रामस्वरूप चतुर्वेदी ने अज्ञेय की काव्य-भाषा पर बात करते हुए लिखा है कि अज्ञेय की कविता-भाषा में अर्थ-क्षमता का मूल स्रोत तद्‌भव शब्दावली है। इस तदभव शब्दावली का अर्थ लोक शब्दावली नहीं है, जिसका चलन छायावादोत्तर काल से बढ़ता गया है, बहुत कुछ एक फैशन के रूप में। वस्तुतः लोक जीवन के शब्द किन्ही विशिष्ट सन्दर्भों से बचे रहते हैं। जबकि तद्‌भव शब्द किसी भी सामान्य सन्दर्भ में प्रयुक्त हो सकते हैं। तद्‌भव शब्दावली एक प्रकार से वह आदर्श सन्तुलन की स्थिति है, जो तत्सम, विदेशी, लोक-प्रचलित या कि देशज शब्दों से भी अलग, पर उनके केन्द्र में से उभरती है। और यहीं अज्ञेय की काव्य-भाषा की सृजनात्मकता का मूल रहस्य छिपा है। अज्ञेय की कविता में इस सृजनात्मकता का उदाहरण शुरू से आखिर तक दिखाई देता है।

अज्ञेय की कविता अपने तरीके से भाषा के विकासशील आधुनिक रूप का उत्कृष्ट उदाहरण बनती है। उसमें छायावादी रहस्यवाद से छूटने की कोशिश भी दिखाई देती है। असल में अज्ञेय में अपनी शुरू की काव्य भाषा से भग्नदूत आदि अलग हटाने में एक पूरी जद्दोजहद दिखाई देती है। यह जद्दोजहद आधुनिक भावबोध को व्यक्त करने के लिए नयी भाषा को तलाशने की है। इसीलिए अज्ञेय शुरू की सपाट भाषा से शुरू होकर आखिर तक नयी भाषा की तलाश में दिखाई देते हैं। डॉ. रामस्वरूप चतुर्वेदी का कहना है कि अज्ञेय की आरम्भिक कविताओं की सामान्य भाषा को, यत्किंचित अँग्रेजी उर्दू मिश्रण और अपने से पूर्ववर्ती तीन रचना-कालों की छायाओं के बावजूद, मूलतः सपाट और रंगहीन कहा गया है। यह भी संकेत किया गया है कि नयी काव्य भाषा के निर्माण की भूमिका में कवि ने सम्भवतः जान-बूझकर पहले के सभी रंगों को विलुप्त कर देना चाहा है। इस काम के बाद कवि में अपनी काव्य-भाषा के निर्माण के उपक्रम मिलते हैं। इस निर्माण की प्रक्रिया में आरम्भिक सपाट भाषा के स्थान पर रचनाकार क्रमशः तद्‌भव और देशज शब्दावली के आधार पर अपनी काव्य भाषा विकसित करने लगता है। अब तक

प्राय: उपेक्षित इस तद्भव और देशज शब्दावली के ईंधन को लेकर कवि शब्दों की बनी-बनाई, उच्छिष्ट सर्जनात्मकता का सहारा न लेकर अपनी सर्जनात्मक क्षमता पर अधिक निर्भर करता है। अज्ञेय अर्थ का सौन्दर्य आविष्कृत करना चाहते हैं।

अज्ञेय कविता-भाषा को सटीक और लगभग अचूक तरीके से बरतना सिखाते हैं। इस विषय में डॉ. रामस्वरूप चतुर्वेदी मानते हैं कि प्रयोगवाद में अज्ञेय के माध्यम से काव्य-भाषा का पुनर्सृजन आरम्भ होता है। भाषा के सम्बन्ध में अज्ञेय जैसी सावधानी कम ही रचनाकारों ने बरती है। अज्ञेय के प्रशंसक कुछ ऐसे पाठक और समीक्षक हैं जो उनके कथ्य से सहमत न होते हुए भी उनकी कला के बहुत बड़े उपासक हैं। सम्भवत: वे नहीं जानते कि भाषा का अधिक -से-अधिक सतर्क और सृजनात्मक प्रयोग करके ही अज्ञेय ने अपनी कला को इतना निखारा है। भाषा जितनी सृजनात्मक होगी, कलाकृति उतनी ही विशुद्ध और प्रामाणिक होती है। इसी नतीजे के आधार पर जब अज्ञेय की कविता की पड़ताल करते हैं तो हम देखते हैं कि उनकी कविता भाषा का सृजनात्मक प्रयोग करके एक प्रकार के सामाजिक दायित्व का निर्वाह करती है। क्योंकि भाषा निस्सन्देह एक सामाजिक मसला है। भाषा अथवा शब्द से अलग कोई ऐसा सामाजिक अनुभव नहीं है जो कि आत्यन्तिक हो। अज्ञेय ने कविता में भाषा के सृजनात्मक प्रयोग के जरिए सामाजिक दायित्व का निर्वाह किया है।

अज्ञेय ने कविता में भाषा के स्तर पर जो प्रयोग किए हैं उससे उन्होंने परम्परागत साहित्यिक संवेदना को तोड़ा और उसके लिए उन्होंने सबसे पहले कविता के माध्यम, भाषा को तोड़ा और इसके जरिए ही अज्ञेय ने हिन्दी की पूरी काव्य परम्परा को परिष्कृत किया और नया संस्कार दिया, ऐसा संस्कार जो बोलचाल की भाषा का था। भाषा की सामाजिकी अज्ञेय की कविता में मौजूद है जैसा कि डॉ. रामस्वरूप चतुर्वेदी ने लिखा है कि 'परम्परागत साहित्यिक संवेदना को तोड़ने के लिए अज्ञेय ने प्रथमत: कविता के माध्यम को तोड़ा।' नवलेखन की स्थिति नयी कविता के माध्यम से ही सम्भव हो सकी। छायावाद का प्रभाव कविता पर भी था। छायावादी काव्य-भाषा का तोड़ा जाना इस दृष्टि से सबसे अधिक आवश्यक था किसी भी नये भाव-संचरण के लिए। अज्ञेय ने इस स्थिति को समझा और भाषा को नया संस्कार दिया, ऐसा संस्कार जो बोलचाल की भाषा का था। पर इस मौलिक भाषा को जन भाषा कह-समझकर ही वे सन्तुष्ट नहीं रहे, वरन उसके माध्यम से उन्होंने समूची काव्य-संवेदना का परिष्कार किया। अज्ञेय ने अर्थहीन होती काव्यभाषा में नये अर्थ भरे।

प्रयोगशील कवि होने के नाते उनके लिए भाषा प्रयोग का साधन थी। 'दूसरा सप्तक' की भूमिका में अज्ञेय ने प्रयोग को दोहरा साधन माना—'प्रयोग अपने

आपमें इष्ट नहीं है, वह साधन है, और दोहरा साधन। क्योंकि एक तो वह उस सत्य को जानने का साधन है जिसे कवि प्रेषित करता है, दूसरे वह उस प्रेषण की क्रिया को और उसके साधनों को जानने का भी साधन है। अर्थात प्रयोग द्वारा कवि अपने सत्य को अधिक अच्छी तरह जान सकता है और अधिक अच्छी तरह अभिव्यक्त कर सकता है। वस्तु और शिल्प दोनों के क्षेत्रों में प्रयोग फलप्रद होता है। अज्ञेय की इस भाषिक सैद्धान्तिकी के सन्दर्भ में डॉ. नामवर सिंह कहते हैं 'इस मान्यता की नवीनता यह है कि इसमें भाषा को जानने का भी साधन माना गया है। इससे पहले भाषा केवल अभिव्यक्ति का ही साधन मानी जाती थी।' भाषा अभिव्यक्ति का महत्त्वपूर्ण घटक है। असल में किसी भी कवि की भाषा क्षमता उसकी बोध-शक्ति का भी प्रमाण है लेकिन भाषा केवल अनुभव को अभिव्यक्त ही नहीं करती बल्कि यह अनुभव को प्रमाणित भी करती है। किसी कवि की भाषा से हम न केवल उसकी भाषा क्षमता को ही जान पाएँगे बल्कि उसकी अनुभव शक्ति को भी जान पाएँगे। इसीलिए भाषा और अनुभव घुलमिले रहते हैं।

अज्ञेय के काव्यानुभव और काव्यभाषा दोनों में अभिधा की बजाय व्यंजना; बल्कि व्यंजना से ज्यादा लक्षणा मौजूद है। उसमें प्रतिकार्थ और संकेत इतने अधिक हैं कि वह भाषा बिम्बधर्मी होने के बावजूद लाक्षणिक भाषा है। यानि उसमें काव्यार्थ लक्षित करना पड़ता है।

अज्ञेय ने अपनी कविता में मुहावरों एवं लोकोक्तियों के नये अर्थ-सन्दर्भ निर्मित किए हैं। इससे उनकी पदावली में अभिधेयार्थ से भिन्न लक्ष्यार्थ एवं सांकेतिक अर्थ निष्पन्न होता है— 'अगर तूने पहचान लिया है, 'नभ में एक मचा दे हलचल', 'कैसी बाट, भरोसा किनका', 'धमनियों में उमड़ आयी है लहू की धार', 'तुझको पथ से हेर रहा है', 'फूट निकला स्वर्ग का आलोक', 'अनबूझ पहेली होगी', 'बोध को ही आँज में समेट लो', 'ताप उष्मा का मुझे जो लील लेती है', 'कान्ति को आँखों में समेट लो', शरद चाँदनी बरसी', अँजुरी भरकर पी लो', 'देवता इन प्रतीकों के कर गये हैं कूच', 'मूक ताकता रह सकूँ मैं', 'दिन-दिन पर उसकी घिग्घी बन्धती जाती थी', 'मेड़ों पर छाग छौने ये किलोलते', 'ऊँघ रहे हैं तारे', 'ऐसी आग हठीली विरला सुलगाएगा', 'जीवन-मुझको सौंप गये', 'दबे पाँव मेरे कमरे में आई थी', 'भूल गया था मैं क्षण भर के ताकना', 'ठुकरा कर हड्डी-पसली तोड़ गये', 'आँचल पसार कर लेना', 'अनगिनत पैरों तले रौंदी हुई अविराम', 'सब अपने-अपने काम लगे', 'रिसता हुआ गड्ढा भर गया', 'ढलती उमर के दाग उसने धो दिए', 'वह जिस शून्य को बाँधे हुए हैं', 'मैं तो डूब गया था स्वयं शून्य में', 'फिर भी घाव अपने आप भरती', 'साध आज मेरे जीवन की पूरी होगी', आदि पंक्तियों में मुहावरों के माध्यम से लाक्षणिकता का सृजन हुआ है।

अज्ञेय के लक्ष्यार्थ गहन संवेदना और अर्थ-विस्तार से सम्पन्न हैं—'मलय का झोंका बुला गया', 'सिरिस ने रेशम से वेणी बाँध ली', 'स्नेह-भरे बादलों से व्योम छा गया', 'बन गयी वधू वनस्थली', 'हँस उठी है कचनार की कली', 'ऊषा जाग उठी प्राची में', 'फूट निकला स्वर्ग का आलोक', 'प्यार ही में यौवन है, यौवन में प्यार', 'धारायित्री सत्य-सी निर्लज्ज नंगी और समर्पित', 'मिट्टी को तूने बाँध लिया है', स्मृति की सूखी सृजा', 'ये उपमान मैले हो गये हैं', 'रूआँसी एक सहेली होगी', 'तुम्हारी देह स्मरण में भी गन्ध देती है', 'आलोक फीका सोख लेता है', 'अँधेरे में ज्वार ललकेगा', 'अस्मिता इयत्ता की ज्वाला अपराजिता अनावृत्ता', 'उठी, ललक, हिय उमंगा', 'अनकहनी, अलसानी जगी लालसा मीठी', 'पवन के थपेड़ों से आहत सागर', 'यह दीप अकेला स्नेह भरा है गर्व भरा मदमाता', 'दूर धुँधला किनारा झूम-झूम आया डगमगाया किया', 'घाटी की पगडंडी लजायी और ओट हुई', 'सूने गलियरों की उदासी', 'बाँझ अनुकम्पा समाज की कितनी बोझल हो गयी', 'छनी हुई धूप की सुनहली कनी को बीन', 'छरहरे पेड़ की नयी रंगीली फुनगी आकाश के भाल पर जय तिलक आँक गयी' आदि पंक्तियों में लाक्षणिक अर्थ-सौन्दर्य नयी कविता की बेहतरीन कलाकारी का उदाहरण बनता है।

अपनी कविता में अज्ञेय ने प्रतीकों का ऐसे प्रयोग किया है, जिससे कवि के निर्दिष्ट अर्थ और निहितार्थ व्यक्त हो जाते हैं। उनके प्रतीकों में अर्थगत नयापन और वैविध्य है। अज्ञेय प्रतीकों का ऐसा इस्तेमाल करते हैं जिससे उनकी स्वाभाविकता और मार्मिकता बरकरार रहती है। कवि ने निजी जीवन से जुड़े आत्म प्रतीकों के माध्यम से भी अपनी बात रखी है। 'हारिल', पक्षी कवि की अनन्त सृजन-क्षमता का प्रतीक है। हारिल के 'पंजे में दबा हुआ तिनका', सृजन के साधन का प्रतीक है। 'नन्हीं शिखा' वासना का प्रतीक है। 'दीप' स्वतन्त्रचेता अस्मिता का प्रतीक है। 'तरंगोर्मियों सहित अथाह सागर', जीवन और उसके संघर्षों का प्रतीक है। 'उछली मछली', जिजीविषा का प्रतीक है। 'ऊपर का आकाश' और 'बुलबुला' उदात्त जीवन-मूल्य का प्रतीक है। 'रेत के में विलुप्त नदी' कवि की उदार भावना की प्रतीक है और 'हरी घास' व्यापक जन जीवन का प्रतीक है।

अज्ञेय के यहाँ प्रेम की प्रस्तावना भी प्रतीकार्थों से युक्त है। इस सिलसिले में उन्होंने मार्मिक प्रतीक विकसित किए हैं। इन प्रेम सम्बन्धी प्रतीकों में 'ज्वार', मानसिक द्वन्द्व का प्रतीक है। 'कसमसाता रुद्ध सागर', कुंठा एवं घुटन से भरे हुए हृदय का प्रतीक है। 'कुमुद', प्रेमी का प्रतीक है। 'झील का निर्जन किनारा' अकेलेपन का प्रतीक है। 'उदास साँझ' असफल प्रेम का प्रतीक है। 'सूनी-सी साँझ' असफल प्रेमिका का प्रतीक है और उस 'सलौनी सूनी साँझ के पीछे-पीछे-पीछे घुस आई बिजली की बत्तियाँ' या 'मनुष्यों की खड़ी-खड़ी बोलियाँ' उन डाहवाली

नारियों की प्रतीक हैं, जो दो प्रेमियों के मिलन में बाधा उत्पन्न किया करती है; ऐसे ही 'अन्तरंग चेहरा' में 'हेरते, अगोरते दो लोचन' सम्पूर्ण सृष्टि के साथ रागात्मक साहचर्य स्थापित करनेवाले व्यक्ति के अनकहे प्रेम के प्रतीक हैं।

'अज्ञेय ने अपने सांस्कृतिक एवं आध्यात्मिक विचारों की प्रस्तुति के लिए भी प्रतीकों की मदद ली है। 'इतिहास की हवा', कविता में एकलव्य आज के मनुष्य का प्रतीक है। द्रोणाचार्य आधुनिक राजनीतिज्ञ का प्रतीक है। 'मुनिजन मछलियाँ' बुद्धिमान मनुष्यों की प्रतीक हैं और भोले बालक अणु-बम से मृत जनसमूह एवं मनुष्य भविष्य के प्रतीक हैं। 'बाबरा अहेरी' सूर्य का प्रतीक है। 'चक्रान्तशिला' कविता खंड में 'क्वारी कन्या' आत्मा का प्रतीक है। 'महाशून्य' अप्रमेय एवं आगोचर सत्ता का प्रतीक है। 'अनुराग से दुलारती किरण' ईश्वरीय अनुकम्पा का प्रतीक है। 'काले-घोल-सी रात' शून्य की प्रतीक है। 'गहरी वापिका' विराट की प्रतीक है और 'वीणा की ध्वनि' बाहर जगत में फैले शब्दहीन महाशून्य के संगीत की प्रतीक है।

नयी कविता के दो बड़े कवियों मुक्तिबोध और अज्ञेय के यहाँ गजब की ऐन्द्रिकता है। मुक्तिबोध के यहाँ विचार केन्द्र में हैं। उनके बिम्ब विचारों में बदल जाते हैं। अज्ञेय तो बुनियादी तौर पर बिम्बों के ही कवि हैं। मुक्तिबोध और अज्ञेय ने जिस रास्ते को खोला उस पर बाद में क्रमशः रघुवीर सहाय और केदारनाथ सिंह चले हैं। अज्ञेय ने बिम्बों द्वारा अपना कथ्य प्रस्तावित किया है। उन्होंने ऐन्द्रिय बिम्ब, वस्तुपरक बिम्ब, भाव-बिम्ब और आध्यात्मिक चारों प्रकार के बिम्बों का प्रयोग किया हैं। अज्ञेय ने ऐन्द्रिय बिम्बों का नियोजन करते हुए दृश्य-बिम्ब, श्रव्य-बिम्ब, स्पृश्य बिम्ब, घ्राण बिम्ब और आस्वाद्य बिम्बों का अद्‌भुत आकर्षक घालमेल भी किया हैं—'पीपल की सूखी खाल स्निग्ध हो चली,/ सिरिस ने रेशम की वेणी बाँध ली, नीम के भी बौर में मिठास देख,/ हँस उठी है कचनार की कली!/' —अज्ञेय के ऐसे दृश्य बिम्बों में गतिशील दृश्यात्मकता है तो इस श्रव्य बिम्ब में ध्वनि का गूँजता हुआ चित्र है— 'रेतीले कगार का गिरना छप-छड़ाप!/ झंझा की फुफकार, तप्त,/ पेड़ों का अररा कर टूट-टूट कर गिरना।/ 'ओले की कर्री चपत।/' इन स्पृश्य बिम्बों में दृश्यों को छुआ जा सकता है—'नर्तिता अपवर्ग की अप्सरा-सर वह शिखा मेरा भाल छूती है,/ नेत्र छूती है।/ वृक्त छूती है।/ मलय का झोंका बुला गया खोलने से स्पर्श से वो रोम-रोम को कँपा गया'—यहाँ घ्राण बिम्ब में फूलों की महक महसूस होती है—'/ तुम्हारी देह/ मुझ को कनक चम्पे की कली है/ दूर ही से स्मरण में भी गन्ध देती है।/' यहाँ आस्वाध बिम्ब का सघन रस उपस्थित है— 'जिन आँखों को तुमने गहरा/ बतलाया था/ उनसे भर-भर मैंने/ रूप तुम्हारा पिया।/'—अज्ञेय की सुविचारित वैज्ञानिक बिम्ब-योजना उनकी भाषा में गहरे अर्थ

निष्पन्न करती है। उनकी इसी भाषागत विशेषता को देखते हुए डॉ. रघुवंश ने लिखा है—अज्ञेय की विशिष्टता है कि उन्होंने भाषा को साधारण, अनगढ़ और लोक-प्रयोग के स्तर से युग-बोध के जटिल और सूक्ष्म संवेदना की अभिव्यक्ति का माध्यम बनाया है। यह कठिन कार्य था, परन्तु इस क्रान्तिकारी प्रयोग के बिना काव्य को आधुनिक संवेदनाओं और अनुभवों की अभिव्यक्ति का वाहक बनाया भी नहीं जा सकता था। उसी प्रकार उनके काव्य में प्रयुक्त उपमानों, बिम्बों तथा प्रतीकों में युग-जीवन के नये और ताजे सन्दर्भ गृहित हैं। यह प्रतीक और बिम्ब कालबिद्ध हैं। इसीलिए कालातीत होकर हमेशा नये लगते हैं। अज्ञेय की कविता में कथ्यरूप अलगाये नहीं जा सकते हैं।

अज्ञेय ने अपनी बहुज्ञता और अध्ययन का प्रमाण देते हुए शिल्प के धरातल पर नए प्रयोग किये। 'बाजरे की कलगी' जैसा गैर-रोमांटिक उपमान और 'उड़ गयी चिड़िया/ काँपी/ फिर/ थिर हो गयी पत्ती/' जैसे अनूठे बिम्ब उनकी कविताओं में उभरे हैं। उनकी लाक्षणिक शैली और विषयगत तत्त्वों मौन, सन्नाटा, एकान्त इत्यादि का गहरा असर शिल्प पर भी दिखता है। अज्ञेय ने शब्द और पंक्तियों के बीच अवकाश और अन्तराल जैसे कुशल संरचनात्मक प्रयोग भी किए हैं। इतना ही नहीं; उन्होंने अनेक विदेशी-काव्य रूपों, तथा हाइकू इत्यादि छन्दों का पहली बार हिन्दी में प्रयोग किया है।

छन्द विधान में अज्ञेय ने पर्याप्त प्रयोगशीलता दिखाई है। परम्परित काव्य शास्त्रीय दृष्टि से देखें तो उन्होंने ज्यादातर कविताएँ मात्रिक एवं वर्णिक छन्दों में लिखी हैं। गीतिका, बरवै, हरिगीतिका, रोला, वीर छन्द इत्यादि मात्रिक छन्द तथा मालिनी, शिखरिणी, मन्द्राकान्ता आदि वर्णिक छन्द अज्ञेय के यहाँ शुरुआती दौर में अनायास मौजूदगी दर्ज करवाते हैं। लेकिन जल्दी ही उन्हें अनुभव हुआ कि शास्त्रीय छन्दों के शिकंजे में उसकी कविता कैद होकर निस्तेज एवं निष्प्राण हो गयी है। वह अपने विचारों एवं भावों को स्वच्छन्द एवं उन्मुक्त ढंग से व्यक्त करने के लिए मुक्त छन्द की तरफ गये। उनके काव्य-स्वभाव और आदतों के अनुकूल यही रास्ता था। काव्यात्मक गद्य लिखनेवाले अज्ञेय ने लोक-धुन पर भी गीत लिखे हैं। अज्ञेय के कुछ प्रगीत, लोकगीतों जैसे नयेपन मौलिकता और ताज़गी से भरे हैं—'ओ पिया, पानी बरसा!/ खड़-खड़ कर उठे पात, फड़क उठे गात/ देखने को आँखें, घेरने को बाँहें,/ पुरानी कहानी?/ ओठ को ओठ, वक्ष को वक्ष—/ ओ पिया, पानी!/ मेरा हिया तरसा, ओ पिया, पानी बरसा!/ प्रेम के स्पन्दन में ऐसा थरथराता गीत हो या गहरी उदासी से भरी पंक्तियाँ—'रेत का विस्तार नदी जिसमें खो गयी/ कृशधार/ झरा मेरे आँसुओं का भार/ —मेरा दुख-धन,/ मेरे समीप अगाध पारावार—/ उसने सीख सहसा लिया जैसे लूट के बटमार! /' ऐसे गीतों में अज्ञेय ने लयात्मक मुक्तछन्द को सार्थकता दी है।

अज्ञेय ने ऐसे लय एवं तुकहीन मुक्त छन्द भी गीत लिखे हैं, जिनमें लय का ही कोई क्रम है। कहीं भी तुकें नहीं मिलती हैं। ये छन्द स्वतन्त्रता, एवं उन्मुक्त गति से अपने साथ बहा ले जाते हैं—'रूप स्पर्शातीत वह जिसकी लुनाई/ कुहासे-सी चेतना को मोह ले।' इन अतुकान्त मुक्तछन्दों में अर्थ की लय है—'देखो देह—/ वल्ली।/ भव्य बीज रूपाकारों का/ निर्गन्धा इव किंशुका:/ गन्ध के उपभोक्ता किन्तु कहें तो कब हम वसन्त के उन्मेष को नहीं उस एक संकेत से पहचान सके?' अज्ञेय ने ऐसे गद्यात्मक मुक्त छन्द भी काफी लिखे हैं, जो सर्वथा गद्यात्मक हैं। ऐसी पंक्तियों में लय, गति, प्रवाह और क्रमबद्धता नहीं है—'वज्र अनजाने, अप्रसूत, असन्धीत सब गल जाते हैं :/ उन प्राणों का एक बुलबुला-भर पी लेने को—/ उस अनन्त नीलिमा पर छाये रहते हो/ जिसमें वह जनमी है, जियी है, पली है, जियेगी, उस दूसरी अनन्त प्रगाढ़ नीलिमा की ओर/ विधुल्लता की कौंध की तरह/ अपनी इयत्ता की सारी आकुल तड़प के साथ उछली हुई/ एक अकेली मछली। /'—यह पंक्तियाँ स्वच्छन्द मुक्तछन्द का उदाहरण बनती है। ऐसी पंक्तियाँ ही दार्शनिक वैचारिक बोझ को सम्भाल सकती हैं— 'ओ विशल तरु!/ शत सहस्र पल्लवन-पतझरों ने जिसका नित रूप सँवारा,/ कितनी बरसातों, कितने खधोतों ने आरती उतारी,/ दिन भौंरे कर गये गुंजारित,/ रातों में झिल्ली ने अनथक मंगल गान सुनाए,/ साँझ सवेरे अनगिन/ अनचीन्हें खग-कुल की मोद भरी क्रीड़ा-काकलि / डाली-डाली को कँपा गयी /'—विचार बिम्बों में कैसे ढाले जाते हैं, इसे उस दौर में अज्ञेय शायद सबसे अधिक कलात्मक तरीके से व्यंजित कर रहे थे।

प्रयोगशील नयी कविता के प्रवर्तक अज्ञेय ने नये काव्य-विषयों की तरफ समकालीन एवं उत्तरवर्ती कवियों को अग्रसर करने के साथ-साथ उन्हें कथ्य-रूप के नये अचूक औजार भी सौंपे हैं। प्रयोगवादी और नयी कविता में अज्ञेय एक अनिवार्य उपस्थिति हैं। उन्होंने इतने अधिक प्रयोग किए हैं कि उन्हें आसानी से रूपवादी या कलावादी कहा जा सकता है। इस सबके बावजूद कह सकते हैं कि अज्ञेय ने ऐसी कविता को सम्भव करना चाहा है जो अपने अर्थ में पारदर्शी है। जिसमें व्यक्ति की मुक्ति का विचार है। उसमें जीवन की इच्छाएँ, दुनिया की चिन्ताएँ, नया अध्यात्म, नये मनुष्य के संकट, उसकी आस्था, प्रज्ञा, स्मृतियाँ हैं। उसमें मानवीय प्रेम का तीव्र आवेग है। विपुल मात्रा में लेखन करने के बावजूद अज्ञेय ने स्वयं को दोहराया नहीं है। वह हिन्दी कविता और कथा-क्षेत्रों में एक ऐसे संस्थान की तरह उभरते हैं जिसने हिन्दी साहित्य को समकालीन रचनाकार और पाठक दिए हैं। एक समूचे युग को बदलनेवाले इस बहुमुखी रचनाकार ने हिन्दी भाषा को ऐसी साहित्यिक ऊँचाईयाँ दीं कि वह विश्व भाषा बन गयी है।

केदारनाथ अग्रवाल
1 अप्रैल 1911—22 जून 2000

मैंने उसको जब-जब देखा—लोहा देखा

प्रगतिवादी कविता के आधार स्तम्भ कवि केदारनाथ अग्रवाल का जन्म कमासिन, ज़िला बांदा में हुआ। प्रयाग विश्वविद्यालय से बी.ए., एल. एल. बी. करने के बाद उन्होंने वकालत शुरू की। बचपन से ही कविता उन्हें आकर्षित करती रही। निराला और विशेषकर पन्त के काव्य-शिल्प ने उन्हें अपनी ओर खींचा। केदारनाथ अग्रवाल प्रकृति के सुकुमार कवि पन्त से प्रारम्भिक दौर में गहरे प्रभावित रहे लेकिन यथार्थवादी वैज्ञानिक जीवन-दृष्टि विकसित होने पर प्रकृति के माध्यम से जन की आशा-निराशा, दुख-सुख को व्यक्त करने में उन्होंने महारत हासिल की और अपना निजी काव्य-मुहावरा निर्मित कर लिया।

केदारनाथ अग्रवाल को 'अपूर्वा' पर साहित्य अकादमी पुरस्कार से पुरस्कृत किया गया। उनके अन्य प्रमुख कविता संग्रह हैं—'नींद के बादल', 'युग की गंगा', 'लोक और आलोक', 'फूल नहीं रंग बोलते हैं', 'आग का आईना', 'गुलमेंहदी', 'पंख और पतवार', 'हे मेरी तुम' इत्यादि। प्रवृत्तियों की दृष्टि से केदारनाथ अग्रवाल की कविता को समय और समाज की सच्चाई, अंकुठ मानवीय प्रेम और सहज शृंगार तथा प्रकृतिपरक कविताएँ जैसे वर्गों में रख सकते हैं। पहले वर्ग में 'युग की गंगा', 'लोक और आलोक', 'अपूर्वा', दूसरे वर्ग में—'नींद के बादल', 'हे मेरी तुम' तथा तीसरे वर्ग में 'फूल नहीं रंग बोलते हैं—इत्यादि संग्रहों की कविताएँ आती हैं। केदारनाथ अग्रवाल के पहले संग्रह 'नींद के बादल' की कविताएँ छायावादी रोमान से आक्रान्त हैं, लेकिन 'युग की गंगा की कविताएँ यथार्थवादी युगबोध की काव्यात्मक अभिव्यक्ति हैं। यह संग्रह प्रगतिवादी कविता की उपलब्धि है। साम्राज्यवादी पूँजीपति वर्ग के अन्याय और अत्याचार के खिलाफ प्रखर विरोध इन कविताओं में मिलता है। श्रमिक वर्ग को निराशा, कुंठा और सन्त्रास से ऊपर उठकर व्यापक मुक्ति के लिए सामूहिक जनसंघर्ष करने का ऐलान कवि करता है। उल्लेखनीय है कि कवि का जनवादी स्वर मार्क्सवादी शाब्दिक जय-जयकार से बेसुरा नहीं होता जबकि इस दौर में इस प्रकार के दिखावटी कथित वामपन्थी कवियों की नारेबाजी

का शोर कविता को विचलित कर रहा था। 'लोक और आलोक' में केदारनाथ अग्रवाल की वैचारिक दृष्टि की प्रखरता और स्पष्टता के साथ-साथ प्रगतिशील काव्य कला की ऊँचाइयाँ देखी जा सकती हैं। शमशेर के साथ याद किए जानेवाले सर्वाधिक कलात्मक प्रगतिशील कवियों में केदार ही हैं।

विचार और स्वभाव से प्रगतिशील कवि केदारनाथ अग्रवाल की कविता में समाज को जर्जर कर रही रूढ़ियों पर प्रहार के साथ-साथ सदियों से श्रमिक-कृषक वर्ग का रक्त चूसनेवाले पूँजीवादी वर्ग पर गहरी चोट भी मिलती है। जनवादी गीतों का पहला रचनात्मक प्रारूप उन्होंने ही प्रस्तावित किया—'सभी का मन गुलाम है। सभी का मत गुलाम है/ सभी की मति गुलाम है/ सभी की गति गुलाम है। गुलामियों के चिह्न को मिटाए चल, मिटाए चल, मिटाए चल, मिटाए चल' विचारधारा की ऐसी सीधी छान्दसिक अभिव्यंजना उनसे पूर्ववर्ती काव्य में नहीं मिलती है।

केदार की काव्य-परम्परा दूर तक गयी है। नयी कवि-पीढ़ी में इस परम्परा से जुड़ने की गहरी ललक है। केदार सरीखी कविता खून-पसीने से कमाई जाती है। उसे अर्जित करना यथार्थ से सीधे मुठभेड़ करना है। ऐसा जोखिम उठानेवाले कम ही कवि हैं। इसके लिए थैलीशाहों और सरकारी वजीफाखोरी दोनों को ठुकराना पड़ता है। ऐसा सब नहीं कर सकते हैं। विचारधारा केन्द्रित कविता की विसंगत सच्चाई है कि प्रगतिशील और जनवादी दोनों खेमों में गाल बजानेवाले फैशनेबल वामपन्थी कथित कवि ज्यादा हैं। लामबन्द होकर उन्होंने सही कवियों का रास्ता रोका है। पद, पैसा और पुरस्कार हथियाने की जोड़-तोड़ को ही उन्होंने पक्षधरता-प्रतिबद्धता का पर्याय साबित कर दिया है।

केदार जैसे कवियों के सरोकार और पक्षधरता स्पष्ट है। उसकी प्रतिबद्धता सताए हुए असहाय वर्ग से जुड़ी है। उनकी प्रगतिशील कविता में शोषितों के प्रति सहानुभूति तो है लेकिन सतही दयाभाव नहीं है। केदारनाथ अग्रवाल सरीखे प्रगतिशील कवि मजदूर-किसान को निर्बल नहीं मानते। यह कवि वंचित वर्ग को शोषक वर्ग के खिलाफ संगठित होकर संघर्ष करने की दृष्टि देते हैं। क्योंकि मुक्ति अकेले व्यक्ति की नहीं सामूहिक होती है। यह प्रगतिवादी दर्शन का आधार है और आजाद भविष्य के सपने पर विश्वास और आस्था इससे उपजती है। इससे मामूली व्यक्ति लोहा बन जाता है—

> मैंने उसको जब-जब देखा-लोहा देखा
> लोहा जैसा तपते देखा, गलते देखा, ढलते देखा।
> मैंने उसको गोली जैसे चलते देखा।

केदारनाथ अग्रवाल की यह पंक्तियाँ प्रगतिशील सौन्दर्य-विवेक को उजागर करती

हैं। रस-छन्द-अलंकारवादी सौन्दर्यशास्त्र इस सौन्दर्य बोध को समझने-समझाने में कतई सक्षम नहीं है।

केदारनाथ की कविता कुलीन व्यक्ति की आभिजात्य कविता नहीं है। उसमें अज्ञात कुलशील व्यक्ति के दुख-सुख दर्ज हैं। 'मजदूर का जन्म' में केदार 'एक हथौड़ेवाला और हुआ', का जन्म उत्सव मनाते हैं तो 'वसन्ती हवा', 'माझी न बजाओ वंशी', जैसी कविताओं में प्रकृति-पर्व में शरीक होते हैं। 'फूल नहीं रंग बोलते हैं' में संकलित यह छोटी कविता देखिए—

आज नदी बिलकुल उदास थी
सोई थी अपने पानी में,
उसके दर्पण पर
बादल का वस्त्र पड़ा था
मैंने उसको नहीं जगाया
दबे पाँव घर वापस आया।

कुँजीवादी कथित आलोचक यहाँ छायावादी प्रकृति-चित्रण देखेगा और व्यक्तिवादी अकेलापन रेखांकित करेगा। दोनों ही कवि के भावों को ठीक से समझ नहीं पाएँगे तो समझाएँगे क्या? नदी हताश-बेकाम मजदूर औरत है। बेशक उदासी का भी सौन्दर्य होता है लेकिन यहाँ कवि का निहितार्थ श्रम-सौन्दर्य को उजागर करना, उसके साथ जुड़ाव प्रदर्शित करना है। प्रेम का भी ऐसा ऐन्द्रिक वर्णन केदार के काव्य में है। 'हे मेरी तुम' की कविताएँ दाम्पत्य प्रेम की उत्कृष्ट रचनाएँ हैं।

संवेदना और शिल्प दोनों धरातलों पर सम्पन्न केदार की कविता में विषय के दबाब से शिल्प साकार होता है। उनके शब्दों में बाँदा और बुन्देलखंडी मिट्टी की गन्ध के साथ केन नदी के जल की नमकीन मिठास भी है। केदार की शब्दावली को तत्सम, तद्भव, देशज जैसे खानों में बाँटकर नहीं देखा जा सकता। आँचलिक हो या अँग्रेजी शब्द-केदार की कविता में अनूठा आस्वाद जगाता है और कहीं भी अटपटा या आरोपित नहीं लगता। शास्त्रीय आलोचक डॉ. विजयेन्द्र स्नातक प्रगतिवादी काव्य में केदारनाथ अग्रवाल के योगदान पर टिप्पणी करते हुए कहते हैं कि प्रगतिवादी कवियों में इनकी गणना भाव, विचार और शिल्प के स्तर पर अलग पहचान के रूप में की जाती है। प्रगतिवादी काव्य में कलात्मक शिल्प का जैसा सुन्दर प्रयोग इनके काव्य में उपलब्ध होता है वैसा अन्यत्र दुर्लभ है। इनके काव्य की विशेषता जीवन और उसकी रागात्मकता का साक्षात्कार कराना है। 'युग की गंगा' की अधिकांश रचनाएँ प्रगति चेतना से परिपूर्ण हैं। 'नींद के बादल-संग्रह में प्रकृति चित्रण बहुत सजीव शैली में किया गया है। शैलीकार के रूप में मुक्त छन्द और गीत के छन्दों का प्रयोग इन्होंने बड़ी सहजता से किया है। बिम्बों और उपमाओं के प्रयोग

में भी नवीनता लक्षित होती है। केदार की कविताओं से पाठक प्रगतिवादी काव्य के मूल्यों, सरोकार और सौन्दर्य से सुपरिचित हो जाता है। प्रगतिशील काव्य-सौन्दर्य को समझने के लिए केदार-काव्य लगभग अनिवार्य है।

केदारनाथ अग्रवाल की 'मार हथौड़ा, कर कर चोट' कविता प्रगतिवादी आन्दोलन की प्रेरणा से रची गयी है। यह कविता श्रमजीवी और संघर्षशील जन समुदाय को सम्बोधित है और उसको अपना संघर्ष जारी रखने तथा अपने आन्दोलन को व्यापक बनाने एवं यथास्थिति को तोड़ने के लिए उत्साहित तथा प्रेरित करती है—

मार हथौड़ा कर कर चोट
लाल हुए काले लोहे को
जैसा चाहे वैसा मोड़।
मार हथौड़ा कर कर चोट
थोड़े नहीं अनेकों गढ़ ले
फौलादी नरसिंह करोड़।

खून-पसीने से बन्धन की दीवारों को तोड़कर शक्ति के चुकने से पहले ही अपनी जुझारू छवि निर्मित करने की तत्परता का भी संकेत दिया गया है। प्रगतिवादी कविताओं ने रोजमर्रा के औजारों को नयी प्रतीकात्मक शक्ति प्रदान की थी—

मार हथौड़ा कर कर चोट
लोहू और पसीने से ही
बन्धन की दीवारें तोड़।
मार हथौड़ा कर कर चोट

इस कविता में मजदूर का मामूली औजार हथौड़ा संघर्ष, श्रमजीविता और परिवर्तन को सुनिश्चित करनेवाला अस्त्र बन गया है।

केदारनाथ अग्रवाल, नागार्जुन और त्रिलोचन के साथ प्रगतिवादी काव्यान्दोलन की त्रयी के एक सशक्त हस्ताक्षर हैं। इनकी 'धूप चमकती है चाँदी की साड़ी पहने' कविता प्रकृति की रुमानी छवि के विरुद्ध जीवन-जगत के भीतर उसकी सक्रियता को रेखांकित करती है। गृहस्थ जीवन, पारिवारिक जीवन-शैली, निजी रिश्तों की ऊर्जा और मिथकीय उपयोग के द्वारा प्रकृति का मार्मिक चित्रण यहाँ कवि ने किया है। 'धूप' जीवन के प्रसंगों को ही उभारती है—

धूप चमकती है चाँदी की साड़ी पहने
मैके में आई बेटी की तरह मगन है
फूली सरसों की छाती से लिपट गयी है
जैसे दो हमजोली सखियाँ गले मिली हैं
भैया की बाँहों, से छूटी भौजाई-सी

केदारनाथ अग्रवाल इस धूप की तुलना मैके में आई बेटी, हमजोली सखियों के मिलन, भाई की बाँहों से छूटी भाभी आदि से करते हैं। यह ठेठ प्रकृति में जीवन को देखना है।

धूप ने जिन्दगी को गतिशील, सक्रिय और संगीतमय बना दिया है। प्रकृति के अन्य घटक-पेड़-पौधे, पशु-पक्षी, खेत-खलिहान, धरती-आकाश और दिशा-दिशांतरों में धूप के आगमन ने नयी हलचल और नयी चेतना पैदा की है-

लहंगे की लहराती लगती हवा चली है
सारंगी बजती है खेतों की गोदी में
दल के दल पक्षी उड़ते हैं मीठे स्वर के
अनावरण यह प्राकृत छवि की अमर भारती
रंग-बिरंगी पंखुरियों की खोल चेतना
सौरभ से मँह मँह महकाती हैं दिगन्त को

मानव मन पर इस प्राकृतिक घटना व्यापार का दिव्य प्रभाव पड़ा है। काल मनुष्य तथा प्रकृति के इस सामंजस्यपूर्ण कार्य व्यापार को देखकर गुमसुम हो गया है मानो यह सब उसके लिए दिवास्वप्न सरीखा हो। मनुष्य और प्रकृति एक-दूसरे के विरोधी और पूरक साथ-साथ हैं-

मानव मन को भर देती है दिव्य दीप्ति से
शिव के नन्दी-सा नदिया में पानी पीता
निर्मल नभ अवनी के ऊपर बेसुध खड़ा है
काल काग की तरह ठूँठ पर गुमसुम बैठा
खोई आँखों देख रहा है दिवास्वप्न को।

केदारनाथ अग्रवाल मनुष्य और प्रकृति की सामंजस्यमूलक छवि को यहाँ उभारते हैं। प्रकृति जब मानव विरोधी यानी बाढ़, सूखा, भूकम्प आदि होती है तब काल मुस्कराता है। इस कविता में मनुष्य और प्रकृति में सह-सम्बन्ध को देखकर काल गुमसुम हो गया है। केदारनाथ अग्रवाल मनुष्य और प्रकृति के अन्तर्सम्बन्ध को बड़े जीवन्त, सार्थक और सकारात्मक नजरिए से यहाँ प्रस्तुत करते हैं। बिम्ब का विराट रूप इस कविता में सहज ही देखा जा सकता है। इस अर्थ-सम्पन्न और शिल्प-समृद्ध प्रगतिशील कविता का कायान्तरण 1970 के आसपास जनवादी कविता में हुआ। कविता का विषय-क्षेत्र व्यापक हुआ और मामूली लगते विषयों पर असाधारण कविताएँ लिखी गयीं।

केदार के यहाँ नैसर्गिक सौन्दर्य के जिन्दा धड़कते बेशुमार चित्र हैं। उनकी 'चन्द गहना से लौटती बेर' में प्रकृति के सभी रूप-बिम्ब विद्यमान हैं। खेत, खेतों में खड़ी फसलों, तिसी, अलसी, सरसों आदि के फूल, खेतों के सौन्दर्य को बढ़ा रहे

हैं—'एक बीते के बराबर/ यह हरा ठिगना चना/ बाँधे मुरेठा शीश पर/ छोटे गुलाबी पफूल का/ सज कर खड़ा है।/ पास ही मिल कर उगी है/ बीच में अलसी हठीली/ देह की पतली, कमर की है लचीली/ नीले फूले फूल को सिर पर चढ़ाकर/ कर रही है, जो छुए यह/ दूँ हृदय का दान उसको/ और सरसों की न पूछो/ हो गयी सबसे सयानी/ हाथ पीले कर लिये हैं/ ब्याह-मंडप में पधारी/ यहाँ कवि केदार ने प्रकृति का अद्भुत सौन्दर्य रचा है। वाचक कहता है कि मेड़ पर बैठकर मैं खेत में खड़ी फसलों को देखता हूँ। यहाँ हरे चने का हरा पेड़ सिर पर गुलाबी फूल लेकर खड़ा है। उसके पास ही अलसी उगी हुई है। वह तन्वंगी है। ऐसा लगता है कि उसकी कमर लचीली है। वह नीले फूल से शोभित है। कह रही है कि जो मेरा स्पर्श करेगा उसे ही हृदय का दान दे दूँ। सरसों का तो कहना ही क्या है! सरसों के पीले फूल से ऐसा महसूस होता है कि मंडप में विवाह का माहौल है। फागुन महीने का उत्साह देखने योग्य है। वाचक को विजन में प्रकृति का अनुराग देखने का मौका मिल रहा है। यहाँ प्रकृति-चित्रण नहीं; व्यापारिक नगर से दूर प्रेम की उपजाऊ भूमि का चित्रण है। वाचक को पैरों के नीचे पोखर दिखलाई पड़ता है। उसमें उठनेवाले पानी की हिलोरों में जीवन की गति को सहज ही देखा जा सकता है। ऐसा लगता है कि तालाब के किनारे पड़े, कितने दिनों से प्यासे पत्थर पानी पी रहे हैं। तमाम उपमा उत्प्रेक्षा को छोड़ दें—यह प्राकृतिक सौन्दर्य से मनुष्य-मन का तृप्त होना है।

केदारनाथ वर्णन को गत्यात्मक दृश्य में बदल देते हैं। उनके यहाँ बिम्बों में प्रच्छन्न विचारों की प्रत्यक्ष प्रस्तुति है। जल में अपनी पैरों को डुबाये हुए बगुला चंचल मछली को देखकर अपनी निन्द्रा को त्याग देता है। बगुला चोंच में दबाकर मछली को गले के अन्दर निगल जाता है। वाचक को वहाँ एक चिड़ियाँ; जिसके माथे पर कालिमा है, दिखाई पड़ती है। अपने सफेद पंखों के झपटे मारकर जल के हृदय पर टूट पड़ती है। एक उजली मछली को चोंच में दबाकर आसमान में उड़ जाती है। वाचक को यह दृश्य बहुत ही मार्मिक लगते हैं। दूसरी तरफ कवि केदार रेल की पटरियों के वर्णन के बहाने मनुष्य के स्वतन्त्र होने को चित्रित करते हैं। वह कहते हैं कि मैं यहाँ स्वच्छन्द हूँ। मुझे कहीं नहीं जाना है। चित्रकूट की ऊँची पहाड़ियाँ दूर तक फैली दिखाई देती हैं। कवि को ऊसर भूमि पर खड़े पेड़ दिखाई पड़ते हैं। ये काँटेदार हैं। कुरुप हैं। कवि को सुनाई पड़ता है तोते का मीठा स्वर। टें टें टें की बार-बार आवाज सुनाई पड़ती है। उसे सारस का स्वर सुनाई पड़ता है। कवि को सारस के संग उड़ने का मन करता है। वह चाहता है कि इस सच्ची प्रेम कहानी को मैं चुपके से कैसे सुन लूँ। वह सबको इस आनन्द में सहभागी बनाना चाहता है। केदार ने गाँव के खेत, फसल, पेड़-पौधे, पक्षियों का यथार्थ चित्रण किया है।

'आस्था का शिलालेख' उकेरने वाले कवि केदार प्रगतिशील विवेक के

सृजक हैं। मनुष्य जीवन में अटूट आस्था और विश्वास प्रगतिशील मूल्य हैं-

मैं हूँ अनास्था पर लिखा
आस्था का शिलालेख
नितान्त मौन
किन्तु सार्थक और सजीव
कार्य के कृतित्त्व की सूर्याभिमुखी अभिव्यक्ति,
मृत्यु पर जीवन के जय की घोषणा।

यह आस्था अकर्मण्य या भाग्यवादी नहीं है। वह सकर्मक है। इसीलिए सार्थक और सजीव है। कर्मठ मनुष्य मृत्यु पर जीवन की जय का घोषणा-पत्र है।

केदारनाथ अग्रवाल के यहाँ 'उन्मुक्त सहजता', और 'मस्त बसन्ती हवा की चेष्टाएँ' जीवन रचती हैं। प्रकृति की उन्मुक्तता के बहाने सहज जीवन की निर्बन्धता को प्रस्तावित करते केदार जी का उत्साह देखिए—'चढ़ी पेड़ महुआ/ थपाथप मचाया/ धम्म से फिर/ चढ़ी आम ऊपर/ उसे भी झकोरा/ किया कान में कू/ उतरकर भगी मैं/ हरे खेत पहुँची—/ वहाँ गेहुँओं में/ लहर खूब मारी /' बसन्ती हवा, कवि-मन की लहर है। एक बिम्ब में कई सारे बिम्ब हैं। केदारनाथ अग्रवाल अमूर्त्तन को मूर्त्तित कर देते हैं। मामूली में गैर-मामूलीपन खोजनी की दक्षता उन्हें बड़ा कलाकार साबित करती है। उनकी जीवन्त पंक्तियाँ देखिए, जिसमें नामवर जी फसलों के 'स्वयंवर' की झाँकी देखते हैं—'एक बीते के बराबर/ यह हरा ठिंगना चना/ बाँधे मुरैठा शीष पर—/ छोटे गुलाबी फूल का/ सजकर खड़ा है।' रत्नजड़ित मुकुटों के दिन लद गये। जो जन से जड़ित होंगे, राजपाट उनका ही चलेगा। यह किसानी चेतना से उपजी सौन्दर्य चेतना है। लोकभाव इसका प्राणतत्त्व है। इसलिए केदारनाथ गीत नहीं रचते, लोकभाव को सृजित करते है— 'माँझी न बजाओं वंशी मेरा मन डोलता/ मेरा मन डोलता है जैसे जल डोलता/ जल का जहाज जैसे हल हल डोलता/ माँझी न बजाओं वंशी मेरा मन टूटता/ तृन का निवास जैसे बनबन टूटता /' भीतर की सहज लय में बाहरी दुनिया भी एकाकार हो जाती है— 'माँझी न बजाओं वंशी मेरा तन झूमता/ मेरा तन झूमता है तेरा तन झूमता/ मेरा तन तेरा तन एक एक बन झूमता सारा द्वैत मिट जाता है /' केदार के सुर के साथ निराला की आवाज भी गूँजती हैं— 'बांधों न नाव बन्धु/ इस ठाँव बन्धु/ पूछेगा सारी गाँव बन्धु- /' और इतना ही नहीं पन्त की गूँज भी यहाँ है— 'यहीं नौका डूबी थी हमारी'/' एक बेहतरीन कविता, पूरी काव्य-परम्परा को पुनर्सृजित करती है। नये यथार्थवादी सौन्दर्यशास्त्र की प्रस्तावना करने वाली केदार की कविता में जीवन की जय है—'एक हथौड़े वाला घर में और हुआ/ हाथी सा बलवान जहाजी हाथोंवाला और हुआ/ सूरज सा इनसान तरेरी आँखोंवाला और हुआ।' इस नजर से देखने पर

सारा नजरिया तब्दील हो गया—'आर-पार चौड़े खेतों में/ चारों और दिशाएँ घेरे/ लाखों की अगणित संख्या में/ ऊँचा गेहूँ डटा खड़ा है/' यह मोर्चे पर डटा खड़ा सैनिक है।

केदारनाथ अग्रवाल के यहाँ प्रेम, काल्पनिक रोमान बनकर अर्थहीन नहीं होता है— 'प्यारी! मेरे जन्म गाँव में.../ प्यारी! उसी लड़कपन वाले गाँव में/ प्यारी! उसी पढ़ाईवाले गाँव में प्यारी! उसी रामलीला वाले गाँव में/ प्यारी! उसी कमासिन गाँव में/ नैनी से तुमको लाया हूँ!' यही परिचय प्रामाणिक है। यही प्रेम की पक्की गांठ है। मेहनतकश रचनाशीलता ही असली क्लैसिक को रचती है—'छोटे हाथ/ सवेरा होते/ लाल कमल-से/ खिल उठते हैं।'—अपनी जरूरत का खुद कमाने वाला परजीवियों के लिए चुनौती बनता है। इसीलिए केदारनाथ अग्रवाल कर्ज-बोझिल कथित विकास के अर्थतन्त्र का पर्दाफाश करते हैं— 'मौत को पढ़ रही है जिन्दगी/ जो मर गयी है, अमेरिकी अनाज खाकर/ कर्ज का जाँज बजाकर/ कर्ज लेकर मजेवादी युग में यह कविता चुनौती देती है—'कर्ज का पहाड़ बड़े से बड़े मर्ज से बड़ा है/ न मरा आदमी, कर्ज के पहाड़ से मरा है /' प्रगतिशील सोच से ही ऐसी रचना मुमकिन है। केदारनाथ अग्रवाल प्रकृति और श्रमशील मनुष्य के सौन्दर्य के बड़े कवि इसीलिए कहे जाते हैं।

नागार्जुन

30 जून 1911–5 नवम्बर 1998

कवि हूँ पीछे, पहले तो मैं मानव ही हूँ

नागार्जुन उन कवियों में हैं जिनकी कविता किसी आयातित आन्दोलन की देन नहीं बल्कि प्रगतिशील मूल्यों पर विश्वास करनेवाली उस सशक्त परम्परा का महत्त्वपूर्ण अंग है जिसने किसान–मजदूर संघर्ष और नारी–मुक्ति को कविता का केन्द्रीय विमर्श बना दिया। नागार्जुन ने समाज की लघुतम इकाई मनुष्य को बड़े सामाजिक सन्दर्भों में प्रस्तुत किया। यह एक बड़ा वैचारिक और रचनात्मक हस्तक्षेप था, इसकी छाप आज के साहित्य पर भी है।

निराला की व्यंग्यबोधक युगदृष्टि का विकास नागार्जुन में देखा जा सकता है। नागार्जुन की 'प्रेत का बयान', 'स्वेदशी शासक', 'विजयी के वंशधर', 'नयी पौध', 'सन्त विनोबा', 'चनाजोर गरम का लटका' जैसी कविताएँ यथार्थगत विडम्बना की व्यंग्यात्मक प्रस्तुति हैं। व्यंग्य को कविता में अचूक औजार के रूप में इस्तेमाल करने का सलीका नागार्जुन ने सिखाया बल्कि उन्होंने व्यंग्य को कविता में निहित समाज–आलोचना का माध्यम बना डाला। अपने काव्य–लेखन की शरुआत में ही नागार्जुन ने 'कोटरगत नेत्र, धँसे हुए गाल' वाले क्षयग्रस्त काव्य रुचियों से चिपके छायावादी कवि की 'कुहासा–सी भाषा, साँझ की न भोर की'—की निर्मम पड़ताल करते हुए 'ढलते दिनमान का छायावादी कवि', का यथोचित मूल्यांकन किया और कवियों को अपने आसपास के यथार्थ को अपने अनुभवों से पहचानकर कविता में व्यक्त करने की तमीज सिखाई।

बिहार के दरभंगा जिले के अन्तर्गत तरउनी नामक ग्राम में साधारण कृषक परिवार में। नागार्जुन ने साहित्य की सभी विधाओं में अपनी लेखन प्रतिभा का परिचय दिया। कविता, कथा साहित्य, निबन्ध, अनुवाद, यात्रा–वृतान्त, साक्षात्कार इत्यादि विधाओं में रचनात्मक लेखन किया। इसका साक्ष्य उनके विपुल एवं समृद्ध रचनाकर्म की सूची है—

काव्य–संग्रह—युगधारा, सतरंगे पंखोंवाली, प्यासी पथराई आँखें, खून और शोले, प्रेत का बयान, तालाब की मछलियाँ, तुमने कहा था, खिचड़ी विप्लव देखा

हमने, हजार-हजार बाँहोंवाली, पुरानी जूतियों का कोरस, रत्नगर्भा, भस्मांकुर (खंड काव्य)। मैथिली में—चित्रा, पत्रहीन नग्न गाछ। संस्कृत में—धर्मालोक दशकम्, देशदशकम्, कृषक दशकम्, श्रमिकदशकम्।

उपन्यास—रतिनाथ की चाची, बलचनमा, नयी पौध, बाबा बटेसरनाथ, वरुण के बेटे, दुखमोचन, उग्रतारा, इमरतिया, जमुनिया के बाबा, हीरक जयन्ती अभिनन्दन, पारो।

हिन्दी रूपान्तरण—मेघदूत, गीत गोविन्द।

बाल-साहित्य—सयानी कोयल, प्रेमचन्द, अयोध्या का राजा, धीर विक्रम।

लघु-प्रबन्ध—एक व्यक्ति : एक युग-निराला

हिन्दी और मातृबोली मैथिली में रचना करनेवाले नागार्जुन को मैथिली रचना 'पत्रहीन नग्न गाछ' पर 'साहित्य अकादमी पुरस्कार' सन् 1968 में मिला। 1988 में 'मैथिलीशरण गुप्त सम्मान और 'भारत भारती पुरस्कार' से भी उन्हें पुरस्कृत किया गया।

साम्यवादी विचार-दृष्टि से सम्पन्न नागार्जुन अपने दौर के उन विशिष्ट कवियों में रहे जिनके यहाँ आलोचनात्मक यथार्थवाद का रचनात्मक समावेश मिलता है। सनातन ब्राह्मणपन्थी, आर्यसमाजी, बौद्धधर्मी—इन पड़ावों से गुजरकर नागार्जुन ने वामपन्थ की राह पकड़ी। स्वामी सहजानन्द सरस्वती और राहुल सांकृत्यायन की प्रेरणा एवं प्रभाव का भी इसमें योगदान रहा। नागार्जुन ने मार्क्सवाद को बतौर फैशन नहीं अपनाया बल्कि वह उनकी युगीन और आन्तरिक जरूरत थी। इस आन्तरिक अनिवार्यता की जड़ें उनके पारिवारिक परिवेश में हैं। निम्न-मध्यवर्गीय परिवार के नागार्जुन ने जीवन को पीड़ा, अपमान, उपेक्षा को दर्द की तरह झेला लेकिन पराजित मानसिकता के शिकार नहीं हुए। अभावग्रस्त श्रमिक-कृषक वर्ग मार्क्सवादी शब्दावली में सर्वहारा है तो नागार्जुन के लिए अपना प्रतिरूप! इसलिए नागार्जुन के समूचे लेखन में सर्वहारा वर्ग के लिए ऐसी सतही सहानुभूति का अभाव है जो अन्ततः आत्मविध्वंसक बन जाती है। क्योंकि उनका यथार्थ आरोपित और इसीलिए कृत्रिम नहीं है। सही वैचारिक पक्षधरता और उस पर दृढ़ विश्वास तथा अपने लिखे पर अडिग आस्था ही नागार्जुन के लेखन को बोध के धरातल पर प्रखर और रचनात्मक बनाती हैं। उन्होंने मार्क्सवादी दर्शन का अविकल वायवीय भाष्य करने में अपनी प्रतिभा जाया नहीं की बल्कि इसके बेहतर इस्तेमाल का रास्ता दिखाते हुए विचार को कविता बनाने की हिकमत सिखाई इसीलिए उनके यहाँ अमूर्त वैचारिक उलटबाँसियाँ नहीं हैं।

नागार्जुन ने भारतीय मिथक का सहारा लेकर 'कालिदास सच-सच बतलाना' कविता में सहज भाषा में नाटकीयता को अभिव्यक्त किया है। इस कविता को सरल गद्य-वाक्यों में रखकर देखते हैं— दरअसल नागार्जुन कहते हैं कि कालिदास सच

बतलाना कि इन्दुमति के मृत्यु के शोक से अज रोया था या तुम रोए थे? शिव की तीसरी आँख से निकली हुई महाज्वाला में घी से मिश्रित अग्नि में जब कामदेव भस्म हो गया था तब रति का रुदन सुनकर अपनी आँखें आँसुओं से तुमने ही धोए थी! कालिदास सच बतलाना वहाँ रति रोई थी या तुम रोए थे? वर्षा ऋतु के प्रथम दिन आसमान में काले बादलों को देखकर विधुर यक्ष का मन उचट गया था तब उसने सन्देश भेजा था। उन बादलों का साथी बनकर उड़नेवाले कालिदास सच बतलाना कि दूसरे की पीड़ा से पीड़ित और, थककर चूर कौन हुआ था? अमल धवल पर्वत के शिखर पर प्रियवर तुम कब तक सोए थे। उस समय यक्ष रोया था या तुम रोए थे? कालिदास सच-सच बतलाना! इसमें बालमन की निश्छल संवेदना है। यह काव्य-पंक्तियाँ गद्य में रखी जाने पर भी अपने अर्थों में बेहतरीन कविता है—

कालिदास, सच-सच बतलाना
परपीड़ा से पूर-पूर हो
थक-थक कर औ चूर-चूर हो
अमल-धवल गिरि के शिखरों पर
प्रियवर, तुम कब तक सोए थे?
रोया यक्ष कि तुम रोए थे?
कालिदास, सच-सच बतलाना!

नागार्जुन बुनियादी तौर पर देहाती जीवन के कवि हैं। उनके कविता संसार का बड़ा भाग गाँव के अनुभवों से निर्मित हुआ है। समकालीन नागर जीवन की दैनन्दिन मामूली घटनाओं को आधार बनाकर नार्गाजुन ने कविता रची। नागार्जुन मानवीय इच्छाओं को, जीवन में उनकी भूमिकाओं को रेखांकित करनेवाले कवि हैं। उनकी 'कालिदास' कविता इस सन्दर्भ में महत्त्वपूर्ण है कि एक प्रगतिशील जनकवि ने इन्दूमति, अज, शिव, कामदेव, रति जैसे मिथकीय और आध्यात्मिक चरित्रों से परहेज नहीं किया है बल्कि उनमें आधुनिक अर्थ भरते हुए उन्हें समकालीन सन्दर्भों से युक्त किया है।

इन्दूमति का जाना अज के जीवन की रिक्तता का सूचक है। यह रिक्तता इतनी मारक है कि बार-बार स्मृतियों में आकर मन-मस्तिष्क को घेर लेती है। इस मार्मिक कथा को रचना का अनुभव बनानेवाले कालिदास ने भी शायद अपने प्रिय से बिछड़ने की पीड़ा झेली होगी इसीलिए नागार्जुन इस तरफ इशारा करते हुए कालिदास से ही पूछ रहे हैं कि प्रिय बिछोह की पीड़ा कितनी निर्मम होती है, इसे कालिदास से बेहतर कौन बता सकता है?

नागार्जुन ने संवेदना के तीन समान स्तर तलाशकर तीनों को जैसे एक कर

दिया है। अज, कालिदास और खुद नागार्जुन तीनों अलग-अलग युगों में हुए लेकिन तीनों को अपने परिजनों से बिछड़ने की पीड़ा झेलनी पड़ी। नागार्जुन बार-बार अपने परिवार से दूर होते रहे लेकिन भौतिक दूरियों से परिजनों का मोह दूर नहीं हुआ। यह संयोग है कि मिथकीय कथानक से कालिदास की कविता में आया अज, संस्कृत के कालजयी काव्य से नागार्जुन के कविता में आए कालिदास और नागार्जुन तीनों को प्रिय-सन्ताप अपने प्रियजनों से दूर होने पर महसूस हुआ।

रति और कामदेव के युगल को भी एक-दूसरे से अलग होना पड़ा। शिव के क्रोध में जलकर जब कामदेव भस्म हो गया तो उसकी अनुपस्थिति सबसे अधिक रति ने अनुभव की। यह दरअसल स्त्री-पुरुष के स्वाभाविक और अनिवार्य ऐसे सम्बन्ध हैं जो परिवार और सृष्टि का सृजन करते हैं। अगर स्त्री-पुरुष को अलग कर दिया जाए तो वह एक मरणान्तक अनुभव होता है। नागार्जुन ने अज और कामदेव के विलाप को रेखांकित किया है। यह देखना एक नया अनुभव है। समूचे मध्यकाल में पुरुषों से बिछड़कर स्त्रियाँ रोती हैं। पुरुष अक्सर उन्हें छोड़कर चले जाते हैं लेकिन स्त्री का अभाव महसूस नहीं करते क्योंकि पुरुष जहाँ जाता है, अपनी नयी दुनिया बसा लेता है लेकिन नागार्जुन जैसा जन कवि स्त्री से बिछड़कर पुरुष को रोता देख लेते हैं। यही प्रगतिशील दृष्टि है। प्रगतिशील कवि इस तथ्य को महत्त्व देता है कि स्त्री को पुरुष की जितनी जरूरत है, पुरुष को भी स्त्री की उतनी ही नजदीकियाँ चाहिए। इस साहचर्य के अभाव में पुरुष भी पीड़ित होते हैं। दरअसल स्त्री और पुरुष का सवाल ही नहीं है। एक के जाने के बाद जो बचा रहता है वह अनन्त मृत्यु-शोक में जीता है। अज और रति का रोना इसी तरफ इशारा करता है।

कालिदास ने इन्दूमति और अज, रति और कामदेव के प्रेम तथा विरह को मानवीय सहजता से देखा है। शायद यह अवान्तर लेकिन कविता अर्थ-प्रसंग खोलनेवाला तथ्य है कि नागार्जुन ने उत्तराखंड के जहरीखाल में इस कविता की भावात्मक मनोदशा अर्जित की। नागार्जुन की यह कविता इस मामले में भी दिलचस्प है कि इन्दूमति और कामदेव के प्रसंग जिस भूमि पर घटित हुए हैं उस भूमि पर नागार्जुन को अपना पीछे छूटा हुआ परिवार याद आया। उसी भूमि पर कालिदास जैसे महान कवि का जन्म हुआ और नागार्जुन ने भी अपने जीवन के सर्वोत्तम रचनात्मक क्षण वहीं बिताए!

नागार्जुन की यह कविता भाषा की तत्समता या तद्भवता के वर्गीकरण को अप्रासंगिक बना देती है। नागार्जुन ने पूरी कविता में संस्कृतनिष्ठ शब्दावली के बावजूद आसान पदावली का सृजन करने में सफलता पाई है बल्कि काव्यार्थ की कई पर्तें वे निर्मित कर देते हैं। नागार्जुन के साथ ऐसे ही अनुभव त्रिलोचन जैसे कवि के यहाँ भी देखने को मिलते हैं। अपने प्रियजनों से बिछड़कर घनघोर रिक्तता के क्षणों

में त्रिलोचन ने लिखा था—'अकेला हूँ, अकेला रहा नहीं जाता।' जबकि इससे पहले छायावादी काल तक अकेलेपन को ओढ़ा जाता था। कवि अपने अकेलेपन को लेकर गौरवान्वित होते थे जबकि सच्चाई यह है कि यथार्थवादी मनुष्य अकेले होने की बजाय अकेलेपन को दूर करना चाहता है क्योंकि मनुष्य सामाजिक होने के नाते दूसरे की जरूरत को महसूस करता है। इसलिए आरोपित अकेलापन, वैकल्पिक होता है। नागार्जुन ने जीवन की सच्चाई को व्यक्त किया है। नार्गाजुन की 'कालिदास' कविता की मूल संवेदना यही है कि रचनाकर्म जीवन के अनुभवों से अलग नहीं होता है। कवि की व्यक्तिगत सामाजिक मुठभेड़ों से ही काव्यानुभवों की संरचना निर्धारित होती है। कालिदास के बहाने नार्गाजुन कहते हैं कि आत्मपीड़ा से ही काव्य की रचना होती है। रचनाकार के अनुभव उसकी सर्जना में व्यक्त होते हैं। नागार्जुन की कविता में प्रकृति और मनुष्य का स्थायी-भाव मौजूद है। 'कालिदास' कविता में बादल का घिरना भाव की निर्मिति का प्रतीक है। भाव वहीं उभरते है जहाँ व्यक्तित्त्व अमल और धवल होता है। भाव मोती सरीखे तरल होते हैं, उसमें जल की शीतलता होती है। मानसरोवर हृदय का प्रतीक है। हृदय में भाव उजागर होते हैं और आँखों के माध्यम से अभिव्यक्त होते हैं। बादल का घिरना महज प्रकृति का बिम्ब न होकर मनुष्य के हृदय का संवेदना-चित्र बन जाता है।

नागार्जुन की कविता के केन्द्र में गाँव है। कवि वहाँ के जन-जीवन को अपनी कविता का आधार बनाता है। उनके काव्य के प्रकृति चित्रण में कहीं मिथिलांचल उभरता है। तालाब में खिलती कुमुदिनी, अगहनी धान की मंजरियाँ, कछार में भैंस के खुरों के निशान इत्यादि प्राकृतिक बिम्ब अपूर्व सम्मोहन रचते हैं। नागार्जुन प्रकृति-वर्णन के बहाने लोकजीवन को व्यक्त करते हैं। कथ्य के अनुरूप ही उनकी भाषा में भी लोक का मर्म उजागर होता है। नागार्जुन ने ऐसी जनभाषा में कविता की रचना की है जिसमें प्रमुखता तद्भव शब्दों की है, लेकिन देशज शब्दों को उन्होंने नहीं छोड़ा है। सहज प्रवाह में आए हुए शब्दों को वे बेहिचक अपनाते हैं। उनकी कविता में शब्दों को लेकर कुलीनतावादी पूर्वग्रह नहीं है। उन्होंने साहित्य में श्रम-सौन्दर्य की प्रतिष्ठा की है। फटी बिवाइयों वाले पैर को वे अपनी सहानुभूति अर्पित करते हैं। इसी प्रकार प्रकृति-चित्रण में वे सुकोमल बनी-ठनी भाषा नहीं बरतते बल्कि नैसर्गिक शब्दावली अनायास अर्जित कर लेते हैं।

नागार्जुन में अपने जनपद के प्रति गहरी आत्मीयता है। यह आत्मीयता कहीं-कहीं नास्टेलजिक बोध में रूपान्तरित हो गयी है। 'सिन्दूर तिलकित भाल' कविता में यह बोध अभिव्यक्त हुआ है। इस कविता में एक प्रवासी की पीड़ा का मर्मस्पर्शी वर्णन करते हुए कवि नागर और ग्राम जीवन का अन्तर स्पष्ट करते हैं। नागार्जुन ने ग्रामीण जीवन को बड़ी सहृदयता से याद किया है। शहर में व्यक्ति सम्बन्धहीन हो

गया है। गाँवों में व्यक्ति और समाज का सम्बन्ध बरकरार है। मनुष्य प्रकृति को पूरी शिद्दत के साथ जीता है। कवि को केवल 'सिन्दूर तिलकित भाल' की स्मृति ही नहीं आती है, उसके साथ-साथ मिथिला के कुमुदिनी, लीची और आम भी उनकी यादों में महकते हैं। कवि की यादों में खुशनुमा बिम्ब ही नहीं हैं बल्कि 'अकाल और उसके बाद, जैसी कविता में अकाल की भयावहता पूरी वर्तमानता के साथ उभरती है।

नागार्जुन की कविता में शोषितों और पीड़ितों के प्रति गहरी सहानुभूति है। कुली और मजदूर को देखकर कवि को कैसा लगता है इसका बड़ा कारूणिक दृश्य 'खुरदरे पैर' कविता में मिलता है। फटी बिवाइयों वाले खुरदरे पैर कवि के कोमल मन में धँस जाते हैं। श्रमिक के श्रम को कवि पूजाभाव से देखता है। नागार्जुन जानते हैं कि किसान-मजदूर की मुक्ति ही सबकी मुक्ति है। ध्रुवदेव मिश्र पाषाण के अनुसार महामुक्ति की अग्निगन्ध से जनम सकारथ करनेवाले नागार्जुन विमर्श के नहीं, संघर्ष के कवि हैं। सार्थक संवाद और हवाई विमर्श का फर्क समझा जाना चाहिए। वक्त के जरूरी मुद्दों को भटकानेवाले विमर्श अकसर उस तरह के 'पाखंड' का रूप ले लेते हैं जिस तरह के पाखंड विवाद से सदग्रन्थों के लुप्त हो जाने का खतरा बाबा तुलसीदास ने दिखाया था—हरित भूमि तृन-संकुल, समझु परहिं नहिं पन्थ जिमि पाखंड विवाद से लुप्त होहिं सद्ग्रन्थ। इसी तरह के विमर्श से अलग संघर्ष के कवि नागार्जुन हैं।

समकालीन साहित्यिक परिदृश्य में तो विमर्श अनन्त संवाद के जरिए सत्ता प्रतिष्ठान में सेंध लगाने, पाखंड के जरिये सुविधाओं का साझा करने की गुंजाइश देने लगे हैं। बाबा नागार्जुन की रचनाओं के साथ सार्थक संवाद सिर्फ वे कर सकते हैं जो मूल को उड़नछू कर देनेवाले धुरन्धर विमर्शकारों की साजिशों और इरादों से वाकिफ हैं। संघर्ष के नये विकल्प के लिए जनप्रतिरोध के प्रवक्ता मुक्तिबोध अपने पक्ष के पार्टनर तलाशते हैं। कठोर काव्यभूमि तोड़कर अद्भुत सौन्दर्यपरक रचनाओं के अप्रतिम शिल्पी शमशेर भी अपनी जन-विह्वलता से विवश होकर सीधा नारा लेकर जनपक्ष के अखाड़े में खड़े होते हैं। इनके सामानान्तर पथ के राही हैं अज्ञेय; वे गहन विमर्शकार हैं।

नागार्जुन की कविता का खुरदरापन खुरदुरे पैरोंवाले मेहनतकशों के साथ उनके लगाव का नतीजा है। इस प्रसंग में उनके साथ जुड़ जाते हैं उनके सखा केदारनाथ अग्रवाल। इन्हीं के साथ खड़े हैं थोड़ी सुरक्षित दूर बनाये रखकर तात्कालिक हानि-लाभ से बेपरवाह कवि भवानी प्रसाद मिश्र। भारत की सांस्कृतिक भूमि के आत्मज भवानीप्रसाद मिश्र कहीं से भी न्यस्त स्वार्थियों के साथ नहीं हैं। बाबा की कविता है 'तीन बन्दर बापू के' और भवानी भाई की कविता है—'चार कौए उर्फ चार हौव्वे'।

कौन-सा सत्ता प्रतिष्ठान बिना तिलमिलाए इन कवियों का ताप झेल सकता हैं? बाबा की कविता 'मन्त्र' और भवानीप्रसाद मिश्र की रचना 'गीतफरोश' गहरे आत्मिक दंश से उपजी व्यंग्य रचनाएँ हैं। इन रचनाओं की दाहकता कभी कम होनेवाली नहीं। नागार्जुन की कविता में केवल आवेश नहीं है। उसमें गहरा अन्तर्द्वन्द्व भी मौजूद है।

नागार्जुन की 'पछाड़ दिया मेरे आस्तिक ने' कविता में गहरा द्वन्द्व और घनीभूत भावुकता है। इस भावुकता में अपने आंचलिक जीवन के प्रति प्रेम का भाव है। किसान के मन में धान की मंजरी से लदे पौधे को देखकर सहज ही आनन्द की अनुभूति होती है। यहाँ खाए-अघाए हुए अभिजात का आनन्द-मंगलवाद नहीं है। इस कविता के आरम्भ में कार्तिक मास की सुबह का चित्रण है। पूरी कविता में आवेग है। दिखावटी गुस्सा नहीं है। कवि के मानस में आंचलिक जीवन की स्मृति का चित्र अंकित है। नागार्जुन की कविता में एक प्रकार की निर्मम आत्मालोचना है। जिसमें खुद की तटस्थ पड़ताल करने की ताकत है। प्रगतिशील नजरिया ही आत्मालोचना करने की हिम्मत देता है। आत्मालोचना करने की यह हिम्मत विकसित होकर शासन-आलोचना करने की हिम्मत देती है। 'शासन की बन्दूक' कविता में कवि व्यवस्था को चुनौती देता है। व्यवस्था बन्दूक के बल पर जनता पर शासन करना चाहती है। जनता के एकजुट प्रतिरोध के सामने बन्दूक की ताकत बेकार हो जाती है।

नागार्जुन ने देश-विदेश की राजनीतिक घटनाओं पर अनेक कविताएँ लिखी हैं। सबसे ज्यादा राजनीतिक कविताएँ उन्होंने ही लिखी हैं। उनसे भारतीय जन के चढ़ते-उतरते मिजाज का अन्दाजा लग सकता है। नागार्जुन जन-मन के सजग और सतर्क रचनाकार हैं जैसा उन्होंने केदारनाथ अग्रवाल को कहा है और बाबा अलीबाबा भी हैं जिसके पास कारूं का खजाना है, जैसा कि शमशेर ने उन्हें पुकारा है। शोषकों-अत्याचारियों के लिए उनके यहाँ प्रतिहिंसा ही स्थायी भाव है। यह दिशाहीन रवैया नहीं है क्योंकि कवि को देशकाल की प्राथमिक जानकारी है। गरीबों और संघर्षशील लोगों को नागार्जुन बेपनाह प्यार और आत्मीयता देते हैं। कहा जा सकता है कि नागार्जुन ने जनता के संघर्षों का हमेशा साथ दिया और उनमें भरसक भागीदारी भी की है।

'चन्दू मैंने सपना देखा' कविता में नागार्जुन ने फंतासी शिल्प का अच्छा प्रयोग किया है। इस कविता में उन्होंने जीवन की घटनाओं पर आधारित मध्यवर्गीय आकांक्षाओं का बड़ा ही सजीव चित्र खींचा है। मध्यवर्ग में ऊँचा बनने की ढेर सारी चाहतें होती हैं। बड़ा अमीर असरदार आदमी बनना, डॉक्टर बनना, पुलिस थाने में बैठना; यह उसके सपने होते हैं। 'मनुष्य हूँ', कविता में नागार्जुन ने सबसे पहले खुद

को मनुष्य, अपने को मानव के रूप में पेश किया है। वहाँ कवि-कोविद होने का दम्भ नहीं है। नागार्जुन ने कवि-कलाकार की अनिवार्य योग्यता, उसकी सबसे बड़ी उपाधि उसकी मनुष्यता को स्वीकार किया है। यह संवेदना ही किसी कवि को छोटा या बड़ा साबित करती है। इस सन्दर्भ में नागार्जुन ने 'मनुष्य हूँ' शीर्षक अपनी कविता में लिखा है—

कवि हूँ, सच है। इसीलिए क्या। आतप वर्षा हिम भी
मुझसे दब जाएँगे? इसीलिए क्या वात पित्त कफ
शान्त रहेंगे? नहीं, नहीं सो कैसे होगा! कवि हूँ
पीछे, पहले तो मैं मानव ही हूँ।

कवि होने का पहला सबूत है—मानव होना। अपनी कविताओं में इसका परिचय नागार्जुन ने दिया है। कवि होने से पहले मानव होने के कारण जीवन जगत के साथ वह आत्मीयता महसूस भी करता है। वह जीवन के दुख-सुख को प्रक्रिया के रूप में ग्रहण करता है। लेकिन कवि भी मनुष्य है। उसकी भी दुनियावी जरूरतें हैं जिन्हें पूरा करने के लिए संघर्ष करता है और वही संघर्ष कविता के कथ्यरूप में ढलते हैं। वह वर्तमान क्षण को शाश्वत में बदलने की कोशिश करता है। लौकिकता के माध्यम से ही वह लोकोत्तर को पाने की जद्दोजेहद करता है।

नागार्जुन की पक्षधरता स्पष्ट है। पूँजीवादी शोषक वर्ग का काव्यात्मक प्रतिपक्ष उनके यहाँ मिलता है। 'नयी धारा' पत्रिका में प्रकाशित और 'हजार-हजार बाँहोंवाली' काव्य-संग्रह में संकलित 'ताशो में ही बचे रहेंगे' कविता राज-परिवारों से विशिष्ट अधिकार वापिस लिये जाने की जनभावना को सेलीब्रेट करनेवाली रचना है। नागार्जुनीय चुटीला व्यंग्य इस कविता का प्राण है। 'किस पर हुक्म चलाएँगे अब राजा-रानी' से प्रारम्भ होकर यह कविता सदियों से साधारण जन का रक्त चूसनेवाले इस वर्ग का कच्चा-चिट्ठा खोलकर रख देती है। इस वर्ग के प्रतिनिधियों के वर्तमान को समझकर कवि उनके भविष्य पर टिप्पणियाँ करता है। अभावग्रस्त आम भारतीय जन की सदाशय मानसिकता को नागार्जुन जानते हैं— 'क्षमा करेगी जनता इनको अब भी यदि इनसान बनें ये। लेकिन यह तभी सम्भव है जब 'साथ-साथ सब दुख सुख भोंगे, लोकबन्धु हों, लोकमित्र हों। राजन्य वर्ग को इस कटु यथार्थ को स्वीकार करना ही होगा क्योंकि युग कब का बदल गया और उसके चरित्र भी परिवर्तित हो चुके हैं। इसलिए बेहतर यही होगा कि वास्तविक अर्थ में प्रिवीपर्स का मोह अपने मन से निकालकर मनुष्य की तरह रहें। उसमें ही उनकी गति है। अगर ऐसा नहीं हुआ तो वे ताश के पत्तों के कॉमिक चरित्र बनकर रह जाएँगे और जनता उससे खेलेगी। लोकमित्र ही वास्तविक लोकपाल है।

'प्यासी पथराई आँखें' में संकलित नागार्जुन की 'यह उन्मत प्रदर्शन' कविता

भारत जैसे गरीब देश के नवधनाढ्य वर्ग की निर्लज्ज प्रदर्शन-प्रियता पर व्यंग्य करती है—'शादी क्या है, वैभव का है यह उन्मत्त प्रदर्शन'.../ ये लक्ष्मी के निजी लाड़ले, हम लगते हैं बौने।' यहाँ भी नागार्जुन की वर्गीय दृष्टि उस विसंगत यथार्थ को देख लेती है जिसे भावुकतावादी कथित कला-कोविद नहीं देख पाते—'अन्दर प्रीतिभोज के टेबुल, बाहर घिरीं कनातें/ धन-पिशाच मुस्काते हैं घुलकर करते हैं बातें'—साहित्य-कला-राजनीति-समाज सभी पर यह अधाया, ऊबा हुआ कुलीन वर्ग दिखावटी चिन्तन करता है लेकिन अपने आँखों की सामने घट रहे इस सत्य को अनेदेखा कर देता है—'चाट रहें हैं कुछ प्राणी बाहर जूठन के दोने/ चहक रहे हैं अन्दर ये लक्ष्मी के पुत्र सलोने/' समाज को देखने की यही वैज्ञानिक दृष्टि है। नागार्जुन की कविताएँ अपना नया छन्द विधान और मुहावरा रचती हैं। परम्परित काव्यशास्त्र यहाँ अधूरा सिद्ध हो जाता है।

नागार्जुन की कविताएँ भाषा और भाव के धरातल पर नयी चेतना से सम्पन्न हैं। कवि आलोकधंवा के अनुसार नागार्जुन की कविताएँ इतनी खुली हैं, इनमें चीजों, लोगों और घटनाओं का ऐसा गतिमान वर्णन है, जिसके भीतर आना-जाना सामान्य जन के लिए भी सुगम है। उनमें कोई परम्परागत सोच नहीं है। सामन्ती अतीत की शास्त्रीयता में भी जहाँ लोकतान्त्रिक और आधुनिक भावबोध की मूल्यवान रचनाएँ मौजूद हैं, नागार्जुन उनसे भी अभिभूत होते हैं। विशेषकर संस्कृत और बांग्ला भाषा से वे बेहद जुड़े रहे हैं। नागार्जुन ने अपनी आधुनिकता शास्त्र से नहीं, लोक से अर्जित की है। इसीलिये लोकोन्मुखी कवि होने के कारण नागार्जुन के काव्य की शिल्प-संरचना में भी लोकप्रियता का तत्त्व विशेष रूप से समाविष्ट हुआ है।' प्रकृति के मोहक चित्रों और गम्भीर भावों की अभिव्यक्तियों के लिए कवि ने संस्कृतनिष्ठ परिमार्जित तत्सम हिन्दी भाषा का प्रयोग किया है लेकिन साधारण जन-जीवन के दुख-सुख पर लिखते हुए उसने सहज-सरल बोलचाल के मुहावरे की तद्भव और देशज शब्दावली का ही अधिक प्रयोग किया है। जहाँ तक कलात्मक शैली का सवाल है, प्रगतिशील कविता पर शुष्क, नीरस, सपाटबयानी और अकलात्मकता का दोष मढ़ा गया है। नागार्जुन के सम्बन्ध में इस प्रकार का आरोप साबित नहीं हो सकता। उनकी कविताओं में कलात्मक शैली का जो उत्कर्ष प्रकट हुआ है, नयी कविता और प्रयोगवादी कवियों में उसका कतई अभाव है। 'सिन्दूर तिलकित भाल, 'बादल को घिरते देखा है', 'एक मित्र को पत्र', 'मनुष्य हूँ', 'कालिदास सच-सच बतलाना', 'रवि ठाकुर' आदि कविताएँ इस तथ्य का साक्षात प्रमाण हैं। फिर भी प्रगतिशील कविता पर अकलात्मकता के आरोप का उत्तर देते हुए नागार्जुन ने व्यंग्य किया था—'कैसे अमृत रस बरसाऊँ।/ चाँदी का हल और फाल सोने का कैसे जुतवाऊँ।/' बदहाल किसान-मजदूर जनता का चित्रण करते हुए

सजावटी आलंकारिक भाषा में छन्द-विधान रचना, किसान-मजदूर के गरीब जीवन का मजाक उड़ाना है। नागार्जुन ने जिस जीवन से काव्य-तत्त्व लिया है, भाषा भी वहीं से अर्जित की है। इसीलिए उनके कथ्यरूप में दरार नहीं है। नागार्जुन के काव्य-शिल्प की सर्वाधिक महत्त्वपूर्ण विशेषता है, उनकी व्यंग्यात्मक शैली। कविता में व्यंग्य का इतना अचूक इस्तेमाल दूसरे किसी कवि ने नहीं किया है। शैली की दृष्टि से यह व्यंग्यात्मकता नागार्जुन को आधुनिक कवियों के बीच एक निजी पहचान देती है। कलात्मकता के परम्परागत मानदंड से लेकर, विषयानुकूलता, प्रभावोत्पादकता आदि नजरिये से नागार्जुन एक सार्थक और समर्थ काव्य-शिल्पी के रूप में हमारे सामने आते हैं। उन्होंने इस सिलसिले में भाव के साथ भाषा को सरल तो बनाया है लेकिन अति सरलीकरण करके उसे नष्ट नहीं किया है। ध्रुवदेव मिश्र पाषाण के अनुसार बाबा ने अपनी कविताओं की भाषा को अखबारों के चिथड़ेपन से भी बचाया है। भाषा और शिल्प के जितने रूप निराला में हैं, उतने नागार्जुन के अलावा और किसी में नहीं। चाकर संस्कृति के जलवों और जलसाघरों के चाकचिक्य के लिए लगातार चुनौती बने रहे हैं नागार्जुन। अभिव्यक्ति को जीवनधारा से अलग न होने देनेवाले नागार्जुन की मूल शक्ति है हाशिये के बाहर किये गये लोगों से उनकी सम्पृक्तता। तीखी मार से लैस एक दोहा देखें बाबा का— 'जले ठूँठ पर बैठकर गयी कोकिला कूक/ बाल न बाँका कर सकी शासन की बन्दूक/ ' अकवितावादियों के उथले नकार और जुमलेबाजी से अलग है बाबा की सत्ताप्रतिष्ठान विरोधी क्रान्तिकारी चेतना। यह माखनलाल चतुर्वेदी की साम्राज्यवादी विरोधी 'कैदी और कोयल' से जीवनरस ग्रहण करती है।

नागार्जुन ने प्रगतिशील कविता के बीज-विषय प्रस्तावित किए हैं। 'भारतीय जनकवि का प्रणाम' कविता में नागार्जुन ने श्रमशील जागरुक जन के पक्षधर गोर्की मखीम को नमन करते हुए एशिया में फैले उनके यश का वर्णन किया है कि जो बराबरी और शोषण-मुक्त दुनिया के जो सपने देखे थे, वे पूरे नहीं हुए। नागार्जुन पूछते हैं कि गोर्की मखीम आप ही बतलाएँ कि हम क्या करें। आपने ही कहा था कि नये युग का मानव समझौतापरस्त नहीं होगा। वह विश्व का स्वामी होगा-

समझौता नहीं करेगा नए युग का नया मानव
होगा वह निखिल विश्व का अधिस्वामी
और, वह समग्रदर्शी पूर्ण-पुरुष होगा...

वह सभी को समानरूप से देखनेवाला, पूर्ण मनुष्य होता। तुम्हारे ही मुख से आशावाद का स्वर सुनाई पड़ा था। निहितार्थ यह है कि हर किसी को अन्याय और शोषण रोकने का प्रयास करना चाहिए। यही मानव धर्म है।

नागार्जुन प्रगतिशील रचनाकार हैं। उन्होंने 'देवी लिबर्टी' में यथार्थ के कई

रूप प्रस्तुत किए हैं। पूँजीवादी शोषण और उसके प्रभाव का मार्मिक चित्रण किया है। कवि की चिन्ता है कि हत्यारा ऑटोमैटिक बन्दूकों का गुणगान कर रहा है। आज दनुज भेड़िए चारों तरफ घूम रहे हैं जिससे मनुष्य रूपी मृगों के प्राण खतरे में हैं। अमेरिका क्या उन लाखों मनुष्यों के आँसू पोंछ पाएगा? कवि कहता है कि क्या अमेरिका में अच्छे आदमी अब पैदा नहीं होंगे—

घूम रहे हैं दनुज भेड़िए
प्राण टँगे हैं मनुज...मृगों के?
अश्रु न पोंछेगा अमरीका
क्या अपने उन लाख दृगों के?
भले आदमी अमरीका में
अब आगे क्या जन्म न लेगें?

कवि मासूम सवाल करता है कि प्रभु ईसा का अमूल्य वचन का बोध अब नहीं होगा! जो अस्त्र-शस्त्रों के बल पर मतवाले बने हुए हैं उनकी आँखें कब खुलेगी? तुम दुनिया के मक्कारों से कब तक अभिनन्दन प्राप्त करती रहोगी? हर तरफ फैली घृणा, द्वेष, वैषम्य, मक्कारी, खुदगर्जी, हिंसा को हम भोग रहे हैं। अब और क्या शेष बचा है-

घृणा, द्वेष, वैषम्य, दासता...
अब इससे ज्यदा क्या होगा?
हिंसा, खुदगर्जी, मक्कारी
सारा कुछ तो तुमने भोगा
देवी लिबर्टी, तुम्हीं बताओ
और कौन विष शेष बचा है?

महानाश की अगवानी का मन्त्र तैयार है। नागार्जुन व्यंग्य करते हैं तुम राक्षसों के दलों से घिरी हुई हो और नरक की यन्त्रणा भोग रही हो। तुम अपने झंडे नये-पुराने जल्लादों को पकड़ा रही हो। तुम तो मादा अजगर हो। तुमने अपने ही अंडे निगल लिये हैं। अस्त्रों-शस्त्रों को इकट्ठा कर पूरी दुनिया को डरानेवाले अपने कपूतों को पहचानो। उनके अत्याचारों से शोषित-पीड़ित एकजुट संघर्ष के लिए लामबन्द हो रहे हैं। अत्याचारी हिटलर की मौत मरेंगे। अपनी धरती के पाप को दूर करने वाले दस लिंकन, दस केनेडी और दस लूथर पैदा होंगे। नागार्जुन 'देवी लिबर्टी' के रूपक के परम्परित अर्थ को ध्वस्त कर; दुनिया के सबसे बड़े साम्राज्यवादी देश अमेरिका की सर्वग्रासी मानसिकता पर चोट कर रहे हैं। व्यंग्य के ऐसे ही तेवर 'खिचड़ी विप्लव देखा हमने' में देखा जा सकता है। नागार्जुन की यह चर्चित रचना जे.पी. की कथित सम्पूर्ण क्रान्ति की विफलता से उपजे भाव की कविता है—

पूर्ण क्रान्ति का चक्कर था
पूर्ण भ्रान्ति का चक्कर था
पूर्ण शान्ति का चक्कर था
पूर्ण क्रान्ति का चक्कर था
टूटे सींगोंवाले सांडों
का यह कैसा टक्कर था!
उधर दुधारू गाय अड़ी थी
इधर सरकसी बक्कर था!
समझ न पाओगे वर्षों तक
जाने कैसा चक्कर था!

नागार्जुन मानते रहे हैं कि लोकनायक जयप्रकाश नारायण की कथित सम्पूर्ण क्रान्ति से युवावर्ग ने जो उम्मीदें बाँधी थीं; वह पूरी नहीं हुई। वह एक दिशाहीन आन्दोलन था। क्रान्ति, भ्रान्ति, शान्ति का यह चक्कर एक अबूझ पहेली की तरह निर्णयहीन रह गया।

नागार्जुन ने 'शिखरों पर' कविता में ऊँचे पर्वत शिखरों की भव्यता का चित्रण किया है। इन पर सूर्य-चन्द्रमा प्राकृतिक रूप से विद्यमान हैं। इनकी छवि निराली है। पिघले सोने की लालिमा उत्तराखंड में स्थित जहरीखाल के डांडे पर बिखरी हुई है। कवि इस दिव्य दृश्य को आश्चर्यचकित-सा देख रहा है—

ये तुंग-शृंग ये अद्भुत!
शिखरों पर शिखर जमे हैं
ये रजत-शशि नैसर्गिक
इन पर कैलास थमें हैं
इनकी छवि छटा निराली
बन्द थैली-भूरी-काली
बालारुण इनमें भरता
पिघली मन की लाली
हम जहरी के डांडे पर
विस्मय विमुग्ध रहते हैं।

नागार्जुन ने अपने जीवन का बड़ा हिस्सा जादुई सौन्दर्य सम्पन्न जहरीखाल में बिताया था। वे वहाँ व्याप्त प्राकृतिक सौन्दर्य पर अभिभूत थे। यहाँ भी नैसर्गिक सम्मोहन से बन्धे कवि की मनोदशा व्यक्त हुई है। पहाड़ों पर प्रकृति की जादुई उपस्थिति नागार्जुन के शब्दों में सघन और सान्द्र हो गयी है।

प्रगतिवादी कवि नागार्जुन ने 'बहुत दिनों के बाद' नामक कविता में गाँव में

फसलों को देखकर अपने अनुभव को व्यक्त किया है। बहुत दिनों के बाद जी भरकर फसल को लहलहाते हुए देखते हैं। पकी सुनहली फसलों की मुसकान देखकर वे अभिभूत रह जाते हैं—

बहुत दिनों के बाद
अबकी मैंने जी भर भोगे
गन्ध-रूप-रस-शब्द-स्पर्श सब साथ-साथ इस भू पर
—बहुत दिनों के बाद

कवि ने धान की फसल कटने के बाद धान काटनेवाली किशोरियों का चित्रण किया है। उनके मधुर कोकिला-स्वर को सुना है। मौलसिरी के ताजे फूलों की सुगन्ध कवि को दिव्यलोक में ले जा रही है। बहुत दिनों के बाद इस प्रकार का सुख कवि को मिल रहा है। गाँव में उड़नेवाले धूल को नागार्जुन चन्दनवर्ण की उपमा देते हैं। अपने गाँव की पगडंडी पर चलते हुए यह धूल सरीखी कतई मामूली चीज का यह मार्मिक चित्रण है। कवि ने तालमखाना खाने और गन्ने का रस पीने का भरपूर आनन्द उठाया है। कवि को इस बार गाँव में गन्ध, रूप, रस, शब्द सभी का स्पर्श एक साथ होता है। ऐसा बहुत दिनों के बाद सम्भव हो पाया है। ग्रामीण जीवन का यथार्थ चित्रण करते हुए नागार्जुन तालमखाना का दिव्य भोजन और गन्ने का रस, जीवन रस में बदल रहे हैं। खुशी के विरल क्षण कविता में आकर अमिट हो गये हैं। दरअसल नागार्जुन साधारण जन को मय्यसर मामूली चीजों में गैर-मामूली और कहना चाहिए अलौकिक सुख तलाश लेते है।

प्रगतिवादी कवि नागार्जुन ने अकाल और उसके बाद का यथार्थ चित्रण किया है। अकाल के कारण घर में दाने नहीं हैं। चूल्हा, चक्की सब कुछ उदास हैं। यहाँ तक कि पशु-पक्षियों की स्थिति भी दयनीय हो गयी है। नागार्जुन की संवेदना में सिर्फ मनुष्य ही नहीं आते हैं। उनकी संवेदना में परोक्ष रूप से चूल्हा और चक्की की उपस्थिति है—

कई दिनों तक चूल्हा रोया चक्की रही उदास
कई दिनों तक कानी कुतिया सोई उनके पास
कई दिनों तक लगी भीत पर छिपकलियों की गश्त
कई दिनों तक चूहों की भी हालत रही शिकस्त

दानें आए घर के अन्दर कई दिनों के बाद
धुआँ उठा आँगन से ऊपर कई दिनों के बाद
चमक उठीं घर-भर की आँखें कई दिनों के बाद
कौए ने खुजलाई पाँखें कई दिनों के बाद

साथ ही निरन्तर मनुष्य के साथ रहनेवाले चूहे, छिपकलियाँ, कानी कुतिया और कौआ भी हैं। इन सब के माध्यम से नागार्जुन अकाल की मारक स्थिति को उजागर कर देते हैं। अकाल के बाद वक्त बदल जाने से ये प्राणी प्रसन्न होते हैं। जब घर में दाने कई दिनों के बाद आते हैं—मनुष्य भी तब प्रसन्न हो जाते हैं। सम्पूर्ण जगत को, सृष्टि को एक अखंड सत्ता मानने के कारण ही ऐसा सम्भव हो पाया है। नागार्जुन ने ऐसे शब्दों का प्रयोग किया है जो स्थिति की भयावहता आनन्द को स्पष्ट करने में सक्षम हैं। नागार्जुन ने रोजमर्रा के बिम्बों और शब्दों से कविता बनाई है।

नागार्जुन ने अभावग्रस्त गृहस्थ जीवन की मजबूरी, अभावों से भरे जीवन का ठेठ सच व्यक्त किया है। आँगन में चूल्हा जलने का क्या अर्थ होता है? भूख किसे कहते हैं? और अन्न का मामूली दाना-कितना असाधारण होता है; इन्हें नागार्जुन ऐसे व्यक्त करते हैं कि कठिन जीवन का पाठ समझ में आ जाता है। अकाल जिन्दगियाँ तबाह कर देता है। ऐसे में किसान एक नायक की तरह उभरता है। किसान समूची मनुष्यता और मनुष्येतर जगत के लिए इतना जरूरी है कि वह सम्पूर्ण सृष्टि के लिए महत्त्वपूर्ण है। उसकी मेहनत के बिना कुत्ते और चूहे भी अपना पेट नहीं भर सकते हैं। इसे यह कविता बड़ा अर्थ-सन्दर्भ बना देती है। ठेठपन और टटकेपन के बेजोड़ नमूने रचे हैं नागार्जुन ने इस मायने में नागार्जुन हिन्दी के प्रगतिशील कवियों में अग्रणी हैं। उन्होंने जीवन के तुच्छ से तुच्छ अंशों और अनुभवों को कविता में बदला और कविता की भाषा को बोलचाल की भाषा के करीब लाकर उसे नयी उदात्तता भी दी। धूप में लेटी हुई मोटी-तगड़ी मादा सुअर अपने बच्चों को दूध पिलाते हुए भव्य और गरिमामय दृश्य में बदल जाती है। उनके परवर्ती महत्त्वपूर्ण कवि वीरेन डंगवाल इस कविता की पीठ पर बेहतरीन कविता लिखते हैं। दो छोटे पदों में नागार्जुन 'अकाल और उसके बाद' की स्थिति को पूरी तीव्रता से व्यक्त करते हैं। वहाँ न भाषा का रचाव है न विषय का। दरअसल नागार्जुन की भाषा के अनेक स्तर हैं। उनकी कविताएँ भाषा का अपूर्व महोत्सव हैं। जीवन के जितने प्रसंग हैं भाषा की उतनी ही भंगिमाएँ भी। नागार्जुन में छन्दों और लयों का भी विपुल व्यवहार मिलता है। भाषा की सरलता और भावों की गहनता के कारण नागार्जुन की कविता हिन्दी पाठकों के बीच बहुत लोकप्रिय हुई। ऐसे समय में जब हिन्दी कविता साधारण पाठकों से दूर होती जा रही थी, नागार्जुन ने उसे जनता के बीच स्थापित किया और नये पाठक तैयार किए।

शोषण-मुक्त सामाजिक क्षमता एवं न्याय को मूलभूत अधिकार मानने के पक्षधर इस कवि का योगदान कथा साहित्य में भी कम नहीं है, देखा जाए तो उनके वैयक्तिक जीवन के सन्दर्भ कथा साहित्य में अधिक उजागर हुए हैं। माँ की

श्रमप्रियता, सहनशीलता, चारित्रिक दृढ़ता, सरलता तथा पिता की रूढ़ि-जर्जरता, संस्कारहीनता, जड़ता, कठोरता और दरिद्रता-नागार्जुन के जीवन के दो विपरीत सत्य हैं। माँ-पिता की सम्बन्धगत कटुता स्मृतियों के धरातल पर नागार्जुन को बार-बार घेरती है। 'अन्नहीनम्-क्रियाहीनम्' में पिता के प्रति प्रमुख कथा-चरित्रों का सात्विक क्रोध इन शब्दों में मुखर हुआ है—'मेरी चाची से आपका क्या रिश्ता था? उस रोज दुपहर की उमस में अन्दर लेटी हुई मेरी माँ का गला कुल्हाड़ी से किसने काटना चाहा था? माँ और आत्मीय जनों की उपेक्षाजन्य अकालमृत्यु के पीछे पिता के निष्ठुर आचरण को लेकर नागार्जुन में जो घृणारहित क्रोध है, उसे उन्होंने एक मार्मिक अनुभव की तरह व्यक्त किया है, 'रतिनाथ की चाची' में जुगुत्सोत्पादक कामुकता की अभिव्यक्ति के पार्श्व में भी नागार्जुन की शैशव स्मृतियों की अनुगूँज है।

वैयक्तिक सच को व्यक्त करनेवाले नागार्जुन ने समाज के यथार्थ को भी अपनी कथाकृतियों में निर्ममता से उधेड़ा है। वहाँ वर्णित ग्राम्य-समाज का संघर्ष वस्तुतः जमींदार-सामन्त वर्ग और श्रमिक-कृषक वर्ग का अनिवार्य वर्ग-संघर्ष है। शोषक वर्ग वैभव-विलास का ऐश्वर्यपूर्ण जीवन जीता है। खेतिहार किसान-मजदूर-शोषित वर्ग नारकीय इन असंगतियों पर प्रहार करते हैं, साथ ही सामूहिक संघर्ष द्वारा दमन-शोषण, अत्याचार और अन्याय से मुक्ति का मार्ग भी सुझाते हैं, 'वरुण के बेटे', 'बलचनमा', 'बाबा बटेसरनाथ'। नागार्जुन के ये उपन्यास वर्ग-शत्रुओं के खिलाफ सक्रिय होती संघर्ष चेतना को अभिव्यक्त करते हैं। पिछड़े ग्रामीण आवाज की दीनता के साथ ही नागार्जुन ने सामाजिक विकृतियों, आर्थिक विषमताओं, धार्मिक अन्धविश्वासों, राजनैतिक स्वार्थों को भी आलोचनात्मक परिप्रेक्ष्य में देखा है। किसान-मजदूर वर्ग के शोषण के अतिरिक्त असहाय स्त्री-जीवन के मार्मिक बिम्ब नागार्जुन के कथा-साहित्य में मौजूद हैं। नागार्जुन स्त्री की आत्मनिर्भर और सम्मानित छवि प्रस्तुत करना चाहते हैं। उनके उपन्यासों की स्त्रियाँ स्वालम्बनपूर्ण जीवन के लिए लड़ती हैं। 'रतिनाथ की चाची' की गौरी, 'वरुण' के बेटे की माधुरी, 'कुम्भीपाक' की भुवन, चम्पा ऐसी ही संघर्षशील नारियाँ हैं। नागार्जुन को आंचलिक उपन्यासकार के खांचें में फिट करने की कोशिश की जाती है। लेकिन मिथिलांचल के जनजीवन की संश्लिष्ट अभिव्यक्ति के बावजूद वे आंचलिक उपन्यासकार नहीं हैं, वे स्थानीयता का आतंक नहीं रचते, उनके यहाँ सजही आंचलिकता का अतिक्रमण मिलता है।

उनकी कविता और कथा-साहित्य के तार एक-दूसरे से गुँथे हुए हैं। नागार्जुन ऐसे रचनाकार हैं जिनकी रचनाएँ सरल, सीधी और स्पष्ट होने के बावजूद सपाट

नहीं हैं। उनमें गहरी बेचैनी व्याप्त है, इत्यादि में व्यक्त कहानी, कविता, नाटक, अनुवाद, बाल साहित्य, डायरी, पत्र, लेख उनकी रचनाशीलता से यह तथ्य पुष्ट होता है कि उनकी रचनाएँ एक बड़े लेखक के रचनात्मक विकास को रेखांकित करने के साथ आधुनिक हिन्दी साहित्य के विकास का ऐतिहासिक कालक्रम भी प्रस्तुत करती हैं।

भवानीप्रसाद मिश्र

29 मार्च 1913—20 फरवरी 1985

जिस तरह हम बोलते हैं, उस तरह तू लिख

29 मार्च, 1913 ग्राम—टिगरिया, तहसील—सिवनी मालवा, जिला-होशंगाबाद, मध्य प्रदेश में जन्मे भवानीप्रसाद मिश्र की मृत्यु—20 फरवरी, 1985 को हुई। जीवन के आखिरी समय तक वे लिखते रहे। उनकी आरम्भिक शिक्षा सोहागपुर, होशंगाबाद और नरसिंहपुर में हुई और 1934 में उन्होंने जबलपुर से बी.ए. किया। बचपन में ही पिता श्री सीताराम मिश्र के सान्निध्य में हिन्दी, संस्कृत और अँग्रेजी के काव्य से परिचय के बाद भवानीप्रसाद मिश्र माखनलाल चतुर्वेदी के सम्पर्क में आए। माखनलालजी ने 'बाल मोहन' उपनाम से कविता लिखने की प्रेरणा दी, पर बड़े होने पर उन्हें अपने नाम से ही कविता लिखना अच्छा लगा।

इस परम्परागत शिक्षा के बाद भवानीप्रसाद मिश्र जीवन की पाठशाला में दीक्षित हुए। हाईस्कूल में थे तभी स्वाधीनता-आन्दोलन में भाग लेना शुरू किया। 1942 के आन्दोलन में भाग लेने के लिए जेल-यात्रा के दौरान 'घर की याद' शीर्षक से एक मार्मिक कविता लिखी। शुरू से ही उन पर गाँधीवाद का गहरा प्रभाव रहा। तीन वर्ष का कारावास भोगकर बाहर आए तो 1945 में महिलाश्रम, वर्धा में पाँच साल तक अध्यापन किया। बाद में कई नौकरियाँ कीं। छिन्दवाड़ा हाईस्कूल में संस्कृत पढ़ाई, स्वयं बैतूल में स्कूल खोला। 1939 में ही सरला देवी से विवाह हुआ। सिनेमा में संवाद-लेखन और निर्देशन भी किया। 1952-55 हैदराबाद की मासिक पत्रिका 'कल्पना' का सम्पादन किया। 1956-58 बम्बई तथा दिल्ली में आकाशवाणी से सम्बद्ध रहे। 1958-1972 तक सम्पूर्ण गाँधी वांड्मय का सम्पादन किया। अपने अन्तिम दिनों में भवानीप्रसाद मिश्र गाँधी स्मारक निधि, गाँधी शान्ति प्रतिष्ठान, दिल्ली से जुड़े रहे हैं। उनकी प्रमुख रचनाएँ हैं—

गीतफरोश (1956), चकित है दुख (1968), अँधेरी कविताएँ (1968), गाँधी पंचशती (1969), बुनी हुई रस्सी (1971), खुशबू के शिलालेख (1973), व्यक्तिगत (1974), परिवर्तन जिए (1976), अनाम तुम आते हो (1976), इन्द न मम् (1977), त्रिकाल संध्या (1978), कालजयी (1978), शरीर कविता, फसलें

और फूल (1980), मानसरोवर दिन (1981), जल रही हैं सड़कों पर बत्तियाँ (1981), सम्प्रति (1982)।

1929-30 से ही भवानीप्रसाद मिश्र निरन्तर कविताएँ लिखते रहे। वे उर्दू के दाग, मीर, जौक, सैदा, गालिब; हिन्दी के तुलसी, कबीर, माखनलाल चतुर्वेदी, अँग्रेजी के वडर्सवर्थ तथा वाल्मीकी और भवभूति से गहरे प्रभावित थे, पर अपनी काव्य-शैली का उन्होंने अपने तरीके से विकास किया। प्रकृति, मानव-मूल्य और सौन्दर्य उनकी कविताओं के प्रेरक रहे। विन्ध्याचल, सतपुड़ा और रेवा के अंचल, नर्मदा नदी उनकी रचनाओं में रचे-बसे हैं। यह उनकी कविता के स्थानीय भूगोल हैं।

भवानीप्रसाद मिश्र की कविताएँ प्रतिष्ठित पत्रिकाओं में छपती रहीं, पर उनको पहली बार 'दूसरा सप्तक' में संकलित करने का श्रेय अज्ञेय को जाता है। 'गीतफरोश' काव्य-संकलन 1956 में आया। इसके बाद तो लगातार उनके संग्रह प्रकाशित होते रहे। उनकी मान्यता थी कि 'मैं कविता नहीं लिखता, कविता मुझको लिखती है।' उनकी काव्य-भाषा बोलचाल की अनूठी सादगी लिये होती है। भवानी भाई जनता की भाषा में, जनता की बात, जनता तक पहुँचाने के लिए अनथक कोशिश करते रहे हैं। भवानीप्रसाद मिश्र ने 'कालजयी' सरीखा चर्चित प्रबन्ध काव्य भी लिखा लेकिन उनकी मूल काव्य-मनोभूमि मुक्तक की है। सूक्ष्म आन्तरिक संवेदन और बाहरी यथार्थ की सन्तुलित, सहज और सघन अभिव्यक्ति करने में भवानीप्रसाद मिश्र सफल हुए हैं वहाँ उत्कृष्ट कविता सम्भव हुई है। 'टूटने का सुख', 'सतपुड़ा के जंगल', 'कमल के फूल', 'सन्नाटा', 'वाणी की दीनता', 'गीतफरोश' इत्यादि कुछ कविताएँ इस सन्दर्भ में एकदम याद आती हैं। ऐसा अपनी कविता की ताकत पहचानने वाले रचनाकार के यहाँ ही सम्भव होता है।

भवानीप्रसाद मिश्र और नागार्जुन जीवन की गहरी आसक्ति के कवि हैं। छूटे हुए परिवेश और बिछुड़ गये स्वजनों की स्मृति मात्र से जो उमगाहट और भावनाओं की छलछलाहट नागार्जुन की कविताओं में मिलती है वही भवानी प्रसाद मिश्र की भी कविताओं की शक्ति है। उदाहरण के लिए 'सिन्दूर तिलकित भाल' और 'दन्तुरित मुस्कान' वाली नागार्जुन की कविताएँ और जेल में 'बरसात' सरीखी भवानीप्रसाद मिश्र की कविताएँ देखी जा सकती हैं, जो साबित करती हैं कि बड़ा कवि वह होता है जिसके भीतर का बचपन कभी नहीं मरता।

आधुनिक हिन्दी कविता को मार्क्सवाद, अस्तित्ववाद और मनोविश्लेषणवाद ने गहरे प्रभावित किया है। प्रगतिशील कविता पर मार्क्सवादी सौन्दर्यबोध का असर देखा जा सकता है तो प्रयोगशील कवि अस्तित्ववाद और मनोविश्लेषणवादी चिन्तन से घिरे हुए दिखाई देते हैं। गाँधीवादी विचारदर्शन ने भी द्विवेदी युग से लेकर नयी

कविता तक के अनेक कवियों को प्रभावित किया है। मैथिलीशरण गुप्त, नवीन, माखनलाल चतुर्वेदी, सियारामशरण गुप्त, नरेश मेहता इत्यादि महत्त्वपूर्ण कवियों के साथ-साथ खुद को गाँधी का बेटा कहनेवाले भवानीप्रसाद मिश्र के बाहरी व्यक्तित्त्व, उनकी वेश-भूषा, आचार व्यवहार, भाषा-बोली इन सबके साथ उनकी कविता की अन्तर्वस्तु, उसकी बनावट, कविता को कहने का लहजा—इन सब पर गाँधीदर्शन की अमिट छाप है। उन्होंने गाँधी के आह्वान पर राष्ट्रीय आन्दोलन मे सक्रिय भागीदारी की और दो साल, आठ महीने, आठ दिन साम्राज्यवादी अँग्रेजों की कैद में बिताए।

भवानीप्रसाद मिश्र की कविता का रसायन बुनियादी तौर पर गाँधीवादी तत्त्व से बना है लेकिन उसमें छायावादी, प्रगतिशील और जनवादी रूझान तथा प्रयोगवादी लहजा; यह सब भी मिले हुए हैं। दरअसल भवानीप्रसाद मिश्र वाद या पन्थ-निरपेक्ष ऐसे कवि हैं जो विचार-विशेष की संकीर्ण जकड़बन्दियों से स्वायत रहे हैं क्योंकि दिखाने भर के लिए वे किसी काव्यान्दोलन में शामिल नहीं हुए। आज की हिन्दी कविता पर भवानीप्रसाद मिश्र जैसे कवियों की मुहर साफ तौर पर देखी जा सकती है क्योंकि आज का कवि किसी काव्यान्दोलन का कवि न होकर सामान्य जीवन की समग्र अभिव्यक्ति करने में अपनी रचनात्मक सार्थकता ढूँढता है। दैनिक जीवन के कतई मामूली अनुभव जिनमें आत्मीयता, अलगाव, अप्रेम और प्रेम इत्यादि परस्पर विरोधी मनोभाव भवानीप्रसाद मिश्र की कविता में अपने-अपने तरीके से मौजूद हैं। फिर भी साहित्य के विद्यार्थी और विशेषकर कविता के विद्यार्थी भवानीप्रसाद मिश्र को गाँधीवादी कवि के रूप में जाँचते-परखते हैं और ऐसा करने में कोई हर्ज भी नहीं है क्योंकि 'गाँधी पंचशती' की कविताएँ तथा 'कुछ नीति और कुछ राजनीति' के निबन्ध और 'सम्पूर्ण गाँधी वाङ्मय' का सम्पादन इसका प्रमाण है कि इस रचनाकार के विचारों का केन्द्र या केन्द्रीय विचार भूमि गाँधी दर्शन से प्रभावित है।

सप्तक परम्परा के दूसरे कवियों से अलग 'दूसरा सप्तक' में छपे भवानी प्रसाद मिश्र ने यह कहा था कि दार्शनिक धरातल पर अद्वैतवाद और गाँधी तथा काव्य-शिल्प में सहजता को प्राप्त करना उनका लक्ष्य है। उन्होंने इसी संग्रह में संकलित 'स्नेहशपथ में गाँधीदर्शन में निहित मानवतावादी आदर्श चेतना को व्यक्त करते हुए लिखा था कि गाँधी होने का अर्थ है मित्र और शत्रु में भेदभाव किए बिना बराबर का स्नेह देना।

गाँधीवादी संवेदना का प्रखर रूप 'गाँधी पंचशती' में देखा जा सकता है। 1930 से लेकर 1970 तक की लगभग 500 कविताएँ इस संग्रह में संकलित हैं। जिनमें गाँधीवादी दर्शन का सैद्धान्तिक विवेचन नहीं है बल्कि कवि ने दर्शन को एक सहज रचनात्मक अभिव्यक्ति बना दिया है यानि यहाँ गाँधी-दर्शन एक सृजनात्मक

दर्शन है। उसे सिद्धान्त की तरह विश्लेषित नहीं किया गया है। उसमें उपदेश या नारेबाजी नहीं है बल्कि यह देखकर आश्चर्य होता है कि दर्शन जैसे ठोस, स्थूल और अकाव्यात्मक विषय को एक उत्कृष्ट काव्यात्मक अनुभव में कवि ने कितनी आसानी से बदल दिया है। हालाँकि यह जरूरी नहीं है कि गाँधी विषयक कवि की तमाम स्थापनाओं और नतीजों से सहमत हुआ जाए लेकिन भवानीप्रसाद मिश्र इतनी दक्षता के साथ अपने मन्तव्य को व्यक्त कर देते हैं कि सहसा उस पर अविश्वास करने या असहमति जतलाने का अवकाश नहीं मिलता। जैसे वे गाँधी को आधुनिक मनुष्य के जीवन की जटिलताओं को सुलझाने वाली समस्याओं की एकमात्र कुँजी सिद्ध करते हैं—

और होगा वह गाँधी को समझने से
उसके रहने और करने के ढंग को अपनाने से
उससे हटकर कदापि नहीं होगा कुछ
जो कुछ होगा सो होगा उसके पास जाने से

यानि जीवन की सारी दिक्कतों का समाधान गाँधी के विचारों में ढूँढ़ने की यह ललक एक जिद जैसी है। यहाँ भवानीप्रसाद मिश्र गाँधी के विचारों के हत्यारे उनके वैचारिक विरोधियों को नहीं; गाँधी के दिखावटी अनुयायियों को मानते हैं। जिन्होंने आजादी के बाद अपना हित साधने के लिए क्षुद्र राजनीति की और गाँधी की शिक्षा तथा उनके आदर्श सिद्धान्तों को एक मुखौटे में बदलकर गाँधी से ही नहीं उस आम-आदमी से धोखा किया जिसका जीवन बदलने के लिए गाँधी आजादी को महत्त्व देते थे। कवि ने गाँधी के देश में उसके अनुयायियों द्वारा उस आम आदमी की एक-एक इच्छा का खून करते देखा और 'क्या करूँ' कहकर अपनी मजबूरी और व्यंग्य दोनों जाहिर किए—'देश की गरीबी को भूलकर/ पालना खोखले प्रजातन्त्र का सफेद हाथी/ कवि ने देखा की गाँधी ने जिस मद्य-निषेध को एक मूल्य की तरह प्रस्तावित किया; कथित गाँधीवादियों ने उसकी ही धज्जियाँ उड़ा दीं—

छोटी सी बात मद्यय निषेध तक पर
छोर-छोर से बजती है तालियाँ

मद्य-निषेध छोटा आन्दोलन या विचार नहीं है लेकिन उस पर अमल नहीं करके; भाषणबाजी में उड़ा देना ही छोटी बात है।

यह कितना विसंगत यथार्थ है कि आजादी के बाद लोग पहले से ज्यादा गरीब और विवश होते जा रहे हैं। मजदूर और किसान के बच्चे पढ़ेंगे कैसे क्योंकि उन्हें आँख खोलते ही अपने-अपने परिवार का भरण-पोषण करने के लिए अपनी ही जमीनों पर मजदूरी करनी है! शहरों में इलाज के अभाव में रोज असंख्य लोग मर जाते हैं और पूँजीपति पाँचसितारा अस्पतालों में ऐश करते हैं। पढ़े-लिखे युवा

दिखावे की डिगरियाँ ले बेरोजगारी के बोझ से टूट रहे हैं और साधन-सम्पन्न ताकतवर लोगों की प्रतिभाहीन सन्तानें बड़ी नौकरियाँ और पद हथिया रहे हैं। गाँधी ने अपने आदर्शों में ऐसी बुरी स्थितियों की कल्पना कर ली थी इसलिए अपने आचरण में भी उन्होंने इस डरावने यथार्थ का विरोध किया जबकि उनके नाम पर राजनीति करनेवाले उन्हें तस्वीरों में टाँगकर और गाँधी के विचारों को अपने पक्ष में इस्तेमाल होनेवाले सूक्त कथनों में बदलकर विलासितापूर्ण जीवन जी रहे हैं। गाँधी ने स्वदेश और स्वदेशी पर बल दिया तो उनके अनुयायी भूमंडलीकरण और आर्थिक उदारीकरण के रास्ते देश की गरीब जनता की मेहनत की कमाई नयी साम्राज्यवादी ताकतों को सौंपने लगे या स्विस बैंक में जमा करने लगे ताकि उनकी कई पीढ़ियाँ देश को बन्धक बनाकर रख सकें। भवानीप्रसाद मिश्र ने इसे सहन नहीं किया। उन्होंने ऐसी अन्तर्राष्ट्रीय समस्याओं के साथ-साथ जातिगत विद्वेष, मजहबी पागलपन, प्रान्तवाद, बोलीवाद यानी हर उस बुरे विचार का विरोध किया जिसका सबसे ज्यादा शिकार वही आम-आदमी होगा जिसके लिए गाँधी निहत्थे ही अँग्रेजों से जूझ रहे थे।

भवानीप्रसाद ने गाँधीवादी दर्शन को जीवन्त चेतना के रूप में स्वीकार किया 'जिस तरह हम बोलते हैं उस तरह तू लिख/ और इसके बाद भी हमसे बड़ा तू दिख कहने वाला यह कवि शब्दों में भी सादगी और सरलता की तलाश करता रहा। भाव की ऐसी पारदर्शी प्रस्तुति प्रतिभाशाली कवि निरन्तर अभ्यास से अर्जित करते हैं — 'छोड़ना ही चरम परिणति क्या/ हमारे जोड़ने की?/ और परिणति शून्य ही क्या/ है नहीं हर छोड़ने की?' भाषा की सादगी कठिन दार्शनिक विमर्श को भी सहज बना देती है—यह संगीत सुनाई पड़ता/ यह सरिता दिखती है बहती/ यह है श्रवण और यह दर्शन/ यह है स्पर्श गन्ध है मन का/ यह प्रवाह है गति है यति है/ अभी छन्द है खनका-खनका/ मत अनुमान लगाओ इसका/ इसे पकड़ लो/ स्नेह करो छाती तक खींचो/ सहज जकड़ लो!' शायद हिन्दी का यह अकेला कवि है जो सारी कुटिलताओं, छल-छद्म और पाखंडों का सामना सरलता और सादगी से करता है। यह कायरतापूर्ण समर्पण या पलायन नहीं है। यह भी प्रतिरोध की एक शक्तिशाली शैली है जिस पर इस कवि ने आजीवन भरोसा किया।

त्रिलोचन

20 अगस्त 1917—9 दिसम्बर 2007

जटिल जीवन-सन्दर्भों की सहज प्रस्तुति

त्रिलोचन की कविता पहली नजर में अतिरिक्त रूप से सरलीकृत लगती है। अखबारी भाषा में लिखी खबर जैसी सपाट और भाव-शून्य लेकिन उनके लगभग निष्प्रभ गद्य के भीतर भी एक स्थायी चमक होती है। इसी तरह उनकी कविताओं में सजावटी कवितापन नहीं है। उसमें अर्थ की चमक अंडर करंट की तरह है। वह क्षण-भंगुर कौंध नहीं होती। उसके सम्पूर्ण विन्यास से ही अर्थ उपलब्ध होता है। ऐसा अर्थ जो कौंधता नहीं, जरा-सा चमककर मिट नहीं जाता। जीवन के सही अर्थ को समझाता है। यही कारण है कि त्रिलोचन की कविता को उदाहरण की तरह पेश करना मुश्किल होता है। उनकी कविता समग्रता में ही असर डालती है।

त्रिलोचन की कविता में दिखावटी कुछ भी नहीं है—जैसे उनके यहाँ अर्थ जिन्दा करंट की तरह अन्दर बहता है, उसी तरह उनके निहितार्थ में जीवन की हलचल है। संक्रामकता है त्रिलोचन के शब्दों में—'मेरे और आपके दिल की धड़कन है।' वह 'मैं' के साथ दूसरे को जरूर जोड़ते हैं। इससे कविता में संवाद मुमकिन हो जाता है। हवाई उड़ानों की बजाय यह कविता जीवन के बीहड़ों में नंगे पांव ले जाती है। यह जो सामूहिकता है यह उनकी कविता के आस्वाद में भी है। यह आधुनिकतावादियों के यहाँ ढूँढकर भी नहीं मिलती है।

त्रिलोचन इसके लिए कोई फालतू कोशिश नहीं करते क्योंकि बेकार की कलाबाजी उनके स्वभाव में नहीं है। इसके लिए त्रिलोचन सीधी-सरल जुगत लगाते हैं। दुख-दर्द, पीड़ा, हर्ष को बाँटने के लिए वह आसपास के जीवन से कुछ जाने-पहचाने चरित्र लेते हैं। त्रिलोचन ने अपनी कविताओं में अनेक पात्रों की रचना की है। उनकी एक बहुत प्रसिद्ध कविता है—"चम्पा काले-काले अक्षर नहीं चिन्हती" यहाँ एक सामान्य पात्र है चम्पा। कवि ने उसकी गरीबी को लेकर भावना नहीं उभारी। गरीब लोगों के भी सम्बन्ध-सन्दर्भ होते हैं। उन सम्बन्ध-सन्दर्भों में उनकी समस्याएँ ज्यादा विश्वसनीय होती हैं। चम्पा जैसी लड़की का चित्रण हिन्दी कविता में छोड़िए, हिन्दी कथा-साहित्य में भी नहीं मिलेगा। एक सोवियत काव्यशास्त्री

ने लिखा हैं कि सौन्दर्य प्राकृतिक होता हैं। मनुष्य ने उस सौन्दर्य का बोध प्राप्त किया। चम्पा का सौन्दर्य अनकहा; अन्तनिर्हित है। उसे अलग से बताने की जरूरत नहीं है। इस कविता का सौन्दर्य बुनियादी तौर पर वात्सल्य पर टिका है। त्रिलोचन के शब्दों के अनुभव में उन चरित्रों का प्रवेश जितना आत्मीय होता है, उनकी लगातार उपस्थिति भी उतनी ही सुखद होती है। त्रिलोचन के ये चरित्र जिन्दगी में भरोसा बचाए रखते हैं। अशिक्षित लड़की चम्पा, नगही मेहरा, भौरई केवट, चित्रा जाम्बोरकर, अवधूत निषाद, सब्जी बेचनेवाली बुढ़ियाँ—त्रिलोचन की कविता में आनेवाले यह कुछ नाम भर या बेशक्ल इनसान नहीं हैं। यह समाज के वह सचेतन हिस्से हैं जो जीवन के सच को अर्थ देते हैं। इनसानी लड़ाई को महत्त्व देते हैं। केदारनाथ अग्रवाल, रघुवीर सहाय, धूमिल, त्रिलोचन जैसे कवियों के यहाँ ही यह मिलते हैं।

त्रिलोचन की कविता में अपनी सामाजिक पहचान और संज्ञा समेत इन चरित्रों की उपस्थिति गहरे आश्वस्त करती है। त्रिलोचन से गहरे प्रभावित केदारनाथ सिंह ने सब्जी बेचनेवाली बुढ़िया को गोर्की की 'माँ के स्तर तक उठाया है। बिम्बों को दृश्य में बदलकर कहानी कहने की यह शैली असल में त्रिलोचन की देन है। त्रिलोचन ने ऐसे चेहरों के लिए कविता में जगह बनाई है जिन्हें जीवन की आपाधापी में पहचाना नहीं जाता। अपमानित, पीड़ित, शोषित यह चरित्र त्रिलोचन के यहाँ आकर अपनी दुर्दशा के लिए जवाबदेह लोगों से सीधे सवाल करते हैं कि उनकी इस हालत के लिए जो जिम्मेदार हैं उन्हें क्या सजा दी जाए? खास बात यह है कि त्रिलोचन ने उन चरित्रों का आविष्कार नहीं किया। पहले से मौजूद लेकिन अब तक उपेक्षा के शिकार, इन्हें त्रिलोचन जीवन के केन्द्र में ले आते हैं। इन जूझते हुए मनुष्यों के कारण उनकी कविता सतही वर्णन के धरातल से उठकर जीवन की तरह धड़कती है—"भाव उन्हीं का, सबका है जो थे अभाव में, पर अभाव से दबे नहीं जागे स्वभावमय" यानि त्रिलोचन अनश्वर भावों की निष्पति भौतिक अभावों में देखते हैं। पारम्परिक सौन्दर्यशास्त्रीय नियमों को उलटकर वह बुनियादी उत्तर देते हैं, क्योंकि वह मूल मनुष्य को पहचानते हैं। यह मनुष्य सतत लड़ता हुआ जन है। इस जन के जीवन को संश्लिष्ट मानवीय चरित्र रूप में प्रस्तावित करनेवाले त्रिलोचन ही कह सकते हैं—'धन की उतनी नहीं मुझे जन की परवाह है/ जितनी जो मुझसे खुलकर मन से मिलता है/ मैं उसका वशावर्त्ती हूँ/ इसी से खिलता है मेरे प्राणों का शतदल/' धनवादियों की बजाय जनवादियों की समझ पर त्रिलोचन भरोसा करते हैं। तभी जन उन्हें बाँहें फैलाए खुले मन से मिलता है यह कितनी बड़ी बात है कि एक संवेदनशील मनुष्य उस अभाव में जन के वश में खुद को पाता है। उसे जीवन देने वाला 'सौ पंखुड़ियों वाला फूल' मौन में या परीकथाओं में नहीं खिलता; यह दो

मेहनतकश इनसानों के मिलन में खिलता है।

हिन्दी का यह कवि दुख और संघर्ष को दार्शनिक गुत्थियों से ऊपर उठाकर जीवन के ठोस पर जीता रहा है। उसे अपने दुख और संघर्ष में समाज के इन्हीं लड़ते हुए लोगों का साथ और ताकत मिलती रही है। दरअसल त्रिलोचन उससे खुद को अलग नहीं मानते इसलिए वह ऊँचे सिंहासन पर आसीन होकर गदगद करनेवाली भावुकता भरी बातें या नकली आग लगानेवाली खोखली नारेबाजी नहीं करते। वह अपने बारे में भी सच बोलने का माद्दा इन्हीं साधारण लोगों से पाते हैं। यह हिम्मत आधुनिकतावादियों और दिखावे के तरक्कीपसन्दों के यहाँ भी नहीं मिलती क्योंकि त्रिलोचन सरीखे वास्तविक अर्थों में आधुनिक और प्रगतिशील कवि बहुत कम हैं। त्रिलोचन अपना निजी और आत्म चित्र बेलाग होकर कैसे रखते हैं— 'जिसके तन पर गन्दे कपड़े हैं/ कपड़े भी कैसे फटे लदे हैं/ '—यह बाहरी चित्र काफी कुछ कह देता है। फिर भी कवि इससे आगे जाता है। उसका साहस देखिए—'कौन कह सकेगा इसका जीवन चन्दे पर अवलम्बित है/ '—यह माँगा हुआ जीवन नहीं है क्योंकि दूसरों के रहमोंकरम पर पलनेवाला जीवन होता तो वह कभी नहीं कह सकता था—'चलना तो देखो इसका/ उठा हुआ सिर, चौड़ी छाती, लम्बी बाँहें सधे कदम, तेजी व टेढ़ी-मेढ़ी राहें/ मानों डर से सिकुड़ रही हैं/ '—यहाँ पहली दो पंक्तियों में आसानी से आत्मदया की छायावादी गुंजाइश निकाली जा सकती थी। लेकिन त्रिलोचन इस दिव्य महल को नहीं बनाते वह ऐसा यथार्थ रचते हैं कि दिखावे की चेतना मिट्टी में मिल जाती है। करूणा यहाँ बेशक है लेकिन त्रिलोचन अपने लिये किसी तरह की छूट नहीं चाहते। यह चेतना मनुष्य को सीधे लड़ाई के मैदान में ले जाती है। और इस सैनिक से दुर्गम रास्ते भी डर जाते हैं। यह करूणा कविता और जीवन दोनों को ऊँचाई पर ले जाती है।

त्रिलोचन के यहाँ कोई भी 'हिडन ऐजेंडा' नहीं है। यहाँ तक कि व्यक्तिगत धरातल पर भी जब वह खुद को व्यक्त करते हैं तब उसमें न कोई लाग-लपेट होती है और न कोई दुराव-छिपाव वहाँ होता है। इतना पारदर्शी आत्म-चित्रण कम-से-कम हिन्दी में दुर्लभ है। इसमें उनकी कविता जैसी सरलता और सादगी मिलती है। उसमें कोई बाहरी कृत्रिम चमक-दमक नहीं है—'भीख माँगते उसी त्रिलोचन को देखा/ कल यह मनुष्य था, इतने पर भी नहीं मरा था/ ' यह मनुष्य-भाव ही उन्हें बचाए रखता है और यह कोई दीनता नहीं है। मेहनतकश का स्वाभिमान है। त्रिलोचन जिस मनुष्य को व्यक्त करते हैं, वह उनके आन्तरिक अस्तित्त्व का ही हिस्सा है। वह महाकाव्यात्मक नायक नहीं है। वह लगातार उपेक्षा और अलगाव झेलता हुआ मनुष्य है। लेकिन यह उसमें न तो दैन्य भाव भरता है और न कवि को किताबी अस्तित्ववादियों की तरह शाब्दिक कलाबाजी करने को उकसाता है।

त्रिलोचन के यहाँ मेहनत करते अकेले व्यक्ति के कई अनुभव हैं। वह इतने वास्तविक हैं कि उनके आगे कोई सैद्धान्तिक विशेषण लगाना बेईमानी है। क्योंकि खोखले विशेषण उस व्यक्ति की विराटता के आगे प्रसंग खोकर सन्दर्भ रहित हो जाते हैं। त्रिलोचन उन कवियों में से हैं जिन्होंने जीवन के, समाज के, वर्ग के, हाशिये पर फेंक दिए गये व्यक्ति को रचनात्मक सन्दर्भ दिए हैं। इस सिलसिले में वह स्वयं को भी जिस तरह से व्यक्त करते हैं, उसमें बड़ा जोखिम है। त्रिलोचन, नागार्जुन, मुक्तिबोध, केदारनाथ अग्रवाल जैसे कवियों की कविता ऐसे जोखिमों से भरी पड़ी है। यहाँ मुक्तिबोध याद आते हैं। बिलकुल उसी तरह की खरी आत्मालोचना त्रिलोचन के यहाँ है। और जैसा कि पहला कहा यह दिखावे की निन्दा या सैद्धान्तिक आत्मालोचना नहीं है। क्योंकि इसकी परिणति आत्मदया में नहीं होती....'दीनता देह से लिपटी है, मन तो अदीन है'...दिव्य देह की दिखावटी दीनता कथित आधुनिकों के लिए सजावटी मूल्य हो सकती है। लेकिन यह देह किसान और मजदूर जीवन की आंच में तपी मजबूत देह की है।

त्रिलोचन के यथार्थ में देह की सजावट के लिए कोई जगह ही नहीं है। यहाँ बौद्धिक अहम भी नहीं है। यहाँ स्वयं से दूसरे तक इस तरह पहुँचना है कि दोनों में कोई भेद नहीं रह जाए....'मैं सबके साथ हूँ अलग-अलग सबका हूँ, मैं सबका अपना हूँ/ ' सब मेरे अपने हैं। यह अपनापन खुद को देकर कमाया गया है। यह द्वीप का नदियोंवाला अपनापन नहीं है और यह त्रिलोचन ही कह सकते हैं क्योंकि उन्होंने इस बोध को जिया है। यह दरअसल सन्तों द्वारा अर्जित दैन्य है। जहाँ खुद को नगण्य मानकर दूसरे को बड़ी जगह दी जाती है। और इसी रास्ते अपने लिये व्यापक स्पेस निर्मित किया जाता है। यहाँ यह भी ध्यान देने की जरूरत है कि त्रिलोचन अपने अभावों को शून्य से नहीं, साक्षात साकार भावों से भरना जानते हैं। इसीलिए उनका भाव चतुराई से भरे निजी गुस्से में नहीं समाज में व्याप्त अशान्ति द्वारा संयमित होता है यानि वह निजी सवालों को भी समाज के बीच ले जाते हैं। क्योंकि बन्द गलियों के सारे रास्ते वहीं खुलते हैं। यहाँ भी त्रिलोचन अपने समकालीनों से खास नजरिया रखते हैं और वही नजर पाठक को भी सौंपते हैं।

त्रिलोचन की कविता सहज और सरल कविता का ऐसा अद्वितीय उदाहरण है जिसमें कथ्य और रूप जटिल नहीं होते दूसरी तरफ यह भी कह सकते हैं कि उनकी कविता आसानी से समझ में आनेवाली कविता है। उसमें रेखांकित करनेवाला तथ्य यह है कि वह सरलीकृत कविता नही है। संवेदना के धरातल पर वह अपने समय के मनुष्य और उसके जीवनगत यथार्थ के नजदीक है। वहीं संरचना के स्तर पर वह पाठक को आश्चर्य में नहीं डालती है। उसमें पाठक को सम्मोहित करने के बजाए सक्रिय करने का उद्देश्य प्रमुख रहता है। बहुत से आलोचक भी त्रिलोचन की

कविता में शाब्दिक चमत्कार, कलाबाजी या सम्मोहन रचने की मुद्रा को न पाकर उनकी कविता को सपाट विवरण मानते हैं। यही कारण है कि त्रिलोचन का मूल्यांकन बीसवीं सदी के आखिरी दो दशकों से ही शुरू हुआ है लेकिन वास्तविक अर्थों में त्रिलोचन की कविता का मूल्यांकन अभी होना शेष है। त्रिलोचन अपनी कविता के बारे में कई प्रकार से इसी तथ्य को कहते हैं—'इसमें क्या है मेरे और आपके दिल की धड़कन है/ कहना चाहे तो कविता कहले/ जो रसज्ञ है इसे उन्हीं के लिए लिखा है/' इन पंक्तियों से स्पष्ट होता है कि त्रिलोचन अपनी कविता के लिए ऐसे पाठक की माँग करते हैं जो 'रसज्ञ' हैं अर्थात जो सहृदय यहाँ पेशेवर आलोचकों की उपेक्षा से उपजी ठीक वैसी ही टीस है जिसमें यह क्लासिक पीड़ा निहित है कि कभी, कहीं तो कोई होगा— मेरी कविता को सराहनेवाला! और देर से ही सही त्रिलोचन को अपनी कविता के रसज्ञ मिल गये। भरपूर सराहनेवाले पाठक मिलने के बाद भी त्रिलोचन अपनी कविता को आलंकारिक होने से बचाए रखते हैं।

त्रिलोचन ने जब लिखना प्रारम्भ किया उस समय छायावादी काव्यान्दोलन कवियों और पाठकों को प्रभावित कर रहा था। त्रिलोचन ने प्रचलित धारा में बहने के बजाए अपने लिये नये मार्ग निर्मित किए। जैसा कि हर बड़ा कवि करता है। 1945 में प्रकाशित उनके कविता संग्रह 'धरती' की कविताओं में गीतात्मकता अधिक है लेकिन यह गीत-तत्त्व छायावादी शैली से भिन्न किस्म का है—'धूप कठिन सिर ऊपर/ थम गयी हवा है जैसे/ दोनों दूबों के ऊपर/ रख पैर सींचते पानी/ उस मलिन धरती पर/ मिलकर वे दोनों प्राणी/ दे रहे खेत में पानी यह पंक्तियाँ कृषक जीवन का स्पष्ट चित्र हमारे सामने प्रस्तुत करती हैं। यहाँ निराला की 'खेत जोतकर घर आए हैं' जैसी कविता का अर्थ-विस्तार है। त्रिलोचन की इन सरल पंक्तियों में खेतों में पानी देने का क्रिया-व्यापार सजीव हो उठता है। ध्यान देने कि बात है इन पंक्तियों में संघर्षमय किसानी जीवन में सामूहिक शक्ति को त्रिलोचन रेखांकित कर रहे हैं। दूसरी तरफ देखते हैं कि त्रिलोचन का यह बिम्ब छायावादी कवियों पन्त, प्रसाद, निराला या महादेवी की वर्णन शैली से बिलकुल अलग किस्म का है।

त्रिलोचन ने व्यक्ति की मुक्ति को समाज के साथ जोड़कर देखा है। बाद में चलकर प्रगतिशील मार्क्सवादी कवि मुक्तिबोध ने यह स्पष्ट कर दिया था कि अकेले की मुक्ति सम्भव नहीं है। शायद अपनी कविताओं में त्रिलोचन ने इस सच्चाई को सबसे पहले व्यक्त किया था—'मेरे मन का सारा शून्य भरा है।' यह पंक्ति छायावादी शून्य और नयी कविता में बार-बार आए 'मन' दोनों को एक पदावली में प्रस्तुत करती है लेकिन महत्त्वपूर्ण यह है कि त्रिलोचन ने इन शब्दों में नया अर्थ भरा है। इसमें व्यक्ति का अकेलापन भी है और एक तीव्र गहरा रिक्तताबोध

भी लेकिन वह खोखला नहीं है। वह सम्पूर्ण है। सम्पन्न हैं। इस प्रकार कई स्थलों पर देख सकते हैं कि त्रिलोचन ने कुलीनतावादी अकेलेपन को गौरवान्वित नहीं किया बल्कि उसका नकार प्रस्तुत किया है—'आज मैं अकेला हूँ अकेला रहा नहीं जाता' यहाँ आधुनिकतावादी आरोपित अकेलापन नहीं है। अकेलेपन को दूर करने की कोशिश ही सच्ची आधुनिक पहल है। इस धरातल पर त्रिलोचन हिन्दी के ठेठ आधुनिक कवि हैं।

व्यक्ति के धरातल पर त्रिलोचन बेहद सामान्य हैं। कवि-पद के कुलीन भाव से अछूते लेकिन अपनी सादगी में गहरी सम्पन्नता से भरे हुए हैं। मशीनीकरण के शोर में मनुष्य के गुमने की फिक्र उन्हें भी है। और मनुष्य के अकेले होने की भी वह बात करते हैं लेकिन बड़ी बात यह है कि यह अकेलापन आरोपित नहीं है। यह जटिल परिस्थितियों द्वारा एक मजदूर और मेहनती आदमी को दिया गया जानलेवा अकेलापन है। यह प्रसाद या महादेवी वर्मा जैसा दर्द और पीड़ा का उत्सव नहीं जगाता और न आधुनिकतावादियों जैसा तिलिस्म रचता है। त्रिलोचन अकेलेपन से छूटना चाहते हैं। और यह तो स्पष्ट है कि उस व्यक्ति की पीड़ा असली है जो उससे छूटना चाहता है। उसे अकेला कर दिया गया है पर वह अकेला रहना नहीं चाहता। यह जीवन का मुश्किल दौर है। ऐसे कठिन दिनों में यह मानवीय कामना कि 'बाह गहे कोई/ अपरिचय के सागर में दृष्टि को पकड़कर/ कुछ बात कहे कोई/ ' कितनी मार्मिक और वास्तविक है। इस मनुष्य-इच्छा को सहृदय सहज में समझ सकते हैं। यहाँ भी त्रिलोचन आत्म को ऐसे चित्रित करते हैं कि वह सार्वजनिक हो जाता है।

सहजता केवल रूपगत नहीं होती। वह जीवन दृष्टि एवं सौन्दर्य दृष्टि है। जीवन दृष्टि की बात अक्सर की जाती है। सौन्दर्य-दृष्टिकी कम; त्रिलोचन उन प्रगतिशील कवियों में से हैं जिन्होंने हिन्दी कविता के सौन्दर्य बोध को बदला। त्रिलोचन की कविता की वस्तुगत नवीनता इस बात में निहित होती है। कि वे मार्मिकता की पहचान उन स्थितियों में करते हैं जिनमें पहले मार्मिकता नहीं ढूँढ़ी जाती थी। इस दृष्टि से वे अकाव्यात्मक समझी जानेवाली काव्य-स्थितियों में संवेदना का समावेश कर भाव-परिधि का विस्तार करते हैं। जीवन की सामान्य दैनन्दिन स्थितियाँ काव्यात्मकता से भरपूर हैं। उन मार्मिक स्थितियों की अपेक्षा आम आदमी नहीं करता। ऐसा आमतौर पर होता है कि संवेदनशील कहे जानेवाले कवि-रचनाकार जीवन की ऐसी स्थितियों की मार्मिकता नहीं देख पाते। त्रिलोचन ऐसे रचनाकारों से कतई अलग विशिष्ट कवि हैं।

त्रिलोचन की कविता विचारों की कविता है पर विचारधारा से आक्रान्त नहीं है। वह ठेठ अर्थों में उत्कृष्ट कविता का उदाहरण है लेकिन उसमें चमत्कृत करनेवाले आलंकारिक तेवर नहीं हैं। इस सन्दर्भ में त्रिलोचन विचारधारा-सम्पन्न आधुनिक

हिन्दी कविता के अपनी ही तरह के प्रतिनिधि कवि हैं। जो यथार्थपरक जनवादी कविता लिखी गयी है, उसमें जो प्रगतिशील मूल्य हैं, उन्हें कविता को आहत किए बिना बचाए रखने का महत्त्वपूर्ण काम त्रिलोचन ने किया है। इस प्रयास में वे अकेले कवि नहीं हैं। उनके साथ मुक्तिबोध, शमशेर, नागार्जुन, केदारनाथ अग्रवाल और इन सबसे पहले निराला ने यह बड़ा काम किया है। यह देखना महत्त्वपूर्ण है कि छायावादी कविता के बाद लिखी गयी किसी भी आन्दोलन या धारा की कविता में त्रिलोचन का प्रभाव कम नहीं पड़ा। लेकिन यह हिन्दी साहित्य के इतिहासकारों और आलोचना के शिखर पुरुषों का कमाल है कि त्रिलोचन की कविता कहीं पर भी उदाहरण के योग्य भी नहीं समझी गयी। शायद यह उनकी कविता की असीम क्षमता भी है कि वह केवल उदाहरण के लिए प्रस्तुत होकर व्यर्थ नहीं होती है। बहुत कम आलोचक ऐसे हैं जो त्रिलोचन की कविता को किसी कथित मुख्यधारा की आलोचना की पूर्वाग्रही दृष्टि से बचाकर देखते हैं, जबकि अपनी गहन मानवीय संवेदना और सम्पन्न शिल्प दृष्टि के कारण त्रिलोचन की कविता में जहाँ एक ओर हम मध्यकालीन सन्त कवियों का तेज देखते हैं। वहीं दूसरी ओर अगर तुलना ही करने को कहा जाए तो केवल निराला का काव्य इस श्रेणी में आएगा।

त्रिलोचन को केवल आलोचकों ने ही नहीं, जैसाकि पहले कहा अच्छे कहे जानेवाले कवियों ने भी अच्छा कवि नहीं माना। अच्छे और बुरे की बात छोड़ दें तो भी हम देखते हैं कि उनकी चर्चा एक कवि के रूप में बहुत बाद में शुरू हुई। दरअसल उनकी कविता एक नयी वैचारिक प्रणाली की माँग करती है। ऐसी पद्धति जिसमें व्यक्ति और उसके समाज को खाने में बांटकर न देखा गया हो और जिसमें ऐसा सौन्दर्यशास्त्र हो जो रूढ़ शास्त्रीय उपमानों को बदल सके। क्योंकि जिस तरह से उनकी कविता में व्यक्ति और समाज को अलगाया नहीं जा सकता। उसी तरह से संवेदना और शिल्प को बाँटने का विरोध करनेवाली उनकी कविता को पहचानने के लिए समकालीन अर्थों में समझने वाली नयी दृष्टि की जरूरत है। त्रिलोचन का काव्य उनके समय के सामाजिक, राजनैतिक दबावों से विकसित हुआ है और उसको सँभालने वाला शिल्प विषयगत आन्तरिक दबावों की उपज है।

हिन्दी के कई कवि अनूदित महीन भाषा में कविता के नाम पर जो लिख रहे हैं, वहाँ दरअसल हिन्दी का न भाव होता है न भाषा; साफ-सुथरे सहज वाक्यों में सरल शब्द भी वहाँ नहीं होते। खड़ी बोली को बोलते त्रिलोचन को जिसने सुना होगा उसे लगा होगा कि वे अर्जित भाषा बोल रहे हैं। त्रिलोचन ने अपनी कविता को कमाया है। उसकी खेती की है। उसे पेड़ की तरह लगाया और फसल की तरह उगाया है। वह उन्हें मुफ्त में नहीं मिली। यह बात उनकी काव्य-भाषा पर भी लागू होती है। इस काव्य भाषा की सहजता का कारण उसका अवधीपन है। त्रिलोचन की

भाषा वाक्य-विधान के प्रति बहुत सतर्क है। त्रिलोचन भाषा के गहरे जानकार हैं। छायावादी कवियों के बाद भाषा को लेकर इतने सचेत और सतर्क कवि शायद बहुत कम होंगे। उनकी भाषा खड़ीबोली कविता के भाषिक संस्कारों को तोड़ती नहीं है बल्कि उन्हें नये रूप में संस्कारित करती है। उस भाषा में अवधी के स्थानीय स्पर्श तो हैं ही, अन्य भारतीय तथा कह सकते हैं कि विदेशी भाषाओं की शब्दावली के प्रति भी त्रिलोचन के यहाँ उदार और शब्दों में नया अर्थ भरने की प्रयोगशील प्रवृत्ति मिलती है। वे किसी छन्द, शब्द या काव्य रूप को साम्प्रदायिक दृष्टि से खारिज या दाखिल नहीं करते। शब्दों के प्रति उदात्त रवैया अपनाने के कारण उनकी कविता में कोई बन्धा-बन्धाया शब्द सम्प्रदाय नहीं है बल्कि इसके चलते उनकी कविता में ऐसी शक्ति और सामर्थ्य का समावेश हो गया है कि मानवीय जीवन के प्रत्येक अनुभव को वे कविता में बदल सकते हैं। दूसरी तरफ नीरस गद्यात्मक जटिल विषयों को भी उनके यहाँ कविता में बदलते देखा जा सकता है।

गजानन माधव मुक्तिबोध

13 नवम्बर 1917—11 सितम्बर 1964

कहीं भी खत्म कविता नहीं होती

मुक्तिबोध हिन्दी के शायद सबसे कठिन कवि हैं। उनकी कविताओं में कथ्य और बुनावट दोनों धरातलों पर बौद्धिक जटिलता मिलती है। अपनी कविताओं के प्रारम्भिक चरण 1935-40 में मुक्तिबोध, पन्त-प्रसाद जैसे छायावादी कवियों से कतई अलग कविता कहने का नया अन्दाज ग्रहण करने के लिए संघर्ष करते हैं। दूसरे चरण 1940-50 के बीच वे छायावादी कल्पनालोक से बाहर निकलकर प्रगतिशील आवाज में अपनी बात रखते हैं। 'ओ कलाकार' कविता में 'तेरे शब्दों में लाख-लाख/ दिलवालों के रहते उद्गार' कहनेवाले मुक्तिबोध 'प्रत्येक मनु के पुत्र पर भरोसा करना चाहता हूँ' कहने लगते हैं। उनकी कविता व्यक्तिगत से सामाजिक होने लगती है। इसी दौर में वे क्रान्ति गायन करते हैं— 'दिन भर की मेहनत से उमड़े क्षुब्ध स्वेद का क्रान्तिवाद है/ क्रान्ति सत्य है।' देख सकते हैं कि वे वर्ग-विभाजित समाज में कवि की वास्तविक भूमिका समझ लेते हैं। उनकी कविता में व्यक्तिगत राग पीछे छूटता जाता है और क्रान्ति की आग धधकने लगती है।

मुक्तिबोध के यहाँ सबकी बराबरी के सपने देखनेवाला मध्यवर्गीय कलाकार मौजूद है। उनके लिए मनुष्य होने का मतलब केवल अपना उदर भरना नहीं है, वे 'मध्यवर्ग की उदरम्भरि जिन्दगी हुई है यू बेमानी' कहते हुए जैसे अपने समूचे वर्ग की आलोचना करते हैं। उनका प्रगतिवाद भविष्य को देख रहा था जबकि उन्हें व्यक्तिवादी, निराशावादी, हाहाकारवादी होने के आरोप झेलने पड़े लेकिन वे एक निर्धन देश में बेईमान व्यवस्था के बीच पिस रहे मजदूर समाज की पीड़ा, निराशा और उसके संघर्षों को रखनेवाले ईमानदार कवि हैं।

अपनी कविताओं के अगले चरण 1950-56 में मुक्तिबोध 'जनसंघर्ष की घाटी और इमारतों/ औ उन पर है रूधिर क्रान्ति युद्धरत लोक जीवन का/ वह भीषण प्रतीक/ आकुल कराल' जैसे प्रतीकार्थ देखने लगते हैं। इसी समय राजनीतिक कदाचार और आर्थिक भ्रष्टाचार का शाप झेल रही करोड़ों भारतीय आत्माओं की चीख पुकार से बेचैन होकर कहते हैं—'गहरे विवरो से उठती है काली मृत्यु की हू।'

'गहरे-गहरे कुओं में हो भूख से बेहाल/ हो रही आत्म-हत्याएँ/' किन्तु स्वार्थान्ध सभ्यता के शासक दानवी जन्तु' चाहते हैं कि दुनिया रहे 'मूर्छना में विजड़ित' निःशेष जड़ित एक तरफ बेहाल लोग खुद को नष्ट कर रहे हैं दूसरी तरफ व्यवस्था तन्त्र का डरावना अजगर उन्हें निगल रहा है। यह मुक्तिबोध ही थे जो 'मुस्कुराते विज्ञापनों के पीछे छुपे भयानक बुरे सपने की इबारत' को पढ़ रहे थे। यह सचमुच किसी भी संवेदनशील और दूसरों की चिन्ता करनेवाले मनुष्य को पागल कर देनेवाला यथार्थ था। इस डरावने तन्त्र के रहस्यवाद को समझने के लिए मुक्तिबोध उसकी 'भुतही सन्ध्या भाषा', 'तिलस्मी मार्ग', 'भुतहे घर', 'तिरछा रहस्य', 'तान्त्रिक की आँखों में गंजी चमक तेज' जैसी शब्दावली का इस्तेमाल करते हैं। इसे देखकर कई कूढ़गज कथित आलोचक मुक्तिबोध को अध्यात्मवादी, अस्तित्ववादी और रहस्यवादी कहने लगते हैं। यह वह दौर था जब मजबूर औरतें अपने परिवार को पालने के लिए अपना शरीर बेच रही थीं। बहुजन गरीब और विवश था। मुट्ठीभर लोग अमीर हो रहे थे। मुक्तिबोध पूँजीवादी विराट अत्याचार और लूट के पीछे छिपे हुए सामन्तवाद, साम्राज्यवाद और फासिस्टवाद की मिली-जुली डरावनी सिम्फनी को सुन रहे थे। इससे उनकी कविता भारतीय मध्यवर्ग के बुरे सपनों की पटकथा बन गयी। उन्होंने मारक व्यवस्था के जादू को उसी की शब्दावली में तोड़ा और समझाने की कोशिश की। डॉ. परमानन्द श्रीवास्तव कहते हैं—"जादुई और क्रान्तिकारी कल्पना का संघटन मुक्तिबोध की काव्य-प्रक्रिया का महत्त्वपूर्ण हिस्सा है। इस संघटन को उपलब्ध करने की दिशा में वह एक ओर तात्कालिकता को मिथकीय समय परिवेश में संक्रमित करते हैं और दूसरी ओर मिथकीय समय परिवेश को तात्कालिकता की कौंध में जीवित करते हैं।' इस सिलसिले में मुक्तिबोध की कविता फैलती जाती है। उसमें कई घटनाएँ अनेक चित्रों में अलग-अलग परिदृश्य बनाते हुए व्यक्त होती हैं। उनकी एक लम्बी कविता 'मेरे मित्र सहचर' में इस बुनावट को देख सकते हैं। अपनी कविताओं के अगले चरण 1957-61 में मुक्तिबोध की वैचारिक दुनिया का सघन विस्तार होता है। यह व्यक्तिगत धरातल पर उनके लिए सबसे बुरा दौर था। वे बीमार थे। आमदनी का कोई स्थायी प्रबन्ध नहीं था और बड़ी मेहनत से लिखी गयी एकमात्र प्रकाशित पुस्तक 'भारतः इतिहास और संस्कृति' के जब्त होने से मानसिक धरातल पर मुक्तिबोध टूटकर बिखर चुके थे। जिन्दगी के इस कठिन नाटक की नाटकीयता उनकी कविताओं में झलकने लगी। उनका यथार्थ कई धरातलों पर परत-दर-परत व्यक्त होने लगा। उन्होंने लिखा—'मेरी ये कविताएँ भयानक हिडम्बा हैं/ वास्तव की विस्फरित प्रतिमा है/ विकृत आकृति बिम्बा हैं/' इस दौर में जैसे मुक्तिबोध लगभग हार चुके थे। 'हर पल चीखता हूँ शोर करता हूँ/ कि/ वैसी चीखती कविता बनाने में लजाता हूँ/' वे जान रहे थे कि उनकी कविताएँ वाचाल

अतिकथनों से आक्रान्त हो रही हैं लेकिन अपने समय के वास्तव को यथार्थ रूप में रखने से नहीं हिचके। यहाँ ऐसे विवश व्यक्ति का हाहाकार है जिसकी पीड़ा अनसुनी की जाती रही। यह शोर मुक्तिबोध की कविता में आकर परेशान करता है।

मुक्तिबोध ने वास्तविक अर्थों में जीवन देकर कविता कमाई है। वे चतुर्दिक तैनात शत्रुओं से लड़ते रहे। अभिव्यक्ति के खतरे उठाना उनकी आदत थी—'पूँजी से जुड़ा हुआ हृदय बदल नहीं सकता/' इस सबका असर यह हुआ कि अपने समय और समाज में पसर गये सन्नाटे, नैतिक क्षरण के कारण उनकी कविता कई सिरों में बंट गयी और वे सिरे आपस में उलझ गये। यह एक सच्चे कलाकार का गहरा मानसिक द्वन्द्व था। रमेशचन्द्र शाह ने लिखा है कि 'उनमें अपने मध्यवर्गीय व्यक्तित्त्व को लेकर गहरा नैतिक अन्तर्द्वन्द्व चला करता था। इतना निर्मम और मूलगामी विश्लेशण स्वयं अपने व्यक्तित्त्व और वर्ग चरित्र का शायद ही किसी हिन्दी लेखक ने किया हो। मुक्तिबोध के यहाँ द्वन्द्वात्मकता से घिरा संशयग्रस्त मन है। आत्म की गहरी आलोचना है। वह खुद से जिरह करते हैं और अपने समय को कटघरे में खड़ा कर देते हैं। उनके यहाँ गहरी बेचैनी है—"अधूरी और सतही जिन्दगी के गर्म रास्तों पर,/ अचानक सनसनह भौचक/ कि पैरों के तलों को काट-खाती कौन-सी यह आग?/ जिससे नाच रहा-सा हूँ/' इस प्रश्नाकुलता से भागदौड़ मच जाती है—"अपना सब वर्तमान, भूत, भविष्य स्वाहा कर/ पृथ्वी-रहित, नभ-रहित होकर मैं/ वीरान जलती हुई अकेली धड़कन से/ सहसा पछाड़ खा/ चारों ओर फैले उस भयानक समुद्र की/ सतहों पर छटपटाता गिरता हूँ/' इस छटपटाहट में पागल कर देनेवाला कोलाहल है—"जिन्दगी के/ अँधेरे कमरों में/ लगाता है चक्कर कोई एक लगातार/ आवाज पैरों की देती है सुनाई/ बार-बार...बार-बार/ अपने समय का गहरा हाहाकार है—"परन्तु, भयानक खड्डे के अँधेरे में आहत/ और क्षत-विक्षत, मैं पड़ा हूँ/ शक्ति ही नहीं है कि उठ सकूँ जरा भी/" इसी पृष्ठभूमि पर उनकी 'अँधेरे में जैसी अद्‌भूत कविता अस्तित्त्व ग्रहण करती है। मुक्तिबोध ठीक से समझ चुके थे कि कोरा आदर्शवाद व्यक्ति को किस गड्‌ढ़े में धकेल देता है—"ओ मेरे आदर्शवादी मन,/ ओ मेरे सिद्धान्तवादी मन/ अब तक क्या किया?/ जीवन क्या जिया?/ उदरम्भरि बन अनात्म बन गये/ भूतों की शादी में कनात से तन गये/ किसी व्यभिचारी के बन गये बिस्तर/' सुविधापरस्त व्यक्ति स्वार्थी बन जाता है—"बहुत-बहुत ज्यादा लिया/ दिया बहुत-बहुत कम/ मर गया देश, अरे, जीवित रह गये तुम?/" जनहित, करूणा—उसके सुखी संसार से बेखबर हो जाते हैं—"लोक हित-पिता को घर से निकाल दिया/ जन-मन-करूणा-सी माँ को हंकाल दिया/ स्वार्थों के टेरियार कुत्तों को पाल लिया/' 'मेरा सिर गरम है/ इसलिए भरम है/" इन मारक सन्धियों से संवेदनशील मन में भ्रम पैदा होता है—"निजत्व साफ है

बेचैन/ क्या करूँ, किससे कहूँ/ कहाँ जाऊँ, दिल्ली या उज्जैन।'' यहाँ मुक्तिबोध आदर्शवाद और सिद्धान्तवाद के बीच अपने होने को फिर से परख रहे हैं। वे अपने नहीं; मुश्किल समय में मनुष्य के निरर्थक होने से खिन्न हैं। 'निज से अप्रसन्न है।' 'इसलिए कि जो है उससे बेहतर चाहिए, पूरी दुनिया साफ करने के लिए मेहतर चाहिए' और वह इस आत्म-सत्य को तत्काल रखते हैं—'वह मेहतर मैं हो नहीं सकता'—इतनी सच्ची आत्मालोचना मुक्तिबोध के अलावा कहीं और नहीं मिलती। मुक्तिबोध पूँजीवादी व्यवस्था के द्वारा दिए गये प्रलोभन की मार से मध्यवर्ग को नकारा होते देख लेते हैं। चन्द्रकान्त, देवताले के अनुसार इसके कई चित्र 'अँधेरे में' आए हैं। जन-क्रान्ति को दबाने के लिए मार्शल-ला का वातावरण उभरता है। एक प्रोसेशन इस तानाशाही को उभारता है। काव्य नायक देखता है कि बैंडदल में नगर के कैसे-कैसे जाने-माने लोग शामिल हैं— ''बैंड़ के लोगों के चेहरे/ मिलते हैं मेरे देखे हुओं से/ लगता है उनमें कई प्रतिष्ठित पत्रकार/ इसी नगर के...उनमें कई प्रकांड आलोचक, विचारक जगमगाते कविगण/ मन्त्री भी, उद्योगपति और विद्वान/ यहाँ तक कि शहर का हत्यारा कुख्यात/ डोमाजी उस्ताद/ '' यह वह शिविर है सत्ता और पूँजी का जिसमें विचारकों का तबका और डोमाजी जैसा गुंडा एक साथ शामिल है। शोषण करनेवाले खून चूसनेवाले शोषकों के साथ नगर की मृतात्माओं का यह चित्र भी है—''गहन मृतात्माएँ इसी नगर की हर रात जुलूस में चलती, परन्तु, दिन में बैठती हैं मिलकर करती हुई षडयन्त्र/ विभिन्न दफ्तरों-कार्यालयों, केन्द्रों में, घरों में/ '' काव्य-नायक आत्म भर्त्सना भी करता है कि उसने भी अनुभव, वेदना, विवेक-निष्कर्षों की उपेक्षा की—''हाय, हाय! मैंने उन्हें गुहावास दे दिया/ लोक-हित क्षेत्र से कर दिया वंचित/ '' मुक्तिबोध यह भी कहते हैं—'मुझको डर लगता है/ मैं भी तो सफलता के चन्द्र की छाया में/ घुग्घू या सियार या भूत नहीं कहीं बन जाऊँ/ ' छोटे रास्तों से बिना मेहनत पाई गयी जल्द सफलता व्यक्ति को सन्दिग्ध बनाती है। इसे मुक्तिबोध पहचान रहे थे। अपने समय और समाज में परख भी रहे थे।

मुक्तिबोध का इतिहासबोध अत्यन्त प्रखर है। इसलिए वे अपने समय की समस्याओं को यथार्थवादी नजर से देखते-जाँचते हैं—''मेरे सामने हैं प्रश्न/ क्या होगा कहाँ किस भांति/ मेरे देश भारत में/ पुरानी हाय में से/ किस तरह से आग भभकेगी/ उड़ेंगी किस तरह से/ भक से हमारे वक्ष पर लेटी हुई/ विकराल चटटानें/ व इस पूरी क्रिया में से उभरकर भव्य होंगे, कौन मानव गुण 'और समस्या' एक/ मेरे सभ्य नगरों और ग्रामों में/ सभी मानव/ सुखी, सुन्दर व शोषण-मुक्त कब होंगे/ '' सभी मानवों का सुख चाहनेवाली ऐसी प्रश्नाकुलता मर्मभेदी है। जन से जुड़कर ही मुक्ति सम्भव है। मुक्तिबोध की 'चकमक की

चिंगारियों' का काव्य-नायक सही नतीजे तक पहुँचता है—"अरे! जन-संग-ऊष्मा के/ बिना व्यक्तित्त्व के स्तर जुड़ नहीं सकते/ प्रयासी प्रेरणा के स्रोत/ सक्रिय वेदना की ज्योति/ सब साहाय्य उनसे लो/ तुम्हारी मुक्ति उनके प्रेम से होगी/ कि तद्गत लक्ष्य में से ही/ हृदय के नेत्र जागेंगे/ व जीवन-लक्ष्य उनके प्राप्त/ करने की क्रिया में से/ उभर ऊपर/ विकसते जाएँगे निज के/ तुम्हारे गुण/ कि अपनी मुक्ति के रास्ते/ अकेले में नहीं मिलते/' जब मन एक हों जाएँगे; लक्ष्य-प्राप्ति की लड़ाई संगठित हो जाएगी। यह ऐसा बड़ा लक्ष्य है जो साथ मिलकर लड़ने से प्राप्त होगा क्योंकि यह लक्ष्य सामूहिक है। उसे अर्थ भी इसी रास्ते मिलेगा।

मुक्तिबोध जानते थे कि यह कठिन रास्ता है। उन्हें लगातार विरोध और उपेक्षा झेलनी होगी। फिर भी वे इसी रास्ते पर चलते रहे। दरअसल निराला के यहाँ जो 'धिक जीवन जो सदा सहता ही आया विरोध' की अनुभूति है वह मुक्तिबोध के यहाँ भी मौजूद है—"अँधेरे कोने में एकान्त/ न जाने किस मास्टर की डाँट पड़ रही है/ जितना भी किया गया/ उससे ज्यादा कर सकते थे/ ज्यादा मर सकते थे/" (इस चौड़े ऊँचे टीले पर)। यह फटकार लगातार असफल होने की भी है—"डाँटती हुई कहती है वह/ तब देव बना अब जिप्सी भी/ केवल जीवन-कर्तव्यों का/ पालन न हो सके इसलिए/ निज को बहकाया करता है/' यह निज को बहकाना दिनकर के 'हारे को हरिनाम' जैसा ही है। अपने समय के छल-कपट से बुने स्वार्थ-समीकरण मुक्तिबोध को उत्पीड़ित करते रहे लेकिन इससे विचलित होकर मुक्तिबोध आत्मद्रवित होने की बजाए आत्मालोचना की तरफ गये। इस सन्दर्भ में प्रभात त्रिपाठी का कथन है—'मुक्तिबोध के आत्मालोचन में तिलमात्र भी आत्मदया का भाव नहीं है, जबकि यथार्थवादी कहलाने के चक्कर में हिन्दी के परिमलीय से लेकर नव-प्रगतिवादी तक ने अपने को काफी कोसा है लेकिन काफी ऊपरी तरीके से। यह भी आकस्मिक नहीं है कि मुक्तिबोध अपराध में अपना हिस्सा भर नहीं तलाशते, बार-बार एक तेजपुंज कर्मठ व्यक्ति भी तलाशते हैं। उनका कवि इस व्यक्ति से एकाकार होने के लिए अपनी तमाम रचनात्मक शक्ति लगा देता है। जाहिर है कि मुक्तिबोध की आत्मालोचना एक साहित्यिक-कर्म या मध्यवर्गीय-व्यक्ति की दिखावटी ग्लानि भर नहीं है। यह पीड़ा से उत्पन्न सच्ची आत्मालोचना है जो यह समझ देती है कि—"खूँखार, सिनिक, संशयवादी,शायद मैं कहीं न हो जाऊँ/" अत्याचारी व्यवस्था जन-संघर्ष से ही ध्वस्त होती है—"अचानक हो गयी बर्खास्त मानो आज अत्याचार की सरकार/ ' मुक्तिबोध अपने लोगों को पहचानते हैं। सकल जन अपने हैं—'अनजाने हाथ मित्रता के/ मेरे हाथों में पहुँच ऊष्मा भरते हैं/ मैं अपनों से घिर उठता हूँ/ मैं विचरण करता सा हूँ एक फैंटेसी में/ यह निश्चित है कि फैंटेसी कल वास्तव होगी/ '—सबको साथ लेकर ही बराबरी पर आधारित समाज की कल्पना सच होगी।

मुक्तिबोध अपने समय की सच्चाईयों के ठीक सामने खड़े हैं। इस तनावपूर्ण अनुभव से सच उजागर होता है—'बारह का वक्त है/ भुसभुसे उजाले का फुसफुसाता षडयन्त्र/ जमाना भी सख़्त है/ क्योंकि आधी रात मीनारों के पास चाँद का टेढ़ा मुँह लटका हुआ है—''गगन में कर्फ्यू/ धरती पर चुपचाप जहरीली छीः थूः/ चाँद का टेढ़ा मुँह होकर लटक गया' और इस काले समय ने जिस कथित संस्कृति को निर्मित किया है उसका सच देखिए—समय काला-काला हो गया। समय और व्यवस्था की विद्रूपताओं और असंगतियों को चाँद का टेढ़ा मुँह व्यंजित करता है। 1953 में लिखी गयी इस कविता में जन-साधारण के कष्ट में गुँथा हुआ उज्जैन का परिवेश गतिशील बिम्ब प्रवाह में मौजूद है। हरिजन बस्ती के निकट बरगद की जड़ों पर अंगिया, घाघरे के चिथड़े अटके हुए हैं। युगों से सक्रिय और संगठित दुर्व्यवस्था की दुर्गन्धि का साम्राज्य है। वहाँ नपुंसक चिन्ताओं के चमगादड़ मँडराते हैं। सामन्तवादी-पूँजीवादी व्यवस्था के बीच सड़ी परम्परा का आतंक दिल दहलाने लगता है—'संस्कृति के मुख पर/ मनुष्यों की अस्थियों की राख है/ जमाने के चेहरे पर/ गरीबों की छातियों की खाक है/' यह जनसंहार परपोषित अपसंस्कृति के हत्यारों ने किया है।

मुक्तिबोध सफलता और सफल लोगों को सन्दिग्ध मानकर अपनी 'असफलता का धूल-कचरा, बेहतर समझते हैं। दरअसल जब यथार्थ विसंगतियों से भरा हो। सत्ताधारी की 'पैशाचिक हड्डी के पंजे' की सत्ता निगलने को आतुर हो; ऐसे में जीवन दुस्वप्न बन जाता है। व्यक्ति मनोलोक में भाग जाता है। मुक्तिबोध ने कहा 'मुझे नहीं चाहिए शिखरों की उड़ान/ मुझे डर लगता है ऊँचाईयों से/''अँधेरे में' में कविता में मुक्तिबोध शिखरों पर पहुँचे मन्त्री, आलोचक, कवि, विद्वान और शहर के कुख्यात हत्यारे डोमा जी उस्ताद को एक साथ देख लेते हैं; यानी सब मिले हुए हैं। काव्य-नायक देख लेता है कि इनके 'भीतर का राक्षसी स्वार्थ अब साफ उभर आया है/ छुपे हुए उद्देश्य यहाँ निखर आए हैं।' ऐसे में काव्य नायक अपनी जान बचाने के लिए भागता है। यह कविता लाभ-लोभ के समीकरण में उलझे हुए बुद्धिजीवी वर्ग और सत्ता के आपसी स्वार्थ-समीकरणों का लोमहर्षक बयान है। मुक्तिबोध इस बयान को केवल शाब्दिक विवरण नहीं बनाते बल्कि इसके माध्यम से अपने समय की हकीकत बयान करते हैं। 'कहीं भी कविता खत्म नहीं होती'—मानने वाले मुक्तिबोध जीवन भर एक ही कविता लिख रहे थे। एक ऐसी कविता जिसमें व्यक्तिगत मोक्ष नहीं सामूहिक मुक्ति की वैज्ञानिक सोच थी।

मुक्तिबोध एक चिन्तनशील रचनाकार थे। एक रचनात्मक चिन्तक के नाते साहित्य के प्रति अपनी वैचारिक प्रतिक्रियाओं को भी वे प्रारम्भ से व्यक्त करते रहे थे। उनका रचनाकर्म तत्कालीन साहित्यिक समझ पर प्रकाश डालता है। उनका

अनुरोध आन्तरिक जगत में घटित होनेवाली प्रतिक्रिया की ओर अधिक रहा है। एक-दूसरे की आन्तरिक प्रतिक्रिया को मुक्तिबोध ने रेखांकित किया है।

मुक्तिबोध की चिन्तनधारा मार्क्सवादी दर्शन से जीवनी शक्ति लेकर समसामयिक जीवन के द्वन्द्वात्मक विभेदों से जूझती हुई, अपनी विवेक चेतना के बल पर यथार्थ का गहरा अनुशीलन समेटती-सँवारती गतिमान रही है। इस मायने में वे एक सार्थक उदाहरण बनते हैं। मुक्तिबोध ने एक संघर्षशील रचनाकार की हैसियत से अपनी प्रतिक्रियाएँ व्यक्त की हैं। संघर्षशील व्यक्ति जागरुकता को प्रस्तावित करता है। मुक्तिबोध में अपने आपको अपने से अलग करके देखने की अद्‌भुत क्षमता है। मुक्तिबोध मानवता के भविष्य निर्माण के संघर्ष में आस्था प्रकट करते हैं। उनकी वैचारिक प्रतिबद्धता उन्हें इस नतीजे पर ले जाती है कि विश्वदृष्टि का विकास तब तक नहीं होगा, जब तक हम मानवता के भविष्य-निर्माण के संघर्ष में आस्था न रखें और व्यावहारिक एवं वैचारिक रूप से उससे सम्बद्ध न हो जाए। उनके चिन्तन के यह धरातल, उनकी आलोचना, कथा-साहित्य और सबसे बेहतर सृजनात्मक सन्दर्भों में उनकी कविता में व्यक्त हुए हैं। लगभग एक ही दौर में काव्य-लेखन करने के बावजूद विचारधारा और अभिव्यक्ति के धरातल पर मुक्तिबोध, अज्ञेय के प्रतिपक्ष में खड़े मिलते हैं। अज्ञेय व्यक्ति को समाज से स्वायत्त मानकर उसकी मुक्ति की बात करते हैं। मुक्तिबोध सबकी बराबरी का एक ऐसा प्रगतिशील विचार बार-बार रचनात्मक जिद के साथ कविता में प्रस्तुत करते हैं जो पहले से मौजूद नही था। मुक्तिबोध कविता को समाज की धरोहर मानते हैं। उनके लिए कवि-कर्म सांस्कृतिक अनुष्ठान है। वह आत्मनिष्ठ अनुभूतियों की बजाए सामाजिक संवेदनों को कविता में लाते रहे। मुक्तिबोध मानते थे कि कविता को वर्गों में बँटे समाज को पहचानते हुए उस व्यक्ति, उस वर्ग और उस देश के पक्ष में अपनी आवाज उठानी चाहिए जो सबसे कमजोर, असहाय और सताया हुआ है। इसलिए उनकी रचना प्रक्रिया में वस्तु जगत महत्त्वपूर्ण है।

मुक्तिबोध ने आजीवन जीवन के लिए ही नहीं, कविता के लिए भी संघर्ष किया। उनकी प्रतिबद्धता, उनके सामाजिक सरोकार और उनकी वैज्ञानिक आलोचना-दृष्टि बार-बार उनके रचनाकार को परिभाषित करती रही। मुक्तिबोध मार्क्सवाद से केवल किताबी अर्थ में प्रभावित नहीं थे बल्कि उनकी प्रतिबद्धता व्यक्तिगत धरातलों पर भी थी। उन्होंने अपने जिए हुए और भोगे हुए यथार्थ का ही चित्रण किया है।

मुक्तिबोध की काव्य तकनीक सरल है। जबकि उनका वैचारिक संसार अत्यन्त जटिल है। कवि पहले चरण में वस्तुजगत को परखकर उसे अपने भीतर उतारता है और उसके बाद इस आत्म की अभिव्यक्ति समाज के सन्दर्भ में करता है। यानि वे व्यक्ति को नहीं, समाज को महत्त्वपूर्ण मानते हैं। जबकि अज्ञेय समाज को,

समाज की सबसे महत्त्वपूर्ण इकाई व्यक्ति के अस्तित्त्व और पहचान विलीन करनेवाला घटक मानते हैं। व्यक्ति मुक्तिबोध के यहाँ भी है लेकिन वह समाज का प्राथमिक और जरूरी हिस्सा भर है, पूरा समाज नहीं। अपने सच को पाने के लिए मुक्तिबोध का व्यक्ति समाज में बार-बार जाता है। उससे विच्छिन्न या स्वायत्त नहीं होता। वह समाज के सन्दर्भ में अपने अस्तित्व और पहचान को परखता है।

यह एक प्रगतिशील विचार है। इससे मुक्तिबोध के कथ्य की सूरत और रंगत विशिष्ट हो गयी। इस कथ्य की अभिव्यक्ति के लिए मुक्तिबोध ने ऐसा शिल्प चुना जो कल्पना, स्वप्न और रहस्य से मिलकर बना है। यह सपने से आगे का यथार्थ है। इसमें डर का अँधेरा है। जिसमें व्यक्ति अपने समाज की मुक्ति के अर्थ खोज रहा है। यह अन्धकार आजादी के बाद सपनों के टूटने से बना है। जिसने व्यक्ति ही नहीं, उसके समूचे समाज को ग्रहण की तरह ग्रस लिया है। इसमें पराजय, अवसाद और डर अमिट दुख की तरह बसें हैं लेकिन मुक्तिबोध घनघोर रूप से आशावादी हैं। वह अथाह विपरीत परिस्थितियों में भी व्यक्ति को संघर्ष करने की समझ और ताकत देते हैं। अपनी कविताओं में पौराणिक मिथकीय चरित्रों के बहाने या समकालीन व्यक्ति के माध्यम से मुक्तिबोध ने यह सम्भव कर दिखाया है कि किसी भी प्रकार के आतंक से आक्रान्त होने की बजाए उससे संघर्ष करके एक नयी दुनिया का निर्माण किया जा सकता है। जाहिर है कि यह नई दुनिया व्यक्ति के अहम से नही बनी, समूचे समाज से बनी है। इसी सोच के रसायन से बना व्यक्ति वास्तविक अर्थों में 'कुंठारहित' इकाई हो सकता है। इसी धरातल पर मुक्तिबोध व्यक्ति और समाज को परिभाषित करते हैं और यह साबित कर देते हैं कि मुक्ति का प्रश्न व्यक्तिगत नहीं है। ऐसे ही प्रसंगों में वे व्यक्ति और समाज को परिभाषित करते हैं और यह साबित कर देते हैं कि मुक्ति का प्रश्न व्यक्तिगत नहीं है। व्यक्तिगत और निजी केवल मोक्ष होता है। मुक्ति सामूहिक होती है। इसी सामूहिक मुक्ति को पाने के लिए उनकी कविताएँ अन्तहीन अन्त और कहीं भी खत्म न होकर लगातार आगे बढ़ती रहती हैं। इस सन्दर्भ में मुक्तिबोध की कविताएँ खंडों में लिखे ऐसे अनन्त महाकाव्य की तरह हैं जहाँ समकालीन मनुष्य का दर्शन प्रस्तावित होता है।

गिरिजाकुमार माथुर

22 अगस्त 1919—10 जनवरी 1994

नयी कविता की जीवन्त पहचान

नयी कविता के आगे लगा 'नयी कोई विशेषण या शब्दभर नहीं है। इसके अनेक निहितार्थ हैं जो इस काव्यान्दोलन की विशेषताओं, प्रवृत्तियों या कहें; पहचान के चिह्नों से जुड़े हैं। उस दौर की कविता जिन नये जीवन-मूल्यों को शब्दों का अनुभव बना रही थी; वह दरअसल नये जीवन-विवेक से उपजे थे। यह नया जीवन-बोध तत्कालीन समाज के परिवर्तित पर्यावरण के ताप और तेवर को प्रदर्शित कर रहा था। नयी कविता के कवि चिन्तन और अनुभूति के धरातल पर अपने पूर्ववर्ती छायावादियों से कतई अलग थे और कहें कि उनसे स्वयं को सायास अलगा भी रहे थे। नयी कविता के कवियों ने नये जीवन मूल्यों को आविष्कृत करने का प्रयास किया। इस सिलसिले में उन्होंने अपने समकालीनों से भी मुठभेड़ की, साथ ही परम्परित प्रतिमानों से जूझने का माद्दा भी दिखाया। इसलिए नयी कविता के कवियों में अपने समय और समाज के प्रति आलोचनात्मक सजगता और तार्किकता दिखती है।

जीवन और जगत के प्रति यही आलोचनात्मक रवैया नयी कविता के केन्द्रीय कवि गिरिजाकुमार माथुर को विशिष्ट दर्जा देता है। उन्होंने अज्ञेय के साथ नयी कविता को प्रस्तावित और विकसित किया। इस दृष्टि से नयी कविता आन्दोलन में उनकी उपलब्धियाँ और महत्त्व उल्लेखनीय हैं।

'मंजीर' से शुरू होकर 'कल्पान्तर' तक व्याप्त गिरिजाकुमार माथुर की दीर्घ काव्ययात्रा बीसवीं सदी के चौथे दशक से लेकर आठवें दशक तक फैली हुई है। उनकी कविता के माध्यम से पाठक नयी कविता, प्रगतिवादी और प्रयोगवादी कविता से परिचित होता है। इस मायने में उनकी कविता तीन महत्त्वपूर्ण काव्यान्दोलनों को जानने समझने का ऐतिहासिक प्रमाण भी बनती है।

नयी कविता के कवियों ने जब लिखना प्रारम्भ किया तो वे छायावादी काव्य से टकरा भी रहे थे और उसका प्रभाव ग्रहण भी कर रहे थे। गिरिजाकुमार माथुर के यहाँ भी छायावादी रोमान परिवर्तित रूप में दिखता है। छायावादी अतीद्रिय हवाई कल्पना के प्रतिपक्ष में वह यथार्थ के ठोस धरातलों तक कविता को ले गये। उनकी

कविता का विकास-क्रम कभी बाधित नहीं हुआ। प्रेम का सौन्दर्य, जीवनगत निराशा से उपजी पीड़ा, वैज्ञानिक यथार्थवाद, समाज-सम्पृक्त आधुनिकता-बोध और समकाल की सच्ची-गहरी पहचान इत्यादि से समन्वित उनकी कविता अपने वैविध्य में चमत्कृत करती है।

समकालीन कविता का लोकप्रिय अकादमिक नाम साठोत्तरी कविता भी है। लेकिन जिसे समकालीन भावबोध या चेतना कहते हैं; गिरिजाकुमार माथुर की कविता में उसकी अधिक व्याप्ति दिखती है। उनका भावबोध कहने भर के लिए आधुनिक नहीं है बल्कि वह कवि का अपने देशकाल को सही परिप्रेक्ष्य में समझना है। अपने समय की अचूक पहचान उनके कविता-संग्रहों के शीर्षकों—'मैं वक्त के हूँ सामने' और 'साक्षी रहे वर्तमान' से भी पता चलती है। समकालीन भावबोध उनकी कविता में समकालीन सरोकारों-सामाजिक-राजनीतिक मूल्यवंचकता और अपसांस्कृतिक स्थितियों में सृजक के स्तब्ध रह जाने के रूप में देखा जा सकता है—'ब्लैक युग, घूस-युग, रसूख-युग, खुर्राट खलयुग, तिकड़म युग, स्लम युग, कन्फयूजन युग' इत्यादि के रूप में गिरिजाकुमार माथुर युग को पहचानकर खोखले नारों में रिड्यूस हो गये सामाजिक सत्य को उधेड़कर रख देते हैं—'प्रान्तवाद, भाषावाद, गुर्गावाद कितने ही किस्म के लफ्फाजी समाजवाद' यह पंक्तियाँ इस सच्चाई का खुलासा करती हैं कि यह तन्त्र सड़ चुका है। उसकी विफलता पर प्रहार करना, उसकी असंगतियों और वैषम्य को सरेआम उजागर करने का साहस दिखाना है। व्यवस्था के सन्दर्भ में कवि की प्रश्नाकुल मुद्रा देखिए—'नाटक के सारे पात्र जहाँ/ खलनायक हैं/ खुशामदी विदूषक/ जिनके हर कुकर्म पर तालियाँ बजाते हैं/ जहाँ तिकड़मी लफंगे सत्ताधारी हैं/' व्यवस्था के इस नाटक से कवि विचलित होता है लेकिन वह समरभूमि से पलायन नहीं करता बल्कि विद्रूपित वक्त के सामने तनकर खड़ा होकर शब्दों पर भरोसा जतलाता है क्योंकि शब्द ही उम्मीद हैं, इसलिए शब्द एक सृजक के हथियार हैं—'मैं वक्त के हूँ सामने/ शब्द दर्पण के सामने/ मेरे पास सिर्फ शब्द हैं/ जो समय के अस्त्र हैं/ इन अस्त्रों की धार बचा चमकदार रखना है। यह अपने समकाल में प्रासंगिक और सार्थक होना है।

गिरिजाकुमार माथुर की समकालीन चेतना पीड़ित, व्यथित, वंचित मनुष्य की हताशा और शोषक वर्ग की चतुर्दिक लूट-खसोट की टकराहट से निर्मित हुई है। कवि की प्रतिबद्धता सताए हुए मनुष्य के साथ है। छोटे जल्द रास्तों से जो सारी सुविधाएँ बटोर लेते हैं। ऐसा सुविधाजीवी वर्ग और व्यक्ति कवि के व्यंग्य का निशाना बनते हैं—'हर ऊँचे चढ़नेवाला आदमी/ पंजा है या दाँत हैं/ छुरा, ब्लैकमेलर, दलाल है।/' ऐसे में अनास्था का जागना स्वाभाविक है— 'देवता सब मर चुके।' यह महज़ अस्तित्ववादी दार्शनिक उक्ति—'गाड इज डेड' का भावानुवाद नहीं है

बल्कि बेवजह संहारे जा रहे बेकसूर लोगों के जीवन-परिदृश्य से हटाए जाने से उपजी पीड़ा है। गिरिजाकुमार माथुर का समकालीन विवेक अनास्था-आस्था, अस्वीकार-स्वीकार, निराशा-आशा के द्वन्द्व से निर्मित हुआ है।

नयी कविता के ज्यादातर कवि छोटे कस्बों या गाँवों से महानगरों की तरफ रोजी-रोटी की तलाश में गये। छोटी जगहों से आनेवाले इन कवियों में नगर-बोध कई धरातलों पर विकसित हुआ। इन लोगों ने संयुक्त परिवार को एकल परिवार में विघटित होते और गाँव को नगर में दरबदर होते देखा। यह नयी कविता का त्रासद अनुभव है। हालाँकि नये कवि ने इस विस्थापन से थोड़ा-बहुत पाया भी है। यह प्राप्ति अर्थगत एवं सामाजिक-सांस्कृतिक सन्दर्भों में रेखांकित की जा सकती है। गिरिजाकुमार माथुर ने 'नयी कविता सीमा और सम्भावनाएँ' में अनुभव किया 'शहरी जीवन के संस्कार को लेकर लिखनेवालों ने जीवन की कशमकश को, जो जीकर भोगा और भोग-भोगकर जिया है तभी तो उनकी रचनाएँ व्यक्ति से फैलकर विराट की विविध अनुभूतियों से मेल खाती हैं। यह अनुभूति विश्वास, अनास्था और कटुता तीनों रूपों में प्राप्त होती है। यह ठेठ मध्यवर्गीय व्यक्ति का अनुभव हैं। उसका ही जीवन था जो वैषम्य और शोषण को झेलता हुआ टूट रहा था। जब नगर के यह अनुभव कविता की अनुभूति बने तो कविता जटिल हो गयी क्योंकि उसमें व्यक्त जीवन अत्यन्त कठिन था। उसमें आजीविका कमाने की कष्टप्रद यातना, कुछ नहीं हो पाने की झुंझलाहट और चाही गयी जिन्दगी नहीं जी पाने का सिसकता मोहभंग था। गाँव का आदमी जब रोटी अर्जित करने नगर में आया तो उसने पाया कि यहाँ सब अद्‌भुत तरीके से बेगाने हैं—'रामभरोसे/ चले गाँव से/ शहर भटकते काम ढूँढते/ अपनी-अपनी पड़ी सभी को/ कौन पूछता यहाँ किसी को/ रात और दिन इन्तजार में कहीं कभी भी/ कुछ हो सकता/ ऐसे ही सब चलता आया/ ऐसे ही सब कुछ है चलता।' गिरिजाकुमार माथुर की दृष्टि में नगर कंक्रीट से बना संवेदनशून्य दिखावटी महाकार दैत्य है—'सूखे ठोस डामर की नहर, सड़क-धाराएँ/ रोशनी भुजाएँ, समानान्तर खिंची हुई। ट्रैफिक का विकट बिलबिलाता हुजुम/ चलते हैं तार खिंचे मध्यवर्ग के पुतले/ रोल्ड-गोल्ड का कल्चर चमकते मुलम्मे से। लोहा, सीमेंट, काँच, कोलतार/ आत्मा-विहीन एक देह-दैत्य महाकार।/' नगर में निजत्व हावी होकर निर्मम वैयक्तिक लेन-देन में बदल जाता है। बाहरी चमक अन्दर के खोखलेपन को ज्यादा सार्वजनिक कर देती है। आत्मनिर्वासित व्यक्ति अपने अस्थिर ठौर-ठिकाने में ही जाया होता रहता है—'सारा नगर लगता है/ जैसे अस्थायी हो / थोड़े से दिन के लिए/ सड़कें निकली हैं/ उठाए हैं घर-मकान/ फिर यह पूरी की पूरी बस्ती/ यहाँ से उठकर कहीं और चली जाएगी।...हर बार दूसरी जगह रखकर बनाना होगा/ एक और अजनबी घर।/ यह महानगरीय विसंगति ही तो है कि यहाँ

अधिसंख्य बेघर हैं तो दूसरी ओर महत्त्वाकांक्षी मतलबपरस्तों का अनन्त लालच लोगों को निगल रहा है—'शहर के हलक-सूखे प्यासे स्वप्न/ बड़ी-बड़ी लिप्साएँ/ धनी बस्तियों से बेहद उलझे सवाल/ आगे बढ़ने की ख्वाहिशें/ दांवपेंच, राजनीतियाँ, हमेशा भूखी/ महत्त्वाकांक्षाएँ' शहर की बेतरतीब बढ़ती आबादी, धूल, शोर, गन्दगी से विकृत होता पर्यावरण, अनन्त लाइन में व्यर्थ खड़े लोगों का मूर्ख हुजूम कवि को लगता है कि 'एक जिन्दा नगर का', 'नगर के भीतर' मर जाना है— 'थूकते खाँसते, कराहते-कराहते, विपन्न/ असन्तुष्ट, नाराज आदमी/ या इम्पाला कारों में सपाटे लगाने/ कैबरे में कीमती ड्रिंक उड़ाते खास आदमी/ या मुश्किल से/ घर को अगली तनख्वाह तक/ घसीटते चिड़चिड़े/ आदमी/' यानी एक ओर पावर स्ट्रक्चर के अहम हिस्सेदार असरदार लोग हैं तो दूसरी तरफ शिकायती पत्र में बदल चुके मामूली लोग 'शहर सिर्फ शिकायत है/ शिकायत घिघियाती है। शक्ति माँगी नहीं/ छीन ली जाती है/' कवि मानता है निरन्तर क्षयग्रस्त होते नगर ने उसे 'कुंठा, अवहेलना, ठोकरें, अपमान दिए हैं तो यहीं उसे 'विधा, नया संस्कार, काम. रोमांस' भी मयस्सर हुए हैं लेकिन सबसे बड़ी दुर्घटना यह घटित हुई है कि 'मुझसे मेरे भीतर का/ गाँव जन्मा सहज प्यार ले लिया है/ न बड़ा काम करने दिया है/' न छोटा होने दिया है/ मामूली आदमी की तरह/ जीने का सुख भी/ रहने नहीं दिया है/ यानी गिरिजाकुमार माथुर ने शहर की आँख मूँदकर निन्दा नहीं की बल्कि उसके नकारात्मक और सकारात्मक दोनों पहलुओं को व्यक्त किया है।

गिरिजाकुमार माथुर अकुंठ भाव से स्त्री-सौन्दर्य पर भी रीझे हैं। दैहिक सौन्दर्य का ऐसा उत्सव मनानेवाले इस विशिष्ट कवि ने नैसर्गिक सौन्दर्य के भी अपूर्व बिम्ब प्रस्तावित किए हैं। उनकी सौन्दर्य चेतना छायावादियों की तरह हवाई या रहस्यवादी नहीं है। साथ ही प्रगतिवादियों के जैसे सौन्दर्य का तिरस्कार भी इसमें नहीं है। इतना ही नहीं प्रयोगवादियों जैसे सौन्दर्य को लेकर निर्मम नीरसता की भी उनकी सौन्दर्यानुभूति में कोई जगह नहीं है। गिरिजाकुमार माथुर की सौन्दर्य दृष्टि ऐसा टटकापन लिये है कि कभी पुरानी पड़ ही नहीं सकती। इस मायने में उन्होंने नयी कविता की इस प्रमुख प्रवृत्ति को नया अर्थ देकर विकसित किया है। स्त्री-सौन्दर्य के ऐसे सूक्ष्मतम डिटेल्स विरल हैं। उनके यहाँ 'देह कुसुमित मृणाल' और 'किशमिसी चन्द्र लट' अतिन्द्रिय सौन्दर्य रचते हैं। कवि सौन्दर्य की क्षणिक मुद्राओं का ऐसा शाब्दिक सृजन करता है कि वह क्षण-विशेष से मुक्त होकर कालातीत बिम्ब बन जाती हैं—'अब तक जो चुप थी देह/ जरा मुसकाई/ अनगिन बसन्त की/ रंग गन्ध उठ आई/ ऐसी मुस्कान कि जैसे/ चाँदी छाई/' प्रेम इस कवि के लिए गोपनीय दुष्कर्म नहीं है, इसलिए उसका स्वीकार मनुष्यों के परस्पर प्रेम का मार्मिक अर्थ देता है—'मैं नीले आकाशवाली अपनी बाँहों में/ तुम्हें फागुनी चाँद की तरह

समेट लेना चाहता हूँ, मैं धूप की ऊष्म उंगलियों से छूकर/ तुम्हारी देह को आम्र बौरों-सा खिला देना चाहता हूँ'—गिरिजाकुमार माथुर ने कुछ ऐसे शब्दचित्र भी खींचे हैं जिनके सामने रीतिकालीन स्त्री-देह वर्णन भी ठिठक जाता है। वहाँ 'जादुई नजर', 'गांठें कसती' और 'वक्षों की चुभन'; स्त्री और प्रकृति के वास्तविक सौन्दर्य का साक्ष्य बन जाती है—'भुजमिलन तन गन्ध सुरभित/ उस नुकीले वक्ष की। वह छुवन, उकसन, चुभन, अलसित/ इस अगरू सुधि से सलोनी हो गयी है। रात यह हेमन्त की कामिनी-सी अब लिपटकर सो गयी है/ रात यह हेमन्त की/ ' गिरिजाकुमार माथुर ने प्रकृति.के हमेशा याद रहनेवाले कई बिम्बों का सृजन किया है—'उतरते सितम्बर के अनमने चाँद पर, दिशाहीन घूम रहे कपास के बादल', 'मिट्टी की गन्ध से सोंधी हवाएँ', 'गृहलक्ष्मी सी खड़ी साँझ, 'धरती के चित्रित प्रकाश की' पड़ती नभ तक झाँईं।' ऐसे अनेक चित्र उनके यहाँ हैं। विशेष बात यह है कि यह स्त्री और प्रकृति-सौन्दर्य का किताबी चित्रण नहीं है। यह कवि के स्नायु संवेदनों पर पड़ते दबाव से उपजे हैं इसलिए दोनों एक होकर जिस कविता को सम्भव करते हैं उसे शास्त्रीय पद्धति के आधार पर नहीं समझा जा सकता है।

सौन्दर्य के सहज स्वीकार के कारण गिरिजाकुमार स्त्री-श्रृंगार को भी 'एंजाय करते हैं। उनकी प्रत्यक्ष प्रणयानुभूति सजीव, माँसल और ऐन्द्रिक है। उसमें छायावादी कवियों जैसा अमूर्तन और अति ऐन्द्रियता नहीं है बल्कि ऐसा उच्छल रोमान है जो प्रणय को जीवन की जरूरत की तरह प्रस्तुत करता है। 'तुम्हारे बदन की रोशनी मेरे रोओं से होकर पूरी भीतर आ जाती है/ ' मिलन की परिपूर्णता के साथ, बिछड़ने से पैदा हुई रिक्तता भी उनके यहाँ याद की तरह घिरी हुई है—'इसी बसन्त की पिछली याद उमड़ आती है/ जब तुम पहली बार मिली थीं/ पीले रंग की चूनर पहने/ ' प्रिय-स्मृति में मिलन की उत्कंठा उदासी और हर्ष दोनों मनोभावनाएँ गिरिजाकुमार माधुर के यहाँ मिलती हैं—'आज अचानक सूनी-सी सन्ध्या में/ जब मैं यों ही मैले कपड़े देख रहा था/ किसी काम में जी बहलाते/ एक सिल्क के कुर्ते की सिलवट में लिपटा/ गिरा रेशमी चूड़ी का/ छोटा-सा टुकड़ा उन गोरी कलाइयों में जो तुम पहने थीं रंग भरी उस मिलन रात में/ मैं वैसा का वैसा ही/ रह गया सोचता पिछली बातें' प्रणयानुभूति के तीव्र क्षणों में 'आलिंगन का उल्लास' गिरिजाकुमार माथुर के यहाँ गझिन रूप में उपस्थित होता है। दरअसल वह प्रेम के उन्मत्त क्षणों को ऐसे दीप्त करते हैं कि शिष्ट और संयमित रहकर भी अनकहा भी समझ में आ जाता है।

स्थानीय को जिए बगैर वैश्विक नहीं हुआ जा सकता। किसी कवि की स्थानीयता उसके लोक में होती है। गिरिजाकुमार माथुर के यहाँ मालवा का लोक-जीवन अपनी समूची रंगत के साथ मौजूद है। वहाँ की देहाती संस्कृति जिस प्रकृति की मिट्टी से बनी है उसे कवि ने लोक-विश्वास, लोकाचरण, वस्त्राभूषण, इत्यादि

के वर्णन से साकार किया है। नगर की आपाधापी और कोलाहल से छुटकारा पाने के लिए गिरिजाकुमार माथुर बार-बार मालवा की शान्त हवा में लौटते हैं क्योंकि जीवन का स्वाद और मिठास वहीं शेष है—'ऊँची-झाड़-झंखाड़ बीच बसे' अपने उस गाँव को कवि याद करता है जहाँ 'हर टीबे का एक देव/ हर दबी पुरी पर चौतरा/ हर पाताल बावड़ी रमते/ राजा रानी अप्सरा/ कवि अपने अतीत में जिए उस लोक के अभावों और अन्धविश्वासों को छुपाता नहीं है बल्कि उनकी पड़ताल करता है। क्योंकि वहाँ सब कुछ अच्छा-अच्छा ही नहीं है बल्कि कवि की दृष्टि में ऐसा बहुत कुछ है जिसे बदलना चाहिए जैसे अज्ञान, अशिक्षा, ऊँचनीच और अन्धविश्वास! लेकिन दूसरी ओर कवि को यह भी दुख है कि लोक की वह संस्कृति और पर्यावरण क्षयग्रस्त है। शहर, गाँव और कस्बों को बुरी तरह बदल रहा है इसलिए कवि अपनी स्मृतियों में बचे उस देहात को बचाए रखना चाहता है जिसकी गन्ध, दृश्य और ध्वनियाँ आज भी उसे जीवन दे रही हैं—'जिसमें बचा रहा शायद/ बचाए रखना कहीं थोड़ा-सा देहात/ बची रही/ वर्षों पहले छूटे हुए गाँव की/ लिपे-पुते कच्चे घर की चितेवरी/ ताजे कटे चारे की घास-गन्ध/ कंडों सिकी सोंधी-सोंधी/ रोटी/ कुछ हाँक, घंटियाँ, आवाजें अलाव की/ शाम के झींगुर झनकते सन्नाटों में/ अक्सर उन्हें/ बाँसों के झुरमुट/ पनघट, चुनरी, चोली/ कंगना, बिन्दिया, कजरा/ छमक छल्लों मौसम यही ध्यान आता है/' गिरिजाकुमार माथुर लोक जीवन का सतही चित्र नहीं खींचते बल्कि लोकमानस की गहरी थाह लेते हुए उनके दुख-सुख, निराशा-आशा, समस्याएँ-खासकर कृषक जीवन की आशंका, सम्भावना और उत्फुल्लता का मर्मस्पर्शी विश्लेषण करते हैं—'वे किसान/ देखने लगे आसमान/ हल्की-हल्की बदरी की फुहियाँ थीं/ बोले/ अब कुछ छींटा-छाँटी हो जाए बच जाय फसल ये ओलों से/ अच्छे दाम बिक जाए/ अब की जेठ/ इसी सरसों से बिटिया के हाथ पीले करना है/' कवि ने अपने लोक के जो गत्यात्मक बिम्ब खींचे हैं उनसे लोकआस्था, लोककाव्य और लोककथाओं का संश्लिष्ट प्रभाव पड़ता है।

नयी कविता में राष्ट्रीयता की अभिव्यक्ति करनेवाले अपनी तरह के अकेले कवि गिरिजाकुमार माथुर के यहाँ साम्प्रदायिक किस्म की नहीं; उदार, और सर्वसमावेशी बहुलतावादी सजग राष्ट्रीयता मिलती है। भारतीय अतीत का गौरवगान गाते हुए कवि किसी संस्कृति को छोटा-बड़ा नहीं कहता बल्कि समूची भारतीय जनशक्ति के योगदान को रेखांकित करता है। साम्राज्यवादी अँग्रेजों पर विजय, मातृभूमि की वन्दना और युवाशक्ति का आह्वान इत्यादि प्रसंगों में गिरिजाकुमार माथुर अपनी उदात्त राष्ट्रीय भावनाएँ व्यक्त करते हैं। वे देश के बाहरी और भीतरी शत्रुओं से सावधान रहने की सीख देते कहते हैं कि विजय के अतिउल्लास में देशवासियों को असावधान नहीं होना बल्कि जागे रहना है—'आज जीत की रात पहरूये/ सावधान

रहना/ खुले देश के द्वार/ अचल दीपक समान रहना/ ऊँची हुई मशाल हमारी/ आगे कठिन डगर है/ शत्रु हट गया, लेकिन उसकी छायाओं का डर है/ शोषण से मृत हैं समाज/ कमजोर हमारा घर है/ किन्तु आ रही नयी जिन्दगी/ यह विश्वास अमर है/ नये-नये आजाद हुए कमछोर देश की आशंकाएँ और सम्भावनाएँ, उसके अन्दरूनी एवं बाहरी रक्त शोषक, इन सबसे कवि आगाह करता है क्योंकि तभी वास्तविक प्रगति और समतामूलक समाज का सपना सच होना सम्भव है। दरअसल गिरिजाकुमार माथुर जिस देश प्रेम को व्यक्त करते हैं वह जनमुक्ति के अर्थ देता है इसीलिए राष्ट्र प्रेम उनके यहाँ बड़ा मानवीय मूल्य बन जाता है—'मेरे अन्तर में मान जगा अपनी विराट संस्कृतियों का/ मुड़ गये समय के चपल चरण/ आया कृतान्त बन मुक्तिकाल मिट्टी का हर कन सुलग उठा।/' कवि इस सामूहिक मुक्तिकाल के महत्त्व को इस रूप में भी रेखांकित करता है कि हम सदियों गुलाम इसलिए रहे कि भाषा, जाति, रंगभेद में उलझकर बँटे रहे। अगर हम एक होते तो 'जम न पाता जिन्दगी पर युगों का इतिहास घूरा/ मृत्यु-सा सुनसान बनकर जो बनैला प्रेत फिरता खाद बन जीवन फसल की लोक मंगल रूप धरता/ हरे होते पीत ऊसर स्वस्थ हो जाती मनुजता/' 'वी शैल ओवर कम' इस अन्तर्राष्ट्रीय समूह गान का मार्मिक भावानुवाद 'हम होंगे कामयाब एक दिन' करनेवाले गिरिजाकुमार माथुर विभिन्न संस्कृतियों से रची राष्ट्रीयता को एकजुट होकर देशहित में तत्पर रहने का रास्ता सुझाते हैं।

नयी कविता ने भौतिकतावादी समय में आस्था का हनन होने की दुर्घटना को दर्ज किया। नये कवि ने पहचाना कि जटिल जीवन की विषमताएँ जिन डरावनी परिस्थितियों में मनुष्य को डाल रही हैं उससे केवल वर्तमान के प्रति आस्था और भविष्य पर अटूट विश्वास ही मनुष्य को बचा सकते हैं। इसीलिए गिरिजाकुमार माथुर सैकड़ों साल बाद इन पिरामिडों पर एक नयी उषा का आना देख लेते हैं—'मन के विश्वास का यह सोनचक्र रूकें नहीं/ जीवन की पियरी केसर कभी चुके नहीं/ मन में विश्वास भूमि में ज्यों अंगार रहे।/' कवि की कविता मन के विश्वास को बचाए रखती है। इस मनुष्य-केन्द्रित आस्था का वैचारिक आधार मार्क्सवादी मूल्य हैं—'इतिहासों का अन्धकार लो पिघल रहा है/ नये साम्य मूल्यों का सूरज निकल रहा है/ शोषण, गरीबी और अन्याय से मुक्त इस नये समाज में 'दुख की सत्ता मर जाएगी' इसीलिए कवि का अहसास उसे भरोसा देता है कि 'चर्राकर टूटती व्यवस्था के/ इतने अन्यायों में/ पता नहीं क्यों मुझे/ अब भी है अहसास/ मौसम फिर बदलेंगे/ बच्चे फिर खेलेंगे/ एक नयी गुलाबी/ आलोकित दुनिया में/ लौटेंगे दिन फिर/ ममता, विश्वास के/' देखे गये सपने और चाही गयी कल्पनाएँ पूरी होती नहीं दिखतीं फिर भी कवि की आस्था बची रहती है कि 'हर अँधेरे की यात्रा रोशनी की तलाश है।' इसलिए वह अपर्याप्त साबित हो चुकी जर्जर व्यवस्थाओं और

कथित मूल्यों के टूटने को नये सन्दर्भ में देखता है—'जो कुछ पुराना है/ मोहक तो लगता है टूटने का दर्द मगर सहना ही पड़ता है/ बहुत कुछ टूटता है/ तब नया बनता है/' कवि मानवता के सुखद भविष्य को लेकर आशान्वित है—'साफ है दिशा अपनी साफ है अगली कगार/ टूटे नहीं आपसी भरोसे की पतवार/' मुश्किल वर्तमान में भी भविष्य के प्रति आस्थावान होने की यह भावना इस कवि की कविता की खास पहचान है।

नयी कविता के कवियों ने व्यंग्य को अपनी बात रखने की विशिष्ट शैली भर नहीं समझा बल्कि उसका ऐसा रचनात्मक इस्तेमाल किया कि धार्मिक खोखली रूढ़ियाँ, सत्ता की अनीतियाँ, सामाजिक तन्त्र के कथित विकास व्यंग्य की अचूक चोट से धराशायी हो गये। गिरिजाकुमार माथुर के व्यंग्य में जो गुस्सा, प्रहार और विक्षोभ है वह सार्थक आत्मव्यंग्य में भी उजागर होता है—'दिमाग में गालियाँ/ अपने ही मुँह पर जोर से तमाचा मारने का मन/ जी चाहता है/' व्यक्ति, समाज-नगर, देश-जहाँ भी कवि दुराचरण, मूल्यों का दोहरापन और अन्याय देखता है, उसकी प्रखर व्यंग्यधर्मिता सक्रिय हो जाती है—'यह कौन-सी दुनिया है/ जहाँ इन तमाम ओछे लोगों के बीच/ जो प्रभुओं के पैरों का/ भरा चमड़ा चाटकर/ विश्वास के भुलावें में पीछे से छुरा भोंककर/ औरतों के जिन्दा मांस की सीढ़ियों के सहारे बॉस के कान पर हरदम/ चुगलखोर मच्छर से/ ऊपर चढ़ गये हैं निर्णायक बनकर' प्रतिभा को लात मारकर जो प्रतिभाहीन लोग जनतन्त्र को भीड़तन्त्र में तब्दील कर, तन्त्र में छेद ढूँढ़कर अपनी स्वार्थसिद्धि करते हैं, उन्हें कवि के व्यंग्य का निशाना बनना पड़ता है। मानवीय मूल्यों के संहारक तिकड़मी लोगों का समूचा जुगाड़ तन्त्र चापलूसी और लेन-देन पर टिका है। यह लोग समाज में सड़ान्ध पैदा करते हैं और तुरन्त मजे के लिए तुच्छ क्षुद्र बातों पर नीयत बिगाड़ते है,—'लुंजे भविष्य के यह अभद्र निर्माता' हर मिनट इतिहास की हत्या करते हैं/' उनके कारण ही 'सरेआम पुजते हैं कामयाब बेईमान/ हाकिम तोड़ते हैं नियम/ कायदे कानून सिर्फ मामूली लोगों के लिए हैं/ शरीफ खाते हैं धक्के/ फलाँगों की 'क्यू' में/ जहाँ प्रतिभा हर कदम पर/ अपमानित की जाती है।/' राजनीति और समाज में ही नहीं घर-परिवार में फैली दोहरी मानसिकता के ओछेपन की भी गिरिजाकुमार माथुर खबर लेते हैं—'ये नयी परिभाषा हैं/ आधुनिक व्याभिचार की/ बेलिहाज/ बेशरम/ जहाँ सिर्फ मर्द को अधिकार है/ 'सेक्स लिबरेशन' का/ पत्नी को चौके बर्तन का/' कवि का व्यंग्य परिस्थितियों से उत्पन्न होता है और पाठक की चेतना को झकझोरता है। लेखक-संघों की राजनीतिक रस्सा-कस्सी और पुरस्कार देने-पानेवाले साहित्यिक मठाधीशों की मोहान्ध अज्ञानता पर भी कवि तिलमिला देनेवाली चोट करता है—'मठ के तिलक-छापे बिना/ हर लेखन बकवास है।/' कहने का अभिप्राय है कि

गिरिजाकुमार माथुर का व्यंग्य विद्रूपित व्यवस्था और विकृत व्यक्तियों पर इतना प्रत्यक्ष हमला करता है कि करूणा उपजती है। यही उनके व्यंग्य की सार्थकता है।

प्रेम जैसी निजी अनुभूति से कविता लेखन की शुरूआत कर गिरिजाकुमार माथुर विश्व मानवतावाद तक पहुँचे। वहाँ मनुष्य-प्रेम और विश्व-प्रेम में कोई तात्विक फर्क नहीं रह गया। यानी कवि की बन्धुत्व-भावना देश की सीमाओं तक सिमटी नहीं रही। यह प्रगतिकामी बदलाव था। विश्व राजनीति के धरातल वैश्विक साम्राज्यवाद और तीसरी दुनिया के संसाधनों को हथियाने की औपनिवेशिक होड़ के कारण अन्तहीन कलह और युद्ध का वातावरण बन रहा था। मनुष्य जाति का अस्तित्त्व विध्वंस के कारण मिटने की कगार पर पहुँचता दिखने लगा तो गिरिजाकुमार माथुर सरीखे संवेदनशील कवियों ने आसन्न संकट का समाधान विश्वशान्ति, परस्पर सद्भाव और भाईचारे में तलाशते हुए सर्वग्रासी साम्राज्यवादी ताकतों का पर्दाफाश किया—'मेरी मानवता पर रखा/ गिरि-सा सत्ता का सिंहासन/ मेरी छाती पर रखा हुआ/ साम्राज्यबाद का रक्तकलश/ तेरी जंजीरों में बन्धकर/ कंकाल हुई मेरी काया/' विश्व में ग़रीबी, बीमारी, भुखमरी, अशिक्षा जैसी विकराल समस्याएँ पहले ही मानवीय अस्तित्व के लिए खतरा है। उस पर दुनिया ही नहीं, सृष्टि को पलभर में राख में बदल देनेवाले हथियार थामे चीन सरीखे संकीर्ण राष्ट्रवादी देश अपनी श्रेष्ठता, वर्चस्व और एकाधिकार के लिए सन्नद खड़े हैं। इन युद्ध के सौदागरों का सामूहिक प्रतिकार करना जरूरी है—'सुनो कोटि कंठों से/ उठती ध्वनि आज है/ अणु के विष छत्रों पर/ मनुज की आवाज है/ शीत, गर्म युद्ध मिटें थमें घृणा झंझाएँ मिटे अस्त्र दौड़ मिटे वादों की कटुताएँ इसी विषय पर विचार करते हुए द्वारिका प्रसाद चारूमित्र कहते हैं—'मनुष्य की जययात्रा में विश्वास मानव प्रगति में आस्था का यही स्वर गिरिजाकुमार माथुर की 'एशिया जागरण' और 'पहिये' जैसी कविताओं में सुन पड़ता है। मनुष्यता का कारवाँ अनेक बाधाओं को पार करता हुआ-प्रकृति को संस्कृति में बदलता हुआ और दासता के अनेक बन्धनों को छिन्न-भिन्न करता हुआ जिस युग में आ पहुँचा है वह मशीनी क्रान्ति का युग है। यह यन्त्र क्रान्ति प्रकृति और धर्म पर मनुष्य की विजय का सूचक है—'बन यन्त्रक्रान्ति के अग्रदूत/ मानव की प्रकृति-विजय का सूत्रपात/ लोहे की विजय वनस्पति पर/ ईश्वर पर पहली विजय/ चिरन्तन मिट्टी की।/' वहीं दूसरी ओर वह शोषण और युद्ध के नये दिशा द्वार खोलने लगी—'उद्योग और व्यापारों का फैला प्रसार/ पूँजी की कंचन बेल बढ़ी/ देशों की सीमाएँ सिमटीं/ आरम्भ हो गयी दौड़ नये बाजारों की/ अन्धी-लिप्सा वह उपनिवेश हथियाने की।/' और—'मानवता की गरदन में पड़ी नयी गांठ आविष्कारों के सुख साधन/ सब अस्त्र बन गये शोषण के/' साम्राज्यवाद के हाथों में सामन्ती, पूँजीवादी और साम्राज्यवादी-तिहरे शोषण में

जकड़ी मनुष्यता की पीड़ा को कवि ने अत्यन्त गहराई से महसूस किया। 'मेरी मानवता पर रक्खा गिरि-सा राजा का सिंहासन/ मेरी आत्मा पर बैठा है विषधर-सा सामन्ती शासन/ मेरी छाती पर रखा हुआ साम्राज्यवाद का रक्तकलश/ मेरा धरती पर फैला है मन्वन्तर बनकर मृत्यु दिवस/' किन्तु इतिहास का गहनबोध कवि को चतुर्दिक व्याप्त अँधेरे में भी आस्था के आलोक से अनुप्रेरित करता है—'पर परिवर्तन का तेज चक्र बढ़ता आगे/ है धार काटती नागपाश/ बस इसीलिए होगा विनाश/ इसलिए कि रुकता नहीं कभी गति का पहिया/ अविरल चलता विकास का क्रम/ वह पास लिए आता है मनुज समाज नया/ जब दुख की सत्ता मर जाएगी/ पीले बासी फूलों-सी/ मानव-प्रगति में आस्था रखनेवाले मानवतावादी कवि के हृदय में समूची मनुष्यता के लिए प्यार और संसार भर के उत्पीड़ित लोगों के लिए असीम करुणा है।

गिरिजाकुमार माथुर महसूस करते हैं कि वर्तमान की कठिन परिस्थितियों ने मनुष्य को दास, उपेक्षित और पीड़ित प्राणी बना दिया है। अतीत का बोध उसे मनुष्य की वर्तमान अवस्था पर सोचने के लिए मजबूर करता है और वह उन कारणों की तलाश करता है जो शोषण, युद्ध, अकाल, भुखमरी और महामारी के लिये जिम्मेवार है। वह परलोक के कल्पित सुखों का आकांक्षी नहीं, इसी मर्त्यलोक को सुखी बनाने के लिए यत्नशील है। वर्तमान जीवन के केन्द्रीय मानववादी प्रश्न से मुँह मोड़कर रहस्य-अध्यात्म की शरण लेना उसके लिए पलायन और कायरता का सूचक है। कवि विश्व-मानवता को यह सम्बल देता है कि आततायी सत्ता कितनी विराट और अजेय हो, एक दिन नष्ट हो जाती है—'सत्ता नहीं चल सकी बहुत देर/ मृत्यु के उपासक/ अन्याय, अविवेक की/ विजय हुई है सदा/ न्याय और विवेक की/' कवि की दृढ़ आस्था और निश्चित मत है कि 'सामाजिक प्रेतों पर/ घृणा, युद्ध, नये अन्ध-धर्मों के दैत्यों पर/ मानवीय समता अभय/ मर्मशील पद्धति की। अन्तिम विजय होगी।/' पन्त ने कहा था 'मानव तुम सबसे सुन्दरतम।/' प्रकृति के सर्वोत्तम घटक को दूसरों से नहीं, अपनी ही प्रजाति की युद्धलिप्सा से खतरा है लेकिन यह भी सत्य है कि सहअस्तित्त्व पर बल देनेवाले इनसान का भविष्य कभी नष्ट नहीं होता—'मिट सका कभी न भविष्य मनुज का।....जीवन में जीने का बल है/ मनु की धरती अजर अमर है/' यही मनुष्य के प्रति मंगलकामी चेतना है क्योंकि वह विश्वनागरिक है।

छायावादी कल्पना की वायवी दुनिया से उतरकर नयी कविता यथार्थ के ठोस धरातल पर आ गयी। यह गिरिजाकुमार माथुर और दूसरे नयी कविता के कवियों का प्रगतिशील पक्ष था। उनके यहाँ यथार्थ का विवेक व्यक्ति और समाज दोनों धरातलों पर देखा जा सकता है। यह यथार्थबोध जीवन के प्राथमिक अनुभवों से उपजा है।

कवि ने व्यक्ति की त्रासदी, सामाजिक विद्रूप और सांस्कृतिक विसंगतियों, आर्थिक असमानताओं को झेला, उनसे जो भोगा हुआ सत्य हासिल किया; वही उनका यथार्थबोध है। कवि ने अपना जीवन गाँव, कस्बों, नगर-महानगरों में जिया। इसलिए उन्होंने व्यक्ति और समाज को नजदीक से टूटते-बनते, उखड़ते-जुड़ते देखा। खासकर निम्नवित्तीय व्यक्ति के यातना भरे अभाव, मध्यवर्ग का टुच्चापन और उच्चवर्ग की स्वार्थसिद्धि के कई सन्दर्भ उनके यहाँ काव्य-प्रसंग के रूप में दर्ज हुए हैं—'ठिठुरन से सूरज की गर्मी जमी हुई है। पर वह मजबूरी से कम्पता उठ आया है/ रफू किया उसका वह स्वेटर तीन सर्दियाँ देख चुका है/ उसका जीवन जीवनहीन मशीन बन गया है/' लघु मानव की ऐसी नीच ट्रेजडी के अलावा गिरिजाकुमार माथुर ने प्रतिभाहीन चापलूसों की त्वरित तरक्की और उनसे जीवन मूल्यों के विघटन एवं ह्रास का भी जायजा लिया है—'अपने में लीन/ किन्तु आत्मविश्वासहीन/ तबीयत है कांटे पर/ दोष सभी रखता है/ किस्मत के माथे पर/ अपने से अच्छों को/ देखकर तरसता है।...'तुरन्त मज़े के लिए/ तुच्छ क्षुद्र बातों पर नीयत बिगाड़ता है/ ओछे बहाने पर अपने ईमान का/ दिवाला निकालता है/' कवि ने यथार्थ की पैनी अभिव्यक्ति के लिए सपाटबयानी का भी जोखिम उठाया है।

गिरिजाकुमार माथुर ने समकालीन पर्यावरण में कर्महीन आनन्दवादी को खूँसट दलाल में बदलते और नैतिकता की दुहाई देनेवाले को सत्ता का पुर्जा बनते देखा है। कवि ठेठ प्रथम पुरुष में कहता है—'मैं अपनी ही विराट विष्टा में/ धँसा खड़ा हूँ/ आराम से/ कितना अजीब है अब भी इत्मीनान से मेरे भीतर तमाम सारा मलबा भरा है/ हर किस्मी डिजाइन का/ सड़े अधमरे, जिन्दा मुर्दा/ जहान का/' यहाँ व्यक्त निर्मम यथार्थ चीरकर रख देता है। 'कटे हुए भ्रूण', 'पागलपन', 'भागती मर्यादाएँ हाथों से छिपाती हैं गुप्त अंग', 'बढ़ रहा है विक्षिप्तों का जुलूस'—इस पागल कर देनेवाले यथार्थ को कवि ने भारतीय समाज के द्वन्द्वात्मक संघर्ष को समझकर व्यक्त किसा है—'दो दुनिया के विषम शून्य में/ बना त्रिशंकु आज का जीवन।' यह शोषक और शोषित का वर्ग-संघर्ष है, जिसमें वंचित हार जाता है। उसके तिक्त सन्त्रास का बयान गिरिजाकुमार माथुर की कविता में इस उम्मीद के साथ आता है कि यथार्थ बदलेगा। समता और सद्भाव से युक्त समाज बनेगा।

गिरिजाकुमार माथुर के यहाँ नकली उत्सवधर्मिता नहीं है बल्कि मानवीय दुख की सान्द्र उपस्थिति है। इस वेदना से जो पीड़ा बोध उनके शब्द व्यक्त करते हैं, उसमें प्रेम की स्तब्ध उदासी, विपरीत परिस्थितियों से मन में धिरता विषाद, अकेलेपन की गहरी निराशा इत्यादि पाठक की चेतना में चुपचाप शामिल हो जाते हैं—'प्यार बड़ा निष्ठुर था मेरा/....रस बरसानेवाले आकर/ विष ही छोड़ गये जीवन में/ जल की जगह ज्वाल ही बरसी/ सदा प्यार के लघु सावन में/' दुख को क्षण

की नियति कहनेवाले गिरिजाकुमार माथुर पीड़ा की उस स्थिति को भी अनुभूत करते हैं जहाँ सिर्फ अन्धकार सच लगता है—'दर्द और उदासी वह/ सूने प्लेटफार्म सी/ सब कुछ समेट/ ट्रेन जिस पर से चली गयी/ ख़ंडों में बँटी हुई/ अकथ उदासियाँ/ देह पड़ी रह जाती खोखले लिफाफे/सी धूल भरे पीड़ा के सागर में डूबे पाँव/ डूबे पाँव/ डूबा धड़/ गले-गले है खुश्क पानी अब/ टूटती नहीं दर्द-दुख की घुमेर यह/ झूठ सभी लगता है/ सच है सिर्फ अन्धकार/ दुख की मार इतनी मारक हो जाती है कि पीड़ा जीवन की नियति बन जाती है—'कौन थकान हरे जीवन की/ बीत गया संगीत प्यार का/ रूठ गयी कविता भी मन की/ ...इस उदास वन पथ के ऊपर/ पतझर की छाया गहरी है।/' स्मृतियाँ जब पीड़ा देने लगे तो मन कराह उठता है—'भूली-सी एक छुवन/ बनता हर जीवित क्षण/ छाया मत छूना मन/ होगा दुख दूना मन/' नयी कविता के प्रस्तावक अज्ञेय ने कहा था 'दुख सबको माँजता है।' गिरिजाकुमार माथुर का कवि भी पीड़ा की अवहेलना नहीं करता बल्कि उसे जीवन के ईंधन-रूप में इस्तेमाल करता है। इसीलिए पीड़ा को ओढ़ने की बजाय उनके यहाँ उससे छूटने के मार्ग तलाशने का उपक्रम मिलता है।

गिरिजाकुमार माथुर की शैक्षिक पृष्ठभूमि विज्ञान की रही है। उनकी काव्य-दृष्टि के निर्माण में इस शिक्षा-दीक्षा का खासा योगदान रहा है। 'कल्पान्तर' और 'पृथ्वीकल्प' जैसे उनके प्रौढ़ काव्य संकलनों की कविताओं में विज्ञान की शब्दावली ही नहीं, नयी वैज्ञानिक दृष्टि मिलती है। डॉ. विश्वनाथ त्रिपाठी के अनुसार गिरिजाकुमार माथुर ऐन्द्रियता के कवि हैं। उनके अनेक गीतों में कथ्यरूप का आकर्षक संश्लेष है। उनमें संगीतात्मकता का गुण भी है। इधर वे नयी कविता और उसमें भी वैज्ञानिकता का प्रभाव लाने में अधिक व्यस्त हैं। 'पृथ्वीकल्प' उनके इसी उद्यम का परिणाम है।' गिरिजाकुमार माथुर युगानुकूल जीवन मूल्यों के विकास में निहित वैज्ञानिक उपकरणों और विज्ञान विषयक सूझबूझ को रेखांकित करते हैं—'ये पहिये हैं आधार सभ्यता, संस्कृति के/ प्रस्तर युग से जो ले आए हैं ऐटम तक/' कवि की वैज्ञानिक सोच बताती है कि विज्ञान के अतिविकास ने मनुष्य के जीवन को आसानियाँ तो दी हैं वहीं, उसे यन्त्र-मानव बनाकर यन्त्र-दास भी बनाया है। उसे विनाश के मुहाने तक भी पहुँचाया है—'दैत्य शोषक मशीनों ने/ पंजों के गढ़े चिह्न हैं छोड़े/' मनुष्य की समूची नस्ल मशीन में तब्दील होती जा रही है—'लोहे के दिल दिमाग, हाथ इस्पात के/' इसका परिणाम यह हुआ कि 'इनसानी पुर्जों से बने दफ्तरी यन्त्र/ पहिए कारखाने/ चलते हुए चक्के से/ आपस में बन्धे हुए/ देशान्तरों के लोग/ एक ही सैकंड में लाखों बार/ घूमते धन्नाति/ इस दैत्याकार पहिए के सामने/ मैं और कब तक अपाहिज रहूँगा/' युद्ध के विकराल दैत्य को विज्ञान ने ही ताकत दी है—'यन्त्र-दैत्य चिंघाड़ रहे हैं/ नभ की छाती फाड़ रहे हैं/ अणु का वैश्वानर जलता है/

धुआँ नागफन बन उठता है/ नभ में तनी शक्ति की भुज है/ और दूसरी ओर मनुज है/ ' कवि विज्ञान के विध्वंसक अस्त्र शस्त्रों से पाठकों का परिचय कराते हैं—'खिंचे हुए राष्ट्र के पर्दे टँगे लौह-चीलों के प्रहरी/ चमड़े के बैलून-मच्छ पर, रोबोटों की छाया गहरी/ अँधियारें में अग्नि उगलते, दूरगाम राकेट उठते हैं/ इलेक्ट्रॉन मस्तिष्क जुट रहे, उद्‌जन बान के शर उड़ते हैं/ काले नभ में गुप्तचरों-सी, उपग्रह की सन्नाती सेना/ इंच-इंच पर पहरा देते, मकड़ पाँव जैसे एंटेना/ ' विज्ञान-काव्य की रचना हिन्दी में सबसे पहले गिरिजाकुमार माथुर ने ही की। इस प्रक्रिया में उन्होंने भाषा को भी नया बनाया है।

गिरिजाकुमार माधुर का कवि-व्यक्तित्त्व इतना व्यापक है कि उसका असर नयी कविता, प्रगतिवाद और प्रयोगवादी कविता ही नहीं, साठोत्तरी कविता पर भी देखा जा सकता है। डॉ. विजयेन्द्र स्नातक के अनुसार कवि की रचनाओं में 'मंजीर', 'नाश और निर्माण', 'धूप के धान', 'शिलाखण्ड चमकीले', 'असिद्ध की व्यथा', 'मैं वक्त के हूँ सामने', 'पृथ्वीकल्प' (खंड काव्य) और 'कल्पान्तर' (प्रतीक काव्य) प्रमुख हैं। 'धूप के धान' शीर्षक कविता-संग्रह माथुर की प्रयोग के प्रति आस्था और गम्भीरता से अग्रसर होने का प्रयास है। इसमें लेखक ने अपने अभिव्यंजना शिल्प को बहुत सावधानी से सजाया-संवारा है। इन्होंने अपनी कविताओं में मुक्त छन्द के विधान का भी ध्यान रखा है। रंग, रूप, रस और रोमांस के कवि गिरिजाकुमार में नयी मनुष्यता तथा भविष्य के प्रति गहरी आस्था है। 'भोर: एक लैंडस्केप' शीर्षक से कविता को कथ्य-विहीन होने पर भी सुन्दर रचना कहा जाता है। माथुर ने प्रकृति सम्बन्धी भी सुन्दर कविताएँ लिखी हैं। 'मैं वक्त के हूँ सामने' काव्य-कृति पर इन्हें साहित्य अकादमी पुरस्कार (वर्ष 1991) मिला। शिल्पगत नूतन प्रयोगों के कारण इनकी कविता निरन्तर परिवर्तनशील रही। इनकी प्रारम्भिक कविताओं के संग्रह 'मंजीर' में प्रणय, देहाकांक्षा और निराशा के स्तर देखे जा सकते हैं। 'नाश और निर्माण' में कवि ने काव्य और संगीत का संश्लिष्ट प्रयोग किया है। मध्यवर्गीय मन की विभिन्न स्थितियों का चित्रण करने में वे अत्यन्त संवेदनशील बने रहे। यह संवेदना ही इन्हें प्रगति पथ की ओर ले जाती है। प्रखर इतिहास बोध की कविताएँ माथुर की पहचान हैं किन्तु इनका इतिहास, वर्तमान से जुड़ा है, अतीत से नहीं। 'कल्पान्तर' ऐसा ही प्रतीक-काव्य है। इतिहास और आधुनिकता को ये इतिहास के वातायन से देखनेवाले कवि हैं। रोमानी भावनाओं के साथ नये शिल्प की जरूरत उन्होंने महसूस की। तारसप्तक से लेकर अकविता तक की रचनाओं की पृष्ठभूमि में उनकी भावात्मक संवेदना व्याप्त रही है। माथुर ने 'नयी कविता सीमाएँ और सम्भावनाएँ शीर्षक पर एक आलोचनात्मक ग्रन्थ भी लिखा था जो उनकी नयी कविता-विषयक मान्यताओं पर प्रकाश डालनेवाला है।

गिरिजाकुमार माथुर का सौन्दर्य-संसार और उसे एक अभिनव शिल्प में व्यक्त करने का प्रयत्न उनका वैशिष्टय है। रूमानी प्रवृत्ति से लेकर वे नवीनतम वैज्ञानिक उपलब्धियों का उपयोग अपनी कविताओं में करना चाहते हैं, गजानन माधव मुक्तिबोध की तरह वे शब्द की गरिमा पर बल देते हैं—'मेरे पास सिर्फ शब्द हैं/ जो समय के अश्व हैं/ इन अस्त्रों की धार बचाकर रखना है/ क्योंकि चारों तरफ आज बड़े चालाक शब्द हैं/' अस्तित्ववादी क्षणबोध, लघुमानव की समकालीनता, व्यक्ति की अस्तित्वगत-चेतना और प्रगतिशील मूल्यों पर आस्था; इन प्रवृत्तियों को भी उनके यहाँ देखा जा सकता है। 'क्षण जीवन का उपभोग परम' कहनेवाला यह कवि सामने दिखते क्षण को जीने की जिजीविषा व्यक्त करता है। क्योंकि वह सच है। इतना ही नहीं साधारण की लघुता को भी वह असाधारण के बरक्स रखता है—'हम सब बौनें हैं/ मन से मस्तिष्क से भी/ भावना से चेतना से/ बुद्धि से विवेक से भी/ क्योंकि हम जन हैं/ साधारण हैं हम नहीं हैं विशिष्ट/' नयी कविता के आधार-स्तम्भ इस कवि ने वस्तु और रूप दोनों धरातलों पर हिन्दी कविता को समृद्ध किया है। अपनी लम्बी और सार्थक काव्ययात्रा में उनकी कविता में दोहराव नहीं; निरन्तर नया विकास मिलता है; जो हिन्दी कविता की एक विशिष्ट उपलब्धि है।

विजयदेव नारायण साही

7 अक्टूबर 1924—5 नवम्बर 1982

आधुनिकतावाद से मुक्त आधुनिकता

विजयदेव नारायण साही नयी कविता के विशिष्ट कवियों में से रहे हैं। 1959 में प्रकाशित 'तीसरा सप्तक' से साही हिन्दी कविता के महत्त्वपूर्ण कवि के रूप में पहचाने गये। 'मछलीघर' (1966), 'साखी' (1986) उनके ऐसे काव्य संग्रह हैं जिनसे तत्कालीन कविता का मुहावरा प्रभावित हुआ। 'साखी' उनकी मृत्यु (5 नवम्बर 82) के बाद प्रकाशित हुआ और मृत्यु के ही आठ साल बाद प्रकाशित संग्रह 'संवाद तुमसे' (1990) की कविताएँ उनके कवि को समग्रता से समझने के लिए जरूरी हैं।

सच की पाखंड रहित प्रस्तुति साही के विनम्र कवि व्यक्तित्त्व के मूल रंग हैं। यह विनम्रता उस सादगी की तरह नहीं है जो आतंकित करती है, यह विनम्रता दरअसल वह मूल्य है जिसका कविता में (और सबसे पहले जीवन में) बचे रहना बेहद जरूरी है। आलोचक के रूप में स्थापित विजयदेव नारायण साही की आलोचना में प्रत्यक्षता मिलती है; कविताओं में साही का वह कवि मौजूद है जो विनम्रता और अन्तहीन सहानुभूति के साथ फटकारकर सच बोलने की निरीहता को साहस के साथ बचाए हुए है।

'शबीहें', 'एक मेज लैम्प के पास', 'विषकन्या के नाम' और 'साखी' के क्रम में—चार शीर्षकों के अन्तर्गत 'संवाद तुमसे' की कविताएँ प्रस्तुत हैं। 'तीसरा सप्तक' और उससे पहले की तथा 'मछलीघर' एवं 'साखी' के क्रम की अप्रकाशित कविताओं का रचनाकाल छठे से आठवें दशक तक फैला हुआ है। इन कविताओं में व्यक्ति, घटनाएँ, स्थितियाँ, संश्लिष्ट रूप में उपस्थित हुए हैं।

साही, बिम्बों में अपनी बात आसानी से तथा बेहतर ढंग से रखते हैं। 'रात में गाँव', 'सन्ध्या एक निर्निमेष महासागर', 'हिरन', 'हिमालय के आँसू', 'हम सभी बेचकर आए हैं अपने सपने', 'विषकन्या के नाम' और तमाम दूसरी कविताएँ इसका उदाहरण हैं, 'साखी' के वक्तव्य में भी साही ने कविता के पुरुषार्थ रूप में यह स्वीकार किया था—'शब्दों के चंचल माध्यम से जितनी तस्वीरें खींची गयी हैं, वह

तूलिका वाली तस्वीरों से कुछ बढ़कर ही हैं, इसलिए कविता के निर्मित्त बहुत से पुरुषार्थ में इसे भी एक पुरुषार्थ माना जाए, ऐसा निवेदन हैं'—यहाँ गौर करने की बात है कि साही के बिम्ब चित्र के लिए चित्र नहीं हैं। 'परिमल' से जुड़ाव के बावजूद साही कलावादी कवि नहीं हैं। वे कला-सजग कवि हैं। इसलिए कि वे पाठक को चौंकाते नहीं, सोचने पर मजबूर करते हैं—'आज मैंने फिर वहीं फूल नदी में बहते देखा/ बड़ा-सा, ताजा, चम्पारंग/ मैं उस वृक्ष को नहीं जानता, सिर्फ फूल पहचानता हूँ/ और यह भी/ कि एक पेड़ में एक फूल लगता है/ फिर वह पेड़/ अपनी पत्तियाँ और शाखें लिये/ बाँध सनसनाता रहता है/ जिन्दगी भर/ हवाओं में/' स्पष्ट है कि इनमें वैचारिक, आस्वादपरक ऐन्द्रिकता है। बिम्ब को पारदर्शी विचार में बदलने की हिक़मत साही को बखूबी आती है।

वैचारिक प्रतिबद्धता में लगभग विपरीत होने के बावजूद मुक्तिबोध और साही में कुछ महत्त्वपूर्ण समानताएँ हैं। दोनों समकालीन कवि हैं। दोनों अपने दौर के गहरे मोहभंग से गुजरे हैं। इसके अतिरिक्त भाषा की दृष्टि से साही नयी कविता के अन्य कवियों के मुकाबले मुक्तिबोध के बेहद नजदीक हैं। सबसे अधिक समानता तो मुक्तिबोध और साही में यह सहज लक्षित होती है कि दोनों दार्शनिक तेवर में अपने स्वप्न, स्वप्नभंग और चिन्ताएँ जाहिर करते हैं। साही के दर्शन को आध्यात्मिक चश्मे से भी देखा जाता। है जिस तरह मुक्तिबोध के यहाँ रहस्यवादी या अस्तित्ववादी आकुलता खोजी जाती है, वैसे ही साही की कविता को एक खास किस्म के धार्मिक कनफेशन की कविता माना जाता रहा है। यहाँ पुरानी बात दोहराना ठीक रहेगा कि दर्शन और धर्म में अन्तर होता है तथा दर्शन एवं रहस्य समानान्तर नहीं है। साही के यहाँ दार्शनिक-अन्दाज मिलता है। साही सार्वभौमिक मानव की बात करते हैं। वे समाज में व्यक्ति के द्वारा पहुँचते हैं। व्यक्ति को साही समाज की ऐसी प्राथमिक इकाई मानते हैं जिसका निजी व्यक्तित्व और व्यक्तिगत आशय होता है। मुक्तिबोध की यात्रा कुछ अलग रास्ते से होकर गुजरती है। वे समाज के द्वारा व्यक्ति को जानने की कोशिश करते हैं। उनके यहाँ व्यक्ति के स्वप्न की आकांक्षाएँ हैं। मुक्तिबोध के यहाँ मानव की सार्वभौमिकता है, क्योंकि सबकी चिन्ताएँ एक हैं। बहरहाल मुक्तिबोध और साही ब्रह्मांड में विचरण करते कवियों की तरह कॉस्मिक कविता रचने की बजाय कविता का व्यापक ब्रह्मांड रचते हैं।

विजयदेव नारायण साही की कविताएँ पढ़कर यह धारणा और पुख्ता होती है कि साही आधुनिक तो हैं, लेकिन आधुनिकतावाद उन पर 'वाद' की तरह हावी नहीं है। इसीलिए उनकी कविता, मनुष्य और कविता को जीवन से अलग-थलग और अकेला नहीं करती।

धर्मवीर भारती

25 दिसम्बर 1926—4 सितम्बर 1997

गम्भीर रचनाकर्म की लोकप्रियता

जयशंकर प्रसाद के बाद हिन्दी में धर्मवीर भारती ऐसे लेखक हैं, जिन्होंने साहित्य की लगभग सभी विधाओं में लेखन किया है। उनके यहाँ कविता, नाटक, निबन्ध, यात्रा वृतान्त, रेखाचित्र, रिपोर्ताज, संस्मरण, कथा-साहित्य, शोध-आलोचना से लेकर अनुवाद में भी विरल रचनात्मक प्रतिभा का स्फोट मिलता है।

लोकप्रिय और गम्भीर साहित्य का अन्तराल पाटने में धर्मवीर भारती ने अहम भूमिका निभाई है। धर्मवीर भारती के 'गुनाहों का देवता' के लगभग बहत्तर संस्करण निकल चुके हैं। किशोरवय की स्वप्निल दुनिया को प्रस्तुत करनेवाला यह उपन्यास अद्‌भुत कथा-रस के कारण पठनीयता का ऐसा उदाहरण है कि इसमें गम्भीर और लोकप्रिय साहित्य की हदबन्दी टूट गयी है। भारती के बहुपठित उपन्यास 'सूरज का सातवाँ घोड़ा' में प्रयोगशील कथा-व्यंजना, नाटकीय दृश्यात्मकता, अचूक संकेतात्मकता, जीवन्त पात्र और तीव्र घटनाक्रम के साथ जीवन की गति को बिम्बों की भाषा दी गयी है। वहाँ भी गद्य में कविता की चमक और त्वरा दिखती है। इसके अतिरिक्त लम्बी कहानी 'बन्द गली की आखिरी मकान' भारती के कथा-जगत की समृद्धि का प्रमाण पेश करनेवाली रचना है। कठिन परिस्थितियों में जीवित लोगों की जटिल मानसिकता को भारती अनायास व्यक्त कर देते हैं।

प्रसाद की परम्परा को आगे बढ़ानेवाले भारती पर उनके मुहावरों का असर कथा-साहित्य और कविता-दोनों में देखा जा सकता है। सप्तक परम्परा (दूसरा सप्तक) के चर्चित कवि भारती की 'ठंडा लोहा', 'सात गीत वर्ष', 'कनुप्रिया', 'सपना अभी भी' जैसी काव्य-कृतियों और 'अन्धा युग जैसे काव्य-नाटक ने कथ्य और रूप दोनों दृष्टियों से गहरी छाप छोड़ी है। उनकी कविता में परम्परा और आधुनिकता परस्पर पूरक हैं। ऐसा विलक्षण सन्तुलन कम ही देखने को मिलता है। कल्पनाशील प्रयोगधर्मी इस कवि की कविता में स्वच्छन्दता और समर्पण के साथ ही सुखद भविष्य के प्रति आस्थावान वर्तमान भी है।

भारती के कवि की यह आधुनिक दृष्टि आरोपित या फैशनेबल नहीं है। उसमें

किताबी मनोविश्लेषणवादी फॉर्मूलों और रहस्यात्मक युक्तियों का अभाव है। प्रेम की माँसल अनुभूति, प्रणय की मानवीय इच्छा के रूप में व्यंजित हुई है। उनके यहाँ गहन प्रयोगधर्मिता है लेकिन दिखावटी प्रयोगात्मक कलावाद से भारती दूर हैं। आन्तरिक लय से समृद्ध गेयता के साथ ही मुक्त छन्द का स्वच्छन्द प्रयोग भारती करते हैं। मिथकीय चरित्र, आद्य-सांस्कृतिक बिम्ब और इतिहास की हलचलों का भारती ने बखूबी उपयोग किया हैं। उन्होंने ऐसी पदावली से कविता सम्भव की है, जो दिखावे की आधुनिकता और रूढ़ परम्परा-दोनों की अवहेलना और अतिक्रमण करती है।

'दूसरा सप्तक' (1951) में कविताएँ संकलित होने के साथ ही धर्मवीर भारती सप्तक परम्परा के चर्चित कवि के रूप में भी पहचाने गये। प्रारम्भ में ही उन्होंने यह स्पष्ट कर दिया कि उनकी कविता में परम्परा और आधुनिकता विरोध में नहीं, परस्पर पूरक रूप में मौजूद हैं। उनके पहले स्वतन्त्र काव्य-संग्रह 'ठंडा लोहा' ने ऐसे आधुनिक भावबोध को अभिव्यक्त किया, जिसमें देशकालगत प्रसंग और भारतीय मिथक-कथाओं के तत्कालीन सन्दर्भों में पुनः सृजन के निहितार्थ मिलते हैं—'ये शरद के चाँद-से धुले-से पाँव,/ मेरी गोद में!/ ये हर पर नाचते ताजे कमल की छाँव,/ मेरी गोद में!/ दो बड़े मासूम बादल, देवताओं से लगाते दाँव,/ मेरी गोद में!/' प्रेम के कोमल सुकुमार ऐन्द्रिक अनुभव कई अनूठे बिम्बों में व्यक्त हुए हैं—'प्रातः सद्यःस्नात/ कन्धों पर बिखरे केश/ आँसुओं में ज्यों/ धुला वैराग्य का सन्देश/ चूमती रह-रह बदन को अर्चना की धूप/ यह सरल निष्काम/ पूजा-सा तुम्हारा रूप/ जी सकूँगा सौ जनम अँधियारियों में, यदि मुझे/ मिलती रहे/ काले तमस की छाँह में/ ज्योति की यह एक अति पावन घड़ी!/ प्रार्थना की एक अनदेखी कड़ी!/' प्रेम के सन्दर्भ में यह पूजा भाव अपनी बुनावट में मध्यकालीन और आस्वाद में आधुनिकतावादी है।

धर्मवीर भारती उदासी और प्रेम के कवि हैं। कहना होगा उदास प्रेम के कवि हैं—'इन फ़ीरोजी होठों पर/ बरबाद मेरी जिन्दगी/' ऐसे अनुभव जरूर उनके यहाँ विपर्यय रचते हैं—'गुलाबी पाँखुरी पर एक हलकी सुरमई आभा कि ज्यों करवट बदल लेती कभी बरसात की दुपहर इन फ़ीरोजी होठों पर!/ तुम्हारे स्पर्श की बादल-घुली कचनार नरमाई/ तुम्हारे वक्ष की जादूभरी मदहोश गरमाई/ तुम्हारी चितवनों में नरगिसों की पाँत शरमायी/ किसी भी मौल पर मैं आज अपने को लुटा सकता/ सिखाने को कहा/ मुझसे प्रणय के देवताओं ने/ तुम्हें आदिम गुनाहों का अब्र-सा इन्द्रधनुषी स्वाद!/ मेरी जिन्दगी बरबाद!/' यहाँ 'वासना का विषय' अमृत बन जाता है।

प्रेम के प्रतीकार्थ ढूँढ़ते; अर्थ-विस्तार करने धर्मवीर भारती निसर्ग में जाते

हैं—'गोधूली की आख़िरी किरन/ अम्बर की पुतली में रस बन, छिन में दिखती छिन में ओझल!/ तारों की झिलमिल लाज प्रिये!/ है खुल-खुल जाती आज प्रिये!/ नभ के उर पर कसता जाता!/ किरनों की नरम मुलायम बाँहों का अलसाया-सा बन्धन!/ यह नहीं लाज की बेला प्रिये,/ कुँजों में छिप-छिप छेड़ रहा दोशीजा कलियों को फागुन!' यहाँ 'तारों के झुरमुट में' कुछ जादूटोना-सा पढ़कर मनसिज ये तीर चलाता है।' धर्मवीर भारती ऐसी पंक्तियाँ पन्त की आवाज में कहते हैं।

धर्मवीर भारती उन कवियों में से हैं जिन्होंने मध्यमवर्गीय प्रेम को रूढ़ियों के बोझ से छुटकारा दिलाया है। प्रेम तब गुनाह था—'अगर मैंने किसी के होंठ के पाटल कभी चूमे/ अगर मैंने किसी के नैन के बादल कभी चूमे/ महज इससे किसी का प्यार मुझसे पाप कैसे हो?/ महज इससे किसी का स्वर्ग मुझपर शाप कैसे हो?/' धर्मवीर भारती ने प्रेम को जकड़नेवाली शर्तों को मानने से इनकार कर दिया—'यहाँ तो हर कदम पर स्वर्ग की पगडंडियाँ घूमीं/ अगर मैंने किसी की मदभरी अंगड़ाइयाँ चूमीं/ अगर मैं ने किसी की साँस की पुरवाइयाँ चूमीं/ महज इससे किसी का प्यार मुझपर पाप कैसे हो?/ महज इससे किसी का स्वर्ग मुझपर शाप कैसे हो?/' प्रेम के सन्दर्भ में उनके यहाँ गुनाह, वासना, जैसे कथित नैतिक निष्कर्षों की अवहेलना करते हैं और उसे नये आधुनिक अर्थ-प्रसंग बना देते हैं।

धर्मवीर भारती की काव्य-भाषा और संवेदना 'सात गीत-वर्ष' में परिवर्तित स्वरूप में प्रकट होती है—'अपने हलके-फुलके उड़ते स्पर्शों से मुझको छू जाती है/ जॉर्जेट के पीले पल्ले-सी यह दोपहर नवम्बर की!/ आईं गयीं ऋतुएँ पर वर्षों से ऐसी दोपहर नहीं आईं/ जो क्वांरिपन के कच्चे छल्ले-सी/ इस मन की उंगली पर कस जाए और फिर कसी ही रहे/ नितप्रति बसी ही रहे, आँखों में, बातों में, गीतों में/ आलिंगन में घायल फूलों की माला-सी/ वक्षों के बीच कसमसी ही रहे/ प्रेम के उल्लास भाव और प्रेम की सघन उदासी के बीच भारती की कविता आवाजाही करती रही। उदासी की गूँज ज्यादा है।

धर्मवीर भारती आजीवन एक अकथनीय उदासी को कहने की कोशिश करते रहे—'ठंडा लोहा! ठंडा लोहा! ठंडा लोहा!/ मेरी दुखती हुई रगों पर ठंडा लोहा!/ मेरी स्वप्न भरी पलकों पर/ मेरे गीत भरे होठों पर/ मेरी दर्द भरी आत्मा पर/ स्वप्न नहीं अब/ गीत नहीं अब/ दर्द नहीं अब—/ एक पर्त ठंडे लोहे की!/ मैं जमकर लोहा बन जाऊँ—/ हार मान लूँ—यही शर्त ठंडे लोहे की!/' निराश के इस अन्धकार में 'कोई दीप जलानेवाला नहीं बचा है/ और इस बियावान में 'सूरज और सितारे ठंडे/ राहें सूनी/ विश्वास हवाएँ शीश झुकाए/ मौन खड़ी हैं।/' यह सपनों के अधूरे रह जाने की उदास गूँज हैं।

'उन्मन मन पर एक अजब-सा अलस उदासी भार!/ मुँदती पलकों के कूलों

पर जल-बूँदों का शोर/ मन में उठती गुपचुप पुरवैया की मृदुल हिलोर/ कि स्मृतियाँ होती चकनाचूर/ हृदय से टकराकर भरपूर/ उमड़-घुमड़कर घिर-घिर आता है/ बरसाती प्यार!/ उन्मन मन पर एक अजब-सा अलस उदासी भार!/' यह छायावादी रोमान का अवशेष है। इसमें घायल 'स्वर्ण किरण सुकुमार' है।

भारती नये-पुराने में विवेकपूर्ण चयन कर पूर्ववर्ती कविता विस्तार करते हैं। यही कारण है कि पुराकथाएँ भारती का पीछा करती हैं। खासकर महाभारत के पात्र, उनके नाटकीय चरित्र, असम्भावित घटनाएँ जादू रचती हैं। इनकी बुनियाद पर भारती ने 'कनुप्रिया', 'अन्धायुग' जैसी बड़ी रचनाएँ लिखी हैं। 'बृहन्नल' बड़े समय में छोटा जीवन जीने की विवशताओं का भाव है—'आज से सौ बरस बाद/ मेरी रचनाएँ पढ़कर तुम यह जानोगे/ इस संकटकाल में तो अर्जुन एक में ही था/ अन्यायी हृदयों में सालती टंकारे थी जिसके गांडीव की/ मैं ही दृष्टिहीनों की दुनिया में/ आँखें खोल देखता रहा था यथार्थ को!/ निर्णायक क्षणों में जो तटस्थता ओढ़ लेता है, वह—चाटुकारों विद्वानों, मूर्खा महिशियों/ अशिक्षित विदूषकों से घिरा हुआ/ मैं जो हूँ नृपति विराट का विश्वस्त दास/ नृत्य, गीत, कविता, कलाओं का ज्ञाता/ किन्तु हरदम भयाक्रान्त—मेरा अज्ञातवास खुल न जाय/ छिन न जाय मेरी आजीविका इसी भय से/ पीछे सभी को धोखा देकर/ सामने सभी के झूठी कसमें खाता हुआ।/ 'बृहन्नल' ही हो सकता है।' इस पराजय भाव के सामने भारती युद्ध का संकल्प रखते हैं। काल बीत जाता है, युद्ध सदा वर्तमान रहता है। ऐसे में रथ का 'टूटा पहिया' भी कारगर भूमिका निबाह सकता है—'मैं/ रथ का टूटा हुआ पहिया हूँ/ लेकिन मुझे फेंको मत!/ क्या जाने कब/ इस दुरूह चक्रव्यूह में/ अक्षौहिणी सेनाओं को चुनौती देता हुआ/ कोई दुस्साहसी अभिमन्यु आकर घिर जाए!/ अपने पक्ष को असत्य जानते हुए भी/ बड़े-बड़े महारथी/ अकेली निहत्थी आवाज को/ अपने ब्रह्मास्त्रों से कुचल देना चाहें/ तब मैं/ रथ का टूटा हुआ पहिया/ उसके हाथों में/ ब्रह्मास्त्रों से लोहा ले सकता हूँ!/ मैं रथ का टूटा हुआ पहिया हूँ/' कैसी विडम्बना है सच्चाई को बचाने झूठ के सामने टूटा पहिया अस्त्र बनता है।—'इतिहासों की सामूहिक गति/ सहसा झूठी पड़ जाने पर/ क्या जाने/ सच्चाई टूटे हुए पहियों का आश्रय ले!—/' सच महाभारत में ही नहीं, वर्तमान में भी आहत होता रहा है। कठिन वर्तमान में—'अभी भी सच है/ चोंच में तिनका उठाए चहचहाती एक चिड़िया-/ धूप झरती जालियों से-/ हवा में हिलती हुई टहनी-ओस से नम घास पर पग-चिन्ह-अभी भी सच है! भारती ने इस कविता के अन्त में टिप्पणी की है—'इर्मेजेंसी शायद घोषित हो चुकी थी—तानाशाही का खौफनाक आतंक हवा में था-क्या चहकने की आजादी सदा के लिए छिन जाएगी या...ऐसे में एक सुबह धूप में चहकती गौरेया को देखकर।' अपनी प्रसिद्ध कविता 'मुनादी' के अन्त में भी उन्होंने

टिप्पणी की है—'तानाशाही का असली रूप सामने आते देर नहीं लगी। नवम्बर की शुरुआत में ही हुआ वह भयानक हादसा। जे.पी. ने पटना में भ्रष्टाचार के खिलाफ रैली बुलाई। हर उपाय करने पर भी लाखों लोग सरकारी शिकंजा तोड़कर आए। उन निहत्थों पर निर्मम लाठी-चार्ज का आदेश दिया गया। अखबारों में धक्का खाकर नीचे गिरे हुए बूढे जे.पी. ...उनपर तनी पुलिस की लाठी, बेहोश जे.पी. और फिर घायल सिर पर तौलिया डाले लड़खड़ा कर चलते हुए जे.पी। दो-तीन दिन भयंकर बेचैनी रही, बेहद गुस्सा और दुख—9 नवम्बर रात 10 बजे यह कविता अनायास फूट पड़ी। नाटकीय तनाव इस कविता का आन्तरिक तत्त्व है—'खलक खुदा का', मुलुक बाश्शा का/ हुकुम शहर कोतवाल का.../ हर खासो-आम को आगाह किया जाता है/ कि खबरदार रहें/ और अपने-अपने किवाड़ों को अन्दर से/ कुंडी चढ़ाकर बन्द कर लें/ गिरा ले खिड़कियों के परदे/ और बच्चों को बाहर सड़क पर न भेजें/ क्योंकि एक बहत्तर बरस का बूढ़ा आदमी अपनी काँपती कमजोर आवाज में/ सड़कों पर सच बोलता हुआ निकल पड़ा!/' सच बोलने की कीमत चुकानी पड़ती है। 1974 में जे.पी. ने चुकाई, 2013 में अन्ना आगे आए।

भारती की राजनीतिक कविता गद्यात्मक है जबकि वे बुनियादी तौर पर लिरिकल स्वभाव के कवि हैं। अपने समय का युद्ध-भाव अन्त तक उनमें बरकरार रहा—'ढाल छूटे, कवच टूटे हुए मुझको—/ फिर तड़पकर याद आता है कि/ सब कुछ खो गया है—दिशाएँ, पहचान, कुंडल कवच/ लेकिन शेष हूँ मैं, युद्धरत मैं,/ तुम्हारा मैं/ तुम्हारा अपना अभी भी/ इसलिए तलवार टूटी अश्व घायल/ कोहरे डूबी दिशाएँ/ कौन दुश्मन, कौन अपने लोग, सब कुछ धुन्ध धूमिल/ किन्तु कायम युद्ध का संकल्प है अपना अभी भी/ क्योंकि है सपना अभी भी।' भारती लगातार 'अन्धायुग' रचते रहे—'सत्ता होगी उनकी।/ जिनकी पूँजी होगी। जिनके नकली चेहरे होंगे/ केवल उन्हें महत्त्व मिलेगा।/ राजशक्तियाँ लोलुप होंगी; जनता उनसे पीड़ित होकर गहन गुफाओं में छिप-छिपकर दिन काटेगी।/ आस्वाद शेष अधिकतर हैं अन्धे/ पथभ्रष्ट, आत्महारा, विगलित/ अपने अन्दर की अन्धगुफाओं के वासी/ यह कथा उन्हीं अन्धों की है;/ या कथा ज्योति की है अन्धों के माध्यम से/' चतुर्दिक व्याप्त मूल्यहीनता, कदाचार, मिथ्याचरण, दैनन्दिन कठिन जीवन के अन्तहीन संघर्ष इत्यादि से त्रस्त संवेदनशील कवि-मन प्रेम के लिए एकान्त अवकाश की इच्छा और उन्मुक्त आकाश में विचरण करने की बजाय ठोस यथार्थ को पहचानने लगा।

'अन्धायुग' में महाभारतकालीन चरित्रों और घटनाओं का भारती ने समकालीन सन्दर्भों में पुनर्सृजन किया है। उन्होंने युद्ध के दानव के समक्ष असहाय, पराजित और अन्ततः खंडित मनुष्य की त्रासद स्थिति का ऐसा मार्मिक वर्णन किया है कि कालगत

परिवेश और परिस्थितियों का अतिक्रमण कर पुरा-पात्र आज के मनुष्य की विवश नियति को उद्‌घाटित करते हैं। कठिन समय में भी विदुर, व्यास, कृष्ण जीवन के बचे रहने की गवाही देते हैं। अनन्त अर्थ-सन्दर्भों को प्रस्तावित करनेवाला 'अन्धायुग' सरीखा काव्य नाटक अनेक रंगकर्मियों के लिए चुनौतीपूर्ण रचनात्मक मंच प्रदान करता रहा है। प्रेम के समर्पित एकान्त, शाश्वत प्रश्नों को उठाती साधारण लगती जीवन की जटिल समस्याएँ और सम्बन्धों की कोमल-मार्मिक थरथराहट इत्यादि 'कनुप्रिया' में देखे जा सकते हैं। यहाँ राधा का एकनिष्ठ प्रेम कृष्ण जैसे विराट व्यक्तित्त्व के विघटन की ओर इशारा करता है। सम्बन्धों के धरातल पर व्यक्तित्त्व की परीक्षा भारती का प्रिय काव्य क्षेत्र है। इस दृष्टि से 'कनुप्रिया' उत्कृष्ट रचना है। घर-परिवार-बच्चे ऐसे गृहस्थ-प्रेम की रचना करते हैं जिसमें समाज भी उपस्थित है। यह प्रेम का उज्ज्वल रूप है। प्रेम-प्रकृति के इस अप्रतिम कवि में गेयता, कल्पनाशीलता, व्यंग्यधर्मिता और व्यक्ति के यथार्थ को पकड़ने की सामर्थ्य तथा अन्त तक कविता को जीने का संकल्प व्यक्त होता है। परवर्ती हिन्दी कविता पर अपनी छाप छोड़नेवाले कवियों में भारती के हस्ताक्षर को अलग से पहचाना जा सकता है।

कविता में भारती प्रेम के एकान्तवादी रोमान से लेकर यथार्थ जीवन की कटुतम निराशाओं की ओर गये हैं। उनकी कविताओं में अतीत जीवन के संस्मरण भी हैं। उनमें स्मृतियों का माधुर्य और कातरता विद्यमान हैं। शहर के यान्त्रिक जीवन में व्याप्त छल, दम्भ, दिखावा और कृत्रिमता के असहनीय बोझ से बचने के लिए कवि अतीत से जीवनी शक्ति के स्त्रोत ढूँढ़ने की कोशिश करता है। जीवन के तनाव-दबाव कवि को हताश करते हैं लेकिन सुखद भविष्य की कामना उसमें अपराजेय शक्ति संचरित करती है।

लोकप्रिय पत्रिका 'धर्मयुग' के सम्पादकीय दायित्व ने भारती के रचनाकार को गहरे प्रभावित किया। आपातकाल के दौरान लिखी 'मुनादी' में उनके काव्य-कौशल की चमक दिखती है। 'ठंडा लोहा' से लेकर 'सपना अभी भी' तक भारती ने रोमान के उच्छल आवेग से लेकर दायित्व-विवेक से युक्त गम्भीर भावनात्मक सम्बन्धों को रचा है।

धर्मवीर भारती का स्वर व्यक्तिनिष्ठ है। इसीलिए प्रेम की व्यंजना उनके यहाँ सहज है। इसी रोमान के कारण भारती बुनियादी तौर पर प्रेम के कवि हैं। इस प्रेम में देह की अनिवार्य उपस्थिति है। माँसलता और ऐन्द्रिकता के अलावा इस प्रेम में आवेग और आवेश भी है। राग के साथ विराग, निराशा के साथ आशा है। वहाँ मौजूद भारती के यहाँ हताशा, खीज और पराजय के भाव हैं। उनकी कविताएँ राग के आवेश की कविताएँ हैं। इस राग में सांकेतिकता, तार्किकता, दिव्यता और

उदात्तता के साथ-साथ पारदर्शिता भी है। 'कनुप्रिया' में प्रेम का विवेक पहले के किशोर रोमान को तोड़कर प्रौढ़ हो जाता है। स्त्री-पुरुष का यह राग इतना संवेदनशील है कि उसमें अकुंठ इच्छाएँ प्रतीकों की ओट को तोड़कर साकार उपस्थित हो जाती हैं। प्रेम गाम्भीर्य की ऐसी चरम ऊँचाइयाँ विरल हैं। इसलिए प्रेम काल को कालातीत करके व्यक्त होता है। कह सकते हैं कि यही प्रेम की समग्रता है और उसकी सम्पन्नता भी यहीं निहित हैं।

'कनुप्रिया' छिछले प्रेम की काई को फाड़कर स्वच्छ जल की तरह प्रेम के निहितार्थ को प्रदर्शित करती है। एक सुचिन्तित कथ्य के कारण इस कृति में भारती अपनी कविता का सर्वोत्तम रूप अनायास पा जाते हैं। प्रेम की रीति-नीति भक्ति की विकलता यहाँ जिन आधुनिक सन्दर्भों में व्यक्त हुए हैं। प्रयोगवादी कविता के वह शैलीवादी आग्रहों को भी निरस्त करते हैं।

दिनकर की 'उर्वशी', कुँवर नारायण की 'आत्मजयी', नरेश मेहता की 'संशय की एक रात' की श्रेणी के विशिष्ट प्रबन्ध काव्य 'कनुप्रिया' को उतना महत्त्व नहीं मिला है, जितना उसे मिलना चाहिए था। प्रेम के एकान्त समर्पित जीवन के शाश्वत प्रश्न और जटिल समस्याएँ तथा सम्बन्धों के कोमल मार्मिक स्पन्दन को भारती राधा के एकनिष्ठ प्रेम और कृष्ण के विराट व्यक्तित्त्व के विघटन के द्वन्द्व में व्यक्त करते हैं।

कविता में निहित विरल नाटकीयता का प्रयोग 'अन्धा युग' में देखने को मिलता है। यह भारती की दृष्टि की विशेषता है कि वे असहनीय और लगभग नष्ट हो चले जीवन के बीच बचे हुए जीवन-सत्य को देख लेते हैं। पाठक और दर्शक के लिए अनन्त अर्थ-सन्दर्भों को प्रकट करनेवाला 'अन्धा युग' जैसे काव्य-नाटक में पूर्व निर्धारित नियति का प्रतिकार मिलता है मनुष्य की अधिकार-लिप्सा और मानवीय अस्तित्त्व के महान प्रश्न इस रचना को कालजयी बनाते हैं।

भारती का साहित्य रचनाकारों और आलोचकों को वैचारिक उत्तेजना प्रदान करता रहा है। इस बहुचर्चित, बहुपठित, मंचित और प्रतिष्ठित साहित्य के वास्तविक मूल्यांकन के अभी प्रारम्भिक प्रयास ही हुए हैं। कई विश्वविद्यालयों के पाठयक्रमों में निर्धारित भारती का लेखन हिन्दी के सजग पाठक के लिए अनिवार्य सन्दर्भ का महत्त्व रखता है।

सर्वेश्वरदयाल सक्सेना

15 सितम्बर 1927—24 सितम्बर 1983

नदी पर बाँस का पुल और एक सूनी नाव

नयी कविता के बहुमुखी प्रतिभाशाली प्रयोगशील कवि सर्वेश्वर ने साहित्य की लगभग सभी विधाओं में लेखन किया। 8 कविता संग्रह, 3 उपन्यास, 3 कहानी संग्रह, 3 नाटक, 6 बाल नाटक, 4 बाल कविता-संग्रह, एक बाल कहानी-संग्रह, एक-एक यात्रा-वृतान्त और संस्मरण पुस्तक, एक पत्रकारीय लेखन का संग्रह (जिसमें उनकी सजग सम्पादकीय टिप्पणियाँ हैं) यानी इतने विपुल और स्तरीय लेखन की दृष्टि से सप्तक परम्परा के इस कवि ने अपने इस कथन को सिद्ध किया कि एक विधा से दूसरी विधा के बीच दीवार नहीं होती। सर्वेश्वर के काव्य-व्यक्तित्त्व में किसी विचारधारा-विशेष का प्रभाव ढूँढ़ना मुश्किल है। उन्होंने अपने समय और समाज के उन पक्षों को उभारा है जिनके माध्यम से मनुष्य के अस्तित्विक प्रश्न उजागर होते हैं। यह प्रश्न धूमिल, श्रीकान्त वर्मा जैसे नुकीले, तीखे और मुक्तिबोध के यहाँ उठनेवाले प्रश्नों सरीखे लगभग अनुत्तरित भी हैं। सर्वेश्वर की कविताओं का यह मध्यमवर्गीय मनुष्य अपनी वर्गीय नियति का प्रतिकार नहीं कर पाता। अपने जीवनगत परिवेश से जूझते उस व्यक्ति की विडम्बनात्मक स्थिति सर्वेश्वर के यहाँ काव्य-विषय बनती है।

सर्वेश्वर के समकालीन श्रीकान्त वर्मा जहाँ कथित सामाजिक प्रगति से व्यक्ति और व्यक्ति के बीच बढ़ती दूरियों से परेशान रहे—'इतने मकान आसपास सटे-सटे/ मगर प्रेम नहीं/ इतना घनत्व, इतनी संकुलता/ इतनी एकता मगर सभी कटे-कटे।/ वहीं एक व्यक्ति का अनेक व्यक्तियों में हुए/ विभाजन से उत्पन्न खोखलापन और क्रूरता को धूमिल ने उधेड़ा—'पूरे समाज की सीवन उधेड़ते हुए/ मैंने आदमी के भीतर की मैल/ देख ली थी, मेरा सिर/ भन्ना रहा था/' लेकिन विषाद, वेदना और आतंक से बने वातावरण में व्यक्ति की ताकत पर आस्था मुक्तिबोध के यहाँ बराबर बनी रही—'आदमी की दर्दभरी गहरी पुकार सुन पड़ता है दौड़ जो/ आदमी है खूब वह/' जबकि सर्वेश्वर की कविता में व्यक्त व्यक्ति खुद को अकेला, विवश और अस्तित्त्वहीन पाता है—'सुनो! जब मैं किसी को आवाज

देता हूँ/ वह चीखकर भाग जाता है/ और जब कोई स्वयं मेरी ओर बढ़ता है/ मैं आँखें बन्द कर लेता हूँ।/' यह ठेठ मध्यवर्गीय संवेदना है। नैतिक निषेध, सामाजिक वर्जना, अर्थगत वैषम्य और राजनैतिक प्रताड़नाओं द्वारा शोषित यह मनुष्य जटिल संघर्ष कर रहा है। उसकी टूटन का अहसास तब और गहरा जाता है जब वह समाज में स्वयं को व्यक्तित्त्वहीन और एकदम हाशिये पर ठिठका हुआ पाता है। सर्वेश्वर की कविता इसलिए बड़ी कविता है कि वह व्यक्ति के आन्तरिक सत्य की भी पड़ताल करती है। अन्तर्जगत की यह गहन यात्रा प्रामाणिक और विश्वसनीय इस मायने में है कि कवि खुद को उस व्यक्ति से अलग नहीं मानता और उसकी वैयक्तिक त्रासदियों को अपने जीवन के सन्दर्भों में परखता है। सचाई का पुख्ता पक्ष नहीं ले पाने और किसी निर्णायक स्थिति तक नहीं पहुँचने के कारण वह अपनी आलोचना भी करता है।

सर्वेश्वर ने विवश, अपूर्ण और इच्छाहीन मनुष्य की स्वतन्त्र सत्ता को इतना महत्त्व दिया है कि उन्हें आसानी से व्यक्तिवादी-अस्तित्त्ववादी खाने में रख दिया जाता है। जबकि सर्वेश्वर व्यक्ति को समाज से स्वायत्त नहीं मानते। विशेषकर 'काठ की घंटियाँ' की कविताएँ बताती हैं कि पीड़ा, घुटन, त्रास, निराशा से संत्रस्त व्यक्ति की मजबूरियाँ उसके परिवेश की देन हैं। इन कविताओं की केन्द्रीय संवेदना ऐसे ही विषयों से विन्यस्त हैं। उनमें आत्मव्यंग्य भी है।

सर्वेश्वर ने देहाती और शहरी जीवन का द्वन्द्व कई जगह उभारा है। सर्वेश्वर मन से गाँव के आदमी हैं। इसीलिए यह एक परम्परित वर्णन है। जिसमें शहरी जीवन के मशीनी और बनावटी होते जाने का चित्रण है। गाँव की सहज-सुलभ प्रकृति से दूर होने की पीड़ा के मार्मिक चित्र सर्वेश्वर के काव्य-संसार में आद्यंत मिलते हैं। शहरी व्यक्ति के खोखले अहं को भी उन्होंने कई कविताओं में व्यक्त किया है।

'काठ की घंटियाँ', 'बाँस का पुल', 'एक सूनी नाव', 'खूँटियों पर टँगे लोग', 'कुआनो नदी'—सर्वेश्वर की तमाम रचनाओं के शीर्षक भी गहरी प्रतीकात्मकता लिये हुए हैं। अतिरिक्त रचाव के चलते सर्वेश्वर के यहाँ मैनरिज़्म भी विकसित हुआ लेकिन उल्लेखनीय यह है कि सर्वेश्वर बार-बार अपनी कविता के सम्मोहन को तोड़ते हैं। ठीक वैसे ही जैसे वे कई-कई बार अपने मुहावरे को बखूबी तोड़ने में सफल हुए हैं। सर्वेश्वर के कई समकालीन जीवनपर्यन्त एक जैसी कविताएँ लिखते रहे लेकिन थोड़े-बहुत दोहराव के बावजूद सर्वेश्वर इस दुर्घटना का शिकार नहीं हुए।

प्रतीकात्मकता की फिर बात करें; सर्वेश्वर के प्रतीक गहन लेकिन स्पष्ट हैं। 'काठ की घंटियाँ' का सतही शब्दार्थ भी गहरी अर्थवत्ता से युक्त है। यह रोग़ी

घंटियाँ हैं जिनमें कोई ध्वनि नहीं होती है। यह मनुष्य जीवन का क्षय होता संगीत है क्योंकि उसमें विसंगतियाँ आ गयी हैं। आधे-अधूरे असमर्थ समकालीन मनुष्य की जिजीविषा को 'बाँस का पुल' संग्रह की कई कविताओं में प्रस्तुत किया है। 'वसन्त की स्मृति', 'हेमन्त की सन्ध्या', 'पूर्णिमा का प्यार', 'बाढ़', 'साँझ का एक चित्र', 'सूरज', 'आधे रास्ते' जैसी कविताएँ इस सन्दर्भ में तत्काल याद आती हैं। सर्वेश्वर जहाँ अपने अभिप्रेत को वर्णित नहीं; व्यंजित करते हैं; वहाँ उनकी रचना बड़ी होती है। यह कविताएँ भी इस तथ्य का साक्ष्य हैं। मानवीय अस्तित्त्व को घेरनेवाली अनेक चिन्ताओं के सन्दर्भ यहाँ मिलते हैं। मनुष्य में निहित आस्था, विश्वास और साहस के साथ ही मनुष्यता के लिए कुछ नहीं कर सकने की लाचारी देखी जा सकती है— 'वह ही नहीं जो मेरे पास है/ मैं देना चाहता हूँ,/ बल्कि वह भी जो आनेवाली शताब्दियों में मेरे पास होगा/ लेकिन होंठ काटकर रह जाता हूँ,/ मानवता के लिए सब कुछ देने का यह भाव मुक्तिबोध की याद दिलाता है।

मुक्तिबोध और सर्वेश्वर दोनों ही स्वप्नभंग के कवि हैं। मुक्तिबोध में छटपटाहट कुछ ज्यादा है। सर्वेश्वर की 'आधे रास्ते' और 'नया वर्ष फिर आया' जैसी कविताओं में भी यह तीखा अहसास है कि इच्छाएँ-सपने कभी पूरे नहीं होते और समय बीतने के साथ जीवन रीतता जाता है। यह बोध व्यक्ति को आत्मपीड़क और आत्मनिर्वासित बना देता है। वह अपने अस्तित्त्व को सन्देह की नजर से देखता है। सतही तौर पर सोचने वाले आलोचकों ने ऐसी ही रचनाओं के आधार पर सर्वेश्वर की कविताओं को अस्तित्त्ववादी ढर्रे की कविताएँ कहा है लेकिन यह अस्तित्त्व के विवेक की कविताएँ हैं।

सर्वेश्वर में निजत्व की कई अर्थ-छवियाँ मौजूद हैं। इस मायने में वे नयी कविता के ऐसे कवि हैं जो निहायत निजी प्रसंगों को सार्वजनिक सन्दर्भ बना देते हैं। डॉ. रामस्वरूप चतुर्वेदी के अनुसार अनुभव की तीव्रता से शुरू करके सर्वेश्वर समसामयिक सन्दर्भों तक जाते हैं—नयी कविता की पहचान जहाँ से शुरू होती है वहाँ सर्वेश्वर दयाल सक्सेना की कविताएँ हैं। आरम्भ में वे अनुभव की तीव्रता और उद्वेग उद्घाटित करती हैं, फिर क्रमशः भाषा का रचाव स्थिर और प्रशमित होता जाता है। इस बात को स्वयं कवि ने धीरे-धीरे पकड़ा है— 'और अब छीनने आए हैं वे/ हमसे हमारी भाषा/ यानी हमसे हमारा रूप/ जिसे हमारी भाषा ने गढ़ा है/' यह साधारण जन के बचे रहने और निजी पहचान को बचाने की रचनात्मक कवायद है।

'काठ की घंटियाँ' संकलन से सर्वेश्वर के यहाँ ऐसा निर्णायक बदलाव शुरू होता है। यानी उनकी वास्तविक रचना-यात्रा शुरू होती है। बाद में 'कुआनो नदी' की कविताओं में सर्वेश्वर फिर अधिक मुखर होते हैं, इस अन्तर के साथ कि अब अनुभव की तीव्रता के स्थान पर समसामयिक सन्दर्भ प्रबलतर हो जाते हैं। डॉ.

चतुर्वेदी कहते हैं कि नयी कविता को सम्पूर्ण जीवन की कविता सर्वेश्वर ने बनाया। नयी कविता सम्पूर्ण जीवन की कविता है, केवल महिमाशाली अंशों तक वह अपने को सीमित नहीं रखती। सर्वेश्वर की 'लिपटा रजाई' में नयी कविता की यह आरम्भिक रचना-चिन्ता अच्छी तरह रूपायित हुई है। कविता और जीवन के द्वैत की व्यंग्यपूर्ण चर्चा करके कवि ने तत्त्वतः उनके अद्वैत को उभारा है। कविता आरम्भ होती है—'लिपटा रजाई में मोटे तकिए पर धर कविता की कापी,/ ठंडक से अकड़ी उँगलियों से कलम पकड़/ मैंने इस जीवन की गली-गली नापी;/ हाथ कुछ लगा नहीं/ कोई भी भाव कमबख्त जगा नहीं।/ ' जीवन और रचना के अलगाव को यहाँ व्यंग्य और गहरा देता है।

'लिपटा रजाई में' और 'जीवन की गली-गली' के चित्र आरम्भ से ही कविता और जीवन के तथाकथित अलगाव को व्यंग्यपूर्ण शैली में प्रस्तुत करते हैं। भाव के लिए 'कम्बख्त' का प्रयोग कवि की इस मुद्रा को और सहज बना देता है। सर्वेश्वर दो परस्पर विरोधी स्मृतियों को आमने-सामने तान देते हैं। इनके घात-प्रतिघात में अर्थ-निष्पन्न होता है। डॉ. चतुर्वेदी के अनुसार दो भाव-स्थितियों को आमने-सामने रखकर उनके तनाव से अर्थ को झंकृत करना नयी कविता की विशिष्ट प्रक्रिया है, जो मुक्तिबोध, रघुवीर सहाय, लक्ष्मीकान्त वर्मा जैसे कवियों की रचना में शक्ति का उत्स है। इस तनाव का आरम्भिक, सरल और आत्मीय रूप सर्वेश्वर में मिलता है। फिर कविता के सामने पत्नी का सूप, बच्चे का डिब्बा, तरकारी का थैला और ऑफिस का समय धीरे-धीरे सब कुछ ऐसे जमाया जाता है जैसे ये कविता के प्रतिरोधी तत्त्व हों। कवि अन्त तक पहुँचते-पहुँचते सीधे कहता है—'यह सब लिखना-पढ़ना कल्पना-विलास है।' फिर भी यह पता नहीं चल पाता कि इस प्रतिरोध में जय कविता की हुई या कि जीवन की। और तब धीमे से अर्थ की तह खुलती है कि जय का प्रश्न नहीं उठता, क्योंकि दोनों प्रक्रियाएँ मूलतः एक हैं।

नयी कविता का लोकवादी चेहरा सर्वेश्वर के यहाँ मिलता है। एक अर्थ में उन्होंने नयी कविता को समाजोन्मुख बनाया। डॉ. चतुर्वेदी ने इसे पहचाना है। नयी कविता के ऊपर लगाया जानेवाला समाज-विमुखता का आरोप कितना निराधार है, यह ऐसी कविताओं के माध्यम से अच्छी तरह समझा जा सकता है। लोक-सम्पृक्ति के इस मूल तत्त्व को ध्यान में रखकर कहना होगा कि सर्वेश्वर ने नयी कविता के लिए वह किया जो आधुनिक खड़ी बोली काव्य के आरम्भिक युग में मैथिलीशरण गुप्त ने किया था। तद्भवता, सार्वजनिकता और व्यापकता उनके कृतित्त्व के मूल गुण हैं। नये कवि की इस भूमिका को उनकी इसी काल की एक अन्य कविता में स्पष्ट किया गया है—'मैंने कब कहा'—'मैं नया कवि हूँ—/ इसी से जानता हूँ/ सत्य की चोट बहुत गहरी होती है;/ मैं नया कवि हूँ—/ इसी से मानता हूँ/ चश्मे

के तले ही दृष्टि बहरी होती है, इसी से सच्ची चोटें बाँटता हूँ—/ झूठी मुसकानें नहीं बेचता/ ' झूठ के सामने सच का तनाव अर्थ को गहरा देता है।

यहाँ भी भाषिक और भावात्मक प्रतिरोध की वैसी ही प्रक्रिया है। 'सत्य की चोट और 'बहरी दृष्टि' तथा 'सच्ची चोटें' और 'झूठी मुसकानें' एक-दूसरे के आमने-सामने आकर जीवन की गहरी विडम्बना को उभारती हैं। जो नये कवि-कर्म का एक मुख्य दायित्व है। इतिहास और संस्कृति की परतों में औसत भारतीय जीवन आज कितना पाखंडी हो गया है, इसको कवि निर्ममतापूर्वक उधेड़ देना चाहता है और इस निर्ममता के मूल में रचनाकार की अजस्त्र सहानुभूति है जिसे कवि ने इस रूप में व्यक्त किया है— 'तो मैंने अपना कवि-धर्म पूरा किया। चाहे मर्म सहलाया न हो, कुरेदा हो/ ' एक रचनाकार के आपदधर्म की गहरी पहचान सर्वेश्वर को है।

सहज भावुकता और रसमयता की पिछली सघन-काव्य परम्परा को नया कवि किस रूप में छोड़ रहा है, यह इन पंक्तियों के सन्दर्भ में अच्छी तरह समझा जा सकता है, और तब यह भी समझ में आता है कि नयी कविता के आरम्भिक दौर में उसका इतना तीखा विरोध क्यों हुआ। 'झूठी मुसकानों' के बाजार में 'सच्ची चोटें चला ले जाना एक नयी मानसिकता की अपेक्षा रखता है, जो पाठक-वर्ग में धीरे-धीरे ही विकसित हो सकती है। नयी कविता हिन्दी साहित्य में इस नयी मानसिकता का नाम है। भाषा के धरातल पर भी सर्वेश्वर ने उस दौर में बड़ा काम किया। वहाँ सर्वेश्वर खुद से लड़नेवाले ऐसे कवि के रूप में उभरते हैं जिसके यहाँ गहरी प्रश्नाकुलता है। यह अस्तित्व के किताबी सवाल नहीं है। 'एक सूनी नाव' की कविताएँ इस मायने में विशिष्ट हैं।

'बाँस का पुल' के बरक्स 'एक सूनी नाव' की कविताओं में अस्तित्त्व को लेकर संशय और पराजय भाव हार में ही सुख ढूँढ़ने की नकार में बदल जाता है— 'मेरा एकान्त ही मेरा विजयस्थल है/ जहाँ मैं हर दौड़ के बाद गर्व से जाकर खड़ा हो जाता हूँ/ ' यह टूटे-थके-बिखरे मनुष्य का मनोभाव है। यह द्वैत उनकी 'सर्पमुख के सम्मुख' जैसी कविताओं में बेहतर व्यक्त हुआ है। असफल-हताश व्यक्ति मनुष्य में नहीं, जानवरों में सम्भावना ढूँढ़ता है—''मैं चारों और घिरी अनुलंघ्य दीवारों की काई पर नाखून से आदमियों की जानवरनुमा शक्लें बनाता हूँ/ ताकि वे मुझे ऊपर खींच लें अपने बच्चों को खुश करने के/ लिए लेकिन फिर गिरा दिया जाता हूँ/ ' यह अमूर्त्त बिम्ब जीवन की उलझी परिस्थितियों से उपजा है।

परिवार में व्यक्ति की हैसियत पर टिप्पणी करने के साथ सर्वेश्वर जब समाज को उम्मीद भरी नजरों से देखते हैं तो वहाँ भी अविश्वास और आशंका मिलती है— 'जहाँ हर क्षण अविश्वास और आशंका से भरी असंख्य दृष्टियाँ मुझ पर पत्थरों-सी बरसती हैं/ और मैं उनके ढेर में जीवित दफन हो जाता हूँ/ लेकिन हर बार चोट

खाए चूहे की तरह बाहर निकलता हूँ/ ' प्रश्न उठता है कि क्या सचमुच तमाम लोग उसके विरुद्ध हैं या इस व्यक्ति में भी कुछ कमियाँ हैं—'मुझे चुनौती देती हैं मेरी ही परछाईयाँ/ दर्द यह किस-किससे कहूँ/ आत्मपरीक्षण के ऐसे स्थल सर्वेश्वर की कविता में हैं। ज्यादातर वे अकेले की लड़ाई लड़ते दिखते हैं। अकेलेपन के यह तोड़नेवाले अनुभव दरसाते हैं कि उनका कवि स्वयं को कितना अकेला महसूस कर रहा था—'इस अपरिचित नगर में जहाँ मैं खड़ा होता हूँ/ चारों ओर रास्ते डाइनामाइट से दिखाई देते हैं/ ' हर जगह अपने वधस्थल होने की आशंका में जीवित रहना; निजी नहीं सार्वजनिक त्रासदी है। इसमें समाज भी कटघरे में खड़ा होता है।

सर्वेश्वर के यहाँ व्यक्त मनुष्य सभी मोर्चों पर विफल है। विफलता को वह स्वयं का पर्याय मानने लगता है—'अपने को दोहराते-दोहराते अब मैं थक गया हूँ ताश के पत्तों की तरह/ कब तक फैंटता रहूँ विश्वास/ ' उसे लगता है जीवन की अर्थवत्ता नष्ट हो गयी है—'अर्थ, अर्थ/ जिन्दगी को अर्थ देने के चक्कर में/ वह व्यर्थ हो गया है/ - क्या यह सम्बल देनेवाले विचार का अभाव है या नास्तिकता का अतिरेक? सर्वेश्वर मानव की लघुता समझने के बावजूद ईश्वरीय सत्ता पर लगातार प्रश्नचिह्न लगाते हुए उसकी निन्दा और उपेक्षा करते हैं। उनके यहाँ सर्वनिषेधवाद की अनेक अर्थछवियाँ मिलती हैं। उनके परिवेश में अन्तर्विरोधग्रस्त होना स्वाभाविक था। आस्था-विश्वास, आशा के विलोम भी उनके यहाँ मौजूद हैं। यह उनके समय के मनुष्य के विरोधाभास हैं।

सर्वेश्वर की कविताएँ प्रमाण हैं कि इस रचनाकार ने अपने समय के व्यक्ति को घेरे हुए प्रश्नों को ईमानदारी से प्रस्तुत किया है। उनके उत्तर ढूँढ़ने की पहल भी उन्होंने प्रदर्शित की है लेकिन निष्कर्ष तक पहुँचने से पहले वह ठिठक गये हैं। 'बकरी' सरीखे उत्कृष्ट राजनैतिक नाटक के रचनाकार सर्वेश्वर पत्रकारिता में भी अपना पक्ष स्पष्ट करते हैं लेकिन कवि रूप में ज्यादा चर्चित होने के बावजूद उनकी कोई वैचारिक पक्षधरता साफ-साफ दिखाई नहीं देती। समाज और राजनीति में पसरते अवमूल्यन को वह निरपेक्ष तरीके से देखते हैं। कथित आत्मीय सम्बन्धों की भीड़ में अकेले पड़े व्यक्ति का बिम्ब उन्हें बेहद प्रिय है। क्या यह एक संवेदनशील अतिशय भावुक कवि के निजी जीवन की विसंगतियाँ हैं कि सर्वेश्वर व्यक्ति की विफलताओं के मुख्य कारक, व्यवस्था तन्त्र और उससे संचालित समाज को मानते रहे और उन्होंने सार्थक मानवीय असन्तोष, आक्रोश तथा आवेश को एकाग्र करके खुद को लड़ने में असमर्थ पाया?

यथार्थवादी दृष्टिकोण के बावजूद मनुष्य को अज्ञेय की तरह कुंठाग्रस्त इकाई के रूप में देखना सर्वेश्वर के मूल रोमानी स्वभाव का अंग था या उनकी इस दीक्षा का असर कि वे विचारधारा को केवल मार्क्सवाद मानते रहे और मार्क्सवाद को

राजनीति मानकर उन्होंने कहा कि 'मार्क्सवाद व्यक्ति की स्वाधीनता, रचनात्मक स्वाधीनता छीनता है।' अपने ऐसे निष्कर्षों को लेकर उन्हें आलोचकों की नाराजगी और उपेक्षा झेलनी पड़ी। बहरहाल मनुष्य की बेहतरी के लिए साहित्य को सामाजिक संघर्ष के औजार के रूप में बरतना और व्यक्ति की पीड़ा को व्यक्त करना भी साहित्य-संघर्ष है। इस मायने में सर्वेश्वर बिना किसी राजनैतिक लेबल के लेखन करने में यकीन करनेवाले कवियों में रहे हैं। हालाँकि परिमल और अज्ञेय से उनकी निकटता और जनवाद-मार्क्सवाद की आलोचना के कारण उन्हें समाजवादी और अज्ञेयवादी तक कहने का चलन रहा है। बावजूद इस सबके सर्वेश्वर हिन्दी के महत्त्वपूर्ण कवि, चर्चित नाटककार, बाल-साहित्य के गम्भीर लेखक और हिन्दी पत्रकारिता को सार्थक दिशा देनेवाले सृजक रहे हैं। सर्वेश्वर की कविता के बहाने से छायावादोत्तर हिन्दी कविता के एक उल्लेखनीय दौर की महत्त्वपूर्ण कविता का पाठ पढ़ा जा सकता है। साहित्यिक-ऐतिहासिक दृष्टि से सर्वेश्वर सरीखे अनिवार्य कवि के लगभग चार दशक में फैले सृजन को समझने-समझाने के सिलसिले में उनके समय की चिन्ताओं को समझ सकते हैं।

कुँवर नारायण
19 सितम्बर 1927

मनुष्य के अस्तित्त्व के अनिवार्य सवाल

कुँवर नारायण समकालीन कविता के ऐसे कवि हैं जिनके यहाँ विचारधारा-विशेष का कोई पूर्वाग्रह या आतंक नहीं है। इतना ही नहीं उनके समय की कविता तात्कालिकता के दबाव से रसातल में धँस रही थी तब कुँवर नारायण ने दूसरे आधुनिक कवियों के उलट मिथकों पर भी कविता काव्य करने का ज़ोखिम उठाया है। कुँवर नारायण की कविता कई अर्थों में व्यक्तिगत कविता लगती है। लेकिन इस कथन से तत्काल इस नतीजे पर नहीं कूदना चाहिए कि वे आत्मनिष्ठ कवि हैं। उनकी कविताएँ इस अर्थ में व्यक्तिगत हैं कि वे मनुष्य के अस्तित्त्व और उसकी नियति से जुड़े अप्रत्याशित लेकिन अनिवार्य सवालों को उठाती हैं। इस सिलसिले में कुँवर नारायण भाषा को अखबारीपन से बचाते हुए ऐसी भाषिक प्रणाली में अपनी काव्यवस्तु को प्रस्तावित करते हैं, जिसमें तत्समता की गरिमा है। वह सपाटबयानी से मुक्त अर्थगर्भित लयपूर्ण कविता है।

कुँवर नारायण मनुष्य के आस्तित्विक सवालों से जूझते हुए आज के मनुष्य के जीवन को कई कोणों से देखते और कह देते हैं। 'चक्रव्यूह' से लेकर 'वाजश्रवा के बहाने' तक फैली उनकी लगभग पाँच दशकीय काव्य-यात्रा में इसे देखा जा सकता है। कुँवर नारायण जिस तरह की वस्तु उठाते हैं, उसमें भावुक होने का खतरा बना रहता है। कवि अपनी आवाज शान्त और आवेश से रहित रखता है, लेकिन सतह के नीचे उनकी कविता में आवेश और आँच मौजूद रहती है इसलिए उनकी कविता का रसायन सघन है। उसमें किसी भी प्रकार का हलकापन नहीं है—'मैं जिन्दगी से भागना नहीं/ उससे जुड़ना चाहता हूँ/ उसे झकझोरना चाहता हूँ/ उसके काल्पनिक अक्ष पर/ ठीक उस जगह जहाँ वह/ उसे अधिक बध्य हो/ '—यह उनके कविता संग्रह 'कोई दूसरा नहीं' की शुरुआती कविता 'उत्केन्द्रित' की पंक्तियाँ हैं। यहाँ कवि उस आधुनिक मनुष्य की तरफ से बोल रहे हैं, जिसे चारों तरफ से डरावनी और जटिल परेशानियों ने घेर रखा है। घबराकर वह पलायन नहीं करता। वह उनसे टकराता है। लगातार जूझता है। दम रहने तक डटा रहता है। यह एक संवेदनशील

मनुष्य की जिजीविषा है। यह पंक्तियाँ बताती हैं कि जिन्दगी कितनी मुश्किल सही, उससे जुड़े रहने में ही बचाव के रास्ते खुलेंगे। दुनिया में रहकर ही उसे बदलने के उपाय सूझेगें। इसलिए कवि काल्पनिक, अधूरी ही सही; जिन्दगी को झकझोरना चाहता है। यानि अपनी तमाम सीमाओं के बावजूद उसमें लड़ाई का हौसला मौजूद है। कुँवर नारायण का रचनाकार कविता के द्वारा यह दुष्कर उपक्रम मुमकिन करना चाहता है। उसे पता है जिन्दगी की उलझी हुई गुत्थियाँ और खोए हुए सिरों को कविता द्वारा ही खोला और सुलझाया जा सकता है। यह कविता पर किया गया बहुत बड़ा विश्वास है। यही विश्वास कवि को व्यक्ति-जीवन के साथ-साथ समाज को बदलने का साहस भी देता है। कविता जीवन से ही आती है। इसलिए अपने समय और समाज से जुड़ी कविता जीवन को इस हद तक बदल सकती है कि उसमें थोड़ी-सी राहत बची रहे।

कुँवर नारायण उस काव्य पीढ़ी के कवि हैं जिसने अपनी शुरुआत नयी कविता के दौर से की थी। खुद कुँवर नारायण नयी कविता के प्रस्तावक कवियों में रहे। इसलिए उनकी कविता की बनावट और उसके स्वभाव में नयी कविता की छाप आज तक दिखाई देती है। यानी उनकी कविता का प्रारम्भिक सौन्दर्यशास्त्र जिन तत्त्वों से निर्मित हुआ वह अब भी उनकी कविता में मौजूद है। उनकी शुरूआती कविता में कवि-कर्म एक अनुशासनात्मक काम जैसा था। ज्ञान-विज्ञान के दूसरे विषयों में जैसी विषय और वस्तुगत सजगता और सटीक नियन्त्रण की अपेक्षा की जाती है वैसे ही माँग उस दौर में कविता लिखने के लिए कवियों से की जाती थी। यह नहीं भूलना चाहिए कि अज्ञेय के नेतृत्व में इस आन्दोलन से जुड़े कवियों ने कविता को सबसे पहले एक रचनात्मक व्यापार माना। वह कविता एक कलात्मक इकाई थी। इसलिए कवि से यह उम्मीद भी नहीं की जाती थी कि वह अपने समय की सच्चाईयों का बयान बने। यथार्थ की प्रखर अभिव्यक्ति उन कवियों का लक्ष्य नहीं था। इसलिए उस समय की अधिकांश कविताएँ अपने समय के तनावों और बेचैनी से मुक्त हैं। वह कम से कम शब्दों में छोटे-छोटे वाक्यों के द्वारा उद्वेग, आग-ताप रहित ठंडी भाषा में अपने मन्तव्य को व्यक्त करती हैं लेकिन कुँवर नारायण नयी कविता के इस अनुशासन को तोड़कर कई बार बाहर आते रहे। यह जरूर है कि उनमें एक क्लासकीय सौन्दर्य मिलता है। लेकिन इसके लिए उन्होंने अपने नये तरीके इजाद किए हैं—'खबर है कि भ्रष्टाचार के विरुद्ध/ बिलकुल अकेला लड़ रहा है एक युद्ध/ कुराहा गाँव का खबदी सम्मेदीन' ऐसी पंक्तियाँ जिस प्रत्यक्ष शिल्प में यथार्थ को कहती हैं वैसी प्रत्यक्षता कई स्वयं घोषित प्रगतिशीलों के यहाँ भी नहीं है। यथार्थ यहाँ तीखे रूप में मौजूद है। आज भ्रष्टाचार के विरुद्ध जब एक अल्पशिक्षित वृद्ध अन्ना हजारे लड़ रहे हैं; ऐसे में 25 वर्ष पूर्व लिखी वह

पंक्तियाँ कितने बड़े यथार्थ की मुखरित अभिव्यक्ति हैं, यह कहने की जरूरत नहीं है। क्लासिक कविता भी देशकाल के शिर से बिन्धी प्रासांगिक समकालीन कविता हो सकती है—इस तथ्य की ताकीद कुँवर नारायण की कविता करती है। दरअसल कुँवर नारायण ने नयी कविता के ठंडे मुहावरे में कई बार तोड़-फोड़ की है। इसके लिए चाहे उन्हें अपने केन्द्रीय चरित्र मिथकों से लेने पड़े या ठेठ जिन्दगी से; उन्होंने अपनी बात को अपने तरीके से रखा है।

कुँवर नारायण क्लासिक परम्परा के दार्शनिक कवि हैं। ऐसा कवि जिसकी मानसिक बुनावट में प्रबन्ध-काव्य की चेतना सक्रिय है। लेकिन उनका दर्शन हवाई नहीं है। वह जीवन की ठोस हकीकतों से अपनी शक्ल निर्मित करता है। जीवन जटिलताओं का समूह है, उसका शिल्प दुरूह है; उसे व्यक्त करने के लिए महाकाव्यात्मक कविता का आधार जरूरी है। इसलिए कुँवर नारायण बार-बार प्रबन्ध के शिल्प की तरफ जाते हैं। ऐसे में अकसर भावबोध और शिल्प के पिछड़ने का खतरा बना रहता है। लेकिन वह उनकी कविताओं का शक्तिशाली कथ्य है जो अपने अनुरूप शिल्प का निर्माण कर लेता है। चाहे कुँवर नारायण मिथकों के बहाने काव्यार्थ प्रस्तावित कर रहे हों, चाहे लोकगीत के साँचे में शब्दों को आविष्कृत कर रहे हों उनकी नजर बराबर अपने समकाल की पड़ताल कर रही होती है— 'एक बार लगा कि अब धमाका होगा/ और सब कुछ बदल जाएगा/ लेकिन तभी/ भभकतें गुस्सों और मझौली औकात के/ संगठनकर्ताओं ने घोषित किया कि वे जो/ हमारी तरफ थे अब दूसरी तरफ हैं/ अब दूसरी तरफ के इतिहासों के/ सबसे ऊँचे दर्जों में दाखिला खोजते हुए'—ऐसी पंक्तियाँ और ऐसा विवेक कुँवर नारायण के यहाँ लगातार मिलता है। 'पहला सवाल' करनेवाली यह पंक्तियाँ हमारे समय की राजनीति और संस्कृति पर एक तीखी सामाजिक टिप्पणी बन जाती हैं। यह हाशिए पर पड़े उस व्यक्ति की तरफ से सवाल उठाती हैं, जिसका जिक्र किसी भी इतिहास में नहीं होता लेकिन वह हमेशा समय की सबसे गहरी चोटों को सहता है। यह दरअसल इतिहास के बहाने समाज की अपसंस्कृति को देखना है। क्रूर और चालाक राजनीतिक ताकतें स्वार्थ के लिए जिसका इस्तेमाल कर रही हैं, उस निरीह के पक्ष में खड़े रहकर शहादत देना और लड़ना है।

कुँवर नारायण राजनीति की क्रूरताएँ ही नहीं, कथित संस्कृति के छल-छद्म को बहुत बारीकी से समझते हैं। वह देखते हैं जहाँ एक तरफ संस्कृति और राष्ट्रवाद के नाम पर फासीवादी ताकतें संकीर्ण सोच और नफरत फैला रही हैं, दूसरी तरफ पूँजीवादी तन्त्र अपने लुभावने विज्ञापनी उपभोक्तावाद के साथ मनुष्य की चेतना को ग्रस रहा है। व्यक्ति के चरित्र से ईमानदारी और व्यक्तित्त्व से सहनशीलता गायब हो गयी है। अनुदारता को मान्यता मिल रही है। ऐसे में केवल कविता ही मनुष्य के

प्रतिरोध का माध्यम बन सकती है। एक तरफ बाजार की उपभोक्तावादी अश्लीलता दूसरी तरफ संस्कृति-अध्यात्म के नाम पर संकीर्णता, तीसरी तरफ अशिक्षा-कुशिक्षा से उपजी बेरोजगारी, चौथी तरफ सम्बन्धवाद के मतलबपरस्त समीकरण का शिकंजा; इन सबसे चारों ओर से घिरा आदमी कविता में थोड़ी राहत ढूँढ सकता है। इस नजरिए से कुँवर नारायण के 'इन दिनों' संग्रह की कविताएँ, देखी जा सकती हैं। इन कविताओं में बच निकलने की राह कुँवर नारायण दिखाते हैं—'अजीब-सी मुश्किल में हूँ इन दिनों/ अँग्रेजों से नफरत करना चाहता/ जिन्होंने दो सदी हम पर राज किया/ तो शेक्सपीयर आड़े आ जाते/ जिनके मुझ पर न जाने कितने एहसान हैं/ मुसलमानों से नफरत करने चलता/ तो सामने गालिब आकर खड़े हो जाते/ अब आप ही बताएँ किसी की कुछ चलती है/ उनके सामने/' प्रत्यक्ष शब्दों का यह सच्चा विवेक है जो यह बताता है कि इनसान की पहचान उसके धर्म से नहीं, उसके व्यवहार से होती है। दरअसल जिन्हें हम नफरत कर रहे होते हैं, वह हमारी समझ नहीं, भ्रम होता है और जब तक यह पता चलता है कि हमारी भावुकता को बहलाया गया है तब तक समूचा परिदृश्य बदल जाता है—'जिन नामों को लेकर झूठे पड़ जाते वे देखते-देखते/ लाशों में बदल जाते/ फूलों के ढेर/ नामों की जात-पात के धधकते पड़ोस में/ यानि कुछ नहीं बचता। इस नफरत का मुकाबला साम्प्रदायिक क्रूरता से नहीं, नये उदार विचारों से निर्मित मानवीय चेतना से किया जा सकता है। 'कबीरदास के नाम', 'अभिनव गुप्त', 'सरहपा', 'अमीर खुसरों', 'आजकल', 'सम्पाति का सन्ताप' जैसी मानवीय बोध की नयी संरचना से सम्पन्न कविताएँ निर्मम राजनीति से उत्पन्न संस्कृति के संकटों से बचने का रास्ता दिखाती हैं।

कुँवर नारायण आमतौर पर अतिन्द्रिय बिम्बों, अमूर्त भावनाओं, मनुष्य की आदिम इच्छाओं और कविता के विषय क्षेत्र से बाहर पड़नेवाली घटनाओं, वस्तुओं, चरित्रों, दृश्यों इत्यादि को ऐसे काव्यात्मक दार्शनिक अनुभवों में बदल देते हैं, जिन पर कविता लिखना लगभग नामुमकिन लगता है। यह लम्बे काव्य-अभ्यास से कमाई गयी ऐसी हिकमत है जिसे कुँवर नारायण के अलावा दूसरे कवि गुणवत्ता के साथ साध नहीं पाए हैं—

'ओस पर पड़े-पड़े अकसर मैंने। ओस के बारे में सोचा/ किरणों की नोकों से ठहराकर/ ज्योति बिन्दु-फूलों पर/ किस ज्योति बिन्दु ने/ इस जगमग खगोल की/ जटिल जन्म कुंडली बनाई है?/ फिर क्यों विशेष किया/ अलंकरण पल भर में?/ एक से शून्य तक/ किसकी यह जायमितिक सनकी जमूहाई है।/' 'जन्मकुंडली' शीर्षक कविता की यह पंक्तियाँ एक ऐसे नाजुक बिम्ब को; जिसके केन्द्र में फूल, ओस, किरणें इत्यादि नाजुक ऐन्द्रिक वस्तुएँ हैं और इनके अलावा एक से शून्य तक फैला हुआ जायमितिक गणित है। कविता की बाहर की चीजों को कुँवर नारायण

सरीखे कवि ही एक बड़े दार्शनिक स्पेस से बदल सकते हैं। एक ऐसा स्पेस जहाँ मनुष्य जीवन का यथार्थ अपनी गति में मौजूद है। ऐसी रचनाएँ जीवन को कविता में बदल सकनेवाले कुछ ही कवियों द्वारा सम्भव हुई है।

कुँवर नारायण ने अपनी कविता के लिए बहुलतावादी विषय-संसार को चुना और उसे जिस बार-बार परिष्कृत होते शिल्प में प्रस्तावित किया है वह भी एक अलग काव्यात्मक अनुभव है। उन्होंने इस सिलसिले में दर्शन, इतिहास, अध्यात्म, विज्ञान, गणित इत्यादि कई अनुशासनों से शब्द लिए हैं, बल्कि कहना चाहिए कि उनकी कविता के शब्द और समूचा शिल्प विषय के दबाव से अनायास शक्ल लेता है। जिस प्रकार की नैतिक बोध से सम्पन्न आधुनिक और खुली हुई उदार चेतना कुँवर नारायण की कविता की वस्तु में दिखाई देती है, वैसी ही व्यापकता और विविधता उनके रूप-गठन में रेखांकित की जा सकती है। उन्होंने अपने समय और समाज के मनुष्य के संघर्ष को न तो किसी रूढ़ वैचारिक समीकरणों में बाँधा है और न उसे किताबी भाषा में व्यक्त किया है— 'अबकी लौटा तो हताहत नहीं? सबकी हिताहित की सोचता पूर्णतर लौटूँगा।' हिन्दी के इस पूर्णता-इच्छुक कवि के यहाँ केवल अपने जीवन के सुधार की चिन्ता नहीं है बल्कि उसका मुख्य सरोकार सबके हित के बारे में सोचने से शुरू होता है और उसे पाने की राह ढूँढने में वह समग्रता और सम्पन्नता प्राप्त करता है।

रघुवीर सहाय
9 दिसम्बर 1929—30 दिसम्बर 1990

असाधारण, साधारणता का शिल्प

पिछली सदी के अन्तिम दो दशकों में उभरनेवाली कवियों की पीढ़ी पर केदारनाथ सिंह, विष्णु खरे, मंगलेश डबराल जैसे कवियों के साथ रघुवीर सहाय का गहरा प्रभाव पड़ा है। रघुवीर सहाय ने धूमिल और श्रीकान्त वर्मा जैसे अपने अग्रज एवं समकालीन कवियों द्वारा प्रस्तावित सपाटबयानी को परिमार्जित किया है। उसमें रचनात्मक अर्थ भरे हैं। सबसे अलग उन्होंने खबर को कविता में बदलना सिखाया। अखबारी दुनिया से जुड़े इस कवि ने ऐसी काव्य-हिकमतें इजाद कीं जिससे लिखी हुई कविता गद्य सरीखी सरल हो गयी। उन्होंने गद्यवत पंक्तियों को गीत में बदल दिया। अगर यह देखना हो कि गद्य से कविता कैसे पाई जाती है तो इसके लिए हमें रघुवीर सहाय की कविता देखनी चाहिए। इससे भी आगे जाकर अगर यह पहचानना हो कि कैसे एक अच्छी कविता गद्य बनकर मुक्त होती है, सम्पूर्ण होती है इसके लिए भी हमें इस कवि के पास जाना होगा। दरअसल रघुवीर सहाय की कविता कई धरातलों पर केदार, नागार्जुन, मुक्तिबोध के बाद की कविता का बेहतर उदाहरण बनती है। नागरी अनुभवों के अब तक के सबसे बड़े कवि रघुवीर सहाय हैं।

9 दिसम्बर, 1929 को लखनऊ में जन्में रघुवीर सहाय की विधिवत शिक्षा हिन्दी की नहीं रही। लखनऊ विश्वविद्यालय से अँग्रेजी में एम.ए. रघुवीर सहाय ने हिन्दी में लिखा और हिन्दी को ही आजीवन जीया। इक्कीस-बाईस साल की उम्र में उनकी कविताएँ 'प्रतीक', 'आजकल' जैसी प्रतिष्ठित पत्र-पत्रिकाओं में छप कर चर्चित हो चुकी थीं। रघुवीर सहाय को वास्तविक तौर पर प्रतिष्ठा 1951 में अज्ञेय द्वारा सम्पादित 'दूसरा सप्तक' से मिली। उन्होंने हिन्दी में गम्भीर पत्रकारिता की और 'नवभारत टाइम्स', 'दिनमान' जैसे पत्रों के द्वारा हिन्दी पत्रकारिता को भी नयी दिशा दी। 30 दिसम्बर, 1990 को रघुवीर सहाय का निधन हो गया। आखिरी समय तक सहाय जी शब्दों को लिखते रहे और काव्यार्थ में जीते रहे।

रघुवीर सहाय की रचनाएँ निम्नलिखित हैं—

कविता संग्रह—'सीढ़ियों पर धूप में', 'आत्महत्या के विरुद्ध', 'हँसो-हँसो

जल्दी **हँसो**', 'लोग भूल गये हैं और 'कुछ पते कुछ चिट्ठियाँ'।

कहानी संग्रह—'रास्ता इधर से है और 'जो आदमी हम बना रहे हैं।

निबन्ध संग्रह—'लिखने का कारण'; 1978, 'ऊबे हुए सुखी'; 1983, 'वे और नहीं होंगे जो मारे जाएँगे'; 1983, 'भँवर लहरें और तरंग'; 1983, 'शब्द शक्ति'; 1984, तथा 'यथार्थ यथास्थिति' नहीं।

अनुवाद—'मैकबेथ' और 'टवेल्थ नाइट', (शेक्सपियर के नाटकों का पद्यानुवाद), 12 हंगरी कहानियों का अनुवाद, 30 हंगरी कविताओं का अनुवाद, तीन हंगरी नाटकों का अनुवाद, लोर्का के 'हाउस आफ बर्नाड' का गद्यानुवाद।

रघुवीर सहाय बुनियादी तौर पर कवि हैं। उनके पत्रकारिता से जुड़े लेखन और कथा-साहित्य में भी उनका कवि मौजूद है। रघुवीर सहाय ने आजादी के बाद उभरनेवाली नयी काव्यधारा के शक्तिशाली रचनाकार के रूप में अपनी पहचान बनाई। उन्होंने उस समय राजनीतिक तन्त्र की चालाकियाँ और दुष्टताएँ पहचानकर उसके विरोध में आवाज बुलन्द की जब सत्ता द्वारा पोषित कलावादी घरानों के कवि हिन्दी संसार को राजनीतिक मुददों से भटकाकर काल्पनिक दुनिया में ले जा रहे थे। यह एक बड़ा समुदाय था। रघुवीर सहाय ने जनतान्त्रिक मूल्यों के हनन के खिलाफ आवाज उठाई और उनकी बहाली के लिए कवि-कर्म किया—

अरे अब ऐसी कविता लिखो
कि कोई मूड़ नहीं मटकाय
न कोई पुलक पुलक रह जाय
न कोई बेमतलब अकुलाय
छन्द से जोड़ो अपना आप
कि कवि की व्यथा हृदय सह जाय
थामकर हँसना रोना आज
उदासी होनी की कह जाय।

यह पंक्तियाँ आलंकारिक युक्तियों में जाया होते कलावाद और मंचीय वाहवाहीबाद के खिलाफ मोर्चा खोलती हैं। इसलिए रघुवीर सहाय की कविता बुनियादी तौर पर राजनीतिक कविता है। उसमें आजादी के बाद बननेवाला नया मध्यवर्ग अपने आदर्शों और मूल्यों को समाज तथा व्यक्ति के स्तर पर पहचान रहा है। इस मायने में रघुवीर सहाय की कविता ने सम्पूर्ण सामाजिक क्रान्ति पर बल दिया और यथार्थ से कटी कथित आधुनिकतावादी कविता का पाखंड बेनकाब कर दिया। उनकी कविता एक जनतान्त्रिक कविता है। हालाँकि रघुवीर सहाय पर किसी स्पष्ट प्रतिबद्ध विचारधारा का असर नहीं दिखता लेकिन कई स्तरों पर वह राममनोहर लोहिया के समाजवादी दर्शन से प्रभावित दिखाई देते हैं।

रघुवीर सहाय ने आधुनिक व्यक्ति को अपने विवेक की आवाज का अर्थ समझाया और यह बताया कि व्यक्ति से बड़ा समाज है। यह सामाजिक जीवन दरअसल लोकतान्त्रिक चेतना को उपजाता है। जिस वर्ग या व्यक्ति में यह चेतना जितनी विकसित होती है वह उतने ही प्रगतिशील होते हैं।

रघुवीर सहाय के काव्य संग्रहों 'सीढ़ियों पर धूप', 'आत्महत्या के विरुद्ध', 'हँसो हँसो जल्दी हँसो', 'लोग भूल गये हैं', 'कुछ पते और कुछ चिट्ठियाँ' में भारतीय हिन्दी समाज का कई दशकों का महत्त्वपूर्ण और निर्णायक इतिहास दर्ज है। 'आत्महत्या के विरुद्ध' में रघुवीर सहाय व्यापक लोकतान्त्रिक चेतना को व्यक्त करते हैं। 'हँसो हँसो जल्दी हँसो' में उनकी कविताएँ तीखी और स्पष्ट हो जाती हैं। उसमें तत्कालीन विद्रूपित पर्यावरण से उपजा गुस्सा मुखर होकर पैने व्यंग्य में बदल जाता है। 1972 से 1975 के बीच लिखी इन कविताओं में लोकतन्त्र का दमन करनेवाली, मनुष्य का हनन करनेवाली और समाज को सन्त्रस्त करनेवाली आपातकाल की यातनादायक स्मृतियाँ मौजूद हैं। रघुवीर सहाय क्योंकि सजग पत्रकार रहे हैं; इसलिए वह आपातकाल से पहले बुने गये सन्नाटे का अर्थ समझ रहे थे और चुप्पी में छुपी चीख को सुन रहे थे। उन्होंने अपनी चर्चित कविता 'आने वाला खतरा' में इसे मार्मिकता से उजागर किया है। रघुवीर सहाय ने जनता का दमन करनेवाली सत्ता का शोषणतन्त्र और उसके खिलाफ जनता के संघर्ष को शब्दों का अनुभव बनाया है। उन्होंने बताया कि किस प्रकार तन्त्र, पद और पैसे पर कब्जा किए लोग जनता का दमन करते हैं। इससे भी आगे बढ़कर उन्होंने उस सेंसरशिप का विरोध किया जो पीड़ा से कराहती जनता की चीख को निर्ममता से दबा रही थी। रघुवीर सहाय ने आपातकालीन खतरे को सबसे पहले भाँप लिया था। उन्होंने राजनीति के कथित विश्लेषकों की तरह पंडिताऊ भविष्यवाणी नहीं की बल्कि जनता को एकजुट होकर सिर पर सवार खतरे से आगाह किया था।

रघुवीर सहाय ने आमतौर पर खुद को दोहराया नहीं है। यानी वह जीवन भर एक ही कविता नहीं लिखते रहे हैं। 'हँसो हँसो जल्दी हँसो' के बाद रघुवीर सहाय 'आत्महत्या के विरुद्ध' संग्रह में अपना मुहावरा बदलने के लिए संघर्ष करते हैं। उनकी कविता का सजग राजनीतिक स्वर यहाँ भी सुनाई देता है। लेकिन उसका अन्दाज और लहजा बदल जाता है। वे अपनी कविता की रंग-रेखाएँ बदलने का जोखिम उठाने से नहीं कतराते। राजनीतिक परिवेश से रूपान्तरित होकर उनकी कविता अपना नया पर्यावरण निर्मित करती है। रघुवीर सहाय पन्त सरीखे छायावादी सन्दर्भों जैसे प्राकृतिक सौन्दर्य के कवि नहीं है, फिर भी इस संग्रह में उनके यहाँ अप्रत्याशित रूप से कई प्रकृतिपरक अनुभूतियाँ मिलती हैं। निसर्ग का सौन्दर्य इन कविताओं में इनसानी प्रसंगों में बदल जाता है। कवि प्रकृति को बिलकुल नये पदों

में अभिव्यंजित कर रहा है—'देखो वृक्ष को देखो, कुछ कह रहा है/ किताबी होगा वह कवि जो कहेगा/ हाय पत्ता झड़ रहा है/ ' निराला ने भी जीवन के जीर्ण पत्रों को द्रुतगति से झड़ने का आह्वान किया है। ऐसे ही संवेदना पन्त के यहाँ भी मिलती है और रघुवीर सहाय से कुछ समय पहले शमशेर ने भी 'पतझड़ का जरा अटका हुआ पत्ता' का मर्म पहचाना था लेकिन रघुवीर सहाय ने परम्परित बोध और आस्वाद को कतई बदल दिया है। उनके यहाँ वृक्ष का झड़ता हुआ पत्ता जर्जर रूढ़ियों और शोषणतन्त्र के शिकंजे से घुटने के एहसास में बदल जाता है। वह उत्पीड़न से मुक्त होते नये बदलते हुए जीवन का अनुभव बन जाता है।

रघुवीर सहाय ने अपनी कविताएँ सुचिन्तित तरीके से संकलित की हैं। उन्होंने किसी विशिष्ट काव्य-प्रवृत्तियों से निष्कृतिबोध के धरातल पर कविताएँ संकलित की हैं। यानी अपने काव्य-लेखन के एक दौर के समापन के बाद या नया दौर शुरू होने पर उन्होंने अपने कविता-संग्रह संकलित किए हैं। 'आत्महत्या के विरुद्ध' के बाद 'लोग भूल गये हैं' में रघुवीर सहाय फिर से अपनी विषयवस्तु को बदलने की कोशिश करते हैं। इस संग्रह में उन्होंने अद्भुत प्रयोग किए हैं। रघुवीर सहाय को हम कविता के शिल्प में गद्य का रचनात्मक और अचूक इस्तेमाल करनेवाले कवि के रूप में जानते हैं। इस संग्रह में रघुवीर सहाय कविताओं को निबन्ध बना देते हैं या कहें कि निबन्धों को कविता में बदल देते हैं। यह कोशिश उनके समकालीन दबावों से उपजी है—'संस्कृति मन्त्री से राजा ने कहा—'देखो-देखो मन्त्री जी! हरेक विधा के भीतर कितने ही प्राचीन कलारूप हैं क्या तुम्हें यह उपयोगी नहीं दिखाई देता?/ क्यों नहीं तुम सैंकड़ों कलाकार उसी काम पर लगा देते/ कि वे उनमें से पुराने रूप लेकर नयी रचनाएँ करें?/ क्या तुम नहीं समझ पाते कि यह उनको एक अनिश्चित आगामी कल/ रचने से रोक रखने का सरलतम ढंग है?/ ' इस उदाहरण की लम्बी गद्यात्मक पंक्तियाँ और उनके पीछे सक्रिय कवि की दृष्टि वस्तुतः एक सायास परिणाम है। इनके द्वारा रघुवीर सहाय सत्ता वर्ग द्वारा पोषित कविता-कला-संस्कृति के उपक्रमों की खबर लेते हैं। रघुवीर सहाय हमें सावधान करते हैं कि चाहे उनके समय की सत्ता हो या किसी भी समय का शासन तन्त्र, वह कला-संस्कृति को अपने पक्ष में इस्तेमाल करता है। जब यह कविता लिखी गयी उस समय सत्तातन्त्र वर्तमान के डरावनेपन से ध्यान हटाने के लिए शान्त और मृत पड़ी कलाओं और कलारूपों से जनता को बहला रहा था लेकिन रघुवीर सहाय क्योंकि एक सतर्क कवि हैं और उनके पास एक आलोचक की पैनी नजर है तो वह कैसे वर्तमान यथार्थ की आलोचना नहीं करते? हालाँकि उन्होंने कहीं भी सामाजिक क्रान्ति जैसी नारेबाजी नहीं की है। फिर भी वह आमूलचूल सामाजिक और सांस्कृतिक बदलाव की हिमायत करते हैं। क्योंकि जानते हैं कि समता-आधारित शोषणमुक्त समाज

तभी बनेगा जब उसके विरोध में किए जा रहे षड्यन्त्रों को बेनकाब किया जाएगा। इस संग्रह की कई कविताओं में उन्होंने ऐसी आत्मनिष्ठ और व्यक्तिचेतना से सम्पन्न कविताएँ लिखी हैं जो उनके नये मुहावरे की तरफ इशारा करती हैं। लेकिन फिर भी कह सकते हैं कि रघुवीर सहाय मध्यवर्गीय जीवन के अन्तर्विरोधों और विद्रूपों के बड़े कवि हैं।

महानगरीय यथार्थ की विश्वसनीय प्रस्तुति के लिहाज से रघुवीर सहाय महत्त्वपूर्ण कवि हैं। 'दे दिया जाता हूँ' कविता में आधुनिक जीवन से टूटते हुए मानवीय सम्बन्धों पर चिन्ता जाहिर करते हुए रघुवीर सहाय बताते हैं कि परिस्थितियाँ मनुष्य को बनाती हैं, उसके समाज, संस्कृति और सभ्यता की सरंचना करती हैं। भीड़ और शोर का अस्तित्त्व इन्हीं क्रिया-प्रतिक्रिया के कारण हुआ। शोर के बीच व्यक्ति अपनी निजी और असली पहचान के लिए छटपटाता रहता है। इस सिलसिले में वह दिखावापसन्द हो जाता है। दिखावे के कारण उसकी भीतरी ताकत और मूल मानवीय संवेदनों-भावों में खोखलापन आ जाता है। भीड़ के बीच पहचान की रक्षा व्यक्ति की मुख्य चिन्ता है। रघुवीर सहाय की 'दुनिया' कविता में अस्तित्त्ववादी अर्थहीनता का बोध है। अति महत्त्वाकांक्षा ने मनुष्य को चापलूस, ईर्ष्यालु और चुगलखोर बनाया है। उसके जीवन से उदात्त मानवीय मूल्य और संवेदनाएँ लुप्त हो गये हैं। मतलबपरस्ती केन्द्र में आ गयी है। यही व्यक्ति के आचरण को संचालित करनेवाले घटक बन गये हैं। रघुवीर सहाय की कविता समझाती है कि निर्णायक मौकों पर खिसियाना, घिघियाना आदि स्वार्थ की ही अलग-अलग शक्लें हैं। मनुष्य जब संकीर्ण होकर व्यक्ति हो जाता है तब किस प्रकार का अनुभव होता है, इस कविता में इसी संवेदना को व्यक्त किया गया है। 'आत्महत्या के विरुद्ध' कविता के शुरु में कर्त्तव्य की निष्क्रियता का बोध है। बौद्धिक लफ्फाजी से उपजी निष्क्रियता पर कवि व्यंग्य करता है। सत्ता और राजनीति जनता को मूर्ख बनाकर अपना स्वार्थ सिद्ध करती है। कवि सृजन के लिए मौजूद ढाँचे के पूर्ण ध्वंस की आकांक्षा करता है। दिखावे की नकली क्रान्ति से कुछ हासिल नहीं किया जा सकता है। चालाक व्यक्ति अपने स्वार्थ के लिए शब्दों का अर्थहीन इस्तेमाल करता है और भाषा को ठूँठ बनाता जाता है। ऐसी अमानवीय स्थितियों के संसार के बीच इनसान बने रहना एक लड़ाई है। रघुवीर सहाय की ऐसी कविताएँ बताती हैं कि नेहरू युग से विरासत में मिली औपनिवेशिक मानसिकता की राजनीति क्रूर और भ्रष्ट थी। उसने यथार्थ से जनता का ध्यान हटाने के लिए नारे गढ़े; असली मुक्ति नहीं दी। वर्ग, जाति और दल में बँटी विचारधारा के बीच पिसती इनसानियत को धूमिल और रघुवीर सहाय अपनी-अपनी आवाजों में कहते हैं। धूमिल 'पटकथा' में और रघुवीर सहाय 'आत्महत्या के विरुद्ध' जैसी कविताओं में लगभग समान यथार्थ व्यक्त करते हैं।

सच कहने की ताकत के अभाव में भाषा में जो अर्थहीनता और बनावटीपन पैदा होते हैं वे उस के खिलाफ चेतावनी देते हैं। आजादी के बाद हिन्दी पट्टी ही नहीं; समूचे देश में जो मध्यवर्ग उभरा, उसके सपने और सच रघुवीर सहाय की कविता के विषय बनते हैं।

रघुवीर सहाय 'लुभावना' कविता में एक अधेड़ औरत की पीड़ा को व्यक्त करते हुए चालीस के ऊपर की औरत का सोलह वर्ष की लड़की की तरह खिलखिलाना गहरी करुणा से भर देते हैं। औरत के इस दिखावे में मूल्यहीन समाज का चेहरा दिखता है। समाज ही प्रदर्शन-प्रिय हो गया हैं। 'अन्धी पिस्तौल' कविता में रघुवीर सहाय शासन के प्रतिनिधि और सामान्यजन के बीच बढ़ते हुए फर्क को दिखाते हैं। वर्दी पहनकर मामूली आदमी शासन का प्रतिनिधि हो जाता है और वर्दी खोलकर सौ फीसदी हिन्दुस्तानी जैसा सलूक करने लगता है। लेकिन अपने टुच्चेपन से बाज नहीं आता। यह रचना रेखांकित करती है कि शासन के नियामक जन के भाग्य-नियन्ता ऐसे हैं, जो वरदी नहीं पहनते हैं लेकिन शोषण करने का अधिक ार अपने पास सुरक्षित रखते हैं। लोकतन्त्र में यह ताकत नेता को मय्यसर है। नेता यदि अपनी शक्ति का दुरुपयोग करता है तो वह जनता के लिए मारक बन जाता है। रघुवीर सहाय इसी उद्देश्य को कविता में व्यंजित करते हैं। निर्मम राजनीति अपने मतलब के लिए मानवीय मूल्यों का अवमूल्यन और हनन करती है। 'पैदल आदमी' कविता में रघुवीर सहाय विश्वबन्धुत्व की भावना के सच को उजागर करते हैं। दो देशों की राजनीति किस प्रकार अपने शासन के लिए मनुष्य और मनुष्य के बीच दीवार खड़ी करती है, इसे इस कविता में लक्षित कर सकते हैं।

'सड़क पर रपट' कविता में रघुवीर सहाय एक मामूली अखबारी रपट को कविता में बदल देते हैं। इस कविता में शासन की समकालीन वास्तविकता की यथार्थ व्यंजना है। सत्ता की ताकत के सामने सामान्य मनुष्य विवश और निहत्था होता है। आदमी अमानवीय व्यवस्था के सामने खुद लगातार कमजोर और अकेला अनुभव करता जाता है। लेकिन वक्त आने पर अपनी ताकत पहचानकर व्यवस्था की चुनौतियों और अमानवीयता के खिलाफ वह लड़ने के लिए तैयार होता है। व्यवस्था का दबाव बढ़ने के साथ ही उस कमजोर मनुष्य का प्रतिरोध भी बढ़ता है। रघुवीर सहाय उन सुरक्षावादी लोगों पर व्यंग्य करते हैं जो कथित तटस्थ भाव से बैठे रहते हैं। 'मुझे कुछ और करना था' कविता में रघुवीर सहाय समाज की अन्तर्विरोधी मानसिकता पर व्यंग्य करते हैं। समाज घातक यथास्थिति में नष्ट होता है। तन्त्र विरोध बर्दाश्त नहीं करता है। मध्यवर्ग की असलियत को रघुवीर सहाय इस कविता में उजागर करते हैं। रघुवीर सहाय की 'रामदास' कविता इस मायने में विशेष अर्थ रखती है कि रघुवीर सहाय ने बर्फ जैसी ठंडी भाषा में हमारे समय के डरे हुए विवश

व्यक्ति के जीवन के सच को व्यक्त किया है। समकालीन कविता के दौर में जब यह कविता लिखी गयी थी तब मामूली आदमी ताकतवरों के सामने अपने बचे रहने के लिए गिड़गिड़ा रहा था। आज भी साधारण मनुष्य सुरक्षित नहीं है। ताकतवर हत्यारे उसे जहाँ चाहे वहाँ मार सकते हैं। रघुवीर सहाय उन बड़े कवियों में प्रमुख हैं जिनके यहाँ शहरी जीवन की दहशत के प्रामाणिक अनुभव दर्ज हैं। रामदास क्या है? दरअसल वह निहत्था विचार है जिसे ताकतवर नष्ट कर देते हैं। रामदास सहित उस पर्यावरण में रहनेवाले सभी जानते हैं कि रामदास को रामदास होने की कीमत चुकानी पड़ेगी। उसका मरना तय है क्योंकि वह रामदास है।

रामदास होने के मायने यह है कि किसी बड़े आदमी का हाथ उसके पीछे नहीं है। वह शक्ति समीकरण साधने में असफल आदमी है। ऐसे आदमी का ज्यादा देर तक बचना नामुमकिन है।

रघुवीर सहाय रामदास के बहाने व्यंग्य कर रहे हैं कि जो रामदास जैसे हैं, क्या उन्हें बचे रहने का अधिकार है? क्योंकि उसकी जरूरत किसी को नहीं है। यह कविता बताती है कि हम एक ऐसे समय में रह रहे हैं जहाँ बेखौफ हत्यारे सरेआम नाम पुकारकर इत्मिनान से मारकर चले जाते हैं। पहले से तय होता है कि मृतक को मरना ही था। उसे घेरकर खड़ी भीड़ तमाशाई बनी रहती है और कहीं न कहीं ताकतवर हत्यारे का साथ देती है। हत्यारा मार कर चला जाता है और कोई कुछ नहीं कहता है। कवि बताना चाहता है कि ऐसे में अगर गलत काम कर रहे हत्यारे के खिलाफ कोई एक आवाज भी उठती तो रामदास की हत्या होने से बच जाती यानी इनसानियत बची रहती। रघुवीर सहाय ने जब यह कहा है कि—'लोग निडर उस जगह खड़े रहे। लगे बताने उन्हें, जिन्हें संशय था हत्या होगी।' यहाँ निडर में व्यंग्य है। समूचे सरल वाक्य में व्यंग्य हो रहा है। हत्या होने के बाद भीड़ निडर हो जाती है क्योंकि लोगों का यह मनोविज्ञान होता है कि कम से कम आज वह बच गये लेकिन मानवता पूरी तरह से भयभीत हो जाती है। ताकतवर लोग यही चाहते हैं कि लोग डरे रहे। डरे हुए लोग परशान नहीं करते। रामदास परेशान करता है लेकिन उसका संघर्ष इसलिए व्यर्थ हो जाता है कि कोई उसके साथ नहीं आता है। साथ रहकर अन्याय के खिलाफ आवाज बुलन्द नहीं करता। अकेला आदमी इसलिए मार दिया जाता है।

इस कविता का शिल्प नाटकीय है। कवि ने जीवन के नाटक को यहाँ प्रत्यक्ष कर दिया है। रामदास और हत्यारा मुख्य पात्र हैं। इसका देशकाल-वातावरण कालातीत हैं। पात्रों के संवाद काव्य-भाषा में नियोजित होने के बावजूद गद्य की सपाटबयानी के कारण कविता एक ऐसा बयान बन जाती है जो सामूहिक है। यह कविता डर और मजबूरी से बुने वातावरण को प्रत्यक्ष कर देती है। 'रामदास' कविता

बताती है कि रामदास सरीखे मामूली मनुष्य रोज नष्ट होते हैं। लोगों की भीड़ में व्यक्ति की विडम्बनात्मक नियति इस कविता में उभरती है। समाज मर रहा है। तटस्थ और निरपेक्ष समाज के कारण रामदास की हत्या होनी तय है। समाज असंवेदनशील और निष्क्रिय हो गया है कि मनुष्य की हत्या उसके लिए एक सूचना भर है। रघुवीर सहाय की परवर्ती पीढ़ी के प्रतिभाशाली कवि वीरेन डंगवाल ने इस कविता का रचनात्मक विस्तार किया है।

रघुवीर सहाय के यहाँ डर और हँसी के कई पर्याय हैं। डर से हँसी उपजती है। विद्रूपित हँसी! हँसी से डर गहरा जाता है। रघुवीर सहाय की 'हँसो, हँसो जल्दी हँसो' कविता में हँसी से पीड़ा उपजती है। यह पीड़ा मनुष्य के भावशून्य और भाषा के अर्थहीन होने और सर्जनात्मकता के चुक जाने की है। यह संवेदना कविता को प्रस्तावित करती है। धूमिल बताते हैं कि काव्यार्थ के लिए और भाषा को सार्थक करने के लिए कवि को संघर्ष करना होता है। रघुवीर सहाय अपनी 'भय' कविता में पुरुष वर्चस्ववादी समाज की समझ पर सवाल उठाते हैं। समाज में नारी का मूल्य उसके सौन्दर्य से तय होता है। ढलते यौवन के बीच अधेड़ औरत का क्षय होता सौन्दर्य उसमें डर जगाता है। सामाजिक असुरक्षा के बीच जीती हुई नारी होने के कई भय हैं। 'आज का पाठ है' कविता कला के सर्जनात्मक सत्य को व्यंजित करती है। मृत्यु यहाँ कला का पर्याय है। मृत्यु का अनुभव भी कला के अनुभव की तरह वैविध्यपूर्ण होता है। रचनात्मक संघर्ष के निहितार्थ को भाषा पूर्णता में प्रस्तुत नहीं कर सकती है। भाषा प्रतीक के सहारे सच को रचती है। पाठक को काव्यानुभव स्वयं ग्रहण करने होते हैं।

मनुष्य और पशु में फर्क है। खाना, पीना, सोना पशु भी करते हैं। मनुष्य पेट भरने से आगे जाकर जीवन-जगत से अपने सम्बन्ध जोड़ता है, तब कविता की पहचान सम्भव होती है। 'अभी जीना है' कविता में मानवीय जिजीविषा और उसकी संघर्ष क्षमता व्यक्त हुई है। कविता कहने का एक खास ढंग रघुवीर सहाय ने कमाया है। उनकी कविता संवादों की रचना है। संवाद-प्रतिसंवाद से उनकी कविता भावार्थ ग्रहण करती हैं। रघुवीर सहाय की कविता में नामों और घटनाओं की भरमार है। घटनाओं में स्थितियाँ नहीं उभरती; नाम उभरते हैं। रघुवीर सहाय की कविता उन घटनाओं का अर्थपरक उपयोग करती है। 'सड़क पर रपट', 'रामदास', आदि कविताओं में घटना महत्त्वपूर्ण नहीं है, घटना से पहले और बाद में जो हुआ और जो होगा उसके बीच अर्थ व्यंजित होता है। भाषा कवि के लिए अभिव्यक्ति की समस्या मात्र नहीं है। वह जीने की समस्या भी है। भाषा में अर्थक्षरण के कारण की पहचान रघुवीर सहाय की कविता में सबसे अधिक हुई है। उनकी कविता ऊपर से देखने में रपट की तरह सपाट लगती है परन्तु कविता का मर्म जीवन की जटिल वास्तविकताओं

की ओर संकेत करता है। सौन्दर्य और कला की जगह जीवन को प्रामाणिक और ईमानदारी से प्रस्तुत करना उनकी कविता का लक्ष्य है। डॉ. राकेश वत्स के अनुसार, रघुवीर सहाय की कविता में वास्तविकता का दबाव अधिक है। वे जीवन और समाज की वास्तविक स्थितियों के बीच अपना आकार बनाती हैं। कवि जीवन के हर कोने से अपनी विषयवस्तु ग्रहण करता है। सत्ता और राजनीति से भी उनकी कविता परहेज नहीं करती है। सत्ता और राजनीति के गन्दे खेल से वह जनता को आगाह करती है। व्यवस्था की विडम्बनाओं से तड़पती मानवीयता जनता में आक्रोश जगाती है। हमारे समय का आदमी कितनी तरह से उलझा हुआ, कितना विवश और अकेला है, उसे यथातथ्य रचने की लगातार कोशिश से रघुवीर सहाय की कविता जूझती है। उलझी हुई परिस्थितियों से तटस्थ अथवा निरपेक्ष रहना वे अपराध मानते हैं। उनकी कविता में व्यक्ति, समाज और भाषा के अवसरवादी इस्तेमाल के विरुद्ध मानवीय योग्यता के सकर्मक प्रयत्न का महत्त्व मिलता है। भाषा के धरातल पर उनकी कविता अनूठा प्रयोग करती है। वे साधारण से साधारण भाषा का प्रयोग कर उसके अर्थ की विराटता को रचने में निपुण हैं। इसलिए उनकी कविता भाषा की अभिव्यंजना का सामर्थ्य नहीं जीवन का सामर्थ्य पैदा करती हैं। इस मायने में रघुवीर सहाय का रचनात्मक संघर्ष निराला, मुक्तिबोध और शमशेर सरीखे कवियों की याद दिलाता है।

रघुवीर सहाय ने अपनी कविताओं में भाषा-शिल्प के धरातल पर नये प्रयोग किए हैं। कई जगह उन्होंने जीवन के नाटकीय प्रसंगों को उभारने के लिए नाटकीय शिल्प प्रयुक्त किया है। अपनी बात को भरोसेमन्द बनाने के लिए व्यक्तिवाचक संज्ञाओं का निराला के बाद बेहतर रचनात्मक इस्तेमाल उन्होंने ही किया है। कुछ जगहों पर उनकी कविताएँ कहानियाँ दिखाई देती हैं। खासकर के वहाँ, जहाँ रघुवीर सहाय अपने निहितार्थ गद्य जैसी अचूक सटीकता से रखना चाहते हैं—

वे हिन्दी का प्रयोग अँग्रेजी की जगह
करते हैं
जबकि तथ्य यह है कि अँग्रेजी का प्रयोग
उनके मालिक हिन्दी की जगह करते हैं
दोनों में यह रिश्ता तय हो गया है
जो इस पाखंड को मिटाएगा
हिन्दी की दासता मिटाएगा
वह जन वही होगा जो हिन्दी बोलकर
रख देगा हिरदै निरक्षर का खोलकर।

यहाँ हिन्दी को लेकर राष्ट्रभाषा, राजभाषा या जनभाषा का झगड़ा रघुवीर

सहाय खड़ा नहीं करते बल्कि हिन्दी के खिलाफ तथा हिन्दी के साथ कौन-कौन हैं?—इसकी कहानी वे सुनाते हैं। कई जगह उनकी कविताएँ निबन्ध के शिल्प में प्रस्तावित हुई हैं। कुछ आलोचक उनकी भाषा और वस्तु को बिलकुल तात्कालिक करार देते हुए उसे कालजयी नहीं मानते। लेकिन रघुवीर सहाय की कविताएँ इस आरोप को झुठला देती हैं और साबित करती हैं कि जो कविता अपने समय की सच्चाई को, अपने समय की भाषा में रखती है, वही समय को लाँघकर कालजयी बन जाती है। रघुवीर सहाय ने अकविता के दौर में भी भाषा को काला होने से बचाए रखा। ऐसा उनके अलावा केवल केदारनाथ सिंह, कैलाश वाजपेयी इत्यादि कवि कर पाए हैं। हालाँकि अपने समय की विषमताओं, विद्रूपों और विषाद को व्यक्त करने के लिए रघुवीर सहाय ऐसी बैलोस और बेबाक कर देनेवाली भाषा चुनते हैं जो विकृतियों को अनावृत्त कर देती है—

उस दिन बुढ़िया बीमार पड़ी
मर्दों ने कहा औरतों की बीमारी है
वह बुढ़िया औरत के रहस्य—
उन बीस जनों के औरतपन-की गठरी बन
कोने में खटिया पर जा करके पहुड़ी रही
वह पहुड़ी रही साल-भर तक फिर गुजर गयी
औरतें उठीं घर धोया मर्द गये बाहर
अरथी लेकर

यहाँ भाषा धोखादेह तरीके से अभिधापरक है। यह करामात केदारनाथ सिंह भी दिखाते रहे हैं। दूसरे; संवेदना को झटका देनेवाली निर्ममता भी काव्यार्थ को तीखा बना देती है। रघुवीर सहाय का अभिप्रेत है उस पुरुषवादी मानसिकता को उजागर करना जो औरत के होने को उपयोगितावादी रवैये से देखती है। ऐसे स्थलों पर आलोचक उनकी भाषा में कथित मर्यादाओं को टूटते हुए देखते हैं। लेकिन इस हिकमत के सहारे रघुवीर सहाय अपना पक्ष और रूढ़ मान्यताओं का प्रतिपक्ष प्रस्तुत कर देते हैं। रघुवीर सहाय ने अपने समकालीनों की तरह मिथकों, बिम्बों और प्रतीकों का पारम्परित इस्तेमाल नहीं किया है। उन्होंने साधारण बोलचाल की पदावली को अतिसामान्य बनाते हुए उसका गद्य जैसा अचूक और असाधारण इस्तेमाल किया है। इसीलिए डॉ. नामवर सिंह उनके इस हुनर को 'असाधारण, साधारणता का शिल्प' मानते हैं। उनकी 'रामदास' कविता के बहाने हम उनके इस कौशल को जान सकते है—

चौड़ी सड़क गली पतली थी
दिन का समय घनी बदली थी,

रामदास उस दिन उदास था
अन्त समय आ गया पास था,
उसे बता यह दिया गया था, उसकी हत्या होगी।

यह पंक्तियाँ अर्थ के लिए न तो किसी शब्दकोष की माँग करती हैं और न इसे समझने के लिए व्याकरण–दक्ष होना जरूरी है। इसके साथ ही इसका मर्म जानने के लिए आलोचक की जरूरत भी नहीं है। कवि ने निरायास तुकान्त पंक्तियों और निहायत मामूली शब्दों को गद्य जैसे वाक्यों में रखकर ऐसा नाटकीय शिल्प इजाद किया है कि इस कविता के अनेक अर्थ किए जा सकते हैं। इसके साथ ही इसमें अर्थ के साथ–साथ शब्दों की भी लय है। दरअसल रघुवीर सहाय ऐसे वर्णनात्मक विधान और नाटकीय शिल्प योजना को साधने में सफल हुए हैं जो सामान्य प्रस्तुति को असाधारण अर्थवत्ता से भर देती है। इन मामूली लगते शब्दों में साधारण व्यक्ति का आतंक से घिरा जीवन और उसके प्रति समाज की विवश करूणा अनायास उजागर हो जाती है। रघुवीर सहाय अपने समय और समाज में कवि और कलाकार की बड़ी भूमिका मानते रहे–

यह दृष्टि सुन्दरापे की कैसे बनी कि हर वह
चीज जो खबर देती है हो गयी गैर?
क्यों कलाकार को नहीं दिखाई देती अब
गन्दगी, गरीबी और गुलामी से पैदा?
आतंक कहाँ जा छिपा भागकर जीवन से
जो कविता की पीड़ा में अब दिख नहीं रहा?
हत्यारों के क्या लेखक साझीदार हुए
जो कविता हम सबको लाचार बनाती है?

यह पंक्तियाँ कवियों की सुधारवादी मानसिकता पर ऐसी लानत है कि वास्तविक भूमिका ज्यादा चमकने लगती है। रघुवीर सहाय ने नयी कविता के अत्याधिक प्रयोगवादी शिल्प साँचे को अपर्याप्त साबित करते हुए कविता को शिल्प से मुक्त करने और आखिरकार परम्परित शिल्प का अन्त करने का रास्ता दिखाया है—

तब से मैंने समझ लिया है आकाशवाणी में बनठन
बैठे हैं जो खबरोंवाले वे सब हैं जन के दुश्मन
उनको शक था दिखला देते अगर कहीं छत्तिस इनसान
साधारण जन अपने–अपने लड़के को लेता पहचान
ऐसी दुर्भावना लिये है जन के प्रति जो टेलीविजन
नाम दूरदर्शन है उसका काम किन्तु है दुदर्शन।

यहाँ कविता की आभासी उपस्थिति अवास्तविक लेकिन सच लगती दुनिया से उपजी है। कविता अपने कवितापन को तोड़कर सारे पूर्वअनुमानित सांचों को तोड़ देती है। सवाल उठता है कि क्या केवल यह अज्ञेयवादी शिल्प-प्रयोगों की प्रतिक्रिया मात्र थी या रघुवीर सहाय नयी सदी की भाषा-प्रणाली और शिल्प-विधान को प्रस्तावित कर रहे थे? गौर से देखें तो उनसे कुछ समय पहले नागार्जुन, त्रिलोचन और शमशेर ने यह काम शुरूआती दौर में किया। इसे लगभग सम्पूर्णता की तरफ रघुवीर सहाय ले गये। उनकी कुछ प्रसिद्ध, कविताएँ—'फिल्म के बाद चीख', 'हमारी हिन्दी', 'स्वाधीन व्यक्ति', 'अधिनायक' और 'आत्महत्या के विरुद्ध' इत्यादि में इसी शिल्पगत तकनीक को देखा जा सकता है। कुछ आलोचक उनकी इस भाषा-प्रणाली में वक्रोकित का विधान खोजते हैं। लेकिन वह किसी शास्त्रीय सीमा में बन्धनेवाला शिल्प नहीं है—'एक दिन इसी तरह आएगा रमेश/ कि किसी की कोई राय न रह जाएगी रमेश/ क्रोध होगा पर विरोध न होगा/ अर्जियों के सिवाय रमेश/ खतरा होगा, खतरे की घंटी होगी/ और उसे बादशाह बजाएगा रमेश/' यहाँ रघुवीर सहाय एक साथ भय और साहस, करुणा और घृणा रखकर परस्पर विरोधी मनोभावों को शब्दों के विश्वसनीय अनुभव में बदल देते हैं। यहाँ कोरी शाब्दिक क्रीड़ा नहीं है। शब्दों से कवि खेलता अवश्य है और कई बार अपने कथनों को सपाट बनाने का साहस भी दिखाता है लेकिन एक मामूली लगते जीवन-प्रसंग में छुपी हुई अतिशय नाटकीयता को व्यक्त करनेवाले असाधारण शिल्प को भी पा जाता है। यह केवल रघुवीर सहाय की उपलब्धि नहीं है बल्कि यह समूची हिन्दी कविता की उपलब्धि है।

श्रीकान्त वर्मा

18 सितम्बर 1931—25 मई 1986

मगध के सिर पर बैठा गरुड़

1960 के आसपास उभरनेवाली काव्य पीढ़ी में अस्वीकृति, निषेध, विद्रोह, विरोध, आक्रोश, आवेग इत्यादि से मिलकर बनी आवाजें गूँज रही थीं। इन्हीं में एक स्वर श्रीकान्त वर्मा का भी था। उसमें नयेपन की अलग ही कौंध थी। 'जलसाघर', 'भटका मेघ', 'मायादर्पण', दिनारम्भ', 'मगध', 'गरुड़ किसने देखा है' इत्यादि काव्य-संग्रहों में श्रीकान्त वर्मा की संकलित कविताएँ पुराण और समकाल, अतीत और आज, आदि और अनन्त के बीच आवाजाही करती हैं। साठोत्तरी यथार्थ को शुद्ध अभिधा में व्यक्त करने की काव्य हिकमत उनके यहाँ मिलती है। उनका मुहावरा आकार में छोटी और आत्मपरक कविताओं में उभरता है। पौराणिक आस्वाद की 'मायादर्पण' की कविताएँ हों या राजनीति के सर्वग्रासी अन्धकार को सामने लानेवाली फंतासी के शिल्प में प्रस्तुत 'मगध' की कविताएँ हों; कवि ने निजी विडम्बनाओं और विसंगतियों को आलोचनात्मक व्यंग्य के माध्यम से उजागर किया है। जीवन की नाटकीयता के साथ राजनीति की फैलाई सड़न को नाटकीय अन्दाज में श्रीकान्त वर्मा देशकाल वातावरण सहित मंचित कर देते हैं।

'मगध'००००० से पहले तक श्रीकान्त वर्मा की आवाज में जो तीखा आवेश था, वह 'मगध और 'गरूड़ किसने देखा है' में जीवन और मृत्यु के द्वन्द्व में बदल जाता है। अपने अस्तित्त्व को लेकर संशय, भय और काँपती हुई जो कातरता वहाँ मिलती है; वह स्तब्ध कर देती है। 'जलसाघर', 'माया-दर्पण' का दहकता मुहावरा, 'मगध' में आकर शान्त होकर गहरा जाता है—'उसने अपनी जिन्दगी गुजार दी सोचते-सोचते/ क्या गलत है क्या सही है?/ हजार मारा हाथ-पैर, उबर ही नहीं पाया/ उसने अपना जीवन गँवाया/ औरों ने कमाया/ यह परेशानी में डालनेवाला व्यर्थताबोध है।' सारा जीवन अकारथ चले जाने का का भाव धुँए की तरह गले में भर गया है। दम घुट रहा है। बचने का रास्ता नहीं बचा है।

श्रीकान्त वर्मा की कविताओं का केन्द्रीय विचार राजनीति है। उन्होंने अपनी राजनीतिक संलग्नता को छुपाया भी नहीं है। जबकि उनकी कविता की आलोचना में

उनकी राजनीतिक पक्षधरता ने निर्णायक भूमिका निभाई है। अरुण कमल उनकी काव्य यात्रा को रेखांकित करते हुए 'भटका मेघ' की कविताओं को ऐसी सहज-सुलभ द्वन्द्वहीन कविताएँ मानते हैं, जिन्हें समकालीन कविताएँ नहीं माना जा सकता। 'अँकुआये धान', 'डबडब अँधेरे', 'दिये सिरा दो', 'शुकवा की आँख फिरी', 'तुलसी के चौरे पर शाम जले दीये सी'—'भटका मेघ' के ये बिम्ब कवि की राग-भावना भले ही प्रमाणित करें, इनमें जीवन की कठिनता और अन्तर्विरोध नहीं है। उस समय के प्राय: अधिकांश कवियों में ऐसे ही बिम्ब कमोबेश इतने ही गीलेपन के साथ मिलते हैं। लेकिन श्रीकान्त वर्मा ने वह रास्ता छोड़ दिया। अरुण कमल मानते हैं कि यह एक बड़ा विकास था। 'दिनारम्भ' वास्तव में श्रीकान्त वर्मा के कविता का वास्तविक प्रारम्भ है, जहाँ 'डबडब अँधेरे' से मुक्त होने की सजग कोशिश दिखाई पड़ती है। समकालीन जीवन के द्वन्द्व का पहली बार यहाँ आभास मिलता है। लेकिन 'छला जाता है आकाश भी सूर्य से जो दूसरे दिन आता नहीं है' (माया दर्पण) जैसे अपरिपक्व मुहावरे मौजूद रहते हैं। फिर, 'माया दर्पण' में स्पष्टत: श्रीकान्त वर्मा आगे बढ़कर जटिलता का अनुभव करते हैं। एक निजी व्यक्तित्त्व बनने लगता है। एक बेबाकी मिलने लगती है जो बाद की उनकी कविताओं का मुख्य चरित्र है। अरुण कमल के अनुसार—'घर-धाम' उनकी सर्वोत्तम कविताओं में से एक होते हुए भी उनके पिछले व्यक्तित्त्व की ही विकसित अभिव्यक्ति है। 'माया दर्पण' और 'जलसाघर' में समकालीन जीवन की गन्दगी, अश्लीलता और विद्रूपता मिलती है। 'समाधि-लेख', 'प्रेस वक्तव्य', 'बुखार में कविता', 'अन्तिम वक्तव्य', 'जलसाघर', 'विजेता', 'आधे घंटे की बहस', 'ढाका बेतार केन्द्र', 'युद्ध नायक', 'प्रजापति', जैसी कविताएँ श्रीकान्त वर्मा की सर्वोत्तम प्रतिनिधि कविताएँ हैं। इन्हीं में युद्ध और रक्तपात से भरे मानव-इतिहास के अनेक लोमहर्षक बिम्ब मिलते हैं—''मोहनजोदड़ों से अब तक का सिलसिला है/ युद्ध की अटूट एक शृंखला है।/' ये प्रभावशाली कविताएँ—उनकी सबसे ज्यादा प्रासंगिक कविताएँ हैं—'मुबारक हो उन्हें यह समय/ जिन्हें सब कुछ/ सुनाई पड़ता रहा/ यहाँ तक कि पत्ते का गिरना भी/ केवल सुनाई नहीं पड़ी/ उस स्त्री की चीख जिसका पति/ घर से निकलते ही ढेर कर दिया गया/' इस तरह की पंक्तियों और 'जो तथा अब्रकुआ' जैसी शानदार कविताएँ इसी दौर की उपज हैं। इन कविताओं की दिशा में श्रीकान्त वर्मा आगे जा सकते थे। लेकिन ऐसा नहीं हुआ। श्रीकान्त वर्मा के कवि-व्यक्तित्त्व के प्रतिनिधि स्वर में निराशा और सिनिसिज़्म है। यह सिनिसिज़्म और अनास्था 'मगध' की कविताओं तक पहुँचते-पहुँचते हताशा और विषाद में बदल जाता है।

अरुण कमल की निष्पत्तियाँ श्रीकान्त वर्मा की राजनीतिक पक्षधरता से प्रभावित हैं। कुँवर नारायण, श्रीकान्त वर्मा के साहित्य और राजनीति के आपसी

रिश्तों पर टिप्पणी करते हुए कहते हैं—'श्रीकान्त ने साहित्य और राजनीति के बीच विरोध नहीं माना, असली विरोध साहित्य के अन्दर या राजनीति के अन्दर विभिन्न विचारधाराओं में देखा और उन्हें अपनी तरह हल करने की कोशिश करते रहे। 'मगध' की कविताओं की एक जायज व्याख्या यह भी हो सकती है कि वे हमें सैद्धान्तिक विकल्पों की एक ऐसी दुनिया में ले जाती हैं, जो व्यावहारिक राजनीति से पलायन नहीं, उस पर समानान्तर टिप्पणी है। उनका साहित्यकार राजनीति से अपनी शर्तों पर सुलह करना चाहता था, ऐसे समझौते नहीं चाहता था, जो साहित्यिक अस्मिता को कुंठित करें। यह कोशिश अगर उनकी राजनीति की अपेक्षा उनके साहित्य में बेहतर प्रकट हुई है तो इसे पक्का प्रमाण माना जा सकता है कि श्रीकान्त ने हमेशा अपने साहित्यिक व्यक्तित्त्व को सबसे ऊपर रखा। बहरहाल राजनीति का विद्रूप श्रीकान्त वर्मा की कविताओं का प्रमुख विषय है।

'मगध' में आकर शुरुआती दौर की अनास्था बेचारगी में बदल गयी। यहाँ राजनीतिक मृत्यु और भौतिक मृत्यु दोनों एक ही आशय को व्यक्त करने लगते हैं—'मैं फिर कहता हूँ' और 'मेरी कोई नहीं सुनता' यह मूल पंक्तियाँ इन कविताओं के समूचे काव्यबोध का मर्म है। बार-बार कहना और अनसुना रह जाना; यह पीड़ा भरी ऐसी गाथा है जिसे श्रीकान्त वर्मा सरीखे सत्ता के शीर्ष के नजदीक पहुँचा संवेदनशील व्यक्ति पहचान सकता है। यह कविताएँ बेशक मृत्युबोध की रचनाएँ हैं लेकिन इसे संचालित करनेवाला नियामक सूत्र राजनीति के गुंजलक में उलझा हुआ है। इसलिए जहाँ मृत्यु शब्द आया है, वहाँ राजनीति रखकर देखने से अर्थ ज्यादा साफ और व्यापक हो जाते हैं—'राजनीतिज्ञों ने मुझे पूरी तरह भुला दिया/ अच्छा ही हुआ/ मुझे भी उन्हें भुला देना चाहिए/ राजनीतिकों से ज्यादा खतरनाक है मतलबी मित्र।' इस निस्संग अँधेरे में साथ केवल शब्द हैं—'मगर कोई मुझसे/ मेरा 'स्वत्व' नहीं छीन सकता/ मेरी कलम नहीं छीन सकता/ यह कलम/ जिसे मैंने राजनीति के धूल-धक्कड़ के बीच भी/ हिफ़ाजत से रखा, हर हालत में लिखता रहा/ यह 'हारे को हरिनाम' या 'अन्त में प्रार्थना' जैसा ही भाव है। इस रास्ते मुक्ति नहीं मिलती; मुक्ति तो छोड़िए भौतिक मोक्ष भी नहीं मिलता। इसलिए यह आत्मतर्पण जैसा ही भाव है। फिर भी, श्रीकान्त वर्मा देर से ही सही-बचने का रास्ता पहचान रहे थे लेकिन देर शायद बहुत हो चुकी थी।

सन्देह, अनिश्चिय, त्रासदी, विसंगति, विडम्बना, अवसाद, निस्संगता, व्यर्थताबोध, नियति— यह अस्तित्त्ववादी पदावली भर नहीं हैं। श्रीकान्त वर्मा ने इनका अपनी कविता के जटिल वाक्यों में अर्थ-सम्पन्न रचनात्मक प्रयोग किया है। वह आत्महीनता के सतत भय को व्यक्त करते हैं। श्रीकान्त वर्मा दरअसल उन जटिल आस्तित्विक सवालों से जिरह और मुठभेड़ कर रहे थे, जिनसे लगभग हर

कवि अपने-अपने सलीके और तरीके से जूझता है। लेकिन श्रीकान्त वर्मा के यहाँ यह संकट ज्यादा पेचीदा है।

श्रीकान्त वर्मा लगभग अन्तहीन डरावनी गुफा में खुद को फँसा चुके थे। हालाँकि श्रीकान्त वर्मा संकट की गुफा से निकलने का उपाय जानते थे—'बाहर निकलो, श्रमण बाहर/ प्रतिस्पर्धा है/ पुरुष है,/ लम्बी कतार है/ कतार में/ कौन है जो नहीं है?/ नन्द है, मुरा है, शकटार है/ और चन्द्रगुप्त है/ बाहर संसार है/' यह संसार संसृत नहीं; लगातार क्षरित हो रहा था। भीतर की दुनिया श्रीकान्त वर्मा को बाहर के संसार में जाने से जैसे रोक रही थी। मृत्युभय समूचे व्यक्तित्त्व में पसर गया—'मृत्यु ने मुझे। मृत्यु हवाले कर दिया है।' मृत्य का ऐसा त्रास व्यक्तिवादियों और भावभावादियों को घेरता है लेकिन व्यक्तिवादी आखिरकार खुद को बचा नहीं पाते हैं।

मृत्युभीति और मनोरूग्णता गुप्त बीमारियों या दूसरी शारीरिक व्याधियों से ज्यादा खतरनाक होती है। यह व्यक्ति को खोखला कर देती है। जिसमें फँसकर वह या तो आत्मसंशयी होकर अन्धविश्वासी हो जाता है या अपने अस्तित्त्व का फिर से जायजा लेता है। आत्म और अन्यों के अस्तित्त्वगत सवालों से जूझता है। खासकर 'मगध की कविताएँ बताती हैं कि पहचान बनाने के बाद अस्तित्त्व के सवाल ज्यादा उलझ जाते हैं और अपनी ही पहचान, अपनी ही निगाह में सन्दिग्ध हो जाती है। आसन्न मृत्यु सामने खड़ी हो जाती है—'भविष्य में/ जरा से फासले पर मृत्यु है/ मृत्यु की, कवियों ने, कितनी/ कल्पनाएँ की हैं/ मगर सबका सुख रोमांटिक/ मृत्यु भयानक है,/ जीवन का अन्त है/ माया ही सही/ मगर कितना लुभावना, कितना सरस, निरर्थक होते हुए भी, सार्थक है/ यह संसार/' मुश्किल से पाई, बनाई और बचाई गयी जगर-मगर दुनिया के सम्मोहन से छूटते समय ऐसे ही भाव घेरते हैं।

मृत्यु के गहरे नैराश्य में अवसाद का घटाटोप है। व्यक्ति ठहरकर खुद को देखता है तो पाता है समय ही नहीं बचा। समय समाप्ति की पीड़ा से बिन्धे उसे अपना मामूलीपन और त्रासदी साफ दिखते हैं—'युद्ध हुआ तो मुझको ही मारा जाना है/ नहीं हुआ तो मुझको ही मारा जाना है/ उस युग में मुझको कहते थे अश्वत्थामा/ क्या कहते हैं अब जब सब कुछ बदल गया है/ अश्वत्थामा ट्रक के नीचे कुचल गया है/' दुर्घटनाओं और युद्धों में निहत्थे मारा जाना ही उनकी नियति है—'अब कैसा धर्म-युद्ध, निहत्थों पर जिसमें हथियार नहीं उठेगा?, तब किस पर उठेगा हथियार!/ निहत्थों पर उठने के लिए ही बने हैं हथियार/' श्रीकान्त वर्मा ताकतवर थे। एक समानान्तर सत्ता। क्या सत्ता की गोद में आनन्द-मंगल जीवन जीते श्रीकान्त वर्मा आखिरकार एवजी सत्ता के निहत्थे हो जाने की पीड़ा झेल रहे रहे थे?

श्रीकान्त वर्मा की आखिरी कविताओं में बेहद सघन मृत्युभीति है। काल वहाँ

समय के त्वरित क्षय होने का पर्याय बन जाता है। काल यानी नश्वरता यानी मौत— 'जब मैं किशोर था जहाँ भी मिली/ कोई कोरी दीवार खड़िया से/ लिख देता मैं अपना नाम/ दूसरे दिन पाता, मिटा दिया किसी ने/ इस तरह जैसे लिखा ही न था तब मैं कड़कता कौन?/ उत्तर मिलता/ सोमदत्त/ ... मैं बूढ़ा हो चुका हूँ/ जब भी मिलती है/ कोई कोरी दीवार/ खड़िया से लिख देता हूँ अपना नाम/ दूसरे दिन पाता हूँ।/ मिटा दिया किसी ने इस तरह जैसे लिखा ही न था/ अब जब कड़कता हूँ/ कौन? उत्तर मिलता है काल/ '—समय समाप्त होने से स्थान छिन गया है या स्थान छीने जाने से समय समाप्त हो गया है। काल यहाँ समय और स्थान दोनों के नष्ट होने का अर्थ देता है। एवजी ताकतों के साथ यही होता है।

मृत्यु आधुनिक विश्व कविता के बीज-विषयों में एक है लेकिन श्रीकान्त वर्मा की कविता में मृत्युबोध निजी सन्दर्भों में लिपटा है। इसलिए उनकी कविता के प्रसंग-गर्भत्व में ही एक ऐसा ठंडा 'मृत्युभय' है जो अन्दर तक चीर देता है— 'जब भी मणिकर्णिका जाओगे/ एक वृद्ध को कोने में दुबका हुआ पाओगे/ तुम्हें देख/ उसकी आँखों में/ कुछ कौंधेगा/ वह रोहिताश्व, रोहिताश्व/ बिसूरता तुमसे लिपट जाएगा/ तब क्या करोगे? यही न: मैं रोहिताश्व नहीं हूँ/ सचमुच रोहिताश्व/ नहीं हूँ। मगर तुम उस वृद्ध को/ कैसे/ विश्वास दिलाओगे कि तुम/ रोहिताश्व नहीं हो.../ क्या तुम उसे/ विश्वास दिला सकते हो कि तुम रोहिताश्व नहीं हो?/ व्यक्ति मृत्यु को नहीं पहचान रहा है; मृत्यु भी उसे ताड़ रही है।

यह काल सबको लील जाता है। उससे योगी या भोगी कोई बच नहीं सकता—'मालती/ कल यह नहीं होगा/ पीब में भरे होंगे स्तन/ जंघाएँ/ स्मारकों की तरह/ टूटी पड़ी होगी/... सूख चुकी होगी/ सुख की नदी.../ शव को नदी से निकाल/ छोड़ जाते हैं लोग/ घाट पर और कहते हैं/ यह रहा काल/ ' भोग एक अर्थहीन तमाशा बनकर रह जाता है। महान गणराज्य भी काल के एक भ्रू-विक्षेप पर नष्ट हो जाते हैं—'मिथिला को ही लीजिए/ कल की बात है/ राज्य करते थे विदेह/ उसी मिथिला में/ शासन करता है सन्देह/ किसी को धर्म का डर नहीं/ ' विश्वामित्र, वशिष्ठ/ कोई नहीं रहा/ महाराज! सभी नश्वर हैं कोई अमर नहीं/ रोते-कराहते, छुपते-छुपाते भी उससे बचा नहीं जा सकता—'क्यों कराह रहे हो? कोई उपचार तुम्हें मणिकर्णिका से नहीं बचा सकता/ क्यों भूलने की कोशिश कर रहे हो? कोई भी विस्मृति/ यथार्थ पर पर्दा नहीं डाल सकती/ मणिकर्णिका' के नीचे/ मणिकर्णिका/ मिलेगी और उसके भी नीचे/ मणिकर्णिका/ सच्चाई, आसन्न मृत्यु की तल्ख़ सच्चाई पीछा करती रहती है। यथार्थ यहाँ नियति बनकर कँपाता, डराता और खाता रहता है।

मृत्यु से बचने का साहसिक भाव वक्रोकित या व्यंजना नहीं, विडम्बना है।

जिसे कवि ने गहरे आत्ममन्थन से हासिल किया है—'चाहता तो बच सकता था/ मगर कैसे बच सकता था जो बचेगा/ कैसे रचेगा पहले/ मैं झुलसा/ फिर धधका/ चिटखने लगा/ कराह सकता था/ मगर कैसे कराह सकता था/ जो कराहेगा/ कैसे निबाहेगा/... न यह शहादत थी/ न यह उत्सर्ग था/ न यह आत्मपीड़न था/ न यह सजा थी/ तब क्या था/ यह किसी के मत्थे मढ़ सकता था/ जो मढ़ेगा कैसे गढ़ेगा—/' मृत्यु से बचना यानी भागना अब उस आदमी को गवारा नहीं जो रचना चाहता है क्योंकि यह रचने की कीमत है।

प्रेम और आजादी के साथ मृत्यु भी आधुनिक हिन्दी कविता का मुख्य सरोकार है। श्रीकान्त वर्मा के 'मगध' में मृत्यु नैतिक क्षय, सामूहिक संहार और कालातीत काल के सन्दर्भ में काव्य-प्रसंग बनती है।

इतिहास की धूल में धूसरित नगर, वक्त की मिट्टी से मटमैले चरित्र, अवन्ती, मालवा, उज्जयिनी, क्षिप्रा, चम्पा, काशी, कौशाम्बी, कपिलवस्तु, कौसल, कलिंग, वैशाली, आम्रपाली, वासवदत्ता, वसन्तसेना, चन्द्रगुप्त, बिम्बसार, अशोक, अजातशत्रु-इत्यादि स्मृतियों की भीड़ से निकलकर श्रीकान्त वर्मा की कविता में शब्दों के अनुभव बन गये हैं। अतीत की इन संज्ञाओं की विराट उपस्थिति उस साधारण जन की वर्तमान दशा पर विकट टिप्पणी बन जाती है— 'यहाँ के लोगों का कहना है कि/ यहाँ के लोगों की यही तो विशेषता है/ वे जनम लेते हैं, चहचहाते हैं/ आँखें लड़ाते हैं/ चौपड़ बिछाते/ जब तक वे लिप्त हों/ कैसी विडम्बना है मित्र/ जब तक वे लिप्त हों/ तब तक अवधि समाप्त.../' क्रीड़ा की तैयारी का सामान जुटाने में ही जीवन बीता जा रहा है। जो जुटाते हैं; जरूरी नहीं कि उसका भोग भी कर सकें। यहाँ श्रीकान्त वर्मा प्राचीन भारतीय दार्शनिक स्मृतियों को नये सन्दर्भ में रच रहे थे।

इच्छा-तृष्णा ही दुख का और उससे आगे बढ़कर भय का कारण है। यह बुद्धभाव आखिर में ही समझ आता है। यह तृष्णा या कुछ पाने की चाह ही है जो बड़े सत्ता-प्रतिष्ठानों से लेकर व्यक्ति तक को नष्ट कर देती है। हालाँकि जानते सब हैं कि तृष्णा ऐसी ही होती है—'तृष्णा थी जिसने तोड़ा/ वसन्तसेना को/ तृष्णा है जो तोड़ेगी/ वसन्तसेना को/ छोड़ नहीं पाई/ वसन्तसेना/ तृष्णा ऐसी ही होती है/ तृष्णा से बचो/ सम्भव हो/ तो/ अपने से भी/ तुम भी तो गिड़गिड़ा रहे हो/ वसन्तसेना/ वसन्तसेना/' वसन्तसेना माया है। मायावी छल है।

सत्ता-प्रतिष्ठान शक्तिकेन्द्र होते हैं लेकिन वह मारक होते हैं। फिर भी उनकी नजदीकियों में व्यक्ति सुरक्षा अनुभव करता है। यह एक आत्मछल है। इसकी परिणति आत्मदया में होती है या गदगद-प्रार्थना में-

'मैं जीवन भर बेवजह झूठ बोलता रहा/ अपने विवेक के विरुद्ध किया/ स्वयं

पर भरोसा न कर, औरों के आगे गिड़गिड़ाता रहा मैं खुद को एक गिरा हुआ आदमी/ मानता हूँ/ मैं बौनों के कन्धों पर चढ़कर महान नहीं होना चाहता/ मित्रों, मैं महानों के चरणों पर गिरकर कहना चाहता हूँ-/ मैं अधम हूँ/ मुझे क्षमा करो/ यह आखिर में खुद को पहचानना है या अपने आसन्न अन्त को देखना है।

अहं, दर्प, लोभ, मिथ्या से रचा-बुना जीवन का नाटक जब टूटता है तो अन्त में प्रार्थना ही बचती है—'ईश्वर मुझे शक्ति दो, इस छद्म और/ छल से उबरने की। फिलहाल स्वंयं को धिक्कार ही सकता हूँ/ ' अन्त में केवल सन्नाटा गूँजता है। यह सन्नाटा महत्त्वाकांक्षाओं के अधूरे रह जाने से पैदा हुए खालीपन को और डरावना बना देता है। इस आत्मभर्त्सना में व्यक्ति यह जानकर ठिठक जाता है कि अब तक वह किस दलदल में था—'मैं खुद को एक गिरा हुआ आदमी/ मानता हूँ/ मगर कुछ लोगों को देखकर मैं हैरत में पड़ जाता हूँ/ उनके गिरने की कोई सीमा नहीं/ वे हत्यारे ही नहीं,/ चोर, उचक्के, डकैत,/ होमोसैक्सुअल,/ हैट्रोसैक्युअल,/ रेपिस्ट हैं,/ उनके जीवन में सत्य का/ पश्चाताप का एक क्षण/ नहीं आया/ और वे सबके सब राजनीति में हैं—/ ' राजनीति यानी सत्ता केन्द्र; जहाँ ताकत होगी— अनैतिकता होगी, अन्याय होगा और सही मनुष्यों का तथा मनुष्यभाव का अन्त होगा।

राजनीति वर्तमान की हो या अतीत की; अन्धकार में डूबे हुए अतीत के गलियारे के कई-कई मोड़ हैं। मगध की टूट-फूट इतिहास में नहीं हुई। वह आज भी टूटफूट रहा है। वहाँ छीना-झपटी है। जहाँ 'वर्तमान को झेल सकना दिन-ब-दिन कठिन होता जा रहा है।' जाने क्या पाने की आपाधापी है—'क्या चाहते तो?/ पाने को सिर्फ कपिलवस्तु ही नहीं है/ किसके लिए व्यग्र हो?/ विन्ध्याचल, हस्तिनापुर, श्रावस्ती, उज्जयिनी, कोसल-'कहीं भी जाओगे/ टूटी हुई सीढ़ियों पर/ बैठी हुई विधवाएँ पाओगे/ या सिर्फ सन्नाटा/ जिसमें सिर्फ बरगद उगता है/ फैलता है, बूढ़ा होता है/ दाढ़ी पर हाथ फेर/ कपिलवस्तु, कपिलवस्तु जपता है/ ' जिस कपिलवस्तु को पाने की हसरत है वह अपनी निर्जनता में स्तब्ध है क्योंकि कहीं कोई नहीं बचा—'महाराज बधाई हो-कोई नहीं रहा/ किसी को नहीं बख्शा काल ने/ श्रावस्ती की कोख उजड़ चुकी कोसाम्बी विधवा की तरह सिर मुड़ाए खड़ी है/ कपिलवस्तु फटी-फटी आँख से सिर्फ देख रहा है/ अवन्ती/ निर्जन है/ काशी में शवों का हिसाब हो रहा है/ और मगध में?/ मगध में सन्नाटा है/ क्षमा करें महाराज/ आप नहीं समझेंगे यह/ कैसा सन्नाटा है/ ' यहाँ इतना तीखा-तिलमिला देनेवाला व्यंग्य है जिससे करुणा उपजती है। सत्ता, राजनीति तन्त्र, व्यवस्था-यह आपसी शक्ति के घात-प्रतिघात से आखिरकार नष्ट हो जाते हैं। विजय, धर्म, शासन यहाँ क्रमशः आतंक, युद्ध, हत्या के पर्याय बन जाते हैं। भयावह विलाप यहाँ गूँज रहा है। सम्पत्ति, सेना, मन्त्री परिषद यहाँ क्योंकि समानान्तर शासन बन गये हैं। इसलिए

फर्क उन्हीं से पड़ता है—'यह भी कोई बात हुई/ कि समग्र मिथिला में/ एक भी कवि नहीं/ कि समूचे गणराज्य में/ कोई मूर्तिकार नहीं/ कि सम्पूर्ण मिथिला में/ कोई गायक नहीं राजन!/ गायकों के/ होने न होने से/ फर्क नहीं पड़ता/ फर्क पड़ता है सम्पत्ति से/ सेना से, मन्त्रिपरिषद से—/' कला नहीं, जनता नहीं, सम्पत्ति और सेना–जीवन के लिए जरूरी चीज़ें बदल गयी हैं।

विजयी होना है, जैसे बन पड़े विजय पानी है। विजय के इस आतंक ने कैसी दुनिया बना दी है—'मौर्य अपशकुन नहीं देखते/ मौर्यों को/ विजय से/ वास्ता है तक्षशिला और नालन्दा के बीच मौर्य हैं/ और/ रास्ता है/' वे ताकतवर मासूमों के शवों पर ही अपना विजय पथ बनाते हैं।

लोग क्यों मारे जा रहे हैं— यह प्रश्न एक सार्थक हस्तक्षेप है। लेकिन इसे एक डर घेरे हुए हैं। इसलिए कथित जीवितों की बजाय मुर्दे ही यह हस्तक्षेप करते हैं— 'कोई टोकता तक नहीं/ इस डर से/ कि मगध में/ टोकने का/ रिवाज न बन जाए/ एक बार शुरू होने पर/ कहीं नहीं रूकता हस्तक्षेप/ वैसे तो मगधवासियों/ कितना भी कतराओ/ तुम बच नहीं सकते हस्तक्षेप से/ जब कोई नहीं करता/ तब नगर के बीच से गुजरता हुआ मुर्दा/ यह प्रश्न कर हस्तक्षेप करता है।/ मनुष्य क्यों मरता है?/' श्रीकान्त वर्मा अतीत के बहाने समकाल की विसंगतियों को तमाम विडम्बनाओं समेत उजागर कर देते हैं।

मगध उस बीते हुए कल का अर्थ भी व्यंजित करता है जिसका लोप हो गया है। वह काल से परे और पार जा चुका कल मनुष्य की आन्तरिक अनिवार्यता और अदम्य इच्छा का विराट रूपक और प्राथमिक प्रतीक भी है। यह शासकहीन समय का शोर है जो सन्नाटे को उपजाता है—'मगध में शोर है कि मगध में शासक नहीं रहे/ जो थे वे मदिरा, प्रमाद और आलस्य के कारण इस लायक/ नहीं रहे कि उन्हें हम/ मगध का शासक कह सकें/ लगभग यही शोर है/ अवन्ती में/ यही कोसल में यही विदर्भ में/ कि शासक नहीं रहे/' इन कविताओं में सन्नाटा और शोर एक-दूसरे के विलोम हैं लेकिन एक दूसरे के विपयर्य उजागर करने के साथ-साथ विकल्प बन जाते हैं—'सुनो भई-घुड़सवार, मगध किधर है/ मगध से आया हूँ/ मगध मुझे जाना है... तुम भी तो मगध को ढूँढ रहे हो/ बन्धुओं यह वह मगध नहीं/ तुमने जिसे पढ़ा है किताबों में/ यह वह मगध है/ जिसे तुम मेरी तरह गँवा/ चुके हो/' गँवाई जा चुकी या छीनी जा चुकी दुनिया की यह बेकार ढूँढ है।

'मगध' के पाठ में गद्य और कविता का भेद मिट गया है। गद्य में वही कौंध और आवेग है जो अर्थदीप्त कविता में होती है। इसका कारण वह बेकाबू गुस्सा है जो आत्मग्लानि से उपजा है—'मन आत्मग्लानि से भरा हुआ है।/ इन तमाम वर्षों में मैंने क्या किया?/ मिथ्या, चाटुकारिता, अहं, दर्प, छल, आत्मछल, आकांक्षा, लोभ,/

वैभव, प्रदर्शन, आत्मदर्शन, प्रतिद्वन्द्विता, शत्रुता, आत्मरति, नाटकीय जीवन जिया।/ मैं अपने अन्दर बैठा हुआ एक/ पिशाच हूँ, अन्यायी/ अत्याचारी/ रोगग्रस्त/ भोगग्रस्त/' गद्य में प्रगीतात्मक भाववाली कविताओं में दरअसल श्रीकान्त वर्मा छोटे मामूली लोगों की छोटी-छोटी कहानियाँ सुना रहे हैं। विशुद्ध अभिधा में भी अर्थ व्यंजित करने का सामर्थ्य श्रीकान्त वर्मा दिखाते हैं—'गुणगाहक! गुणसागर! गुणनिधान/ बहुत वर्षों बाद/ मैं आपके दरवाजे आया हूँ/' सुनिए यजमान/ जन्म-जन्मान्तरों की कथाएँ नगरों-नागरिकों की व्यथाएँ लाया हूँ/ यहाँ विरुद्धों का सामंजस्य नहीं, विरुद्ध भावों का तनाव है। अर्थहीन हो चुके मनुष्य के लिए जन्म-जन्मान्तर क्या मायने रखते हैं?

मृत्युभीति से उपजे गहरे नैराश्य के निजी प्रसंग व्यवस्था के छल-छद्म, बड़े सामाजिक सन्दर्भों में बदल जाते हैं। तन्त्र का मायावी अनिश्चय, संशय और वर्तमान के नाटक तनाव से राहत पाने के लिए श्रीकान्त वर्मा बार-बार अतीत में जाते हैं—'वर्तमान को झेल सकना/ दिन-ब-दिन/ कठिन होता जा रहा है,/ मैं अपने बचपन में जवानी के दिनों में/ अतीत में/ वापस लौट जाना चाहता हूँ/' दुर्दिन नहीं बदलते; व्यक्ति को बदल देते हैं। यह बदलना असहनीय होता है। बचने की सूरत नहीं होती। व्यक्ति जीवन बदलकर, व्यतीत जीवन पाना चाहता है लेकिन वह बीत चुका है।

श्रीकान्त वर्मा की भाषा भी अतीत में जाती है। बल्कि कहना होगा शब्द लाने के लिए वे अतीत में जाते हैं। लेकिन उनमें वर्तमान का विद्रूप और चमक भर देते हैं— 'श्रावस्ती नगर में देवदत्त/ देवदत्त,/ देवदत्त था या कुँआ/' ऐसी पंक्तियों में जातिगत भ्रमों का द्वन्द्वजाल तोड़ने का चातुर्य दिखता है।

श्रीकान्त वर्मा और उनके समकालीन धूमिल की तीखे तेवरवाली तुकान्त-प्रिय शैली से आक्रान्त रहे हैं:—'भाइयों,/ कवि या न-कवियों/ क्या यह सच नहीं तुम्हारी स्मृति या तो गंगा होगी या/ नाली होगी/ कविता, कविता होगी/ नहीं होगी/ तो/ गाली होगी/' यहाँ अर्थ कम चमकता है; शब्द चमकते हैं और भाषा अर्थहीन बजती है।

'गरुड़ किसने देखा है' में उस शैली के कुछ अवशेष मिल जाते हैं। इससे पहले 'मगध' से ही तुकान्ततावाली धूमिलीय शैली की छाप को मिटाते हुए श्रीकान्त वर्मा नयी काव्य-भाषा अर्जित करते हैं—'उज्जयिनी जाने को इच्छुक यात्रियों से निवेदन है/ यह रास्ता उज्जयिनी को नहीं जाता/ और यह कि यही रास्ता उज्जयिनी को जाता है।/' ऊपर से यह निष्प्रभ नीरस गद्य है। सतह पर नहीं, निहितार्थ में यहाँ कविता का आवेश मौजूद हैं—'आधे मानते है, आधा/ होना उतना ही/ सार्थक है, जितना पूरा होना/ आधों का दावा है, उतना ही निरर्थक है पूरा होना,

जितना आधा होना' श्रीकान्त वर्मा इसके लिए पहेलियाँ नहीं रचते। वह ऐसी भाषा का विधान करते हैं जो प्रत्यक्ष है— 'सुखी है आम्रपाली कि हरेक/ उसे जानता है/ दुखी है आम्रपाली कि कोई/ उसे नहीं जानता सीधे निहितार्थ प्रस्तावित करनेवाली इस काव्य भाषा की, शब्दावली को तत्सम, तद्‌भव, देशज, आगत इत्यादि किताबी खानों में बाँटकर नहीं देखा जा सकता। यह उस अखबारी भाषा का प्रतिलोम रचने वाली भाषा है जो शब्द के सतह पर इकहरी और अर्थ के धरातल पर अनेकायामी है। नाटक, निबन्ध, डायरी, आख्यान इत्यादि के संश्लेष से यह भाषा कविता का रूपबन्ध तैयार करती है। यह प्रत्यक्ष सम्बोधन और कहीं बातचीत करनेवाले शिल्प को ईजाद करना है—'विन्ध्याचल पार कभी/ दक्षिण गये हो?/ लंका जल रही है।/ उत्तर को लौटो हस्तिनापुर की विधवाओं का विलाप सुन/ छाती फटती है? श्रावस्ती, उज्जयिनी, कोसल/ कहीं भी जाओगे/ टूटी हुई सीढ़ियों पर/ बैठी हुई विधवाएँ/ पाओगे—या सिर्फ सन्नाटा/' यह कविता में व्याख्यान है। श्रीकान्त वर्मा असल में अपने दारुण समय की त्रासदियों का भाष्य कर रहे थे।

श्रीकान्त वर्मा की कविताओं पर उनके समय के मनुष्य और उसके तीखे वक्त की आँच है। उसी तरह उनकी भाषा में जीवन की छाया नहीं, जीवन मौजूद है। वह मृत्यु के सामने जीवन के बड़े अर्थ तान देते हैं। मृत्यु और जीवन के तनाव में ऐसी कविता सम्भव होती है जिसमें वस्तु और रूप को अलगाया नहीं जा सकता।

केदारनाथ सिंह
7 जुलाई 1934

भाषा में मनुष्य का लौटना

पिछली सदी के अन्तिम दो दशकों में उभरने वाली कवियों की पीढ़ी पर तीन घटनाओं सोवियत-रूस का विघटन, मंडलवादी विचारों का उभार और कमंडलवादी राजनीति का असरदार होना इत्यादि का प्रभाव पड़ने के साथ-साथ तीन कवियों केदारनाथ सिंह, विष्णु खरे और मंगलेश डबराल के काव्य-मुहावरे का भी गहरा असर पड़ा है। आज की कविता पर भी इनकी छाप देखी जा सकती है। इनमें से केदारनाथ सिंह नये कवियों की प्राथमिक पाठशाला हैं। उनका सम्मोहित करनेवाला काव्य-मुहावरा इतना संक्रामक है कि अपने विशिष्ट लहजे और टटकी विषयवस्तु के कारण तत्काल अपनी गिरफ़्त में ले लेता है। आधुनिक हिन्दी कवितयों में केदारनाथ सिंह शायद सबसे अधिक पढ़े जाने और सराहे जानेवाले कवि हैं। अपनी पीढ़ी के कवियों में उन जैसे कविता के पाठक और मर्मज्ञ गिने-चुने ही होंगें।

केदारनाथ सिंह का जन्म—1934, चकिया; बलिया, उत्तरप्रदेश में हुआ। आरम्भिक शिक्षा गाँव में, बाद की शिक्षा—हाईस्कूल से एम.ए. तक वाराणसी में सम्पन्न करने के बाद उन्होंने 'आधुनिक हिन्दी कविता में बिम्ब-विधान' विषय पर सन 1964 में पीएच.डी. प्राप्त की। उन्हें अनेक पुरस्कारों से सम्मानित किया गया जिनमें प्रमुख हैं—साहित्य अकादेमी पुरस्कार, ज्ञानपीठ पुरस्कार' मैथिलीशरण गुप्त सम्मान, मध्यप्रदेश, कुमारन आशान पुरस्कार, केरल, दिनकर पुरस्कार तथा 'जीवन भारती' सम्मान, उड़ीसा।

अँग्रेजी, स्पेनिश, रूसी, जर्मन, हंगेरियन तथा लगभग सभी प्रमुख भारतीय भाषाओं में उनकी कविताओं के अनुवाद होते रहे हैं।

केदारनाथ सिंह की प्रकाशित कृतियाँ—अभी बिलकुल अभी, जमीन पक रही है, यहाँ से देखो, अकाल में सारस, उत्तर कबीर और अन्य कविताएँ, ताल्सताय और साइकिल तथा प्रतिनिधि कविताएँ (काव्य-संग्रह), एवं कल्पना और छायावाद, आधुनिक हिन्दी कविता में बिम्बविधान, मेरे समय के शब्द, कब्रिस्तान में पंचायत तथा मेरे साक्षात्कार केदारजी की गद्य कृतियाँ हैं।

सम्पादित—ताना-बाना; आधुनिक भारतीय कविता से एक चयन, समकालीन रूसी कविताएँ, कविता दशक तथा साखी; अनियतकालिक पत्रिका। जे.एन.यू. से प्रोफेसर पद से अवकाश प्राप्त करने के बाद आज भी वे लगातार सम्मोहित करने वाला पद्य रच रहे हैं।

केदारनाथ सिंह ने गीत से अपनी काव्य-यात्रा शुरू की थी। लेकिन जल्दी ही वे समझ गये गीत का यह साँचा अतिशय बन्दिशों के कारण उनकी बात दूर तक पहुँचाने में असमर्थ है। वे अर्थ की लय युक्त मुक्त छन्द की ओर गये। 'झरने लगे नीम के पत्ते/ छाने लगी उदासी मन की' जैसा अर्थ-सम्पन्न और मर्मस्पर्शी गीत लिखनेवाले इस कवि के यहाँ छन्द मुक्त पंक्तियों में भी अद्‌भुत लय मिलती है। उन्होंने गद्यवत पंक्तियों में भी गीत की उपस्थिति सम्भव की है।

केदारनाथ सिंह के यहाँ एक गहरा अतीत राग मिलता है। केदारजी के लिए अतीत का नाम आँकुसपुर भी हो सकता है—

आँकुसपुर
रुकी नहीं ट्रेन
हमेशा की तरह धड़धड़ाती हुई आई
और चली गयी छोड़कर आँकुसपुर

उनका प्रिय शब्द है 'लौटना'। कवि बार-बार अपने जा चुके कल में लौटता है। क्या यह लौटना आज यानी वर्तमान के डरावनेपन से भागना है? केदारनाथ सिंह का अतीत में लौटना, आनेवाले कल के लिए हिम्मत जुटाना है। अतीत उन्हें पुनर्नवा करता है। वे जब यह महसूस करते हैं कि शहर के पथरीले आज ने जीवनदायी रस सोख लिया है तो जीवनी शक्ति फिर से जुटाने के लिए केदारनाथ सिंह अतीत-गमन करते हैं। यह भाषा में भी लौटना है—

ओ मेरी भाषा
मैं लौटता हूँ तुममें
जब चुप रहते-रहते
अकड़ जाती है मेरी जीभ
दुखने लगती है आत्मा

यह अपनी जड़ों यानी मूल जमीन तक लौटना है। इसी से केदारनाथ सिंह के यहाँ नये और पुराने का द्वन्द्व पैदा होता है।

इस सन्दर्भ में केदारजी के यहाँ गाँव और शहर आते हैं। गाँव अतीत है। जहाँ लौटने की सनातन उम्मीद बची रहती है। शहर वर्तमान है। जिसमें निरर्थक होते जाने और नष्ट होने का शाश्वत भाव है—

नाम कमाने की धुन में

जब यहाँ तक आया
तो अचानक पाया
कि हर नाम एक घोंसला है
जिसमें कोई चिड़िया अंडा नहीं देती।

'नाम' कविता गहरे व्यंग्य भाव से ऊष्मित है। केदारनाथ सिंह के यहाँ व्यंग्यभाव की उपस्थिति कम है, लेकिन जहाँ है वहाँ मारक है!

शहर नया है। गाँव पुराना है। इस नये-पुराने की आपसी रगड़ से नये के वास्तविक अर्थ और पुराने के नये अर्थ में कई बार पुराना कुछ भी नहीं रह जाता। यहाँ तक कि सदियों पुराना होकर भी शब्द धमनियों में बहने लगता है। उनके यहाँ एक और पसन्दीदा या बीज शब्द है—'आखिरी' या 'अन्तिम' इसकी उपस्थिति कवि के यहाँ अद्‌भुत सम्मोहन रचती है—

दिन की आखिरी बस जा रही है,
कस्बे में भर गयी है धूल
पृथ्वी की सबसे ताजा
और प्राचीनतम धूल
जो यहाँ दिनभर
आदमी के साथ-साथ
धुनती है रूई
गर्माती है पानी
गूँथती है आटा
चराती है बकरियाँ,

यहाँ पर आखिरी बस का जाना और धूल का उड़ना ये ऐसी समानान्तर क्रियाएँ हैं जिसे शब्द साक्षात उपस्थित कर देते हैं। कस्बे की धूल को कवि जिस नजर से देखता है उस से ज्यादा महत्त्वपूर्ण है कि वह किस कोण से देखता है। इस कविता के संकलन का नाम ही है 'यहाँ से देखो' यानी कवि हमारे आसपास फैली चीजों और लगातार घट रही घटनाओं को देखनेवाली नजर और नजरिया भी हमें सौंपता है। यही कारण है कि केदारनाथ सिंह के यहाँ हम उन चीजों और घटनाओं की नयी भूमिकाओं को देख लेते हैं जिन्हें हम अमूमन अनदेखा कर देते हैं। इस कविता की सामान्य लगती पंक्तियों में धूल जिस तरह उड़ती है वह कस्बे में नहीं, समूची मानवीय चेतना पर छा जाती है। यहाँ रामविलास शर्मा का प्रसिद्ध ललित निबन्ध 'धूल' याद आता है। केदारनाथ सिंह की कविताओं में पानी के साथ-साथ नमक के भी कई बिम्ब उभरते हैं। केदारनाथ सिंह नमक अर्थात एक बेहद मामूली लेकिन अत्यन्त अनिवार्य वस्तु को रेखांकित करनेवाले कवि हैं। यह मामूली चीजों

में निहित ग़ैरमामूलीपन ढूँढ़ने का कठिन कार्यव्यापार है।

केदारनाथ सिंह की काव्य-पीढ़ी के ज्यादातर कवियों की कविता विचारों से बोझिल दिखाई देती है। केदारनाथ सिंह छोटे लेकिन स्थाई असर डालनेवाले बिम्बों के द्वारा बड़ी बात कहनेवाले कवि हैं—

सुनो, आज सुबह उठा तो आसमान मेरी खिड़की से इस तरह दिखा
जैसे कोई तौलिया सूख रहा हो
कौए की आवाज ऐसी सुनाई पड़ी
जैसे वह भोंपू की आवाज हो
एक जाता हुआ वायुयान ऐसा लगा
जैसे वह आता हुआ वायुयान हो
मेरी तरफ!

वस्तुओं और मनोदशाओं के जितने बिम्ब उन्होंने निर्मित किए हैं शायद ही किसी आधुनिक हिन्दी कवि ने किए होंगे। यह काव्यात्मक-अकाव्यात्मक, सहज-जटिल को एकसाथ साधने की विलक्षण कला का साक्ष्य है। जो कवि 'ताल्सताय' और 'साइकिल' जैसी कविता लिख सकता है, जो 'चींटियों की रुलाई' सुन सकता है, जो 'इब्राहीम मियाँ ऊँटवाले' को पहचान सकता है, जो कवि कविता में 'बाघ' को लाता है और उसकी हिंस्त्र छवि को तोड़कर, उसके सौन्दर्य का मायाजाल रच सकता है; उस कवि को गहरी समझ के साथ ही पढ़ा जा सकता है। यह कविता और मनुष्य को बचाने की ऐसी कोशिश है जो देश-देशान्तर के रिश्तों को पहचानने में सक्षम है। केदारनाथ सिंह के यहाँ शब्दों का अपव्यय नहीं है।

यह कवि वस्तुओं में विषय ढूँढ़ लेता है। यह विषय का शब्दार्थ सहित उपस्थिति होना है। केदारनाथ सिंह 'पानी की प्रार्थना' में पानी के बहाने आज के मनुष्य के सामने खड़ी मुश्किलों को उजागर कर देते हैं। पानी इनसान के जिन्दा रहने के लिए सबसे जरुरी चीज है। उसके मामूलीपन में असाधारणता है—

पर असल में जो आया
वह एक चरवाहा था
अब कैसे बताऊँ प्रभु—क्योंकि आपको तो
प्यास कभी लगती नहीं—
कि वह कितना प्यासा था
फिर ऐसा हुआ कि उसने हड़बड़ी में
मुझे चुल्लूभर उठाया
और क्या जाने क्या
उसे दिख गया मेरे भीतर

कि हिल उठा वह
और पूरा का पूरा मैं गिर पड़ा नीचे
शर्मिन्दा हूँ प्रभु
और इस घटना पर हिल रहा हूँ अब तक

तीन गद्यात्मक वाक्य यहाँ गद्यात्मकता तोड़कर जिस कविता को सम्भव करते हैं उस कविता को अद्‌भुत मेधा और अनथक अभ्यास से ही हासिल किया जा सकता है। जनवादी कविता की यह केन्द्रीय पहचान है कि वह असाधारण की महानता रेखांकित करने की बजाय साधारण की अहमियत प्रस्तावित करती है—

समय ही कुछ ऐसा है
कि पानी नदी में हो
या किसी चेहरे पर
झाँककर देखो तो तल में कचरा
कहीं दिख ही जाता है!

'सबके चेहरे उजले/ सबकी आत्मा पर दाग'— अग्रज कवि भवानीप्रसाद मिश्र की पंक्तियाँ तत्काल याद आती हैं। केदारजी बखूबी देख और दिखा देते हैं कि जिसे ऊपर से चमकीला बनाकर पेश किया जा रहा है असल में कचरा है। कविता छिपी हुई असलियत दिखाती है। केदारजी की कविता ने यही किया है। 'पानी की प्रार्थना' कविता साफ करती है कि मनुष्य और मनुष्येतर प्राणियों के लिए जो सबसे अपरिहार्य जरुरत है, उस की विलुप्ति का खतरा मंडरा रहा है। यह इसलिए हो रहा है कि संकट का मुख्य कारक और कारण मनुष्य है।

'चींटियों की रुलाई' में कवि केदारनाथ सिंह शहर के बदलते विन्यास की तरफ इशारा कर रहे हैं। शहर इतने जन-संकुल हो गये हैं कि एक चींटी के लिए भी जगह नहीं बची। कोई ऐसा ठिकाना नहीं बचा 'कि एक गर्भवती चींटी/ कहीं रख दे अपना अंडा/ ' जाहिर है यह बदलाव शहर में आई विकृतियों को प्रकट करते हैं। 'लाखों लाख चींटियों की मूक रुलाई का/ हिन्दी में अनुवाद' करने की कवि की चाहत दरअसल यह है कि जिनके लिए जगह नहीं बची, उनका रोना सुना जाए क्योंकि उनकी पीड़ा को देखकर अनदेखा और विलाप को सुनकर अक्सर अनसुना किया जाता है।

तेज रफ्तार घटनाओं की वजह से भारी टूट-फूट हो रही है। चीजें टूटकर बिखर रही हैं। 'सड़क पर दिख गये कवि त्रिलोचन' कविता में त्रिलोचन मिट्टी के खिलौने के टूट जाने के मामूली अख्यान को बिम्ब की भाषा में ऐसे प्रस्तुत करते हैं कि मिट्टी का बाघ बड़े रुपक में बदल जाता है—

सवेरे-सवेरे

एक बच्चा रो रहा था
उसके हाथ से गिरकर
अचानक टूट गया था
उसका मिट्टी का बाघ
एक छोटा-सा सुन्दर बाघ
जो तारों से लड़ चुका था
लड़ चुका था चाँद और सूरज
और समुद्री डाकुओं से
ठीक उसकी आँखों के आगे
उसके हाथ से गिरा
और खट्ट टूट गया

यह कविता दरअसल केदारजी की लम्बी कविता 'बाघ' का ब्ल्यू प्रिंट है। यहाँ वे वरिष्ठ कवि त्रिलोचन के माध्यम से अपनी कवि-परम्परा रेखांकित कर रहे हैं—'हो लिया उनके साथ-साथ/ तब से कितना समय बीता/ हम अब भी चल रहे हैं/ आगे-आगे कवि त्रिलोचन/ पीछे-पीछे मैं/' यहाँ काव्य-वस्तु खोजने का संघर्ष भी अन्तर्निहित है।

केदारनाथ सिंह कवियों के प्रिय कवि हैं। उन्होंने ऐसा विशिष्ट काव्य मुहावरा विकसित किया है, जिसका प्रभाव आज की हिन्दी कविता पर सम्भवत: सर्वाधिक है। सप्तक परम्परा के यशस्वी कवि केदारनाथ सिंह की 'बाघ' छठा कविता-संग्रह है। 'बाघ' में 'केदारीय' कविता की तमाम खूबियाँ और सीमाएँ मौजूद हैं। इस पर जरा तसल्ली से बात करना ठीक रहेगा—'बाघ' लम्बी कविता है या नया प्रबन्धात्मक प्रयोग; इस शिल्पगत बहस से अलग हटकर देखें तो इक्कीस खंड़ों में विभक्त इस कविता में बाघ अपनी प्राकृतिक और मिथकीय संश्लिष्ट उपस्थिति से पाठक को आकर्षित करता है। केदारनाथ सिंह की कविता का सम्मोहन यहाँ भी चमत्कार दिखाता है। अमूर्त आशयों और पारदर्शी अर्थ के बीच शब्द का कहीं लोप हो जाता है। इस अर्थ में केदारनाथ सिंह की कविता, बड़ी कविता के उदाहरण में बदल जाती है।

बाघ क्या है? यह प्रश्न नहीं; प्रतिउत्तर है। क्योंकि बाघ का कोई स्थिर स्पष्ट चित्र नहीं है। बाघ के जितने चित्र स्मृतियों में, आँखों में हैं; वे अतीत में होते हुए भी वर्तमान होकर आते हैं। इसीलिए प्रश्न उठता है कि बाघ जो है?—वही है केवल! 'कवि की पीठ पर समय के पंजों की तरह उसके निशान अंकित हैं।' अखबारों की खबर से बाहर आकर जीवित घटना बननेवाला और कभी भी, कहीं भी आ सकनेवाला बाघ 'शहर में क्यों आया यह प्रश्न भौतिक सत्यों में व्याप्त, अनन्त तत्त्वों में बदल जाता है। अपने शिकार का खून पीने के बाद किसी कथा की ओट में बैठा

बाघ किसी प्राचीन नगर के वैभवशाली दिनों में बुद्ध का सामना करते हुए, करुणा के समानान्तर भूख को रखता है। यहाँ जीवन में विरोध नहीं; सन्तुलन का सूत्र केदारनाथ सिंह देते हैं। इसके ठीक आगे पशुवत भूख का नहीं, मानवीय भूख का विस्तार है।

उत्तर-आधुनिक जीवन की संरचना को तोड़ता हुआ ट्रैक्टर, दाने में बदलकर अन्ततः बाघ को अन्न में बदल देता है। यह करूणा विलक्षण रूप से काव्यार्थ को ऐसे विस्तारित करती है कि कविता और दर्शन में भेद कर पाना कठिन हो जाता है। इसके बाद आता है दुख। यह आत्मकरुणा से नहीं; सहे हुए दुख से उपजता है और ऐसा 'शब्द' बन जाता है 'जिसके सामने बाघ' बिलकुल निरूपाय था। प्रकृति और मनुष्य के साहचर्य से ऐसी संगति निर्मित होती है कि व्यक्ति मुग्ध और अवाक रह जाता है—'उसने देखा कि एक विशाल वटवृक्ष के नीचे/ एक पक्षी और मनुष्य/ अपने डैने और कुल्हाड़ी/ अगल-बगल रखकर/ निर्भय सुस्ता रहे हैं/ यहाँ अपने से साक्षात्कार करना है।

बाघ स्वयं जादू है। एक औरत के विचार में प्यार भी एक बाघ है—'यह भी एक बाघ है/ और इतना करीब/ कि ध्यान से सुनो/ तो तुम अपनी छाती में सुन सकते हो/ उसके भारी पंजों के चलने की आवाज/ बाघ का 'ईश्वर'/ नहीं लिख सकना,'—उसकी पराजय है तो यह क्रिया-व्यापार शब्द के अर्थ-शून्य होने का निहितार्थ भी प्रेषित करता है। इस हार पर उसका रोना अतीत में घटित होता है लेकिन कविता के लिए यह वर्तमान है। काल को अपदस्थ करके कवि बाघ का एक नया भविष्य आविष्कृत करते हैं। वहाँ बाघ पाता है कि 'जहाँ दिन-रात रहने और गुर्राने के सिवा/ कोई उपाय नहीं हैं उसके पास/ उसके बाहर जाया जा सकता है।' यह पशुत्व से बाहर जाना है। मिट्टी का बाघ बनकर ऐसी चीज या दुनिया की तलाश में बदल जाता है जो थी पर जो मिली नहीं है; लेकिन जिसका मिलना सम्भव है!

जंगल से मनुष्य के दूर चले जाने पर बाघ को गहरे आसन्न संकट का बोध होता है। इस विवेक का जागना कि एक-दूसरे से दूर होने पर, दोनों डरने लगेंगे; बाघ को विचलित करता है। इसलिए बस्ती से धुँआ न उठने पर बाघ दुर्घटना की गन्ध महसूस करता है। इसके बाद बाघ का किंवदंतियों से बाहर आकर मनुष्य की आग से डरने की कथा प्रारम्भ होती है।

मनुष्य और बाघ के बीच की दूरी को लाँघकर पिंजरे का आना; दुर्घटना का घटित होना है। अपने वजूद की व्यर्थता से थककर बाघ का यह सूचना देना है कि पृथ्वी के सारे-के-सारे बाघ/ धरे रह जाएँगे। बच्चों की किताबों में-/' पीड़ा की गूँज भर देता है। इससे चिन्तित शहर की सबसे ऊँची मीनार पर चिल्लाता आदमी,

बाघ के बगैर जीवित रहने का भय; सबके साथ बाँटना चाहता है। यह डर बाघ और मनुष्य को एक कर देना है—'और अगले दिन शहर में/ फिर आ गया बाघ/' तथा 'इस तरह ऋतु-चक्र पूरा हुआ/' बाघ और मनुष्य कम-से-कम फिर करीब आ जाते हैं। कविता और बाघ का अन्त एक मुहावरे में ढल जाता है। ऐसा मुहावरा 'जिसे शब्द हमेशा अपने विस्फोट में उड़ा देते हैं।' बाघ की यह तलाश जोखिम भरी है। ऐसी कविता खेल नहीं है। ऐसी कविता के लिए शिकार करने जैसा साहस चाहिए क्योंकि वह असीम खतरों से भरा है।

बाघ विषयक इन कविताओं में शृंखलाबद्धता या कहें कि सुविचारित नियोजन मिलता है। प्रत्येक खंड, स्वतन्त्र भी है और कविता-प्रबन्ध का एक बन्ध भी है। ठीक ऐसे ही; बाघ प्रकृति भी है, मनुष्य भी और इसके समानान्तर मनुष्य; प्रकृति भी है और पशु भी। अपने कथात्मक रूपबन्ध में केदारनाथ सिंह का 'बाघ' ऐसे स्वायत्त लेकिन निश्चित अर्थों को व्यंजित करनेवाली कविता है, जिसमें कविता; काव्यत्त्व को तोड़कर भी बची रहती है।

केदारनाथ सिंह के कथ्यरूप दोनों धरातलों पर विरुद्धों का सामंजस्य रचते हैं। इस तरह इशारा करते हुए वरिष्ठ कवि आलोचक विष्णु खरे यह ठीक ही कहते हैं कि केदारजी की कविताओं में व्यक्तिगत और सार्वजनीन, सूक्ष्म और स्थूल, शान्त और हिंस्र के बीच आवाजाही, तनाव और द्वन्द्वात्मकता लगातार देखी जा सकती है। 'सूर्य' कविता की पहली आठ या शायद नौ पंक्तियाँ कुहरे में धूप जैसा गुनगुना मूड तैयार करती ही हैं कि 'खूंखार चमक, आदमी का खून, गंजा या मुस्तंड आदमी, सिर उठाने की यातना',— इस गीतात्मक मूड को जहाँ एक ओर नष्ट करते से लगते हैं वहाँ उसका कंट्रास्ट भी देते हैं। इसी कविता की अन्तिम चार पंक्तियों में एक और विरोधाभास है—कवि एक ओर तो कहता है कि सिर्फ सूर्य ही एक ऐसी चीज है जिस पर बस्ती के लोग भरोसा कर सकते हैं किन्तु दूसरी ओर वह यह भी जानता है कि सूर्य पर बस रोटी ही नहीं सेंकी जा सकती। स्पष्ट है कि आदमी के लिए रोटी सेंक पाना उन सब कार्यों से कठिन है जो सूर्य आसानी से कर पाता है। रोटी आदमी को ही सेंकनी होगी यह तो साफ है किन्तु एक और सम्भावना यह भी है कि हिन्दी कविता में सूर्य प्रतीक के अति-प्रयोग की तरफ भी कवि इशारा कर रहा हो।

विष्णु जी के यह शब्द हिन्दी कविता के इस लोकप्रिय वरिष्ठ नागरिक की कई विशेषताओं को उजागर करते हैं। केदारनाथ सिंह का समूचा कवि-कर्म एक अनन्त कविता जैसा है लेकिन इस कविता का संवेदना-संसार और भाषा-प्रणाली बदलती रही है। वे बार-बार अपने प्रिय विषयों, रूपकों और प्रतीकों में अन्तर उपस्थिति करते हैं। 'गर्मी में सूखते हुए कपड़े' उनकी इस तरह की कविताओं में सबसे कम ललित है—यानी सारी ललित भावनाओं की सजग, निर्मम छटाई, उसमें

हुई है। और कविता अपने नितान्त अनलंकृत सौन्दर्य में अपने सारे प्राकृतिक गुणों के साथ सामने है—इसीलिए उसकी अन्तिम पंक्तियों की कठोरता उसी अनुपात में है—यानी सबसे कम कठोर। शायद यह केदारजी की सबसे ज्यादा धोखादेह कविता है-एक स्तर पर एकदम चाक्षुष तथा वर्णनात्मक और दूसरे पर लोहे की तरह धीरे-धीरे गरम होनेवाली। 'बढ़ई और चिड़िया' में भी कोमल और क्रूर के बीच विलक्षण तनाव है—वहाँ गिलहरी की पूँछ के साथ बाघिन की गुर्राहट है और अन्त में स्वयं लकड़ी के अन्दर फँसी हुई चीखती चिड़िया है।

केदार जी की कविताओं का अपनापन असंदिग्ध है और वे कवि और कविताओं की भारी भीड़ में भी तुरन्त पहचानी जा सकती है। इतनी कम कविताओं में अपनी पहचान इतनी ज्यादा बना लेना जहाँ एक विलक्षण उपलब्धि है वहाँ हिन्दी के कुछ आलोचकों तथा पाठकों की अद्‌भुत वयस्कता का भी परिचायक है। दरअसल केदारनाथ सिंह, शमशेर, विनोदकुमार शुक्ल आदि जैसे किन्हीं साँचों में फिट न हो पानेवाले सारे सर्जकों का हिन्दी में न सिर्फ बने रहना बल्कि प्रासांगिक माना जाना बुरे कवियों, बुरे आलोचकों, बुरे प्राध्यापकों और बुरे सम्पादकों के सारे झूठ, छदम और स्यापे को चुपचात ध्वस्त करता है। अपनी काव्य शैली में विष्णु खरे केदारनाथ सिंह के महत्त्व को उजागर करते हुए आज की हिन्दी कविता के कुपढ़ अध्यापकों और बिना पढ़े किसी भी कवि के समूचे कवि-कर्म को खारिज करने वाले कूढ़मगज निन्दकों को करारा जबाव देते हैं। विष्णु खरे की केदारनाथ-विषयक यह वैचारिकी केदारनाथ सिंह सरीखे कवियों के कवि-कर्म का महत्त्व साबित करती है। इससे पता चलता है कि दरअसल केदारनाथ सिंह की कविता अनिवार्य महत्त्व की कविता है।

कुमार विकल
1935—23 फरवरी 1997

खतरे में पड़े रंगों को बचाने की छोटी-सी लड़ाई

ऐसा हर देश काल में अक्सर होता है, कई सार्थक लिखने वाले रचनाकार अलक्षित रह जाते हैं और मौसम के मिजाज को भाँपकर सफलता छीननेवाले चमक जाते हैं। कुमार विकल शायद इन दोनों वर्गों से अलग ऐसे कोने में खड़े हैं जहाँ अँधेरा ज्यादा है और धूप कम पड़ती है। इस अँधेरे की धुँध को हटाने के लिए इसीलिए कुमार विकल अपनी कविता में बार-बार धूप को रचते रहे।

यह न पहचाने जाने का संकट था या आलोचकों द्वारा वाजिब हक नहीं दिए जाने की जिरह है; दरअसल यह ठीक से पहचाने जाने के लिए शिद्दत से किया गया उपक्रम है और जैसा कि अरुण कमल ने पहचाना है—'रोने के बाद बहुत सोते रहने पर शर्मिन्दा इस कवि की कविता विलाप की कविता नहीं, शाप की भी कविता नहीं, हमारे जागरण और प्रतिरोध की कविता है। प्रतिरोध संगठित करने की कविता है—'एक भेड़िया दुनिया के खिलाफ।' कुमार विकल जानते हैं कि यह कविता का कठिन समय है। यह कुमार विकल से बेहतर कौन जानता है कि कविता मुश्किलों को दुरुस्त करने का औजार या कठिन समय में जीवन देनेवाली राहत है। लेकिन राहत पाने के लिए उन्होंने कविता को कहीं याचना में नहीं बदला और अपने समय को घेरे हुए सर्वग्रासी अँधेरे में उम्मीद की रोशनी देखते और दिखाते रहे। डॉ. मैनेजर पांडेय ने इस अँधेरे के पीछे आतंक और दहशत को पहचाना है। इस अँधेरे को निजी और बाहरी अभाव भी गहराते हैं।

कुमार विकल की अधिकांश कविताओं में किसी न किसी तरह के अँधेरे की ओर संकेत है और उससे संघर्ष करने की गहरी चिन्ता भी। उसमें अपने समय, समाज, व्यवस्था, राजनीति, विचारधारा, परिवार और व्यक्ति की चेतना में फैले अँधेरे के विभिन्न रूपों की खोज और पहचान है। उनकी कविता में कहीं अमानवीय व्यवस्था के आतंक के अँधेरे की शिनाख्त है तो कहीं खूँखार सत्ता द्वारा दमन और उत्पीड़न के अँधेरे की। 'निरुपमा दत्त मैं बहुत उदास हूँ' की अनेक कविताओं में पंजाब में फैले आतंक और दहशत के घने अँधेरे के विभिन्न रूपों के बिम्बों और

प्रतिबिम्बों की बहुलता है। यह अँधेरा कवि के समय और समाज में व्याप्त है। इसलिए कुमार विकल के काव्य-संसार में अँधेरे के आतंक की अत्यन्त सघन और आवेगमयी अभिव्यक्ति हुई है। खासकर उन कविताओं में इसे देखा जा सकता है जिन्हें स्वयं कवि ने 'अँधेरे की कविताएँ कहा है। इन कविताओं में आपातकाल के अत्यन्त भयावह अँधेरे को मूर्त रूप में चित्रित किया गया है। 'खूनी नदी की यात्रा', 'विपाशा', 'ट्रैफिक के नये कानून', 'जंगल कैद', 'इश्तहार' आदि कविताओं को पढ़ते समय ब्रेख्त की अँधेरे समय की कविताएँ याद आती हैं। आपातकाल का समय सचमुच आतंककारी अन्धकार का समय था। वह उस समय के कवियों, लेखकों, कलाकारों और बुद्धिजीवियों की सामाजिक चेतना, मानवीय संवेदना और रचनात्मक साहस की परीक्षा का समय था। ऐसे समय के कवियों के सामने खड़ी चुनौती और उनसे भावी पीढ़ी की उम्मीद तथा निराशा के बारे में ब्रेख्त ने लिखा है—'वे नहीं कहेंगे/ कि वह समय अन्धकार का था/ वे पूछेंगे/ कि उस समय के कवि चुप क्यों थे?/ कुमार विकल की कविताएँ गवाह हैं कि वह अपने समय के किसी भी अँधेरे के बारे में चुप रहनेवाला कवि नहीं है। वह अँधेरे के खिलाफ उजाले की आवक है।

अँधेरे के खिलाफ कुमार विकल की इस मुखरता के पीछे जो आत्मबल है, वह पावर स्ट्रक्चर में महत्त्वपूर्ण हो जाने या मोटे बैंक-बैलेंस से नहीं मिलता, वह उसे हासिल होता है जो दुख से लड़कर कविता लिखने जैसी 'गोरिल्ला शुरुआत' करने का साहस रखता है। अरुण कमल के शब्दों में कह सकते हैं कि कुमार विकल ने दुखों से लड़कर कविता लिखी। उनकी कविता दुखों से मनुष्य की लड़ाई, कभी-कभी तो बिलकुल छोटी-छोटी-सी लड़ाई, और उसके जीवट का आख्यान है। उनकी कविता में कहीं कोई रुदन नहीं। दुख है, पर दुखों से पराजय नहीं। कुमार विकल की कविता में रोज-ब-रोज के बहुत मामूली से लगनेवाले दुख हैं। यहाँ जगीरों हैं जो कि रासन तेल के लिए लम्बी लाइन में खड़ी है, यहाँ वे बच्चे हैं जिनके घरों में खिड़कियाँ नहीं हैं, श्वास रोग से पीड़ित पत्नी है और पियक्कड़ पिता, गरीब पंजाबी की सबसे अमीर सब्जी आलू-मटर की सब्जी है और एक अकेली बूढ़ी औरत और वो आदमी जिसके दुख सुनने का समय समूचे शहर में किसी को नहीं और इसीलिए वह किसी घोड़े की गर्दन से लिपटकर रोना चाहता है। यहाँ दुख है; दुखवाद नहीं है। यानी कुमार विकल की कविता में कहीं भी रुदन नहीं है। यह बहुत मुश्किल रास्ता है जिसे कुमार विकल ने चुना। कविता दरअसल मुश्किल रास्तों का ही चुनाव करती है। कठिन राहों पर ही उसका मिलना मुमकिन होता है। आसान और सुविधाजनक रास्तों पर विज्ञापन मिलते हैं या नारे। इसीलिए कुमार विकल की भले ही लगभग 1970 से लेकर 1990 तक केवल दो दशकों की काव्य यात्रा रही। लेकिन इस कवि का सफर लम्बा नहीं, अर्थवान जरूर है।

कुमार विकल के कुल तीन संग्रह हैं—'एक छोटी-सी लड़ाई' (1980), 'रंग खतरे में हैं' (1982) और 'निरूपमा दत्त मैं बहुत उदास हूँ' (1993)। मैनेजर पांडेय के अनुसार कुमार विकल की काव्ययात्रा छोटी जरूर है। लेकिन सरल और सुविधाजनक नहीं। वे एक ऐसे समय और समाज में कविता लिख रहे थे जिसमें कविता या तो भाषिक छल के सहारे आत्मरति का साधन बनने को अभिशप्त रही है या फिर निरन्तर आत्म-बलिदान का माध्यम। कुमार विकल मानते थे कि कविता आदमी का निजी मामला नहीं है। वे कविता की कला के प्रति अपनी जिम्मेदारी को अपने समय और समाज के शोषित और पीड़ित मनुष्य के प्रति नैतिक और मानवीय जिम्मेदारी से जोड़कर देखते थे, इसलिए वे अपनी काव्य-यात्रा में दोहरे संघर्ष का सामना कर रहे थे। वे एक ओर भारतीय समाज में जनतन्त्र के नाम पर उग रहे वन तन्त्र में बढ़ती दरिन्दगी के विरुद्ध संघर्ष कर रहे थे तो दूसरी ओर अपनी कविता को विश्वास भरी भाषा में अपने समय का अप्रिय सच कहने के लायक बनाने के लिए रचनात्मक संघर्ष कर रहे थे। इस दोहरे संघर्ष से पैदा होने के कारण ही उनकी कविता प्राय: आत्मा की चीख लगती है। यह कोई आश्चर्य की बात नहीं है कि अपनी काव्य यात्रा के कठिन संघर्ष की प्रक्रिया से गुजरते हुए कुमार विकल ने कविता की ज्योति को अपने जीवन की बाती सौंप दी।

कविता जीवन देकर ही मिलती है। कुमार विकल की कविताओं में बेआवाजों की आवाज मिलती है। उनकी प्रतिबद्धता की कंडीशनिंग बेशक वामपन्थी राजनीति से हुई है। लेकिन कुमार विकल व्यापक अर्थों में विचारधारा-विशेष के कवि हैं। उनके यहाँ विचारधारा के मायने रिडयूस नहीं होते है। उसमें उनकी यारबाज पंजाबियत की तरह उदारता, सहनशीलता और खुलापन है। मैनेजर पांडेय के अनुसार कुमार विकल की काव्यानुभूति में पंजाबीपन अनेक रूपों में है। उसमें पंजाब की प्रकृति से जुड़ी संवेदनाएँ हैं, वहाँ के जन-जीवन की वास्तविताएँ हैं। उसकी लोक संस्कृति की ध्वनियाँ हैं और पंजाबी भाषा की कहन शैली की विशेषताएँ हैं। कुमार विकल का पंजाबीपन किसी भी तरह उनकी कविता के हिन्दीपन को सीमित नहीं करता; बल्कि उसे एक ठोस आधार देता है। जहाँ पंजाबीपन और हिन्दीपन की सर्जनात्मक एकता वैसी ही आकर्षक है जैसी कृष्णा सोबती की कहानियों और उपन्यासों में। कुमार विकल ने मुक्तिबोध की तरह अपनी मातृभाषा की मदद से हिन्दी काव्य-भाषा की सर्जनात्मक क्षमता और व्यंजना शक्ति को बढ़ाया और व्यापक बनाया है। देखना दिलचस्प होगा कि हिन्दी कविता का जो पंजाबी स्कूल है, उसका दायरा व्यापक हुआ है। भाषा, बोली, प्रान्त की क्षुद्र राजनीतिक सीमाओं से निरपेक्ष रहकर जो कविता 1980 के बाद उभरी उस पर कुमार विकल जैसे कवियों का गहरा असर है। यानी कुमार विकल के यहाँ जो परम्परा मौजूद है उसकी

धमक आज की कविता में एक मुख्य स्वर बनकर उभरी है।

धूप के साथ मृत्यु कुमार विकल के यहाँ कई छवियों में मौजूद है। धूप तो उनकी कविता का मिजाज, आदत और बीज शब्द है। इसीलिए मैनेजर पांडेय उन्हें धूपधर्मी कवि कहते हैं—कुमार विकल मूलतः धूपधर्मी कवि हैं। अपने जीवन के अन्तिम दिनों की एक कविता में उन्होंने ठीक ही लिखा है—'कुमार विकल जिसकी जीवन-सन्ध्या में अब भी/ धूप पूरे सम्मान से रहती है/ क्योंकि वह अब भी धूप का पक्षधर है/ कुमार विकल की काव्य-यात्रा में धूप हमेशा कविता के साथ रही है। वह 'चम्बा की धूप' से 'धूपधर्म' तक फैली हुई है। इस बीच उसके रूप और रंग कई बार बदले हैं, लेकिन धर्म नहीं। उसका धर्म है हर तरह के अँधेरे के खिलाफ खड़ा होना और लड़ना। लेकिन अँधेरे के खिलाफ खड़े होने और लड़ने से पहले जरूरी है उसको पहचानना। वह पहचान कुमार विकल की कविताओं में हैं, इसलिए उनकी कविता, वास्तव में, अँधेरे से धूप के निरन्तर द्वन्द्व की कविता है। निराला और मुक्तिबोध के बाद अँधेरे के विभिन्न रूपों की जैसी पहचान और उनसे संघर्ष की जैसी चिन्ता कुमार विकल की कविता में है वैसी हिन्दी के किसी दूसरे कवि की कविता में नहीं है। धूप उनकी कविता का केन्द्रीय रूपक है जो अँधेरे का प्रतिपक्ष है।

कुमार विकल के यहाँ मृत्यु को लेकर भी सोचा गया है। मैनेजर पांडेय इस तरफ इशारा करते हैं। मृत्यु का अँधेरा और उसकी छाया 'एक छोटी-सी-लड़ाई' में भी है, लेकिन वह छाया 'रंग खतरे में हैं' तथा 'निरूपमा दत्त मैं बहुत उदास हूँ' में लगातार गहरी होती दिखाई देती है। मृत्यु से सम्बन्धित सबसे अधिक कविताएँ 'निरुपमा दत्त मैं बहुत उदास हूँ' में हैं; क्योंकि उन कविताओं के रचनाकाल में ही मृत्यु से कवि और कविता की मुठभेड़ सबसे अधिक भीषण थी। उस समय कवि अपने परिवेश और जीवन में भी मृत्यु की तेज आहटें लगातार सुन रहा था। उसी समय कवि ने 'मृत्यु गन्ध', 'मृत्यु-द्वार' और 'महाअन्धकार' जैसी कविताएँ लिखी हैं। ये कविताएँ मृत्यु से एक प्रेमिका की तरह साक्षात्कार और साक्षात्कार की सम्भावनाओं की कविताएँ हैं। इनमें दूसरे कवियों की तरह मृत्यु के बारे में कोई दार्शनिक मुद्रा नहीं है। यह कहना बिलकुल सही है कि कुमार विकल की मृत्यु-विषयक कविताओं में अस्तित्ववादी ढर्रे का मृत्युभय नहीं है। लेकिन 'हत्या' या 'मारना' के अर्थ वहाँ पैने चाकू की तरह चमकने लगते हैं। जब कुमार विकल मृत्यु को कविता का विषय बनाते हैं तो वहाँ मृत्यु के आशय कतई बदल जाते हैं। वहाँ मृत्यु एक सार्वजनिक डरावने सवाल में बदल जाती है। उनकी 'खौफनाक समय में बच्चे' एक ऐसी ही कविता है। जहाँ 'मारना' शब्द केवल दो बार आता है। दोनों बार उसे कवि केवल एक शब्द के सम्पूर्ण वाक्य के रूप में रखता है और बच्चों की दुनिया के बहाने कथित बड़ों के बौनेपन को उजागर कर देता है। इस कविता को

जरा गौर से देखना चाहिए।

बच्चे यहाँ डराए हुए ऐसे नागरिक हैं, जिन्हें सबसे ज्यादा सताया गया है। उनकी जिज्ञासाओं, सपनों और उनके बचपन पर इतने परोक्ष-अपरोक्ष क्रूर हमले हुए हैं कि संवाद के नाम पर वे खामोश हो जाते हैं या मारने के अन्दाज में चीखते-चिल्लाते हैं। कुमार विकल ने यहाँ खौफनाक समय में बच्चों को नहीं बल्कि बच्चों की नजर से खौफनाक समय को देखने की कोशिश की है। यह मुश्किल काम है लेकिन बच्चों की डरी हुई दुनिया का दरवाजा खोलने में यह कविता सफल हुई है। हमारा अस्वाभाविक, असामान्य सामाजिक आचरण बच्चों के व्यक्तित्त्व में व्याप्त है। इसीलिए उनके बचपन के मासूम सवालों में हमें समय की बर्बर अमानवीयता दिखती है।

बच्चों के खतरनाक सवालों से डरे हुए पिता के निरुत्तर हो जाने में हर उस आदमी की विवशता की तरफ इशारा किया गया है जो अपने आसपास कई तरह की ज्यादतियों, अनेकमुखी नफरतों और दर्दनाक हादसों से गहरे विचलित होने पर भी मूक रह जाता है। वह मामूली जोखिम उठाने से भी कतराता है क्योंकि कहीं-न-कहीं उसके मन में यह डर है कि देश के इस दौर में बचे रहना ही सबसे बड़ी गनीमत है। इसीलिए उसकी सोच में यह गहरे पैठ गया है कि कई चीजें हैं जिनसे बच्चों को दूर रखना है और कई बातें हैं जो बच्चों को पता नहीं लगनी चाहिए। यह बच्चों को लेकर उसका अबोध मध्यवर्गीय अंडरइस्टीमेट है। लेकिन यह कविता बच्चों के डर को कम करके नहीं आँकती; सवाल उठाने में ही यह भयावह हकीकत उजागर हो जाती है कि बच्चे तो बहुत कुछ जानते हैं।

यहाँ जितने प्रश्न हैं, उतने चरित्र हैं। यह वर्गीय चरित्र हैं। लेकिन अपने वर्ग की शास्त्रीय पहचान को अतिक्रमित करके सामूहिक हो जाते हैं। उनका यह सार्वजनिक समुदाय पूरे समाज का अर्थ देता है। दरअसल यह कवि का कौशल है कि नाटकीय युक्ति की तरह चरित्र एक-दूसरे में घुल जाते हैं। इसलिए इन प्रश्नों के कोई एकान्तिक उत्तर नहीं हैं। उनके रंग-रेशे ऐसे गुँथे-लिपटे हैं कि एक समाज के विसंगत विन्यास में है तो दूसरा मनुष्य को परास्त करनेवाली शक्तियों के गठबन्धन में। मनुष्य और मनुष्यता के जटिल और उलझे हुए सवालों के दुरूह दर्शन को समझने, समझाने का दावा करनेवाला कठिन काव्य खूब लिखा गया है। उसमें दुनिया-जहान की दशा-दिशा पर गलदश्रु बहाए जाते हैं लेकिन मनुष्य सिरे से गायब होता है। एक संवेदनशील आधुनिक मनुष्य अपने समय और समाज को कैसे देखता है, समझता है, कहता है—इस देखने-समझने-कहने में जो सहज दर्शन है वह कुमार विकल की इस कविता की वैचारिक भित्ति है।

सूखी रोटियाँ खाकर जीवित रहनेवाले, लोकल बस में रोजी कमाने जानेवाले,

सामाजिक नजरिए से संज्ञाहीन मनुष्य के लिए बच्चे ही ऐसे चरित्र हैं जो उसे कोई सम्बोधन दे सकते हैं। ऐसे दीन-हीन, नामहीन व्यक्ति की तरह वे लोग भी सामने खड़े हो जाते हैं जिनके लिए हमारी कुलीन जीवन पद्धति में केवल नफरत बची है। पिता का काम पर जाना और बच्चों का स्कूल जाना बन्द करनेवाला कर्फ्यू भी अनजाने ही एक दारुण करुणा को जगा देता है। खिलन्दड़े अन्दाज में शब्दों की यह जो छेड़छाड़ है; वाचाल हुए बगैर कर्फ्यू की भयावहता को कह देती है। अच्छे दिनों में माता-पिता के दुखी रहने का आन्तरिक भाव, कठिन, बुरे, खौफनाक, मनुष्यताहीन संवेदनशून्य समय में मनुष्य की मार्मिक पीड़ा को व्यक्त करता है। उसकी लाचारगी इस हद तक बढ़ जाती है कि निरुत्तर-हताश होकर बच्चों को पीटते हुए खुद को पीटने का तीखा अहसास उसे कचोटता रहता है। यह अन्तहीन तिलमिलाहट खौफनाक समय की तरह खत्म होने को नहीं आती है।

इस कविता में बच्चे हिंस्र व्यवस्था के प्रतिपक्षी नागरिकों के प्रतिनिधि हैं। ऐसे वास्तविक मनुष्यों की तकलीफों को बतानेवाली यह कविता कई खतरनाक सूचनाएँ भी हमें देती है। बच्चे घरेलू-निरापद खिलौनों और परियों की फन्तासी-कथाओं से उकता गये हैं और खतरे पैदा करनेवाले खिलौने थामकर हमें डरा रहे हैं। देखा जाए तो इस सबके पीछे हमारी भी भूमिका है कि अनजाने ही हमने उनकी दुनिया में अनचाहा और अवैध हस्तक्षेप कर दिया है और चुपचाप उनकी पसन्द और खिलौने बदल दिए हैं। कविता की समूची नौवीं पंक्ति में एक ही शब्द है—'मारना'। एक शब्द के वाक्य के संयोजन के पीछे क्रूरता पर बलाघात देना है। यहाँ यह त्रासद आशय प्रकट होता है कि हम बच्चों के बचपन की हत्या कर रहे हैं। इसके ठीक एकदम बाद जाल में फँसे हुए को मरने से बचाने की शिशु-सुलभ जुगत देर तक चेतना पर छाई रहती है। बच्चों और बड़ों के स्वभावगत अन्तर तथा चारित्रिक विरोध को गहरानेवाली ये पंक्तियाँ इस कविता का निहितार्थ प्रस्तावित करती हैं।

मुख्यधारा की अन्य कविताओं की तरह यह कविता भी बच्चों की और बाजार की ऐसी भाषा में लिखी गयी है जो शब्द के धरातल पर बेहद आसान है लेकिन उसके अर्थ के कई आयाम और अनेक परतें हैं। लेकिन यह दूसरी तरफ भाषा में भी हमारे समय के डर और शक को सूचित करती है। आदमी ने अपनी असलियत छुपाने के लिए भी इसका इस्तेमाल किया है। कविता में इसे भाषा की सहजता के रूप में देखना चाहिए। क्योंकि तत्सम के गोलमोल झमेले के सामने तद्भव का देशज कड़ापन कम-से-कम किसी मुगालते में तो नहीं रखता और उसकी नीयत को समझकर उस से सावधान तो हो सकते हैं।

निबन्धात्मक निष्कर्ष में खत्म होने पर भी इस कविता की बनावट ऐसी है कि

सवाल अन्तहीन हो जाते हैं। कविता अपने विन्यास से बाहर जाकर भी कवि के अभिप्राय को फिर से विराट प्रश्न की तरह प्रस्तुत करती है जिसमें बच्चे के भय की थरथराहट ऐसे पीछा करती है कि चाहकर भी कोई सुरक्षित उत्तर सोचते नहीं बनता है।

'खौफनाक समय के बच्चे' जैसी प्रश्नाकुलता कुमार विकल की कई कविताओं में है। यह प्रश्न उन लोगों की तरफ से उठाये गये हैं जो इनसानी तनावों, चिन्ताओं और दुखों की कदर करते हैं। बच्चे और बच्चों सरीखे मासूम लोग खतरे में पड़े रंग हैं, उन्हें बचाने की भले ही छोटी-सी लेकिन जरूरी लड़ाई कुमार विकल की कविता करती है।

धूमिल

9 नवम्बर 1936—10 फरवरी 1975

दूसरे प्रजातन्त्र की तलाश

हिन्दी कविता के समकालीन समय में धूमिल ऐसी आग उबलने वाले विषय और झटका देनेवाली भाषा लेकर आए जिसमें आग लगी थी। 9 नवम्बर 1936 में वाराणसी के एक छोटे से गाँव में जन्में सुदामा प्रसाद पांडेय 'धूमिल' 10 फरवरी, 1975 में इस दुनिया से चले भी गये। लगभग चार दशक से कम की अल्पायु उन्हें मिली और उनका रचना समय लगभग एक दशक का रहा लेकिन उन्होंने हिन्दी कविता की दशा और दिशा को बदलकर रख दिया। धूमिल की प्रकाशित रचनाएँ इस प्रकार हैं—'संसद से सड़क तक; (1972), 'कल सुनना मुझे; (1976), तथा 'सुदामा पांडे का प्रजातन्त्र; (1984) इत्यादि। उनका रचना-कर्म और जीवन इस सचाई का साक्ष्य है कि लगातार जीवन संघर्षों से लड़नेवाले इस रचनाकार को व्यवस्था से भी लड़ना पड़ा। उन्होंने जैसे एक समझौताहीन जीवन जीया वैसे ही अपनी निजी बेबाक कर देनेवाली बेलौस कविता सम्भव की। उनकी कविता निजी इस अर्थ में है कि उन्होंने लीक से हटकर अपनी नयी परम्परा विकसित की। अकविता आन्दोलन के इस प्रस्तावक रचनाकार ने विशिष्ट अन्तर्वस्तु और बनावट से रहित-भाषा-पद्धति के द्वारा अपने समय की युवा पीढ़ी का गुस्सा, उसकी इच्छाओं और लगातार टूटते सपनों को कविता का विषय बनाया—'कल तक-/ नगर पिता का सिर विरोध में/ हिलता था और तुम पाते थे—/ कि कविता का अर्थ/ बदल गया है।/ मगर अब चीजों के गलत होने का/ पता चल गया है / एक रिश्ता गलत समय देने लगा है/ उसकी मरम्मत के लिए/ घड़ीसाज की दुकान पर जाना/ सरासर भूल है।/ '—उनकी कविता चारों तरफ फैले शोषण और उत्पीड़न के खिलाफ एक सार्थक बयान बनकर उभरती है।

मनुष्य की मुक्ति की हिमायत करनेवाली धूमिल की कविता बेशक अतिकथनों में बात करती है लेकिन वाजिब और बिना लाग-लपेट के सीधी-सच्ची बात करती है। धूमिल की कविता में जो छटपटाता हुआ स्तब्ध करनेवाला गुस्सा है उसका मूल उनके पर्यावरण में छिपा है। पूँजीवादी औद्योगिक अर्थतन्त्र द्वारा पोषित कथित

लोकतान्त्रिक संसदीय व्यवस्था, न्याय को प्रभावित करनेवाला प्रशासनिक और राजनीतिक तन्त्र और जनता के उत्पीड़न में सहायक धर्मतन्त्र यह सब धूमिल से बर्दाश्त नहीं हुए। उन्होंने जनता की आवाज में, जनता के बारे में, जनता के प्रतिनिधियों से पूछा—'बीस साल बाद/ मैं अपने-आप से सवाल करता हूँ/ कि जानवर बनने के लिए कितने सब्र की जरूरत होती है कि सन्त और सिपाही में/ देश का सबसे बड़ा दुर्भाग्य कौन है/ क्या आजादी तीन थके हुए रंगों का नाम है? जिन्हें एक पहिया ढोता है? या इसका कोई खास मतलब होता है?' जाहिर है कि धूमिल ऐसे अनुतरित्त मुश्किल सवालों से परेशान थे। लेकिन वह अपनी लड़ाई अनिर्णित नहीं छोड़ना चाहते थे—'एक तीखा स्वर/ सवाल पर सवाल करता है।/ सन्नाटा टूटता है।/ गूँगे के मुँह से उत्तर फूटता है।/ 'कविता क्या है?/ कोई पहनावा है?/ कुर्ता-पाजामा है?/ '—उन्होंने कविता को ऐसा प्रश्नपत्र बना दिया जिसमें सभी प्रश्न अनिवार्य थे लेकिन उनका कोई उत्तर धूमिल को अपने समय में नहीं मिल रहा था। धूमिल की लड़ाई एक ऐसे अकेले कवि की लड़ाई है जो सबके लिए लड़ रहा था। 'अकेला कवि एक कटघरा होता है'—कहनेवाले धूमिल जनता को सवालों के घेरे में खड़ा कर देते हैं—'अकेला कवि कठघरा होता है इससे पहले कि 'वह' तुम्हें/ सिलसिले से काटकर अलग कर दे/ कविता पर बहस शुरू करो/ और शहर को अपनी ओर/ झुका लो।/ '—कविता में भयानक अमूर्त्तन है क्योंकि जिस समाज में यह उपजी है उसमें जघन्य विसंगतियाँ हैं।

धूमिल 'भाषा ठीक करने से पहले आदमी को ठीक' करने की बात कहते हैं क्योंकि यही सही रास्ता है। हैवानियत से भरे सत्ता के गलियारे शायद पहली बार धूमिल की कविता में अपने हिंस्र मारक स्वभाव के साथ उजागर हुए हैं। वहाँ चुने कथित जन-प्रतिनिधि गरीब-लाचार आदमी को भूख की बजाए भाषा में उलझा देते हैं और देश को अनदेखाकर उसे राज्य की संकुचित स्थानीय सीमाओं में कैदकर लेते हैं। यह विद्रूपित सच धूमिल की कविता का विमर्श बनते हैं। 'प्रजातन्त्र के विरुद्ध', 'पटकथा', 'भाषा की रात', 'अकाल दर्शन', 'जनतन्त्र के सूर्योदय में', 'मुनासिब कार्यवाही', जैसी कविताओं में धूमिल ने अपने समय का दिल दहला देनेवाला यथार्थ प्रस्तुत किया है। 'नक्सलबाड़ी', 'मोचीराम', 'राजकमल चौधरी', 'रोटी' और 'संसद' जैसी कविताएँ धूमिल की सतत बेचैनी का सबूत हैं। साठोत्तरी कविता के आन्दोलन के केन्द्र में धूमिल की कविता रही है। साठोत्तरी समकालीन कविता की मुख्य विशेषताएँ विद्रोह और मूल्यों का विघटन है। धूमिल की कविता मूल्य-संकट और विद्रोह की कविता है। इस समकालीन कविता की जड़ें साठोत्तरी राजनीति और सामाजिक सांस्कृतिक जीवन में हैं।

सन 60 के बाद का विरोधी पक्ष अपनी बेचैन और जरुरी भूमिका दर्ज करने

लगा था। इसका परिणाम यह हुआ कि समकालीन कविता के साठोत्तर कवियों—धूमिल, राजकमल चौधरी, सौमित्र मोहन, लीलाधर जगूड़ी इत्यादि की कविता में व्यवस्था अपनी असलियत समेत उभरने लगीं। अमानवीय व्यवस्था के प्रति बेपनाह गुस्सा और आग उगलती पंक्तियाँ दर्ज होने लगी— 'मुझे अपनी कविताओं के लिए/ दूसरे प्रजातन्त्र की तलाश है,/ सहसा तुम कहोगे और फिर एक दिन-/ पेट के इशारे पर प्रजातन्त्र से बाहर आकर/ वाजिब गुस्से के साथ अपने चेहरे से/ कूदोगे और अपने ही घूँसे पर/ गिर पड़ोगे।/ '—धूमिल की कविता में हर चीज अपनी जगह से हिली हुई है। कहीं 'मोचीराम' का जूता है जिसके नाप के बाहर कोई व्यक्ति नहीं।/ ' न कोई छोटा है/ न कोई बड़ा है/ मेरे लिए, हर आदमी एक जोड़ी जूता है/ जो मेरे सामने/ मरम्मत के लिए खड़ा है/—धूमिल की कविताओं के असामान्य समय की अपसामान्य स्मृतियाँ दर्ज हैं। कहीं पर ऐसा मकान है जिस पर 'स्वागत' लिखा है। जिसका फाटक किसी 'आदमखोर जबड़े की तरह खुलता है' और जिसके भीतर देखते-देखते समूचा मुसकराता हुआ आदमी 'नमक के ढेले सा घुल जाता है'। धूमिल की कविता में व्यवस्था कहीं 'पशुओं को पालतू' बना रही है तो कहीं पर संकेत मिलता है कि वे 'जिसकी पीठ ठोंकते हैं, उसकी रीढ़ की हड्डी गायब हो जाती है'। कविता का विषय 'व्यवस्था' न भी हो, तब भी पृष्ठभूमि में व्यवस्था बराबर बनी रहती है। कविता चाहे राजकमल चौधरी के लिए हो या 'प्रौढ़ शिक्षा', 'नक्सलवादी', हो या 'पटकथा' इत्यादि शोषक व्यवस्था सब जगह है। जिसका विरोध हुआ है। 'शहर व्याकरण इसी निर्मम व्यवस्था का प्रतीक है। व्यवस्था के गड़बड़ व्याकरण को दुरुस्त करने के लिए ऐसी प्रतिपक्षी कविता जीवन से जुड़ी होती है।

धूमिल मान रहे हैं कि कविता में जीवन-सन्दर्भ रहने अनिवार्य हैं। 'मुनासिब कार्रवाई' कविता में धूमिल जीवनगत सच से मुँह चुराती कविता के प्रति आक्रोश जाहिर करते हैं। कला जीवन से उपजती और विकसित होती है। जीवन नितान्त व्यक्तिगत नहीं होता। उसके सामाजिक सन्दर्भ भी होते हैं। इसके बिना कविता मुमकिन नहीं हो सकती है। जीवन से कटने पर कविता शब्दों का दिखावा रह जाती है। कविता में जीवन की उपस्थिति अपनी अभिव्यंजना के लिए रास्ते खोज लेती है। कविता व्यवस्था के प्रतिरोध और प्रतिपक्ष में खड़ी होती है—'जिसकी रोटी सुरक्षित है' 'वह' तुम्हें अकेला कर देने पर/ तुला है।/ '—खाया-पीया-अघाया वर्ग, वंचित वर्ग को बहुजन समाज से अलग-थलग कर देता है। यही व्यवस्था की घृणित राजनीति है। व्यवस्था के शोषणतन्त्र को पहचाननेवाली कविता ही वास्तविक मानवीय अनुभूति को प्रकट कर सकती है। दरअसल व्यवस्था की सोच और कोशिश यह रहती है कि व्यक्ति को अकेला किया जाए। मनुष्य के अकेले होने पर

समाज निरपेक्ष होने पर उसमें प्रतिरोध करने की क्षमता नहीं रहती है।

'नक्सलबाड़ी' कविता में धूमिल एक नये लोकतन्त्र को प्रस्तावित करते हैं। समकालीन दौर में प्रजातन्त्र के नाम पर जनता को मूर्ख बनाकर उसका शोषण किया जाता रहा है। इसी के खिलाफ नक्सलवादी आन्दोलन उभरा था। नक्सलवाद की लड़ाई भूख और बेरोजगारी के खिलाफ थी। नक्सलवाद वामपन्थी विचारधारा से निकला आन्दोलन था, परन्तु वह दलगत राजनीति के प्रतिरोध में अपनी आवाज व्यक्त कर रहा था। विपक्ष और सत्तापक्ष दोनों शासन के अंग बन गये थे—'और वह सड़क-/ समझौता बन गयी है/ जिस पर खड़े होकर/ कल तुमने संसद को/ बाहर आने के लिए आवाज दी थी/ नहीं, अब वहाँ कोई नहीं है/ मतलब की इमारत से होकर सब के सब व्यवस्था के पक्ष में/ चले गये हैं।/ '—समझौतावादी और मतलबपरस्ती से जनसंघर्ष कमजोर होते हैं। व्यवस्था, लालच देकर या डराकर जनता के पक्षधर लोगों को अपनी तरफ मिलाने का उपक्रम करती है। उस समकालीन दौर में संसद में जन-पक्षधर लुप्त हो गये थे। उपभोग की सुविधावादी नीतियों के कारण कोई जन-समर्थक प्रतिपक्ष नहीं बचा था। राजनीति की वजह से देशप्रेम की जगह मतलबपरस्ती ने ले ली थी। सड़क जो परिवर्तनकामी शक्तियों का जनमार्ग थी और मानवीय आवेश को सामूहिक स्वर देती थी, अब वह समझौते का राजमार्ग बन गयी थी। कथित जनप्रतिनिधि अपने शब्दों में दिखावटी भाईचारा और ईमानदारी के प्रति विश्वास जाहिर करते लेकिन भीतर से जनपक्षधर इनसानी ताकतों को तोड़ने की कोशिश करते थे। इससे जनता में गहरा असन्तोष व्याप गया था। जिससे नक्सलवाद अस्तित्व में आया। नक्सलवाद के प्रति धूमिल की गहरी सहानुभूति है। उसे धूमिल अन्त तक बड़ी उम्मीद से देखते रहे।

धूमिल की कविता मामूली लोगों के जरिये से अपने समय की गैरमामूली हकीकत का बयान बनती है। धूमिल 'मोचीराम' कविता में शोषितों और दलितों के प्रति सहानुभूति व्यक्त करते हैं। समाज मनुष्य को उसके पैसे और पेशे से पहचानता है—'आजकल/ कोई आदमी जूते की नाप से/ बाहर नहीं है/ फिर भी मुझे ख्याल रहता है/ कि पेशेवर हाथों और फटे हुए जूतों के बीच/ कहीं-न-कहीं एक अदद आदमी है/ जिस पर टाँके पड़ते हैं,/ जो जूते से झाँकती हुई अँगुली की चोट छाती पर/ हथौड़े की तरह सहता है/ '—ऐसी सामाजिक संरचना में मनुष्य के व्यक्तित्त्व की निजता, गरिमा और मौलिकता नष्ट होती है। ऐसे समाज में मनुष्य ऐसा फटा जूता बन जाता है जिस पर टाँके पड़ते रहते हैं। 'मोचीराम' में आत्मपीड़ा है। आत्मालोचना की समझ नहीं है। उसकी पीड़ा उसकी सामाजिक स्थिति में उपजी है। धूमिल उसकी चुप और चीख के पीछे की मजबूरियों को वास्तविकता समेत प्रस्तुत करते हैं—'जबकि मैं जानता हूँ कि 'इनकार से भरी हुई एक चीख/ और

'एक समझदार चुप/ भविष्य गढ़ने में, 'चुप' और 'चीख' अपनी-अपनी जगह एक ही किस्म से/ अपना-अपना फर्ज अदा करते हैं/'—वर्तमान की विसंगतियों से नाराज, धूमिल संशयग्रस्त भविष्य को देख और समझ रहे थे। धूमिल विचार के कवि हैं। उनके यहाँ अनुभूति और विचार, अहसास और समझ का संश्लेषण मिलता है। उनकी कविता केवल संवेदनात्मक धरातल पर नहीं बल्कि बौद्धिक स्तर पर भी सक्रिय होती है। धूमिल ऐसे कवि हैं जो अपनी संवेदना और शिल्प को सलीके से बरतते हैं।

धूमिल की कविता के केन्द्र में लड़ता हुआ, क्रुद्ध, अकेला मनुष्य है। धूमिल उसे सही भूमिका में देखना चाहते हैं। उस व्यक्ति का 'पूँजीवादी कायर दिमाग' है जो बार-बार संघर्ष के मोर्चे से पीछे हट जाता है। बुरों में कम-से-कम बुरा चुनने की सुधारवादी राजनीति से धूमिल को सख्त नफरत है। यह व्यवस्था मानव को लगातार अमानवीय बनाते हुए यथार्थ को भी अमानवीय बना रही है। इस प्रक्रिया में संवेदनशील व्यक्ति उसका शिकार बन जाता है या फिर हिम्मत के साथ प्रतिरोध करता है। यह विरोध भावात्मक और ज्ञानात्मक दोनों प्रकार का हो सकता है। यह विरोध व्यक्तिगत और सामुदायिक दोनों स्तरों पर हो सकता है। धूमिल का विद्रोह और विरोध उसी व्यक्ति का है और यह सार्थक इसीलिए है कि उनकी नजर हमेशा उस एक 'अदद आदमी' यानी मामूली आदमी पर रहती है, जो इस व्यवस्था का शिकार है/ परेशान है पर परास्त नहीं है। इस व्यवस्था के अमानवीय रूप झेलता हुआ भी इनसान बना रहता है। धूमिल की कविता में इस बात का बोध है कि परिवेश में गन्दगी है। यहाँ के भद्र लोग उस गन्दगी को साफ-सुथरे कपड़ों में छुपाए रखना चाहते है। चरित्रों के इस दोहरेपन को धूमिल निर्ममता से उजागर कर देते हैं और उसकी नंगी सच्चाई लोगों के सामने रख देते हैं। जिससे कथित भद्रलोक अन्दर तक तिलमिला जाता है।

राजकमल चौधरी, धूमिल के समकालीन कवि थे। धूमिल और राजकमल चौधरी दोनों कवि रचना और जीवन के धरातल पर बीहड़ कवि हैं। दोनों के यहाँ जिन्दगी की सितमगरी है। आत्मदया नहीं है। दोनों शब्दों को दहकता अंगार बनाना चाहते हैं लेकिन उनकी सीमाओं को पहचानकर प्रचलित पदावली में तोड़फोड़ करते हैं। एक कवि अपने समकालीनों को किन नजरों से देखता है, इस कविता में इस बिन्दु को गहराई से देखा जा सकता है। डॉ. संजीव कुमार ने ठीक ही पहचाना है कि वस्तुतः राजकमल चौधरी जीवन के सत्य को पाने के लिए उन रास्तों पर भी चले जिसे सभ्य समाज में वर्जित माना जाता है। राजकमल में मानवीय मनोभाव के आदिम रूप को समझाने की बेचैनी थी। इस पीड़ा की अभिव्यक्ति के लिए वे लगातार समाज से जूझते रहे—'उसे जिन्दगी और जिन्दगी के बीच/ कम-से-कम

फासला/ रखते हुए जीना था/ यही वजह थी कि वह/ एक की निगाह में हीरा आदमी था।/ तो दूसरी निगाह में/ कमीना था/ '—'एक बात साफ थी/ उसकी हर आदम/ दुनिया के व्याकरण के खिलाफ थी/ '—राजकमल चौधरी पर लिखी धूमिल की यह कविता एक तरह से धूमिल का भी आत्मवृतान्त है। धूमिल के यहाँ जिन्दगी और कविता के बीच अन्तराल नहीं है। वे जीवन की नंगी वास्तविकताओं से मुँह नहीं मोड़ते हैं। इससे उनकी कविता में आत्मविश्वास की गहरी सम्भावना जगती है। धूमिल राजकमल की इस मौलिकता के प्रति आकर्षित हैं। दुनिया के व्याकरण में राजकमल फिट नहीं होते थे। लेकिन उनकी कविता समृद्ध मानवीय अनुभवों की साक्षी है—'जीभ और जाँघ के चालू भूगोल से/ अलग हटकर उसकी कविता/ एक ऐसी भाषा है जिसमें कहीं भी/ 'लेकिन/ ', 'शायद', 'अगर', नहीं है/ उसके लिए हम इत्मीनान से कह सकते हैं कि वह/ एक ऐसा आदमी था जिसका मरना/ कविता से बाहर नहीं है/ ' धूमिल राजकमल की सामाजिक नैतिकता से परे उनमें छिपी अखंड और आदिम मानवीयता की शक्ल को उभारने का प्रयत्न करते हैं।

'कविता' धूमिल की बहुत ही छोटी कविता है। इस कविता में कवि संवेदना और अभिव्यंजना के संकटों की पहचान करता है। शब्दों की खोती हुई ताकत के कारण कविता रचने का कार्य कठिन होता जा रहा है—'और कविता/ हर तीसरे पाठ के बाद/ नहीं- अब वहाँ कोई अर्थ खोजना व्यर्थ है/ पेशेवर भाषा के तस्कर-संकेतों/ और बैलमुत्ती इबारतों में/ अर्थ खोजना व्यर्थ है/ '—भाषा और मनोभाव की जिस पवित्र आत्मीयता से कविता रची जाती है, वे सम्बन्ध सूत्र जीवन से लगातार टूट रहे हैं। भाषा और अर्थ का आपसी सम्बन्ध सामाजिक जीवन की आधारशिला पर टिका होता है। सामाजिक जीवन में व्यक्ति अकेला होता जा रहा है, इसलिए कविता भी संक्षिप्त एकालाप बनकर रह गयी है/ —'अब उसे मालूम है कि कविता/ घेराव में/ किसी बौखलाए/ हुए आदमी का/ संक्षिप्त एकालाप है/ '—कविता बौखलाए हुए आदमी का आक्रोश है लेकिन एक प्रकार की विवशता से वह ग्रस्त है। 'अकाल दर्शन' कविता में धूमिल ने प्रजातान्त्रिक व्यवस्था के नाम पर चल रहे शोषण का पर्दाफाश किया है—'भूख कौन उपजाता है/ वह इरादा जो तरह देता है/ या वह घृणा जो आँखों पर पट्टी बाँधकर/ हमें घास की सट्टी में छोड़ आती है?/ ' यह तीखे सवाल हैं। चालाक आदमी चुप्पी ओढ़कर बच जाता है—'उस चालाक आदमी ने मेरी बात का उत्तर/ नहीं दिया।/ '—वह भूख के लिए व्यवस्था को जिम्मेदार मानता है। शासन तन्त्र की वास्तविकता प्रत्यक्ष रूप में पकड़ में नहीं आती है। नये-नये नारे गढ़कर कुशासन को बरकरार रखने का प्रयत्न होता रहता है 'जो आजादी और गाँधी के नाम पर चल रहा है/ जिससे न भूख मिट रही है, न मौसम/ बदल रहा है।/ लोग बिलबिला रहे हैं;/ पेड़ों को नंगा करते हुए/ पत्ते और

छाल/ खा रहे हैं/ मर रहे हैं,/ दान/ कर रहे हैं। जलसों-जुलूसों में भीड़ की पूरी ईमानदारी से/ हिस्सा ले रहे हैं और/ अकाल को सोहर की तरह गा रहे हैं।/ झुलसे हुए चेहरों पर कोई चेतावनी नहीं है।/'—कविता के अन्त में कवि जिस मार्मिक प्रश्न को रखता है उससे शोषक और शोषित के बीच का फर्क साफ हो जाता है—'और मैं सोचने लगता हूँ कि इस देश में/ एकता युद्ध की और दया/ अकाल की पूँजी है।/ क्रान्ति—/ यहाँ के असंग लोगों के लिए/ किसी अबोध बच्चे के-/ हाथों की जूजी है।/'— 'अबोध बच्चे के हाथों की जूजी' में जो प्रहार है, वह 'रोटी और संसद' कविता में देश की राजनीतिक व्यवस्था पर तीखे व्यंग्य में बदल जाता है—'एक आदमी/ रोटी बेलता है/ एक आदमी रोटी खाता है/ एक तीसरा आदमी भी है/ जो न रोटी बेलता है, न रोटी खाता है।/ वह सिर्फ रोटी से खेलता है/ मैं पूछता हूँ/—'यह तीसरा आदमी कौन है?/ मेरे देश की संसद मौन है।/'—धूमिल की कविता इस तीसरे आदमी की बार-बार तलाश करती है। यह दरअसल राजनीतिक व्यवस्था है जो जनता की रोटी से खेलती है। रोटी मनुष्य-जीवन की बुनियादी जरूरत है। टुच्ची राजनीति जनता की इस प्राथमिक जरूरत को पूरा नहीं करती है।

यह मनुष्य का शोषण से मुक्ति का विचार ही धूमिल के यहाँ काव्यानुभूति है। अशोक वाजपेयी ने धूमिल के 'संसद से सड़क तक' के सन्दर्भ में लिखा है कि, 'धूमिल के यहाँ अनुभूतिपरकता और विचारशीलता, इतिहास और समझ, एक-दूसरे से घुले-मिले हैं और उनकी कविता केवल भावात्मक-स्तर पर नहीं बल्कि बौद्धिक स्तर पर भी सक्रिय होती है।' यह बौद्धिकता अनायास है। धूमिल की कविता 'उस औरत की बगल में लेटकर' का उदाहरण देते हुए अशोक वाजपेयी कहते हैं कि, 'इस कविता में किसी तरह का आत्मप्रदर्शन, जो इस ढंग से युवा कविताओं की लगभग एकमात्र चारित्रिक विशेषता है, नहीं है बल्कि एक ठोस मानव स्थिति की जटिल गहराईयों में खोज और टटोल है जिसमें दिखाऊ आत्महीनता के बजाय अपनी ऐसी पहचान है जिसे आत्म साक्षात्कार कहा जा सकता है। उत्तरदायी होने के साथ धूमिल में गहरा आत्मविश्वास भी है जो रचनात्मक उत्तेजना और समझ के घुले-मिले रहने से आता है और जिसके रहते वे रचनात्मक सामग्री का स्फूर्त लेकिन सार्थक नियन्त्रण कर पाते है। यह आत्मविश्वास उन अछूते विषयों के चुनाव से भी प्रकट होता है जो धूमिल अपनी कविताओं के लिए चुनते हैं, 'मोचीराम', 'राजकमल चौधरी के लिए', 'अकाल दर्शन', 'गाँव', 'प्रौढ़ शिक्षा' आदि कविताएँ, जैसा कि शीर्षकों से भी आभास मिलता है, युवा कविता के सन्दर्भ में एकदम ताजा बल्कि कभी-कभी तो अप्रत्याशित भी लगती है। यह युवा आक्रोश जहाँ केवल सतही आवेश रहता है, वहाँ कविता मामूली रह जाती है। जहाँ उसमें

जीवन का आवेग मिल जाता है, काव्यार्थ विराट हो जाता है—'मेरे घर में पाँच जोड़ी आँखें हैं/ माँ की आँखें/ पड़ाव से पहले ही/ तीर्थयात्रा की बस के/ दो पंचर पहिये हैं।/ पिता की आँखें/ लोहसाय-सी ठंडी सलाखें हैं/ बेटी की आँखें/ मन्दिर में दीवट पर/ जलते घी के/ दो दिये हैं।/ पत्नी की आँखें, आँखें नहीं/ हाथ हैं जो मुझे थामे हुए हैं।/ वैसे हम स्वजन हैं/ करीब है/ बीच के दीवार के दोनों ओर/ क्योंकि हम पेशेवर गरीब हैं।/ रिश्ते हैं/ लेकिन खुलते नहीं हैं।/ और हम अपने खून में इतना भी लोहा/ नहीं पाते/ कि हम उससे एक ताली बनाते/ और भाषा के भुन्नासी ताले को खोलते/ रिश्तों को सोचते हुए/ आपस में प्यार से बोलते/ कहते कि ये पिता है/ यह प्यारी माँ है/ यह मेरी बेटी है/ पत्नी को थोड़ा अलग/ करते, तू मेरी/ हमबिस्तर नहीं, मेरी हमसफर है/ हम थोड़ा जोखिम उठाते/ दीवार पर हाथ रखते और कहते/ यह मेरा घर है/' सत्ता के पाखंड का उजागर करते हुए धूमिल अपनी कविता 'शान्ति-पाठ' में कहते है—'मैकमोहन रेखा एक मुर्दे की बगल में सो रही है/ और मैं दुनिया के शान्ति-दूतों और जूतों को/ परम्परा की पालिश से चमका रहा हूँ/ अपनी आँखों में सभ्यता के गर्भाशय की दीवारों का/ सुरमा लगा रहा हूँ/ पूरी नैतिकता के साथ अपने सड़े हुए अंगों को सह रहा हूँ/ भेड़िए को भाई कह रहा हूँ।' धूमिल की 'घर में वापसी' कविता में यही आवेग है। अमानवीय रिश्तों में विद्रूपता आर्थिक तंगहाली के कारण पसर गयी है। सम्बन्धों का ठंडापन अभावों से उपजा है। यह व्यक्ति के विघटित होने की वजह है। इसका असर परिवार से आगे बढ़कर समाज पर भी पड़ा है। जन-उत्पीड़न, व्यवस्था के अवमूल्यन, लोकतन्त्रात्मक संस्थाओं के ध्वंस और शोषक-सत्ता का धोखादेह चरित्र धूमिल के निशाने बने हैं। मामूली आदमी की इस लगभग अनिवार्य मजबूरी को धूमिल बहुत जल्दी पहचान गये थे। उनके फिलहाल अनुपलब्ध प्रारम्भिक गीत-संग्रह 'बांसुरी जल गयी है' के गीतों में चिकनापन नहीं; आदमी के ऐसे ही बेबस जीवन का खुरदरापन है। भाव और भाषा का यह तीखापन धूमिल की कविता में कडुआ होकर व्यक्त हुआ है। यह जीवन की तिलमिलाहट से उपजा है। इसलिए देर तक चुभता है।

धूमिल की सबसे चर्चित लम्बी कविता है—'पटकथा' यह मुक्तिबोध की 'अँधेरे में' का रचनात्मक भाष्य है। प्रथम पुरुष की आत्मपरक शैली में लिखी इस कविता का बाहरी साँचा और अन्दरूनी ढाँचा विचारपरक है। राजनीति यहाँ केन्द्रीय विचार है। आजादी की उमंग, मोह और आकर्षण से कविता चमकती हुई शुरू होती है—'मैंने कहा आजादी...मुझे अच्छी तरह याद है—मैंने यही कहा था/ मेरी नस-नस में बिजली/ दौड़ रही थी/ उत्साह में/ खुद मेरा स्वर लग रहा था/'—भावी जीवन के प्रति एक स्वप्न और उत्साह विस्फोटित होते हैं—'अब कोई बच्चा/ भूखा रहकर स्कूल नहीं जाएगा/ अब कोई छत बारिश में/ नहीं टपकेगी/ अब कोई आदमी

कपड़ों की/ लाचारी में अपना नंगा चेहरा नहीं पहनेगा/ अब कोई दवा के अभाव में/ घुट-घुटकर नहीं मरेगा/ अब कोई किसी की रोटी नहीं छीनेगा/ कोई किसी को नंगा नहीं करेगा/ अब यह जमीन अपनी है/ आसमान अपना है/'— जनतन्त्र और स्वतन्त्रता के प्रति आस्था बार-बार कौंधती है। कविता का कथ्य घोर धोखादेह तरीके से प्रस्तावित होता है। लगाव, स्वप्न, भविष्य—सभी जिस मोह को रचते हैं उसके मूल में मोहभंग है। यानी स्वातन्त्रयोत्तर यथार्थ से मोहभंग की स्थिति कविता का वास्तविक अन्तर्कथ्य बन जाती है। चीनी-युद्ध ने विश्वशान्ति और पंचशील के सिद्धान्त को अर्थहीन साबित कर दिया। कविता में नफरत, साजिश और राजनीतिक अँधेरगर्दी को धूमिल ने बड़ी बारीकी से दिखाया है। कविता में हर तरफ फैली दिशाहीनता की मूल दिशा धूमिल देख लेते हैं—'मैं अपनी सम्मोहित बुद्धि के नीचे/ उसी लोकनायक को/ बार-बार चुनता रहा/ जिसके पास हर शंका और/ हर सवाल का/ एक ही जवाब था/ यानी कि कोट के बटन-होल में/ महकता हुआ एक फूल/ गुलाब का।/'—आजादी के बाद चेहरे बदल जाते हैं; हकीकत ज्यादा बदतर हो जाती है। शोषण चक्र चलता है। दलालों की लूट मचती है। कालाबाजारी, भुखमरी और बेरोजगारी से जनता तबाह होती है। धूमिल भारत के कथित जनतन्त्र का विद्रूपित चेहरा उघाड़कर रख देते हैं—'यह मेरा देश है.../ हिमालय से लेकर हिन्द महासागर तक/ फैला हुआ/ जली हुई मिट्टी का ढेर है/ जहाँ हर तीसरी जुबान का मतलब-/ नफरत है।/ साजिश है।/ अन्धेर है।/' यह अँधेरा धूमिल का समकालीन था। आज भी उसकी छाया घेरे हुए है।

अँधेरगर्दी का अन्धकार विकृतियों को डरावना बना देता है। धूमिल की यह चिन्ता है कि जनता इन चीजों को महसूस करती है, लेकिन उसका प्रतिरोध नहीं करती है—'और यह मेरे देश की जनता है जनता/ क्या है?/ एक शब्द...सिर्फ एक शब्द है/ कुहरा और कीचड़ और काँच से/ बना हुआ.../ एक भेड़ है/ जो दूसरों की ठंड के लिए/ अपनी पीठ पर/ ऊन की फसल ढो रही है।/—जनता में निरर्थकता, ऊब और संशय व्याप्त है लेकिन कोई गलत का प्रतिकार करने आगे नहीं आ रहा—'हर तरफ धुआँ है/ हर तरफ कुहासा है/ जो दाँतों और दलदलों का दलाल है/ वही देशभक्त है/ अन्धकार में सुरक्षित होने का नाम है-/ तटस्थता यहाँ/ कायरता के चेहरे पर/ सबसे ज्यादा रक्त है/ जिसके पास थाली है/ हर भूखा आदमी/ उसके लिए, सबसे भद्दी गाली है/'—तटस्थता कायरता है। यह सत्ता के सुविधावाद को पुष्ट करती है। कवि यथास्थितिवाद के खिलाफ है। वह देशकालगत परिस्थितियों में आमूलचूल बदलाव की जरूरत रेखांकित करता है। व्यवस्था की क्रूरता के खिलाफ एकत्र हो रहे जनाक्रोष कविता में उत्तेजना का संचार करता है। व्यंग्य करूणा में बदल जाता है। नैतिक मूल्यों के अवमूल्यन से उपजी पीड़ा वस्तुस्थिति के खिलाफ क्षोभ,

घृणा और प्रतिकार का रूप ले लेती है—'मेरे सामने वही चिरपरिचित अन्धकार है/ संशय की अनिश्चयग्रस्त ठंडी मुद्राएँ हैं/ हर तरफ/ शब्दवेधी सन्नाटा है।/ दरिद्र की व्यथा की तरह उचाट और कूँथता हुआ। घृणा में/ डूबा हुआ सारा का सारा देश/ पहले की ही तरह आज भी/ मेरा कारागार है/ '—धूमिल अपने समय के अन्धकार को गाढ़ा करनेवाली संशयी ठंडी मुद्राएँ और सन्नाटे का सच प्रस्तावित करते हैं। यहाँ सच्ची और अनन्त आत्मपीड़ा है। स्पष्ट है कि धूमिल के सामने यह साफ था कि सत्ता नहीं, व्यवस्था में बदलाव जरूरी है।

धूमिल समकालीन कविता के प्रस्तावक कवियों में हैं। उनकी कविता में सन 1960 के आसपास युवा हो रही पीढ़ी के टूटते हुए सपनों की अनुभूतियाँ मिलती हैं। उस पीढ़ी के मोहभंग को धूमिल ने एक दिल दहलाने वाले वृतान्त की तरह समझा है। धूमिल की 'पटकथा' उस दौर में उस युवा वर्ग की व्यथा-कथा को उजागर करती हैं जिसने आजादी के लिए संघर्ष किया और उपलब्धि के नाम पर लगातार पिछड़ती चली गयी। इस मायने में 'पटकथा' को हम एक ऐसे नाटक या फिल्म की 'पटकथा कह सकते हैं जिसमें अनदेखे या देखने से अनदेखा किए जानेवाले दृश्य मौजूद हैं। धूमिल इसमें युवा आवाज में चीखते हुए उन तमाम ध्वनियों को सुनाना चाहते हैं जो अप्रिय थीं लेकिन अपने समय का यथार्थ भी उनमें धड़कता था।

धूमिल समकालीन कविता से अकविता की तरफ गये। दोनों काव्यधाराओं में उनके समय के समाज और समय की द्वन्द्वग्रस्त उपस्थिति है। इस कविता में द्वन्द्वों के अलावा अन्तर्विरोध भी हैं क्योंकि उस समय जो हो रहा था वह सब मध्यवर्ग के युवा वर्ग को नापसन्द था। इसलिए उस कविता में लड़ने-हारने फिर भी लगाातार मुठभेड़ और टकराने के अनुभव दर्ज हैं।

इस कविता ने अपने समय को उसकी गति के साथ पकड़ा है इसलिए इसमें समय और मनुष्य की आपसी टकराहट से पैदा होनेवाली आग और विस्फोट के दृश्य हैं। इसे इस दौर की लम्बी कविताओं में खासकर के देखा जा सकता है। इसमें टूटते हुए जीवन-मूल्य, सताए जा रहे मनुष्य और अन्यायी तन्त्र के अनुभव हैं। यह इस मायने में विसंगत यथार्थ की कविता है। धूमिल की 'पटकथा' ऐसे ही अनुभवों की कविता है। इसमें तमाम दर्शनों का निषेध है फिर भी इसका अपना एक दर्शन हैं। यह कविता पहले से मौजूद समाज-व्यवस्था का विरोध करती है और अपना नया समाज प्रस्तुत करती है। यह कविता शिल्प के धरातल पर पहले से मौजूद भाषा-शैली और स्थापत्य में तोड़-फोड़ करती है और अपना नया शिल्प बनाती है।

धूमिल की 'पटकथा' अपने समय के विसंगत यथार्थ पर दिया गया वक्तव्य है। यह वक्तव्य उस समय की राजनीति के खिलाफ युवाओं की नाराजगी को जाहिर करता है। इस कविता में इससे पहले की कविता के कथ्य रूप के सामने

अपना काव्य-सांचा प्रस्तुत किया गया है। कहीं पर भी भावुकतापूर्ण शब्दावली नहीं है बल्कि बाजारों में बोली जानेवाली और अखबारों में छपनेवाली आसान शब्दावली है। जिसे सपाटबयानी कहते हैं। यह कविता सामाजिक परम्पराओं से असहमत होती है और पाखंड़ का विरोध करती है। यह विचारधारा के धरातल पर केवल अपने समय के युवा वर्ग के प्रति प्रतिबद्ध है। इसे नाराज लेकिन जागरूक युवा वर्ग की काव्यात्मक भावनाएँ कह सकते हैं।

'पटकथा' हिन्दी की ऐसी लम्बी कविता हैं जिसमें धूमिल ने परस्पर विरोधी लगते कथनों के सहारे अपने समय का यथार्थ प्रस्तावित किया है। इस कविता में भारतीय समाज के साथ-साथ कवि के जीवन की विसंगतियाँ भी व्यक्त हुई हैं—'जब मैं बाहर आया मेरे हाथ में एक कविता थी/ और दिमाग में आँतों का एक्स रे' इन पंक्तियों में कवि ऐसे अनुभव का चित्रण कर रहा है जिसके दिमाग में अपने समय के अभाव और रोग भरे हुए हैं। सवाल है कि समकालीन व्यक्ति की ऐसी दर्दनाक नियति का जिम्मेदार कौन है? कह सकते हैं कि इस कविता के शुरू में ही सपनों और उम्मीदों के टूटने की जो गूँज है वह लगातार सघन होती जाती है—'बाहर हवा थी/ धूप थी/ घास थी/ मैंने कहा 'आ-जा-दी/ और दौड़ता हुआ खेतों की ओर गया/ '—यह पंक्तियाँ बताती है कि आजादी एक बड़ा सपना और उस समय के मनुष्य की ऐसी उपलब्धि थी जो उसके जीवन में आशा और अमंग भरती थी जिसे हासिल करना मुश्किलों भरा काम था। इन पंक्तियों में हवा, धूप, बिजली जैसे शब्द, शब्द नहीं रहते। सक्रिय बिम्ब बन जाते हैं जो उस समय के मनुष्य की मनोदशा को व्यक्त करते हैं। कवि आजादी के एहसास को ऐसे त्यौहार की तरह मनाता है और इस एहसास को जीवित दृश्य में बदल देता है। अनाज के फूटते हुए अंकुर, चहचहाती हुई चिड़ियाँ, कांसे की बजती हुई घंटियाँ- इन बिम्बों में जीवन की गति है। अनाज की कतारे संकेत कर रही हैं कि कोई भूखा नहीं रहेगा। खेलते हुए बच्चे खुशहाल भविष्य के प्रतीक हैं क्योंकि वे भविष्य के पहले नागरिक हैं। कांसे की बजती हुई घंटियाँ आजादी का मंगल गायन है। वाचक अपनी इस अथाह खुशी में सबको शामिल करना चाहता है—'मैंने एक बैल की पीठ-थपथपाई/ सड़क पर जाते हुए आदमी से उसका नाम पूछा/ ' और कहा बधाई/ ' सम्भावित आजादी की यह खुशी इतनी संक्रामक होती है कि मनुष्येत्तर संसार भी उसमें शामिल हो जाता है जो अजनबी थे वे परिचय के दायरे में आ जाते हैं।

धूमिल की 'पटकथा' कविता आजादी के एहसास से सराबोर होकर समाज से व्यक्ति की तरफ आती है। कवि घर लौटकर सारी बत्तियाँ जला देता है। पौधे लगाता है। इस खुशी से रोमांचित हो जाता है।

यह कविता बताती है कि आजादी के मायने बहुत बड़े हैं। आजादी इनसान के

लिए बुनियादी जरूरत पूरा करने की गारंटी है। इतना ही नहीं, किसी को अपमानित होने से और शोषण से बचाने का काम भी स्वतन्त्र राष्ट्र का कल्याणकारी उतरदायित्त्व है। कवि अनुभव करता है कि आजादी से शान्ति और भाईचारा कायम होगा। देश की जमीन और आसमान पर सबका हक होगा। इस उम्मीद में कवि 'इन्तजार करता रहा।' यह वाक्य कविता में तीन बार आकर उसके लम्बे इन्तजार को रेखांकित करता है। कथित और अधूरी आजादी मिली लेकिन असली आजादी का इन्तजार बाकी रहा। यह एक ऐसा झटका था जिसने समकालीन मनुष्य को तोड़कर रख दिया। उसके लिए जनता, त्याग, स्वतन्त्रता, संस्कृति, शान्ति, मनुष्यता केवल शाब्दिक वादे बनकर रह गये। बार-बार होनेवाले मतदानों से उसकी समस्या का कोई हल नहीं निकला।

धूमिल की कविता का कथ्य उनके काव्यरूप को निर्धारित करता है। उन्होंने ऐसी भाषा सौंपी जिसमें त्वरा और तात्कालिकता है। भाषा एवं शैली की दृष्टि से भी धूमिल ने अपनी एक नयी पहचान बनाई है। हिन्दी कविता की परम्परागत रूपक योजना, मिथक रचना-प्रतीक-विधान का परित्याग कर इन्होंने भाषा एवं शैली दोनों ही दृष्टियों से सपाटबयानी का बेहतरीन इस्तेमाल किया है। सामान्य बोलचाल की गतिशील भाषा और बिना लाग-लपेट के दो टूक कहने का हुनर धूमिल की काव्य-शैली की प्रमुख विशेषता है। धूमिल के लिए कविता 'एक सार्थक वक्तव्य', 'मुजरिम के कटघरे में खड़े एक बेकसूर आदमी का हलफनामा', 'भाषा में आदमी होने की तमीज' आदि है। यह सपाटबयानी का शिल्पगत कौशल है। 'देश की संसद तेली की वह घानी है, जिसमें आधा तेल और आधा पानी है,' 'मेरे लिए हर आदमी एक जोड़ी जूता है' 'जो मेरे सामने मुरम्मत के लिए खड़ा है,/ ' 'जिसकी भी पूँछ उठाई-मादा पाया,/ ' 'जिन्दा रहने के पीछे अगर कोई तर्क नहीं है तो रामनामी; दुपटटा, बेचकर या 'रंडियों की दलाली करके रोजी कमाने में कोई फर्क नहीं है।' 'यह एक ऐसा जनतन्त्र है, जिसमें जिन्दा होने रहने के लिए घोड़े और घास को एक जैसी छूट है/ '—इन सपाट उक्तियों से धूमिल ने कविता को मजबूरों और मजलूमों का साँझा बयान बना दिया। धूमिल ने कविता-विषयक इतनी लाऊड कविताएँ लिखीं कि कविता पर लिखी कविताओं से विरक्ति हो गयी। दरअसल उन्होंने सारी सम्भावनाएँ सोख लीं। यही कारण है कि कवि और कविताओं पर लिखी किसी भी कवि की पंक्तियों में धूमिल ही दिखाई देते हैं।

धूमिल ने अकविता, समकालीन कविता और शमशानी भूखी-क्रुद्ध पीढ़ी के दौर में एक सार्थक विद्रोह-भाव और एक नया काव्य-शिल्प हिन्दी की आगे आनेवाली पीढ़ी को दिया। भाव, भाषा एवं शिल्प-सभी दृष्टियों से धूमिल ने हिन्दी कविता की एक नयी पम्परपरा को प्रस्तावित किया है। धूमिल की रचनाओं का

भाषिक धरातल नागरी नहीं है। धूमिल की कविता में भाषा का स्त्रोत गाँव है। उनकी कविता में एक विशेष प्रकार का भदेसपन है। उन्होंने वर्जित शब्दों को भी कविता में स्थान दिया है। इन वर्जित शब्दों के माध्यम से वे भाषा के आक्रामक तेवर को अभिव्यक्त करते हैं। उनकी काव्य-भाषा में कचहरी और जासूसी उपन्यास की शब्दावली का प्रयोग काफी मिलता है। 'मुनासिब कार्रवाई' कविता में 'शिनाख्त', 'खुफिया तनाव' और 'वकील का लबार चोंगा' जैसे शब्दों का प्रयोग इस बात का प्रमाण है। यह शब्दावली मुक्तिबोध के यहाँ भी है। धूमिल ने नयी कविता के दुरूह बिम्बों के स्थान पर समकालीन कविता में अर्थ को अधिक महत्त्व दिया है। जो बिम्ब उन्होंने रचे हैं, वे सीधे लोक से आए हैं। उनमें जीवन की धड़कन एवं ताजगी और अभिव्यक्ति का सामर्थ्य है। उनकी कविता में ठेठ गद्यात्मकता है। इसके साथ-साथ तुकों का वे सार्थक प्रयोग करते हैं। वे बार-बार गम्भीर चिन्तन करते हैं और बार-बार उसे मजाक बना देते हैं। धूमिल की कविता की शैली में भाषण की वक्तृत्व शैली का गुण मिलता है। 'पटकथा' कविता भाषण की शैली में तनाव और वेग के साथ आगे बढ़ती है।

बयानबाजी की शैली 'मोचीराम' में भी देखी जा सकती है। धूमिल अपनी 'मोचीराम' कविता में शोषितों और दलितों के प्रति सहानुभूति व्यक्त करते हैं। यह राजनीतिक नहीं, इनसानी नजरिया है। वर्ण-विभाजित समाज मनुष्य को उसके पैसे और पेशे से पहचानता है। इस कविता में धूमिल वर्ण-व्यवस्था में कैद समकालीन मनुष्य की मुक्ति के विचार को प्रस्तावित कर रहे हैं।

धूमिल मुख्य रूप से समकालीन राजनीति और समकालीन समाज से अपनी कविता की विषयवस्तु चुनते हैं। कविता में जिस बौखलाहट को उन्होंने अभिव्यक्त किया है, उसमें सामान्य भारतीय जन का दैनिक अनुभव दर्ज है। यह सामान्य अनुभव ही उन्हें जनता का कवि बनाता है। नैतिकता के ह्रास ने शब्दों के मूल्य का क्षरण किया है। इस बात की गहरी पीड़ा उनकी कविता में मौजूद है। इसका असर काव्य-भाषा पर भी हुआ। इसकी प्रामाणिक पहचान उनकी कविता में मिलती है। कविता में भाषा और अभिव्यक्ति के बेहतर इस्तेमाल के लिए वे लगातार जूझते हैं।

आंचलिक और लोक संस्कार धूमिल के काव्य में फैशन की तरह प्रयुक्त नहीं हुए हैं। यह उनकी भाषा, बिम्ब और संवेदना को जीवन देते हैं। धूमिल ने कई जगह फंतासी शिल्प और भाषण-शैली का प्रयोग के साथ तुकों के प्रयोग से लय की रचना की गयी है। अक्सर उन्होंने गद्यात्मक भाषा का प्रयोग किया है। इस गद्यवतकाव्य में विचारों की लय है।

ऐतिहासिक दृष्टि से धूमिल की काव्यभाषा का निर्विवाद महत्त्व है। विषय और भाषा की दृष्टि से धूमिल ने जो राह बनाई उस पर उनके साथ राजकमल चौधरी

तथा आगे चलकर श्रीकान्त वर्मा, लीलाधर जगूड़ी, जगदीश चतुर्वेदी, त्रिनेत्र जोशी जैसे महत्त्वपूर्ण कवि चले। जिस तरह से धूमिल ने मुक्तिबोध को समकालीन सन्दर्भों में परिभाषित किया था उसी तरह इन कवियों ने धूमिल की खोज की। भाषागत दृष्टि से धूमिल ने सपाटबयानी और तुकान्तता के शिल्प को अद्‌भुत तरीके से साध लिया था। सामान्य व्यक्ति के जीवन की दैनिक भाषा को बिना किसी सजावट के धूमिल ने 'मुजरिम के कटघरे में खड़े एक बेकसूर आदमी का हलफनामा करार देते हुए भाषा को 'एक सार्थक वक्तव्य' बना दिया। वह दरअसल 'भाषा में आदमी होने की तमीज' रेखांकित कर रहे थे। उनके भाषिक प्रयोग इतने अद्‌भुत हैं कि वह प्रबुद्ध वर्ग में सूक्त कथनों की तरह इस्तेमाल होते हैं।

धर्म और वर्ण आधारित ऐसी सामाजिक संरचना में मनुष्य के व्यक्तित्त्व की निजता, गरिमा और मौलिकता नष्ट होती है। ऐसे समाज में मनुष्य ऐसे फटे जूते में बदल जाता है जिस पर टाँके पड़ते रहते हैं—'आजकल/ कोई आदमी जूते की नाप से/ बाहर नहीं है/ फिर भी मुझे ख्याल रहता है/ कि पेशेवर हाथों और फटे हुए जूतों के बीच/ कहीं-न-कहीं एक अदद आदमी है/ जिस पर टाँके पड़ते हैं,/ जो जूते से झाँकती हुई अंगुली की चोट छाती पर/ हथौड़े की तरह सहता है/ '- मोचीराम लगातार फटता हुआ जूता है। उसमें आत्मपीड़ा है; आत्मालोचना की समझ नहीं है। उसकी पीड़ा उसकी सामाजिक और आर्थिक हैसियत से उपजी है—'मैं महसूस करता हूँ—भीतर से/ एक आवाज आती है—'कैसे आदमी हो,/ अपनी जाति पर थूकते हो।/ आप यकीन करें, उस समय/ मैं चकतियों की जगह आँखें टाँकता हूँ/ और पेशे में पड़े हुए आदमी को/ बड़ी मुश्किल से निबाहता हूँ/ '- धूमिल उसकी चुप और चीख के पीछे की मजबूरियों को वास्तविकता समेत प्रस्तुत करते हैं—'जबकि मैं जानता हूँ कि 'इनकार से भरी हुई एक चीख/ और 'एक समझदार चुप' भविष्य गढ़ने में, 'चुप' और 'चीख' अपनी-अपनी जगह एक ही किस्म से/ अपना-अपना फर्ज अदा करते हैं/ ' धूमिल आमूलचूल बदलाव के विचार के कवि हैं। इस कविता में धूमिल समकालीन मुक्ति के विचार को प्रस्तावित कर रहे हैं—'जबकि असलियत यह है कि आग/ सबको जलाती है सच्चाई/ सबसे होकर गुजरती है/ कुछ हैं जिन्हें शब्द मिल चुके हैं/ कुछ हैं जो अक्षरों के आगे अन्धे हैं/ वे हर अन्याय को चुपचाप सहते हैं और पेट की आग से डरते हैं/ '—धूमिल के यहाँ अनुभूति और विचार, अहसास और समझ का संश्लेशण मिलता है। उनकी कविता केवल संवेदनात्मक धरातल पर नहीं बल्कि बौद्धिक स्तर पर भी सक्रिय होती है। धूमिल ऐसे कवि हैं जो अपनी संवेदना और शिल्प को सलीके से बरतते हैं।

कैलाश वाजपेयी

11 नवम्बर, 1936—1 अप्रैल, 2015

संवेदनशील बौद्धिक का विक्षोभ

बहुमुखी प्रतिभा के रचनाकार कैलाश वाजपेयी का जन्म 11 नवम्बर, 1936 को हुआ और 79 वर्ष की आयु में 1 अप्रैल, 2015 को दिल्ली में उनका निधन हो गया। वे लेखन के क्षेत्र में अन्तिम समय तक सक्रिय रहे। उत्तर प्रदेश के हम्मीर पुर में जन्में श्री कैलाश वाजपेयी की उच्च शिक्षा लखनऊ विश्वविद्यालय में हुई और उन्होंने दिल्ली विश्वविद्यालय के मोतीलाल कॉलेज में लगभग 4 दशक तक अध्यापन किया। कुछ वर्ष वे टाइम्स आफ इंडिया के प्रकाशन समूह से जुड़े रहे और कई देशी-विदेशी विश्वविद्यालयों से भी जुड़े रहे। उन्होंने कविता के अलावा वैचारिक लेखन भी किया। अब तक उनकी 34 पुस्तकें प्रकाशित हैं। 'हवा में हस्ताक्षर', 'संक्रात', 'देहांत से हटकर', 'तीसरा अँधेरा', 'सूफीनामा' आदि उनकी प्रमुख काव्य-कृतियाँ हैं। हिन्दी कविता के शिल्प-विधान पर भी उन्होंने गम्भीर आलोचनात्मक कार्य किया है। कैलाश वाजपेयी ने आधुनिक हिन्दी कविता में साठोत्तर मनुष्य के जटिल समकालीन दर्शन को प्रस्तावित किया है। समकालीन मनुष्य के कठिन दर्शन को उनकी तरह आसान बनाकर व्यक्त करने का कौशल कम ही कवियों के यहाँ दिखता है।

कैलाश वाजपेयी ने सूर, कबीर, कृष्णमूर्ति, रामकृष्ण परमहंस इत्यादि के व्यक्तित्त्व एवं कृतित्त्व पर फिल्मों का निर्माण भी किया। स्वामी विवेकानन्द के जीवन-कर्म पर आधारित 'युवा संन्यासी' उनका चर्चित नाटक है। साहित्य अकादमी सम्मान, हिन्दी अकादमी सम्मान, व्यास सम्मान इत्यादि से सम्मानित कैलाश वाजपेयी के कवि-कर्म पर हिन्दी आलोचना ने दुष्टतापूर्ण उदासीनता प्रदर्शित की, लेकिन वे चुपचाप अपना रचना-कर्म करते रहे।

कैलाश वाजपेयी की छवि बहुपठित अध्यापक और लेखक की रही है। चैकोस्लोवाकिया, रूस, फ्रांस, जर्मन, स्वीडन और अन्य यूरोपीय देशों की उन्होंने सांस्कृतिक-साहित्यिक यात्राएँ की हैं। देशी-विदेशी दर्शनों के मर्मज्ञ इस रचनाकार ने भारतीय चिन्तन-परम्परा पर आजीवन भरोसा जताया। भारतीय धर्म-संस्कृति

उनके लेखन में बार-बार उपस्थित होती है। अद्वैत और बौद्ध-दर्शन से वे प्रेरित होते रहे। उन्होंने आधुनिक जीवन-सन्दर्भों में इनकी प्रासंगिकता रेखांकित की है। आधुनिकता के उत्तरोत्तर विकास को उन्होंने पश्चिमी चश्मे से न देखकर ठेठ भारतीय सन्दर्भों में जांचा-परखा और उसकी विसंगतियों को उजागर किया।

साठ के दशक के आखिरी दौर में हिन्दी कविता में विरोध और विद्रोह के कविता के रूप में कैलाश वाजपेयी पहचाने गये—'सिल की तरह गिरी है स्वतन्त्रता/ और पिचक गया है सारा देश/ उनकी कविता में एक शान्त तल्खी है। उसमें एक अजीब-सी कशिश है। यह देर तक अपनी गिरफ्त में बाँधे रखती है।

कैलाश वाजपेयी की कविता में आधुनिक मनुष्य का थरथराता हुआ गुस्सा है दूसरी तरफ सब कुछ गलत होते और कुछ न कर पाने की विकलता तथा मनुष्य की दयनीय नियति से उपजी पीड़ा कैलाश वाजपेयी के यहाँ है। ऐसे विलक्षण अनुभवों को उन्होंने जिस काव्य-भाषा में व्यक्त किया उसे अर्जित करना दुर्लभ प्रतिभा के बस की बात है। इसके लिए असीम रचनात्मक धैर्य और अनथक अभ्यास भी जरूरी होता है जो कि कैलाश वाजपेयी की कविता में दिखाई देता है।

कैलाश वाजपेयी अपने लेखन के शुरुआती दौर में छान्दसिक कविता के प्रति आकर्षित हुए। अपने नवगीतों को कंठ में मौजूद नैसर्गिक मिठास के साथ वे गाते रहे। काव्य-लेखन के एक मोड़ पर आकर गीत को अपर्याप्त जानकर वे मुक्त छन्द की तरफ गये। अपने समय के समाज की विकृतियों के प्रति गहरा जन-असन्तोष, संवेदनशील बौद्धिक का विक्षोभ, अपाहिज वर्तमान से मोहभंग इत्यादि भावनाएँ कैलाश वाजपेयी की कविता में धड़कने लगीं। कैलाश वाजपेयी उस काव्य-खेमे के कवियों में रहे, जिनका मानना था आजादी अधूरी है, क्योंकि आजादी राजनीतिक परिघटना तो बनी, उसके सामाजिक सन्दर्भ लुप्त होते चले गये। इस हादसे ने उस दौर के कवियों की मनोदशा निर्मित की और कविता का तेवर बदल गया। कैलाश वाजपेयी के यहाँ ऐसे कई अर्थ प्रसंग हैं।

प्रयोगवादियों सरीखी शब्द-क्रीड़ा भी कैलाश वाजपेयी के यहाँ मिलती है। उनकी अत्यन्त लोकप्रिय कविता जिसमें वे मानवीय 'संक्रामकता' पर व्यंग्य करते हैं— 'औरतों ने कहा/ औरतों ने औरतों से कहा/ औरतों ने और औरतों से कहा/ और औरतों ने और और औरतों से कहा/ और और औरतों ने और और औरतों से कहा..../ कि शहर में हैजा फैल रहा है/'—कैलाश वाजपेयी की शब्दक्रीड़ा में सतही कौतुक या खिलवाड़ नहीं है; अभिधा में अर्थ कैसे व्यंजित होता है और पीड़ा व्यंग्य में बदलकर करूणा कैसे उपजाती है- यह उनकी कविता सिखाती है।

विचाराधारा, राजनीति, मूल्य, व्यवस्था इत्यादि का निषेध करनेवाली सर्वनिषेधवादी भाव-भंगिमा भी कैलाश वाजपेयी के यहाँ है। वहाँ राजनीति,

भावुकता, आदर्शवाद, नैतिकता, प्रेम- सभी के प्रति गहरे सन्तोष का भाव है। मूल्यों के प्रति यह सन्देहवादी रवैया इसलिए उपजा क्योंकि समाज में चारों तरफ जैसे बन पड़े, मुनाफा और पद हासिल करने की होड़ मच गयी। ईमानदार आदमी इसमें पीछे रह गया। बेईमानी, रिश्वतखोरी, सिफारिश, जोड़-तोड़ का जुगाड़, गिराने-उठाने की तिकड़म, वह मामूली आदमी नहीं कर सकता था। इसलिए निषेधात्मकता में वह राहत खोजने लगा—'जहाँ हर यात्रा का अर्थ दुर्घटना है/ और अस्पतालों में मृत्यु अधिक निश्चित है/ जहाँ धूर्त्त होना/ अतिरिक्त गुण और बेईमानी/ प्रामाणिक हो चुकी है/ दोहरा व्यक्तित्त्व, पाखंड़, चाटुकारिता/ प्रचार, पक्षपात और उलझन/ जहाँ के सर्वमान्य मूल्य हैं/ '—विद्रूपित परिस्थितियों में व्यंग्य-व्यंजित कैसे होता है; देखिए—'जहाँ सत्य शब्द का/ उच्चारण/ अब केवल अर्थी ले जाने में होता है/ गाली ही अब यहाँ एकमात्र भाषा है/ ताश के पत्तों पर/ अब जहाँ निर्माण होता है/ और लोग/ कागज पर मिनटों में फसलें उगाते हैं/ दुनिया के तमाम क्रिया-व्यापार कुछ ताकतवरों की व्यक्तिगत सुविधा के अनुसार चलते हैं'—और 'जहाँ पानी तक/ शुद्ध नहीं मिलता है/ '—कैलाश वाजपेयी साठ-सत्तर के दशक से उत्तर-आधुनिक यथार्थ तक आते हैं—'जहाँ फिल्म अभिनेता/ संस्कृति के रक्षक हैं/ और बुद्धिजीवी अय्याश हैं/ जहाँ जड़ मूर्ख हैं/ रचयिता विधान के और/ कुछ विदूषक शासन चलाते हैं/ '—यह अपने समय के बिगड़े हालात की सच्ची तसवीरें हैं। यहाँ आक्रोश की क्रुद्ध मुद्रा बनावटी नहीं है। वह कविता की प्रामाणिक पहचान है।

'भविष्य घट रहा है' और 'परास्त बुद्धिजीवी का वक्तव्य' कैलाश वाजपेयी के काव्य-मर्म को उजागर करनेवाली विशिष्ट रचनाएँ हैं—'न हमारी आँखें आत्मरत/ न हमारे होंठों पर शोक गीत/ जितना कुछ ऊब लिये/ हमें अब किसी भी व्यवस्था में डाल दो/ (जी जाएँगे) '—कोष्ठकबद्ध 'जी जाएँगे' में तिलमिलाने वाली तीखी चोट है। यथास्थितिवादी मध्यवर्ग के विडम्बनात्मक शोकगीत को कैलाश वाजपेयी गद्यात्मक साँचे में व्यक्त कर देते हैं—'ऊर्ध्व संगमरमर पर लगे हुए छत्ते सी/ यह सारी दुनिया जिसे हम पा न सके/ हमारी डंक-छिदी देह को नहीं पता/ वहाँ कहीं शहद भी होता है कटे हुए पैरों में/ अपनी हर यात्रा लपेटकर/ हम रेगिस्तानों से कैसे पड़े हैं/ वर्जित हो यों तो अपनी/ सुविधा के लिए/ रेतीली छाती से पहिये निकाल दो/ (जी जाएँगे)/ '-यह जीना असल में तिलतिलकर नष्ट होना है। क्रमिक आत्मघात की तरफ बढ़ना है—'पानी मटमैला है/ या/ खाली चेहरा है/ नहीं पता/ बाहर दरारें हैं या फटी आँखों में/ नहीं पता/ बस इतना याद है बर्फ के चाकू की तरह प्यार/ एक बहुत भद्दा मजाक था/ जो भीतर घावकर/ भीतर पिघल गया/ '-बुरे वक्त में स्मृतियाँ विकृत हो जाती हैं। यानी दुर्दिन में समय काल बन जाता है। वह काटे नहीं कटता—'हमें अब न जीवन दरकार है/ न बूढ़ी माँ की मृत्यु का समाचार/

डोरी से खींचकर लटका दो बाँस पर/ (यदि हमें चाहे तो)/ '—लगातार संवेदनशील होते जाने की यह पीड़ा स्वप्न भंग पीढ़ी की करूण कथा है। काल प्रहार से मनुष्य क्षरित होता है, लेकिन सुविधाभोगी मान-अपमान से परे चला जाता है। यह उसका सन्तभाव नहीं है। यह उसके कुटिल व्यक्तित्त्व का एक पहलू है। जबकि जीवन ही अपमान का अन्तहीन पाठ बन गया है—'गौरवांवित नहीं होंगे पढ़े गये रद्‌दी अखबार-सा/ छितरा दो नंगे फुटपाथ पर अपमानित न होंगे/ चिलचिलाती धूप में/ बदहवास रात में/ कहीं किसी गटर पर/ हम खुली पलकों सो जाएँगे/ हमें अब किसी भी व्यवस्था में डाल दो/ (जी जाएँगे)/ '—चारों तरफ मूल्य-विध्वंस की सड़न है—'क्योंकि निराधात्म की/ सब जगह सड़ान्ध है/ हर नगर अच्छा है/ क्योंकि हर चेहरे पर/ बैठा है 'हायना'/ हर मनुष्य सच्चा है/ (हमको अब सब कुछ स्वीकार है)/- 'हमको अब सब कुछ स्वीकार है/ '—यह पराजय भाव उपजता ही इसलिए है कि व्यक्ति कुछ नहीं करता- केवल पशुवत पेट भरता है। ऐसे व्यक्ति का यही अन्जाम होता है!

वर्तमान बेहद कठिन होता है, क्योंकि वह छाती पर सवार हो जाता है। भविष्य अनिश्चित भले होता है, लेकिन उसमें आशा निहित रहती है। लेकिन वही संकटग्रस्त हो जाए तो?—इस भयावह सच्चाई को कैलाश वाजपेयी 'भविष्य घट रहा है' में व्यक्त करते हैं—'कोलाहल इतना मलिन/ दुख इतना संगीन हो चुका है/ मन होता है/ सारा विषपान कर/ चुपचाप चला जाऊँ/ ध्रुव एकान्त में/ सही नहीं जाती/ पृथ्वी-भर मासूम बच्चों/ माँओं की बेकल चीख/ '- बेरहम सदी में मनुष्य अपने ही 'पुश्तैनी फरेब' के कारण इस नियति को प्राप्त हो रहा है—'बींसवी सदी के विशद/ पटाक्षेप पर/ देख रहा हूँ मैं गिर रही दीवार/ पानी की/ डूब रहे बड़े-बड़े नाम/ '- यह कैसा पागलपन है, मनुष्य-मनुष्यता को ही नष्ट कर रहा है—'बींसवी सदी के विशद मंच पर/ खड़े जुनून भरे लोग/ जिन नगरों में जन्मे थे/ उन्हीं को जला रहे थे/ ' ऐसा तभी होता है जब ताकतवर होकर मनुष्य दूसरों को क्षुद्र समझने लगता है। जीवन के विकल्प गुम जाते हैं—'विकल्प ही भविष्य था/ भविष्य पर घट रहा है।/ इस क्षंणभंगुर संसार में/ अमरौती की तलाश भी/ जा छिपी राष्ट्रसंघ के/ पुस्तकालय में/ देश जहाँ प्रेम की पुण्यतिथि मना रहे/ ' भविष्य ही जीवन बचे रहने का बहाना था, लेकिन मरती हुई सदी में—'शोर-शोर सब तरफ घनघोर/ नेता सब व्यस्त कुरते की लम्बाई बढ़ाने में/ लेकिन—'किसी को फिक्र नहीं सौ करोड़ वाले/ इस देश में/ कितने करोड़ हैं/ जो अनाथ हैं/ ' ऐसे सवाल कोई विषपायी ही कर सकता है—'मुझ नगण्य के लिए यह/ पेंचीदा सवाल है।/ सब फेंके दे रही सभ्यता/ धरती की कोख/ दिन-ब-दिन खाली/ ' ऐसे कठिन समय में कई संजीदा सवाल और उभरते हैं—'अस्ति से परास्त विभवग्रस्त आदमी/ एक-एक कर/

फेंककर/ सारी सम्पदा/ क्या पृथ्वी भी/ फेंक देगा?/' हताशा के घनघोर घटाटोप से उबरकर कैलाश वाजपेयी उम्मीद के उजाले तक आते हैं—'बिसरा सरगम/ किसी ताल में/ होकर निबद्ध फिर/ आएगा।/ पृथ्वी बच जाएगी/ मैं रहूँ नहीं रहूँ/ फर्क क्या?/' पृथ्वी का बचे रहना भविष्य के बचे रहने की उम्मीद है।

कैलाश वाजपेयी और उनके समकालीनों के यहाँ दूर तक पसरी हुई नाउम्मीदी वैयक्तिक नहीं है। वह लम्बे रक्तशोषक कुशासन की सौगात है। रचनाकार अपने समय और समाज का सृजन करता है। कैलाश वाजपेयी के यहाँ भी आजादी के बाद सपने दिखाऊ नेहरूवादी राजनीति से उपजा गहरा मोहभंग है। उस दौर की राजनीति लम्बे समय तक केवल खुशहाली के सपने दिखाती रही। जब सपने टूटे तो उसके टूटने की गूँज कैलाश वाजपेयी जैसे समकालीन कवियों ने अपनी कविता में दर्ज की है।

गीत-कविता से एक दौर में कैलाश वाजपेयी अकविता की ओर गये, लेकिन अकविता के सनसनीवाद से बचे रहे। उनकी कविता में काले-भाव नहीं हैं, न अर्थहीन हद तक पहुँची निर्लज्ज भाषा है। झूठे नारों और खुशहाल स्वप्नों के बीच वे युवाशक्ति की आत्महत्याएँ देखते रहे। कैलाश वाजपेयी के लिए जन-आन्दोलन हो या चीनी आक्रमण या आपातकाल वे हमेशा सही के पक्षधर बने रहे—'अँधेरे में टेलिफोन बज रहा/ अभी दिल धड़कता है/ घड़ी चुप है/ घूरे में आग लग चुकी है/ आँखों में पृथ्वी बनने के पहले की नींद है/ और चढ़ बैठी है शव की छाती पर/ दस हजार मील दूर आँत फट रही है गरीब की/' 'महास्वप्न का मध्यान्तर' में संकलित यह काव्य पंक्तियाँ अमूर्तन का बेहतरीन इस्तेमाल करती हैं। वह समय जटिल था। लोग बेचैन थे। कवि कलाकार स्तब्ध थे। समूचे परिवेश में अमूर्त अँधेरा फैला था। कैलाश वाजपेयी इस समकालीन सच को बेहतर जानते थे कि मूल्यों और नैतिकता की बात करनेवाले भावुक मनुष्य को मूर्ख समझा जाता है। वह समय के विकारों और प्रलोभनों को समझ नहीं पाता है। वह लगातार असफल और अप्रासांगिक होता जाता है। विषाद उपजाने वाली निराशा उसमें अवसाद भर देती है... 'एक वक्त ऐसा भी था आर्यवर्त्त में/ जब बिना बदचलन हुए/ कुछ नहीं मिलता था/' भ्रष्ट होना बचे रहने की गारंटी है क्योंकि सामाजिक-राजनीतिक कदाचार को सांस्कृतिक स्वीकृति मिल चुकी है। धूर्त्त व्यक्ति ही अपनी साख बचा पाते हैं तथा 'हताश आदमी का कोई आसमान नहीं होता'—ऐसी पंक्तियों में आसानी से अस्तित्त्ववादी तत्त्व-दर्शन रेखांकित किया जा सकता है, जबकि यह पराजित और अकेले कर दिए गये व्यक्ति का परायापन है। उसकी मारक जीवन स्थितियों से उपजे यह अस्तित्वगत सवाल परेशान करते हैं क्योंकि इनसे बचा नहीं जा सकता। इनके जवाब खोजने ही होंगे।

कैलाश वाजपेयी 'सिक्के चबाते' और 'केकड़े की तरह चिपक जानेवाले

सस्ते और अय्याश' लोगों के बीच 'नजरबन्द ईश्वर' से भी सवाल करते है। इन सवालों से जो व्यंग्य उपजता है वह आत्मनिर्वासित और कुंठित व्यक्ति का नहीं है, न उस सुविधाभोगी दास मानसिकता वाले चतुर चालाक व्यक्ति का फलसफा है, जो प्रत्यक्ष में कहता है कि 'कोई भी राजा हो हमें क्या फर्क पड़ता है?' क्योंकि ऐसे सुजान हर व्यवस्था में रक्त शोषक परजीवी बन जाते हैं और सफल रहते हैं जबकि कैलाश वाजपेयी जानते हैं कि असल में फर्क पड़ता है!

कैलाश वाजपेयी का रचनाकार लगातार गहन आत्म-मन्थन करता रहा...'मुझे निःशब्द तक जाना था/ मैं हूँ कि सना पड़ा हूँ हाहाकार में/' ऐसी पंक्तियाँ गहरी आत्मालोचना और साधना के बाद सृजित होती हैं। वे परिवर्तन के पक्षधर थे लेकिन ऐसे आमूलचूल परिवर्तन के जिसे वही सम्भव कर सकता था जो अपनी जड़ों की पड़ताल करने में सक्षम हो। उनके यहाँ केन्द्र की बजाए हाशिए पर विश्वास व्यक्त किया गया है। एक बार उन्होंने इन पंक्तियों के लेखक से बड़ी दिलचस्प बात कही थी कि सब कुछ का विकेन्द्रीकरण होना चाहिए। जब बड़े सेन्टर बन जाते हैं तो बड़े लोगों की बदमाशियाँ शुरू हो जाती हैं। उनका मानना था अगर किसी संस्थान में नियुक्तियाँ करनी हो तो चुन-चुनकर अलग-अलग विचारों और प्रान्तों के भिन्न-भिन्न भाषा-भाषी लोगों को नियुक्त करना चाहिए। उनकी कविता और वैचारिकी भी केन्द्रीयता की तानाशाही से मुक्त है, स्वायत्त है। उन पर गम्भीरता से विचार-विमर्श होना अभी बाकी है, क्योंकि ऐसे कवियों की परख से ही हिन्दी कविता की ताकत का पता चलता है।

विनोद कुमार शुक्ल

1 जनवरी, 1937

अतिरिक्त नहीं, मिथकथन में व्यक्त अनिवार्य

आज की हिन्दी कविता पर खासा असर डालनेवाले कवियों में विनोद कुमार शुक्ल की कविता अलग से पहचानी जाती है। उनका काव्य-मुहावरा इतना अधिक संक्रामक है कि उनके समकालीन कवियों के यहाँ भी उसकी धमक और ताप देखे जा सकते हैं। शमशेर और रघुवीर सहाय के बाद, कवियों के बीच वे सबसे मकबूल कवि हैं। नयी पीढ़ी के कवियों ने उनसे काफी कुछ सीखा है और आलोचकों ने अर्थ-सम्पन्न पाठ पाया है। यही कारण है कि उनके कवि-कर्म को काफी उम्मीद से देखा जाता है। सघन बौद्धिक उत्तेजना से भरी उनकी कविता इस मायने में विशिष्ट है कि उसमें जटिल जीवन-सत्यों की संश्लिष्ट उपस्थिति जीवन के निहितार्थों से रहित नहीं होती इसीलिए मितकथनों में अपनी बात रखनेवाला यह कवि उस यथार्थ को पकड़ लेता है जिसे साधारण कवि देख नहीं पाते और उस अभिप्रेत को आसानी से कह देता है कि जिसे कई कवियों के कान सुन नहीं पाते हैं।

विनोद कुमार शुक्ल का काव्य-कौशल शब्दहीनता में भी शब्द को अर्थ के साथ व्यक्त करने के शानदार हुनर का उदाहरण है—'मैं अपने खाली झोलों को/ '—और खाली करने के लिए/ भय से फटकारता हूँ।/ जैसे कुछ निराकार भर जाता है। कविता के इस अन्त में अन्तहीन अर्थप्रसंगों की ऐसी तार्किक संगति है कि शब्दों की जरूरत ही शेष नहीं रहती।

कम शब्दों से काम चलाने की यह काव्य प्रणाली कईयों को आलंकारिक काव्य-कौतुक लगती है और कई इसमें अमूर्तन के आतंक को देखते हैं लेकिन ऐसा देखनेवाले कम ही हैं जो यह ठीक से देख सकें कि विनोद कुमार शुक्ल की कविता उन तमाम आलंकारिक काव्य- युक्तियों को अपर्याप्त, बेमानी और आखिरकार काव्यहीन सिद्ध कर देती है जो आजकल फैशन में हैं और खुद को काव्य-रसिक और काव्य-आचार्य माननेवाले उसे ही कविता मानने के अभ्यस्त हो चले हैं—"सब जगह इस तरह विस्थापित हो/ सब जगह के पास/ कि सब जगह हो सब जगह के पास/ और अकाल, आतंक, दुकाल में अब की साल/ गाँव से एक भी

विस्थापित न हो/ '—ऊपर से निरा गद्य का आभास देनेवाली ऐसी प्रत्यक्ष पंक्तियों में जैसे झाड़-पोंछकर चमकदार पंक्तियों और गोल-चिकने शब्दों को विनोद कुमार शुक्ल हटा देते हैं—'मिट्टी से काम करनेवालों के लिए/ अकेली पृथ्वी ही/ पृथ्वी भर मिट्टी लेकर उपस्थित है/ और मनुष्यता के लिए कोई भी/ एक मनुष्य/ ' यहाँ अतिरिक्त यानी फालतू को आसानी से हटा दिया गया है—फिर भी कवि अपनी पूरी बात, अपने सम्पूर्ण आशय को आसानी से कह देता है—'थोड़े-थोड़े भविष्य से/ ढेर सारे अतीत इकट्ठा करता हूँ/ बचा हुआ तब भी ढेर सारा भविष्य होता है/ ऐसे में ईश्वर है कि नहीं, शंका में रहता हूँ/ मुझे अच्छा मनुष्य बना दो/ सबको सुखी कर दो/ ' यहाँ कवि अमूर्तन का सम्मोहन नहीं रचता बल्कि इन दिनों कविता में अमूर्तन का शिकार हो चुके अनिवार्य विषयों को ठीक से प्रस्तावित करने का उपक्रम करता है।

विनोद कुमार शुक्ल जटिल विषयों को आसान बनाकर प्रस्तुत करते हैं। इन विषयों के कठिन अर्थ सभी नहीं पकड़ पाते उन्हें उलझा और देते हैं—'जो बहुत कुछ कहना-सुनना है/ कह-सुन लिया गया/ कि जल प्रपात के पास/ केवल जल प्रपात ध्वनि को सुना जाता है/ इस भाषा को पुरखे सुन चुके होते हैं/ और पीढ़ियाँ सुननेवाली होती हैं/ अलावा कुछ भी सुनाई नहीं देता/ ' यह दरअसल अनसुना कर दी जानेवाली ध्वनियों को उनके पूरे वजूद के साथ सुनना है। यह इस तथ्य का साक्ष्य है कि बड़ी कविता जीवन के जटिलतम अनुभवों को भी, सहज ही शब्दों का अनुभव बना देती है और शब्दों के उस अद्‌भुत अनुभव से हम जीवन को जांच-परख और सच्चाई में समझ सकते हैं—'दुनिया में अच्छे लोगों की कमी नहीं है/ बार-बार यही कह रहा हूँ/ और कितना समय बीत गया है/ लौटकर मैं घर नहीं/ घर-घर पहुँचना चाहता हूँ और चला आता हूँ।/ '—इतनी जरूरी और पैनी दृष्टि कविता ही दे सकती है।

कवि-कथाकार विनोद कुमार शुक्ल की कविता पर अक्सर काव्यार्थ का सरलीकरण करने या उसे उलझाने के परस्पर विरोधी मत लोग चिपकाते रहे हैं। विष्णु खरे के अनुसार विनोद कुमार शुक्ल की कविता पर भाषाई खिलवाड़, चमत्कार, वक्रोक्ति, उलटबांसी शिल्पातिरेक, कलावादिता, यथार्थ का कोमलीकरण, अन्तर्मुखी स्वर जैसे आरोप भी मतिमन्द लगाते रहे हैं। नन्दकिशोर आचार्य ने भाषा-अवमूल्यन, भाषा में अन्तर्निहित आत्मीयता और उसकी भावात्मक विश्वसनीयता की तलाश का अभाव रेखांकित करते हुए यह आशंका व्यक्त की थी कि विनोद कुमार शुक्ल जैसे कवियों के यहाँ भाषा की इस भंगिमा ने कविता के विषयों को भी बहुत सीमित कर दिया है क्योंकि प्रेम, प्रकृति, आत्मीय सामाजिक-पारिवारिक रिश्ते और समूची सृष्टि से रागात्मक लगाव का भाव आदि अनुभवों के रास्ते में यह

भाषा ही सबसे बड़ी बाधा थी। यह समस्या दरअसल विनोद कुमार शुक्ल की गैर परम्परागत भाषिक प्रणाली को ठीक से न समझ पाने के कारण पैदा हुई है। यहाँ कथ्य की कमतरी का संकट नहीं है। बल्कि मानवीय सहानुभूति, करुणा और प्रतिबद्धता जैसे काव्य-मूल्यों को काव्य-विषय बनानेवाले विनोद कुमार शुक्ल जैसे कवि कम ही हैं।

मानवीय सम्बन्धों के साथ ही प्रकृति के जितने आत्मीय बिम्ब उनके यहाँ मिलते हैं उन्हें अन्यत्र पाना विरल है। वरिष्ठ कवि विष्णु खरे ने विनोद कुमार शुक्ल की शायद सबसे सम्पूर्ण किताब 'अतिरिक्त नहीं' का ब्लर्व बड़े मन से लिखते हुए ठीक पहचाना है कि विनोद कुमार शुक्ल हिन्दी के उन कुछ कवियों में से हैं जो सब देखना-जानना चाहते हैं और इस प्रक्रिया में भारतीय समाज तथा मानव मात्र को लेकर पूरी सहानुभूति, करुणा और प्रतिबद्धता भी असन्दिग्ध रूप से उजागर करने में वे सफल होते हैं।' ये पंक्तियाँ विनोद कुमार शुक्ल के विषय-वैविध्य की तरफ इशारा करती हैं। लम्बी कविताएँ लिखने का रूझान भी विनोद कुमार शुक्ल ने बार-बार प्रदर्शित किया है। 'अतिरिक्त नहीं' की एक कविता में उन्होंने कहा है—'जब बात समाप्त नहीं होती तब कुछ कहना यहीं बचा होता है'—ये पंक्तियाँ लम्बी कविता के सबसे गम्भीर और बड़े कवि मुक्तिबोध के कथन—'कहीं भी खत्म कविता नहीं होती- की याद ही नहीं दिलाती बल्कि विनोद कुमार शुक्ल जैसे अल्पतम शब्दों और छोटे वाक्यों में लिखनेवाले कवि द्वारा लम्बी कविता के माध्यम को बरतने की आन्तरिक विवशता या कहें अनिवार्यता का सूत्र भी हमें सौंपती है।

विनोद कुमार शुक्ल की दूसरी कविताओं के साथ उनकी अब तक की महत्त्वपूर्ण लम्बी कविताओं के संकलन 'कविता से लम्बी कविता' की कविताओं को देखना इस दृष्टि से दिलचस्प होगा। लम्बी कविता को महाकाव्य का विकल्प माना जा सकता है। प्रगीतात्मक कविताओं से लम्बी कविताओं की लेखन-प्रक्रिया भिन्न होती है। आकारपरक प्रदीर्घता से ही किसी कविता को सफल-सार्थक-लम्बी कविता नहीं कहा जा सकता है। निरन्तर परिवर्तनशील राजनैतिक, सामाजिक, सांस्कृतिक संरचनाओं की गहन समझ रखनेवाले कवि ही इस विशिष्ट काव्य-माध्यम को साध सकते हैं। क्योंकि यह काव्य-रूप यथार्थबोध के जटिल दबावों से उपजता है। केवल विचार, बयान, चित्रण, बिम्ब, प्रतीक या फैंटेसी से अच्छी लम्बी कविता नहीं लिखी जा सकती बल्कि इसके लिए कवि को अपने चतुर्दिक व्याप्त यथार्थ की लगातार पड़ताल और उससे मुठभेड़ करनी पड़ती है।

विनोद कुमार शुक्ल ने यथार्थ की अनेक विषम-विरोधी मनोदशाएँ और सन्दर्भ पकड़ने के प्रयास किए हैं लेकिन उनकी कई लम्बी कविताओं में बेहतर लम्बी कविताओं के लिए अपेक्षित दीर्घकालिक तनाव की रचनात्मक सन्दर्भों में

अभिव्यक्ति की विफलता से इनकार नहीं किया जा सकता। व्यक्ति, समाज-संस्कृति, राजनीति तक इस तनाव की व्याप्ति रहती है। लम्बी कविता के कवि-आलोचक नरेन्द्र मोहन के शब्दों में कह सकते हैं कि एक क्रूर परिस्थितियों में जिन्दा रह पाने की तीव्र बेचैनी, गहरी वेदना से पैदा हुआ तनाव, तनाव के इन्हीं सन्दर्भों, धरातलों, आयामों, रंगों और आशयों से निर्मित होती है लम्बी कविता। तनाव की इसी विविधधर्मिता का नाम है लम्बी कविता। जो महज वैचारिकता से नहीं सध सकती, न कोरे संवेग और उत्तेजना से कथ्य की सफल प्रस्तुति को निभा सकती है। एक लम्बे अरसे तक इसे झेलने की क्षमतावाला कवि ही इसे साध सकता है।' विनोद कुमार शुक्ल बुनियादी तौर पर तीव्र संवेगों के कवि हैं। उनके कवि की मानसिक बुनावट ही इस तरह की है। फिर भी विनोद कुमार शुक्ल ने 'लगभग जय हिन्द' और 'शरारतन मुड़कर देखा मैंने एक पेड़ को' जैसी संवेग आधारित लम्बी कविता का प्रारूप प्रस्तावित किया है। इनमें उनकी लम्बी कविता के मॉडल की सीमा और ताकत को पहचाना जा सकता है।

हिन्दी में आख्यान, बिम्ब और विचार के आधार पर ही लम्बी कविता के मॉडल मिलते हैं। विनोद कुमार शुक्ल की लम्बी कविता का मॉडल पन्त और मुक्तिबोध की लम्बी कविताओं के मॉडल से प्रभावित है। उनके यहाँ विसंगत भावदशाओं का कल्पनात्मक संयोजन कथात्मक सांचे में ढालकर किया गया है। विनोद कुमार शुक्ल बार-बार ऐसी कथा सुनाते हैं जो कहानी-कविता के बन्धे-बन्धाये ढांचे में नहीं अंटती और वे उसे लम्बी कविता के रूप विधान में शामिल करने की हिमाकत करते हैं। हिमाकत इसलिए कि वे बुनियादी तौर पर छोटी कविताओं के कवि हैं। उनकी कविताओं का नाभिकीय संयोजन प्रगीतपरक है।

उनकी लोक-आधारित संवेदना में औपन्यासिक विस्तार मिलता है। लेकिन कई जगह सघन अर्थव्यापित की बजाय सतही शब्द-स्फीति भी विनोद कुमार शुक्ल की लम्बी कविताओं में मिलती है। फिर भी संक्षिप्त और सधा व्यंजित होनेवाला वर्णन-कौशल काफी हद तक कविता को बचा ले जाता है। उनकी 'शरारतन मैंने मुड़कर देखा एक पेड़ को' में उन्मुक्त कल्पना की उद्दाम क्रीड़ा क्लासिक ऊँचाई को छू जाती है। उनके वाक्य-गठन की शैली खुलापन लिए है। मानवीय विडम्बना यहाँ जीवन यथार्थ के कटुतम पक्ष का रूप धर लेती है। कई जगह अंडरटोन में बात करनेवाली यह कविता जीवन-संघर्ष और सन्दर्भों से उपजी करुणा को अनेकायामी अर्थ देती है। औपन्यासिक धरातलवाली इस कविता में जीवन के ठेठ आमने-सामने होकर हम मुश्किलों में बचे जीवन रस को अनुभव कर सकते हैं। जीवनदायी स्रोतों के निरन्तर क्षय और व्यक्ति को नष्ट करनेवाले दबाव-समूहों के लगातार ताकतवर होने के बीच इस कविता में मानवीय जिजीविषा महाकाव्यात्मक ऊँचाईयों तक

पहुँचती है। जीवनगत विडम्बनाओं का तनाव इसमें बना रहता है। 'लगभग जय हिन्द' व्यंग्य के माध्यम से काव्यार्थ को व्यक्त करनेवाली लम्बी कविता है। आत्मालाप और स्वगत उनकी दूसरी लम्बी कविताओं में भी मिलते हैं लेकिन वह कविता के लिए जरूरी होने के कारण नाटकीयता को उभारते हैं, संक्षिप्त वाक्य और शब्दगत अन्तराल, अपूर्ण लगते कथन और पहली-पहली ही पंक्ति को काव्य-शीर्षक के रूप में नियोजित करने वाले विनोद कुमार शुक्ल की कविता हिन्दी कविता के प्रति आश्वस्ति को सघन करती है। उनकी कविता सम्मोहित तो करती है लेकिन वैसी कविता कर सकना इस मायने में मुश्किल है कि विनोद कुमार शुक्ल इस तरह की कविता की तमाम सम्भावनाएँ खुद में ही समेटने वाले कलाकार हैं।

विष्णु खरे
9 फरवरी, 1940

कविता में वृतान्त का विधान

पिछली सदी के अन्तिम दो दशकों में उभकर आनेवाली काव्य पीढ़ी पर जिन वरिष्ठ कवियों ने प्रभाव डाला है, उनमें विष्णु खरे का नाम आदर से लिया जाता है। इस नजरिए से विष्णु खरे; कुँवर नारायण, रघुवीर सहाय और केदारनाथ सिंह जैसे वशिष्ठ कवियों के समुच्चय में शामिल हैं। उनकी कविता इस कथन को पुष्ट करती है कि कविता गद्य से जन्म लेती है और अच्छे गद्य में बदल कर सार्थक हो जाती है। सवाल उठता है कि नयी कविता गद्य का विकल्प है या उसकी पुनर्प्रतिष्ठा? विष्णु खरे जैसे कवि ऐसे प्रश्नों के सिलसिले में उत्तर देने का माध्यम बनते हैं क्योंकि विष्णु खरे जैसे कवियों के ऊपर निहायत सरलीकरण करते हुए यह आरोप लगाया जाता है कि उनकी कविता नीरस, सपाट और काव्य-आवेग से रहित निरा गद्य है। देखा जाए तो कविता को गद्य जैसा पाठ बनाने के पीछे विष्णु खरे की मंशा उसके व्यापक सम्प्रेषण में निहित है। यानि वे इस रास्ते चलकर ज्यादा पाठकों तक आसानी से अपना निहितार्थ पहुँचाने-समझाने में कामयाब होते हैं।

विष्णु खरे कविता में या कविता के बहाने कोई वृतान्त, गाथा या कहानी कह रहे होते हैं। इसलिए काव्य-तत्त्व का ऐसा रूपगठन उनकी मदद करता है। परमानन्द श्रीवास्तव के अनुसार लीलाधर जगूड़ी, विष्णु खरे जैसे कवियों के यहाँ वृतान्त के विविध रूप हैं। फैलाव की स्फूर्ति को एक जरूरी काव्य-युक्ति या काव्यात्मक जिम्मेदारी के रूप में देखने के लिए समाज संरचना से कविता के जटिल रिश्ते को अधिक गम्भीरता से लेना चाहिए। यहाँ पर वरिष्ठ आलोचक यह कह रहे हैं कि जटिल समाज की कठिन सच्चाईयों को व्यक्त करने के लिए इसी तरह का रूपगठन जरूरी है। ऐसी ही कविता अपने समय और समाज को सघनता और व्यापकता में व्यक्त करती है। उसके द्वारा हम समाज की बहुरूपी शक्लें पहचान सकते हैं। विष्णु खरे इसके लिए कविता के कथित शुद्ध शिल्प-गठन की परवाह भी नहीं करते जैसा कि परमानन्द श्रीवास्तव ने पहचाना है—'गुस्सा बढ़ता गया बाप का/ पता नहीं क्या हो गया था बच्चियों से/ कुत्ता खाना ले गया था/ दूध दाल आटा चीनी तेल

केरासिन में से क्या ढुल गया था/ या कोई एक या दोनों सड़क पर मरते-मरते बची थी/ जो भी हो तीन बेंतें लगीं बड़ीवाली को पीठ पर/ और दो पड़ी छोटी को ऐन मुंडनवाले भूरे माथे पर/ बिलबिलाई नहीं बेटियाँ एकटक तकती रहीं बाप को तब भी/ अन्दाजने के लिए धमकाकर फिर चला गया जो/ झोंपड़ी में लौटने से पहले/ बेटियों ने देखा उसे प्यार और करूणा से/ दूर जब तक वह मोड़ पर ओझल न हो गया/ '—विष्णु खरे की कविता का शीर्षक 'जो मार खा रोई नहीं/ ' निराला की 'तोड़ती पत्थर' कविता की इन पंक्तियों की याद दिलाता है—'देखते देखा तो मुझे एक बार/ उस भवन की ओर देखा, छिन्नतार;/ देखकर कोई नहीं/ देखा मुझे उस दृष्टि से/ जो मार खा रोई नहीं/... 'जो मार खा रोई नहीं' पंक्ति जैसे कविता से निकलकर स्त्री-जाति की यातना-कथा को कई-कई स्तरों पर प्रकट करने लगती है। न यहाँ तुलना प्रयोजनीय है, न प्रभाव साम्य का संकेत। यथार्थ के प्रति एक भावनात्मक प्रतिक्रिया विष्णु खरे के यहाँ अधिक क्रूर दृश्य में बदलती है पर— 'बेटियों ने देखा उसे प्यार और करूणा से पंक्ति तक आकर मामला अधिक जटिल हो जाता है। आतंक और प्यार की मनोरचना की गुत्थियाँ और अधिक उभर आती हैं।

विष्णु खरे एक मुश्किल यथार्थवाद के कवि हैं। अपने कवि-कर्म को प्रतिबद्धता के साथ मुमकिन करनेवाले कवि हैं। इस सिलसिले में अगर विष्णु खरे की चर्चित और परेशान करनेवाली कविताएँ 'जो मार खा रोई नहीं', 'लड़कियों के बाप', 'गाहक', 'आग, हमारी पत्नियाँ', 'साम्वती' इत्यादि को इस सिलसिले में याद करें हमें बेचैन करनेवाला काव्य-आस्वाद उपलब्ध होता है।

यह नये किस्म का काव्यात्मक यथार्थवाद है। जैसाकि पहले कहा विष्णु खरे उलझे हुए यथार्थ की गुत्थियाँ सुलझाते हुए उसे कई बार ज्यादा उलझा देते हैं। यही 'कविता में वृतान्त को अधिक जटिल और विस्तृत' बनाने का उपक्रम है।

कथित आर्थिक उदारीकरण और भूमंडलीकरण के कारण भारतीय मध्यवर्ग में आवारा पूँजी का बेतहाशा आगमन हुआ है। इस बेलगाम पूँजी ने भारतीय समाज को और विशेषकर मध्यवर्गीय समाज को एक नकली तबके में बदल दिया है। वह अपनी जड़ों से कटा हुआ, दिशाहारा, प्रदर्शन-प्रिय समाज बन गया है क्योंकि जितनी भी कलाएँ हैं (जिनमें कविता भी शामिल है) उसके कलाकार इसी वर्ग से आते हैं। इसीलिए अकारण नहीं है कि कविता भी रूटीन काम की तरह शब्दों का बन्धा-बन्धाया पैट्रन बन गयी है। ऐसे में विष्णु खरे की कविता एक रचनात्मक प्रतिरोध करती है। इस कविता में बनावटी या दिखावटी कुछ भी नहीं है। शब्दों का आलंकारिक विन्यास रचनेवाले फैशनपरस्त और फार्मूलाबद्ध इन नकली तथा रेडिमेड किस्म के कवियों और कविताओं के साथ विष्णु खरे सरीखे कवि-आलोचक की

बेरहमी मशहूर है। वह दूसरों के साथ अगर ऐसा सलूक करते हैं तो खुद को छूट देने की गुंजाइश भी वह नहीं छोड़ते। वह अपनी कविता को जिद के साथ लगभग सायास ऐसा बनाते हैं कि उसमें आरोपित लयबद्धता, अर्थहीन अधूरे मितकथन, कोमलकान्त परिष्कृत चिकने शब्द और सोचा-समझा वस्तु संगठन नहीं होता। उनकी कविता का विन्यास ही नहीं उसका कथ्य भी परम्परित सौन्दर्यशास्त्रियों को खासा परेशान करता है। उनकी कविता कईयों को असुविधा में डालती रही है। दरअसल इस कवि की कविताएँ एक नये काव्यशास्त्र की माँग करती हैं।

विष्णु खरे की दो कविताएँ 'सिर पर मैला ढोने की प्रथा' और 'आग' जैसी कविताएँ अपने भावुकता-रहित गैर-रोमेंटिक दलित-विमर्श और स्त्री-चिन्तन के लिए चर्चित रही हैं। 'सिर पर...' जैसी कविता में विष्णु खरे आज भी उस शर्मनाक सच्चाई को बयान में बदल देते हैं जिसे देखकर भी अनदेखा किया जाता रहा है। दलितों में भी दलित ऐसे वर्ग हैं जो भारतीय शहरों, कस्बों और गाँव में दूसरों के मैले को अपने सिर पर ढोने के लिए मजबूर हैं। यह भीतर तक तिलमिला देनेवाली कविता है, जो इतने बड़े व्यंग्य में सच्चाई का बखान करती है कि हकीकत करूणा में तब्दील हो जाती है। इस कविता में इतने अधिक ब्योरे हैं और इतने असुविधाजनक प्रश्न हैं कि वह संवेदनशील लोगों को सोचने पर मजबूर कर देते हैं। विष्णु खरे जानकारी देने के अन्दाज में कथित सवर्ण समाज का मैल उसके ही सिर पर उलट देते हैं। यह कविता सफाई मजदूरों की बेबस और मूक पीड़ा को एक तेजाबी विवरण में बदल देती है।

विष्णु खरे ने अपने ही अन्दाज में औरत के जीवन की अनकही पीड़ा को शब्दों का अनुभव बनाया है। पुरुष वर्चस्ववादी समय और समाज में औरतों का जो अपमान, शोषण और तिरस्कार होता है, उसे विष्णु खरे इस प्रणाली से प्रस्तुत करते हैं कि स्त्री का अपमान, शोषण या तिरस्कार, पिता, भाई और पति का भी दारूण अनुभव बन जाता है। उनकी कविताएँ 'लड़कियों के बाप', 'सोनी', 'बेटी', 'साम्बवती', 'हमारी पत्नियाँ', इत्यादि ऐसे दृश्यों का कोलाज बनाती हैं जिसमें स्त्री-जीवन की नगण्यता और जोखिम एक साथ उजागर हो जाते हैं। 'आग' कविता में तो एक विवाहित स्त्री के दहन का दिल-दहला देने वाला दृश्य विष्णु खरे ऐसे उपस्थित करते हैं कि वह एक हॉरर फिल्म का दृश्य बनकर घेर लेता है। इसमें विष्णु खरे निक्कमे पति, आवारा देवर और धन-लोलुप ससुर के माध्यम से एक निहत्थी औरत के अन्तिम संघर्ष को साकार कर देते हैं। इसी प्रकार बाहर से अच्छा-अच्छा दिखाई देनेवाले स्त्री-पुरुष के सम्बन्धों की अन्दरूनी हकीकत को भी विष्णु खरे व्यक्त करते हैं। यह कविता बताती है कि सारी शिक्षा और सभ्यता के बावजूद पुरुष का दिमागी गठन औरत को लेकर आज भी सामन्ती है। विष्णु खरे स्त्री-जीवन

प्रसंगों को रोजमर्रा के जीवन-सन्दर्भों के साथ-साथ मिथकीय चरित्रों के माध्यम से भी व्यक्त करते हैं। उनकी 'द्रोपदी के विषय में कृष्ण' जैसी कविता इस तथ्य का एक उदाहरण बनती है। वहाँ स्त्री-पुरुष सम्बन्धों को बिलकुल अलग नजरिए से देखा गया है। उनकी कविता बताती है कि स्त्री को केवल देह माननेवाली पुरुष की मानसिकता छिछली और अपर्याप्त है क्योंकि दोनों में देह के सम्बन्ध से ऊपर भी अर्थवान और उदात्त अनिवार्य सम्बन्ध बन सकते हैं।

विष्णु खरे मध्यवर्गीय छोटी-छोटी और लगभग नगण्य कामनाओं के कवि हैं। इसे साबित करने के लिए 'दिल्ली में अपना फ्लैट बनवा लेने के बाद एक आदमी सोचता है' जैसी कविता ही काफी होगी। इस कविता में कवि भारतीय मध्यवर्गीय परिवारों की इच्छाओं, अतिरिक्त कामनाओं और विडम्बनाओं को ऐसे परिकल्पित करता है कि कविता पारिवारिक संरचना के जटिल समीकरणों को उनकी विसंगति सहित उजागर कर देती है। बड़े से बड़े कथाकार भी ऐसे विषयों को सरलीकृत तरीके से निपटाते है जबकि विष्णु खरे एक मामूली मध्यवर्गीय आकांक्षा को बड़ी गाथा में बदल देते हैं—'1947 के बाद से/ इतने लोगों को इतने तरीके से/ आत्मनिर्भर मालामाल और गतिशील होते देखा है/' चारों तरफ पैसा कमाने की अन्धी होड़ मची हुई है। लोग बिना मेहनत किए अविश्वसनीय तरीके से पैसा कमा रहे हैं—'अब जब आगे कोई हाथ फैलाता है/ पच्चीस पैसे एक चाय या दो रोटी के लिए/ तो जान लेता हूँ/ मेरे सामने एक ईमानदार आदमी, औरत या बच्चा खड़ा है/ मानता हुआ कि हाँ मैं लाचार हूँ कंगाल या कोढ़ी/ या मैं भला चंगा हूँ और कामचोर और/ एक मामूली धोखेबाज/ लेकिन पूरी तरह तुम्हारे संकोच लज्जा परेशानी या गुस्से पर आश्रित/ तुम्हारे सामने बिलकुल नंगा निर्लज्ज और निराकांक्षी/' वह व्यक्ति किसी दौड़ में शामिल नहीं हैं क्योंकि उसे खड़े रहने की ही जगह मयस्सर नहीं है—'मैंने अपने को हटा लिया है हर होड़ से/ मैं तुम्हारा विरोधी प्रतिद्वन्द्वी या हिस्सेदार नहीं/ मुझे कुछ देकर या न देकर भी तुम/ कम से कम एक आदमी से तो निश्चिन्त रह सकते हो/' विष्णु खरे की कविता 'एक कम' में कवि स्वतन्त्रता के बाद भारतीय समाज के गिरते जा रहे जीवन मूल्यों को रेखांकित करते हुए बता रहा है कि उसने आजादी के बाद अनेक लोगों को कई तरीकों से अमीर बनते और जिन्दगी की दौड़ में आगे निकल जाने की होड़ करते हुए देखा है। ऐसे में हमारे सामने कोई निरीह, असमर्थ, कमजोर आदमी या बच्चा, कुछ माँगता हुआ दिखाई देता तो पता चल जाता है कि भ्रष्टाचार, अराजकता और गैरवाजिब तरीकों से मालामाल होते हमारे समाज के बीच एक अदद आदमी ऐसा भी है, जिसे खाने-पीने को भी नसीब नहीं, या दूसरे शब्दों में कहें कि वह ईमानदार है या जल्द अमीर होने की होड़ से दूर है। कवि कहता है कि ऐसा आदमी अपने को लाचार मानकर, कोढ़ी

अथवा कंगाल मानकर, या कामचोर और धोखेबाज समझकर भी तथाकथित सभ्य समाज की दया पर आश्रित है। कविता यह प्रश्न खड़ा करती है कि क्या अपनी उन्नति के चक्कर में हमने बहुतों को हाशिए पर नहीं डाल दिया है, अथवा यह भी दुर्भाग्यपूर्ण है कि हम कथित उन्नति करने के लिए मनुष्यता को भी ताक पर रख देनेवालों के प्रति कोई ठोस कदम नहीं उठा सकते। निश्चित रूप से समय के साथ हुए मूल्यों के ह्रास ने हमारे सामने कविता में वर्णित विकट परिथितियाँ खड़ी कर दी हैं।

विष्णु खरे ने 'सत्य' कविता में महाभारत के पौराणिक सन्दर्भों और पात्रों को प्रतीक बनाकर आज के जीवन में सत्य की महत्ता को स्पष्ट करना चाहा है। सत्य कभी दिखता है, कभी ओझल हो जाता है—'जब हम सत्य को पुकारते हैं/ तो हमसे परे हटता जाता है/ ' विष्णु खरे कहते हैं कि जब हम सत्य को पुकारते हैं तो वह पीछे हटता जाता है। ठीक उसी प्रकार जिस प्रकार धर्मराज युधिष्ठिर के पुकारने पर विदुर और भी घने जंगलों में भागकर छुप गये थे। कवि कहता है सत्य यह बात जानना चाहता है कि हम उसके पीछे कितनी दूर तक भटक सकते हैं। अर्थात हम उसे खोजने के लिए कितना संघर्ष कर सकते हैं—'जैसे गुहारते हुए युधिष्ठर के सामने से/ भागे थे विदुर और भी घने जंगलों में/ सत्य शायद जानना चाहता है/ कि उसके पीछे हम कितनी दूर तक भटक सकते हैं/ ' कवि बता रहा है कि आवाज देने पर सत्य कभी दिखता है और कभी ओझल हो जाता है और हम उसे कहते रह जाते हैं कि रूको यह हम हैं। ठीक वैसे ही जैसे धर्मराज के बार-बार विदुर से यह कहने पर भी कि रूकिए यह मैं हूँ, आपका सेवक कुन्ती पुत्र युधिष्ठिर, पर विदुर नहीं रूकते- 'कभी दिखता है सत्य/ और कभी ओझल हो जाता है/ और हम कहते रह जाते हैं कि रुको यह हम हैं/ जैसे धर्मराज के बार-बार दुहाई देने पर भी/ कि ठहरिए स्वामी विदुर/ यह मैं हूँ आपका सेवक कुन्तीनन्दन युधिष्ठिर/ वे नहीं ठिठकते/ ' विष्णु खरे ने महाभारत के पुनराख्यान की पुनर्रचना की है। प्राचीन आख्यान में निहित यह है कि सत्य को सत्यवादी ही पहचान सकता है। वहाँ यह भी व्यंजित हुआ है कि विदुर और युधिष्ठिर दोनों धर्मराज के अंश से पैदा हुए हैं और दोनों ही सत्य के पक्षधर हैं। 'सत्य तक पहुँचना कठिन है' इस तथ्य की प्रामाणिकता युधिष्ठिर के अकेले ही विदुर के पीछे भागने से होती है। सत्य सबके लिए नहीं होता है। सत्य नग्न होता है, कठोर होता है। महाभारत के विदुर भी इस प्रसंग में वस्त्रहीन दिगम्बर थे और उनके मुख में पत्थर था। वेदव्यास इस प्रसंग को प्रतीकार्थ में व्यंजित करते हैं और विष्णु खरे ने भी इस समझदारी से काम लिया है। प्राचीन आख्यान में यह निहित है कि सत्य को सत्यवादी ही पहचान सकता है। विष्णु खरे ने महाभारत के पुनराख्यान की पुनर्रचना की है।

विष्णु खरे महाभारत के विदुर के पीछे दौड़ते हुए युधिष्ठिर की कथा को आधार बनाकर अपनी बात कहते हैं कि सत्य को पाने के लिए युधिष्ठिर सरीखा संकल्प चाहिए। ऐसा होने पर—'एक दिन पता नहीं क्या सोचकर रूक ही जाता है सत्य/ लेकिन पलटकर सिर्फ खड़ा ही रहता है वह दृढ़निश्चयी/ अपनी कहीं और देखती दृष्टि से हमारी आँखों में देखता हुआ/ अन्तिम बार देखता-सा लगता है वह हमें/ और उसमें से उसी का हलका-सा प्रकाश जैसा आकार समा जाता है हममें/' धृतराष्ट्र से बात करते हुए युधिष्ठिर को जटाधारी कृषकाय दिगम्बर विदुर के दूर से आते हुए की सूचना जैसे मिली, तुरन्त ही युधिष्ठिर अकेले ही आश्रम से विदुर को पुकारते हुए दौड़ लिए। इस आधार पर कवि कहता है कि यदि हममें युधिष्ठिर जैसा दृढ़ निश्चय हो तो एक दिन सत्य को उसी प्रकार रूकना पड़ेगा जिस प्रकार भागते हुए विदुर को युधिष्ठिर की पुकार पर रूकना पड़ा था। विदुर रूक तो गये थे किन्तु बिना बोले युधिष्ठिर की दृष्टि से अपनी दृष्टि मिलाकर एकाग्र हो गये थे। युधिष्ठिर और विदुर का यह अन्तिम बार मिलना था। विदुर का तेज युधिष्ठिर में समा गया था। सत्य भी सत्य के खोजी के शरीर में समा जाता है। अर्थात सत्य की प्रतीति के समय सत्यवादी का शरीर सत्य के तेज से प्रज्वलित हो उठता है।

सत्य की अनुभूति के लिए दृढ़ संकल्प की आवश्यकता बताई गयी है। यहाँ यह भी स्पष्ट किया गया है कि सत्य की अनुभूति होने पर हमारी आत्मा प्रकाशित हो उठती है। युधिष्ठिर और विदुर की खांडवप्रस्थ में मुलाकात का सन्दर्भ देते हुए कवि ने यह स्पष्ट किया है कि सत्य हमारे अन्दर प्रकाश तो भर देता है, परन्तु वह हमसे कोई संवाद नहीं करता। उस समय हमें अपने अन्दर उसकी उपस्थिति के प्रति संशय उत्पन्न हो जाता है-'जैसे शमी वृक्ष के तने से टिककर/ न पहचानते हुए विदुर ने धर्मराज को/ निर्निमेष देखा था अन्तिम बार/ और उनमें से उनका आलोक धीरे-धीरे आगे बढ़कर/ मिल गया था युधिष्ठिर में/ सिर झुकाए निराश लौटते हैं हम/ कि सत्य अन्त तक हमसें कुछ नहीं बोला/ हाँ हमने उसके आकार से निकलता वह प्रकाश-पुंज देखा था/ हम तक आता हुआ/ वह हममें विलीन हुआ या हमसे होता हुआ आगे बढ़ गया/ हम कह नहीं सकते/' विष्णु खरे कहते हैं कि सत्य का प्रकाश हमारे अन्दर वैसे ही समा जाता है जैसे विदुर ने शमी वृक्ष के तने के सहारे खड़े होकर धर्मराज युधिष्ठिर को अनजान जैसे देखते हुए भी पहचानकर अन्तिम बार पलक झपकाए बिना देखा था। भाव यह है कि जब हम दृढ़ संकल्प के साथ सत्य को तलाशते हैं, तब वह हमारे अन्दर अपना प्रकाश भर देता है। कवि कहता है कि सत्य का साक्षात्कार होने के बाद भी हम सिर झुकाए हुए निराश होकर ही लौटते हैं, यह सोचते हुए कि सत्य अन्त तक हमसे कुछ नहीं बोला। हमने उसके आकार से निकलकर अपने पास आते हुए वह प्रकाश-पुंज देखा था। वह प्रकाश-पुंज हमारे

पास आकर हममें विलीन हो गया या हमसे होता हुआ आगे बढ़ गया, यह बात हम कह नहीं सकते। अर्थात सत्य की उपस्थिति के प्रति हमारे मन में संशय बना रहता है। कवि के इस प्रकार कहने का भाव यह है कि हमारे दृढ़ संकल्प के कारण हमें सत्य का साक्षात्कार तो हो जाता है, परन्तु इससे यह सुनिश्चित नहीं होता है कि हमने उस सत्य को धारण भी कर लिया है। इस प्रकार हमारे अन्दर यह संशय बना रहता है कि सत्य हमारे भीतर मौजूद है या नहीं।

विष्णु खरे 'सत्य' में आधुनिक मानव की उस अवस्था की ओर संकेत कर रहे हैं जो सत्य के सम्बन्ध में उसके सामने हैं—'न तो हममें कोई स्फुरण हुआ और न ही कोई ज्वर/ किन्तु शेष सारे जीवन हम सोचते रह जाते हैं/ कैसे जाने की सत्य का वह प्रतिबिम्ब हममें समाया या नहीं/ हमारी आत्मा में जो कभी-कभी दमक उठता है/ क्या वह उसी की छुअन है/ जैसे/ विदुर कहना चाहते तो वही बता सकते थे/ सोचा होगा माथे के साथ अपना मुकुट नीचा किए/ युधिष्ठिर ने/ खांडवप्रस्थ से इन्द्रप्रस्थ लौटते हुए/ आज हम नहीं कह सकते कि हमने जब सत्य का पता किया था तो उससे भेंट के बाद हमारे शरीर में न तो कोई कम्पन हुआ था और न उसके तेज से शरीर में किसी प्रकार की ऊष्मा बढ़ी थी। हम सत्य से भेंट के बाद सारे जीवन यही सोचते रहे कि हमको कैसे पता चले कि सत्य की वह छाया हममें समाहित हुई या नहीं। कभी-कभी हमारी आत्मा में एक आलोक चमकता है तो यह सोचने लगते हैं कि क्या उसी सत्य के स्पर्श का प्रभाव है। कवि सोचता है कि जैसे हम सोच रहे है, ऐसा ही खांडवप्रस्थ से इन्द्रप्रस्थ लौटते समय युधिष्ठिर ने सोचा होगा कि यदि विदुर चाहते तो सत्य के स्वरूप को बतला सकते थे। 'सत्य' जैसी कविताओं में कैमरे की अचूक आँख से विष्णु खरे मामूली ब्यौरों को बिम्ब में बदलते हुए जैसे साक्षी भाव से कहते हैं कि इस चिन्तन के समय युधिष्ठिर ने माथा झुका रखा होगा जिससे उनके माथे का मुकुट भी नीचा हुआ होगा। इस काव्याँष में कवि यह भाव प्रकट कर रहा है कि हम अपने अन्दर सत्य की उपस्थिति पर चाहे कितने ही संशयग्रस्त रहें, परन्तु उसका प्रकाश हमारी अन्तरात्मा को अवश्य ही प्रतिभासित कर देता है।

विष्णु खरे ने कविता कहने की ऐसी पद्धति विकसित की है जिसमें प्रदर्शनकारी कलाओं की गहरी छाप है, विशेषकर चित्रकला और सिनेमा की प्रस्तुति तकनीक उसमें झलकती है। उनकी कविता पढ़ते हुए ऐसा लगता है जैसे हम अपने सामने जीवन का नाटकीय मंचन देख रहे हो। कविता पर कविता लिखना विष्णु खरे को कभी प्रिय नहीं रहा। यहाँ तक कि कवि या कविता पर लिखी दूसरे कवियों की गिनी-चुनी कविताएँ ही उन्हें पसन्द आईं। 'दो भाई', 'लापता', 'सपने', 'मिट्टी', 'जो टैम्पों में घर बदलते हैं' जैसी विष्णु खरे ने वर्णनात्मक शैली की महत्त्वपूर्ण

कविताएँ लिखी हैं। इनमें सबसे महत्त्वपूर्ण है 'लालटेन जलाना'! 'लालटेन जलाना' यह कविता, कविता लिखने के लिए जरूरी रचनात्मक धैर्य, जिन्दगी की समझ और उसे व्यक्त करने की दक्षता की जरूरत पर बल देती है। 'लालटेन जलाना' एक महत्त्वपूर्ण कविता इस मायने में है कि यह कवि के धीरज, जीवन-विवेक, स्मृति-संचय का साक्ष्य देती है। सभ्यता के इतिहास में जाकर लिखी गयी एक ऐसी कविता जिसमें अनायास प्रतीकात्मक कविता या रूपक जैसा आशय समन्वित होने लगता है। एक मामूली काम करिश्मा लगने लगता है। कविता लालटेन जलाने की सतर्क धीरजयुक्त कला के बहाने जैसे रचना-प्रक्रिया की बनावट बताना चाह रही है- परमानन्द श्रीवास्तव लालटेन जलाने की प्रक्रिया को प्रेम करने की प्रक्रिया जैसा कहते हैं। दरअसल यहाँ कविता कैसे लिखी जाए; इसका वृतान्त मौजूद है—'आह कितना ऐन्द्रिक है लालटेन के शीशे को धीरे-धीरे निखारना/ फिर चाहो तो उसे किसी पुरानी साड़ी के टुकड़े से और चमका दो/ तब तो उस पर साँस की नमी या उंगलियों की छाप भी/ अखरने लगती है/ लालटेन जलाने की पूरी प्रक्रिया जैसे बताई जा रही है वह कुछ-कुछ प्रेम करने की प्रक्रिया सरीखा अनुभव है— 'यह उसे एकदम हल्की नीली लौ तक नीचे ले जाते हैं/ जिसका एक तरह का सौन्दर्य निर्विवाद है/ लेकिन लालटेन के हिलने से या हवा के हल्के झोंके से भी/ उसके बुझने का जोखिम है/ लिहाजा अच्छे जलानेवाले लालटेन को अपनी पहुँच के पास लेकिन वहाँ रखते हैं जहाँ वह किसी से गिर या बुझ न जाए/ और बाती को वहीं तक नीची करते हैं/ जब तक उसकी लौ सुबह उगते सूरज की तरह/ लाल और सुखद न दिखने लगे/' अन्त तक पहुँचते-पहुँचते कथ्य के चतुर्दिक दबाव से जैसे कवि न चाहते हुए भी भावुक हो गया है। यहाँ विष्णु खरे अपने मुहावरे का विपर्यय रच रहे हैं।

विष्णु खरे की कविता में वस्तु विन्यास का विशेष महत्त्व है लेकिन उनकी कविताओं का वस्तु संगठन विषय के दबाव और जरूरत से निर्मित होता है। वस्तु और रूप का बहुस्तरीय सम्बन्ध विष्णु खरे की काव्य-संरचना में बहुत महत्त्व रखता है। प्रधान है वस्तु ही। पर कहने का ढंग हमेशा अपने लिए एक बड़ा स्पेस खोजता है। गद्य की सपाटता जिरह के लिए एक निरन्तर क्रमहीन क्रम की खोज है। खबरें और टिप्पणियाँ जैसे गद्य में आती हैं कविता में भी आती हैं। पर एक विचारक का-सा ऐतिहासिक विजन ही कविता को नयी मुक्ति देता है। असहमति इस विचार या दर्शन का मूल है। असहमति से ही शुरू होती है कई बार कवि की प्रतिज्ञा। यह असहमति औरों से ही नहीं, अपने से भी। विष्णु खरे कविता में वृतान्त को अधिक जटिल और विस्तृत बनानेवाले कवि हैं—ऐतिहासिक कल्पना और विजन उनकी ताकत है। इसीलिए एक सतर्क शिल्प--दृष्टि के बावजूद उनके यहाँ विषय को

पकड़ने वाली पैनी नजर सबसे पहले ध्यान खींचती है। कविता को गद्य के हाशियों से निकालकर गद्य के केन्द्र में एक नाभिकीय संयोजन बना देनेवाले विष्णु खरे इसीलिए एक महत्त्वपूर्ण कवि हैं। विष्णु खरे भावुकता के अतिरेक में नहीं बहते और तसल्ली से कविता पर काम करते हैं। उनकी कविता यह धोखा देती है कि कवि ने शायद जरूरत से ज्यादा कह दिया है; जबकि हकीकत में विष्णु खरे फालतू चीजों को, सजावट को और बुनावट को निर्ममता से हटा देते हैं। वे दूसरे के कहे-लिखे पर भी खुद अपनी आँख से देखे हुए पर भरोसा करते हुए केवल अनिवार्य को रखते हैं। इसके बाद जो कविता सम्भव होती है वह काल और अवधि के दरमियान होते हुए भी काल से परे जाकर सार्वकालिक देशकाल रचती है।

सुनीता जैन
13 जुलाई, 1940

यहीं कहीं पर देखा सच

निजी दुनिया के समकालीन सच को सुनीता जैन ने अपनी भाषा में कहा है। अनुभवों से उपजा सघन, प्रगाढ़ और आत्मीय रोमान उनकी कविताओं की खास पहचान है लेकिन उनकी दुनिया से मनुष्य गैर हाजिर नहीं है। यह दुनिया कई जगह स्वायत्त और अपने में सिमटी लगती है। उसमें प्रकृति और उसके सर्वाधिक प्राकृतिक घटक मनुष्य की आवाजाही, हमारी धारणा को तोड़ती रहती है। प्रकृति से हार्दिक लगाव तादात्म्य या तदाकार होने की हद को छू लेता है –

यह मेरा प्रिय आम रसीला
कोयल सुनवाई जिसने थी
कविता ज्यों पहली...

ऐसा संवेदन आज की कविता में विरल होता जा रहा है।

सुनीता जैन की कविता का स्वर शान्त है लेकिन उसमें पीड़ा और करुणा की गहरी बेचैनी भी है—

जब तक चलता
चमड़े का सिक्का
रहो चलाते बन्धु

ऐसे विचलित कर देनेवाले अनुभव रसवादी किस्म की राहत नहीं देते बल्कि परेशान करते हैं। जटिल यथार्थ सहज होकर भी ऐसा बेहतर अभिव्यक्त हो सकता है कि आसानी से समझ में आ जाए। उलटबांसियों से परहेज करनेवाली इन कविताओं में अर्थहीन आलंकारिता भी नहीं है। अभिधा, लक्षणा, व्यंजना के शास्त्रीय भेदों के मिटने का उदाहरण बनानेवाली सुनीता जैन की पंक्तियाँ शाब्दिक पाठ में भी निहितार्थ को गहरे प्रक्षेपित करती हैं।

इन कविताओं की अंडरटोन या मूलस्वर लिरिकल हैं। सुनीता जैन ने अपर्याप्त और निष्प्रभावी हो चुके गीत के सांचे–ढाँचे में मुक्त गीत का सर्वथा नवीन रूप प्रस्तुत किया है। कहीं–कहीं सपाट और कतई गद्यात्मक होने का जोखिम भी

उनकी कविताओं ने दिखाया है लेकिन उनके सहज संरचना-विधान में कथ्य के दबाव से ही रूप निर्धारित होता है—

पानी-पानी
मछली अज्ञानी
लो बैठी
काँटे को चुग
लो बैठी काँटे में खुभ

इसीलिए अर्थ के धरातल पर देर तक गूँजनेवाली आन्तरिक लय से सम्पन्न ऐसी कविताओं में नाद, ताल और छन्द सभी तरह के रूपवादी आरोपित आवरणों का अतिक्रमण मिलता है।

सुनीता जैन की कविता पुरानी भाषा में कहें तो अन्तर्तम के सच की कविताएँ हैं। इनमें दैनन्दिन जीवन के छोटे-छोटे चित्र उभरते हैं। जिनमें खुशियों का आनन्द-मंगल संसार है। जहाँ कुलीन हार्दिकता, आत्मीयता, भरा-पूरापन और द्वन्द्वहीन जीवन है-

दोनों हाथों मोती हैं
वृक्षों पर पन्नग खिलते हैं
पृष्ठों पर मानक उगते हैं

इस कोरे सुखवादी यथार्थ की अभिव्यक्ति अक्सर इकहरी और सपाट होती है। जहाँ जीवन-जगत की अभिजनवादी मंगलकामना तो गूँजती है लेकिन सामाजिक यथार्थ के सघन-संश्लिष्ट विश्लेषण का अभाव होता है। ऐसी कई कविताएँ स्वयं में ही बन्द लगती हैं क्योंकि गहरे जटिल सवालों से टकराहट वहाँ नहीं होती। स्त्री-जीवन के बुनियादी सवाली-अस्तित्त्व की तलाश और निजी पहचान के लिए छटपटाहट यहाँ अवश्य उभरते हैं। किन्तु यह कतई निजी आन्तरिक दुनिया है जहाँ सीमित स्त्री भाव-दशाएँ मिलती हैं—

माँग कर ले जाते रहे
दिन, पल, जीवन तक कभी-कभी
मैं देती रही
और दे-देकर मुक्त हुई
किन्तु जब वे लेने आए
रस भी
जो जैसे अन्दर का कुछ
दरक गया

सीमित सच की प्रस्तुति और तमाम भावुकता के बावजूद अच्छी बात यह है

कि कथित नारी–मुक्ति की नारेबाजी सुनीता जैन के यहाँ नहीं है। अकुंठ द्वन्द्वहीन जीवन जीनेवाले वर्ग से वे आई हैं। उनकी कविता में, जाहिर है इस तरह का मात्र शाब्दिक संघर्ष नकली होता। गनीमत है कि ऐसा कोई चमत्कार उनके यहाँ नहीं। इसीलिए बनावटीवन से उनकी कविता बची हुई है। याद आता है वह दौर जब व्यवस्था के प्रति विध्वंसात्मक विद्रोह से धधकते अकवितावादी बुखार की चपेट में आकर कई अच्छी–भली कवयीत्रियाँ भी सन्निपात की दशा को प्राप्त हो गयीं, उस काले समय में भी सुनीता जैन ने अपनी कविता को दुष्प्रभाव से बचाए रखा।

यह ठीक है कि सुनीता जैन की कविता में कथ्य का वैविध्य और रूप की सघनता नहीं है। एक ही अनुभव को उन्होंने कई बार कहा है। एकजैसापन और दोहराव उनके यहाँ है। सीमित विषय–क्षेत्र के बावजूद उन्होंने बेहतरीन रचनात्मकता से काम लिया है। शिल्पगत तराश और भाषिक आविष्कार से अलग उनकी रचना–प्रक्रिया स्वतः स्फूर्त है। सुनीता जैन यथार्थ की गहरी पड़ताल की बजाय आज की स्त्री के विभाजित अस्तित्त्व के अनेकायामों और बिखरावों को व्यक्त करती हैं—

दिन दिन
बेटों से घायल
होती रहती हैं माएँ
कहती नहीं किसी से

माँ के साथ दूसरे सम्बन्ध भी अर्थ खो बैठे हैं या हाशिये पर चले गये हैं—

खासी बिल्डिंग है
मेरी और वहाँ रोटी
मेज पर रख दी जाती है
किसी को किसी की प्रतीक्षा नहीं

आत्मग्रस्त या आत्मकेन्द्रित दुनिया में प्रेम का लगातार क्षरण हो रहा है। फिर भी कोई है जो इस कमी की तरफ इशारा कर रहा है—

इतने सारे लोग यहाँ
इतने सब सम्बन्ध
एक तुम्हारे
न होने से
हैं सब रस्ते बन्द

यहाँ यह तथ्य देखा जा सकता है कि वृहत्त मानवीय सन्दर्भ उनसे अछूते नहीं रहते लेकिन तीव्र अनुभूति को व्यक्त करने में अतिरिक्त जल्दबाजी कविता को आहत करती है। इसके बावजूद सुनीता जैन अपनी छोटी लेकिन प्रामाणिक और आत्मीय दुनिया को प्रस्तुत करने में चूकती नहीं हैं। यहाँ वैयक्तिक विश्व का एकान्त

सम्पूर्ण विदग्धता से उपलब्ध होता है। सुनीता जैन मानवीय खासकर पारिवारिक सम्बन्धों को पुनर्परिभाषित करने का काम मन लगाकर करती हैं—

कहीं ऐसा हो
तू मेरे रूप से जगे
मैं तेरे जगते ही
अलक्ष हो जाऊँ

प्रेम की सघनता और रिक्तता सुनीता जैन का पसन्दीदा क्षेत्र है।

महानगरीय विषमताओं ने अनेक विसंगतियों को जन्म दिया है। आत्मीय सम्बन्ध यातना में बदल गये हैं या संवेदन शून्य यान्त्रिकता के शिकार हुए हैं। इस अजीब किस्म की तटस्थता ने संत्रास और अजनबीपन को ही सम्बन्धों का पर्याय बना दिया है। यकीनन यह संकट बहुत बड़ा है -

इस लम्बाई
गोराई
गदराई के
सूक्ष्म पारखी
अथक भोगी
सच कहना
कभी इनमें
'मैं' भी मिली

पति-पत्नी, अभिभावक-सन्तति के हार्दिक रिश्तों में आए ठंडेपन, कर्तव्यहीनता को सुनीता जैन मनोयोग से उभारती हैं। ऐसे स्थलों पर कई बार विमुग्धता या आत्म मुग्धता भी झलकती है लेकिन यह आपत्तिजनक नहीं है।

लेन-देन पर आधारित स्वार्थपरता केवल सामान्य मनुष्यों में ही नहीं संवेदनशील और बौद्धिक माने जानेवाले कविवर्ग में भी व्याप गयी है। इस सच को भी सुनीता जैन ने निर्ममता से उधेड़ा है। ऐसे प्रसंगों में उनके व्यंग्य की छाप दिखती है।

सुख, उदासी, स्मृतियाँ, माँ—यह सुनीता जैन के प्रिय विषय हैं। एक पूरा संग्रह 'जाने पगली लड़की' तो माँ-विषयक मार्मिक कविताओं का है—

मैं मात्र उसकी बेटी न थी
थी वह धमनी जो
धड़का करती लिये उसका आवेग ही

इन विषयों में उन्हें पूरी दक्षता हासिल है और मेरे ख्याल से उनके काव्य-कौशल का परिचय भी वहाँ मिल जाता है।

शिल्पीय धरातल पर सुनीता जैन ने ज्यादा प्रयोग नहीं किए हैं लेकिन उनका

बिम्ब-बोध गहरा है। इसके केन्द्र में प्रकृति है—

सरसों का खेत मेरा मन
लहके साँस में सुगन्ध...
मेहन्दी का रंग
बन्ने लाल सी पतंग
जैसे बदलों पे छाए
मैं धोया बहुत
इसको पोंछा बहुत
बैरी रचता ही जाए

महानगर कंक्रीट परिसर में भी सुनीता जैन की कविता प्राकृतिक अवकाश ढूँढ़ ही लेती हैं।

उनकी कविता में लगातार परिवर्तन देखे जा सकते हैं। निरन्तर काव्य-विकास के बावजूद परेशानी यह है कि सुनीता जैन हर अनुभूत क्षण को कविता का अनुभव बनाने की जल्दबाजी करती हैं। इसे साधने का उन्होंने खासा अभ्यास किया है। जैसा कि पहले कहा जीवन के प्रत्येक क्षण को शब्दों में पकड़ने की इस बेचैनी से स्वत: प्रेरित कविता सम्भव होती है उसमें वह पूर्णता या समग्रता नहीं आ पाती जिसकी दरकार गम्भीर कविता से की जाती है। इतने लम्बे समय से काव्य-लेखन करती हुई सुनीता जैन सरीखी कवयित्री से यह अपेक्षा करना बेमानी नहीं होगा वह स्वयं से प्रश्न करें—क्या जीवन का प्रत्येक अनुभव कविता का अनुभव हो सकता है? यह अनुभववादी प्रश्न नहीं अनिवार्यता है। इसके बावजूद यह कहा जा सकता है कि महादेवी के बाद स्नेहमयी चौधरी, इन्दु जैन, कात्यायनी, तेजी ग्रोवर, गगन गिल जैसी उन थोड़ी सी कवयीत्रियों में सुनीता जैन भी बेशक ऐसा नाम है जिसने आधुनिक हिन्दी कविता में अपने विपुल काव्य-कर्म के द्वारा कुछ उल्लेखनीय जोड़ा है।

अशोक वाजपेयी

16 जनवरी, 1941

शब्द सम्प्रदाय से निकलकर जीवन का अर्थ ढूँढ़ने का उपक्रम

अशोक वाजपेयी अत्यन्त शब्द-सजग कवि हैं। भाषा के अखबारीपन का विरोध करनेवाले इस कवि का गद्य सम्मोहित करता है। अपने काव्य-संस्कारों पर जिद ठानकर डटे रहनेवाले अशोक वाजपेयी का विपुल काव्य-लेखन अज्ञेय, साही, शमशेर, जितेन्द्र कुमार जैसे पूर्ववर्ती तथा समकालीनों से टकराकर और समझकर विकसित हुआ है। कवि की पूर्ववर्ती प्रवृत्तियों में छूटने का सूचक 'कहीं नहीं वहीं', अशोक वाजपेयी का पाँचवाँ कविता-संग्रह है। इससे पहले उनके चार कविता-संग्रह 'शहर अब भी सम्भावना है' (1966) 'एक पंतग अनन्त में' (1984), 'अगर इतने से' (1986) तथा 'तत्पुरुष' (1989) प्रकाशित हो चुके हैं। 'कहीं नहीं वहीं' में अशोक वाजपेयी की 1989-90 में लिखी लगभग सौ कविताएँ संकलित हैं। इन कविताओं को 'अवसान, 'शृंगार, 'अवकाश, 'मुक्ति' शीर्षक चार खंडों में प्रस्तावित किया गया है। कथ्य तथा शिल्पीय धरातल पर 'कहीं नहीं वहीं', 'तत्पुरुष' से अलग है। बल्कि फिर कहना होगा, 'कहीं नहीं वहीं' में अशोक वाजपेयी अपनी काव्य-रूढ़ियों से छूटने की गम्भीर कोशिश करते हैं हालाँकि इन कविताओं में भी एक खास किस्म का मैनरिज़्म बरकरार रहता है, जिसे उनकी पूर्ववर्ती कविताओं में भी लक्षित किया जा सकता है। यहाँ भी अशोक वाजपेयी उससे मुक्त होने की कोशिश नहीं करते। फिर उनका वाचक-स्वर, मानवीय चिन्ताएँ बदलने लगती हैं।

'तत्पुरुष' की भूमिका में अशोक वाजपेयी ने लिखा था-शब्द हमें बरबस एक-दूसरे के पड़ोस में, मृत्यु और काल के पड़ोस में, इसके-उसके पड़ोस में, सहज-सामान्य को सर्वथा अप्रत्याशित के पड़ोस में।'.... वहाँ सब कुछ 'पड़ोस' में होने का कन्फ्यूजन था-दर्शनिक किस्म था। 'कहीं नहीं वहीं' का कवि पड़ोस में नहीं झाँकता। उसे अन्तरिक्ष, ईश्वर और नक्षत्रों से ही फुरसत नहीं मिलती। जब उसके पास समय होता भी है तो वह अपनी चिन्ता करता है। यह आत्मबद्ध दृष्टि दरअसल आनन्दवादी धारणा की उपज है। छायावादी कविता-परम्परा तक यह केंन्द्र में रही। इसकी चरम परिणति वहाँ रहस्यवाद में हुई तो समकालीन आभिजात्यवादी

कवियों के यहाँ अमूर्तन के सम्मोहन और आतंक में हुई है। इस संग्रह की पहली दस कविताएँ वाचक (हालाँकि वहाँ बहुत चालाकी में 'मैं' की जगह 'हम' रखा गया है) की निजी पीड़ा को प्रस्तुत करती हैं। वाचक साफ तौर पर प्रभु वर्ग का प्रतिनिधि है। उसकी सत्ता पर पकड़ ढीली हो रही है और सत्ता प्रभामंडल या आनन्द-मंगललोक से निकाल फेंक दिए जाने का भय बुरी तरह सता रहा है— 'फटेहाल बच्चों की तरह/ देवता आएँगे/ और घूरे पर फिकी बेकार चीजों की तरह/ हमारे सुख-दुख/ बीन-नबेरकर ले जाएँगें।/' तथा—'बूढे देवता के बहीखातों में/ नहीं होगा हमारा कोई उल्लेख/ पाप-पुण्य का हिसाब-किताब रखनेवाले/ दस्तावेजों में/ हमारा नाम नहीं निकलेगा/ न ही कुछ लेन-देन/ स्वर्ग के द्वार पर/ खड़े होंगे लज्जित हम/ नरक के रौरव हाहाकार के सामने/ खड़े होंगे पराजित हम।/' इन कविताओं में जीवनी शक्ति चुकने, गिरने, ढहने और अस्त होने का भय, सन्ताप और कातरता है। इनमें एक ही राग का आलाप बार-बार है: 'जब बची नहीं होगी शक्ति कुछ भी पाने की।' शक्ति-सम्पन्न अतीत से शक्तिहीन वर्तमान का मानसिक क्लेश, भय और सन्ताप इनमें हैं। हिन्दी कविता में ऐसे अनुभव विरल हैं।

ये कविताएँ जो पहले जमा किया था उसके अब न होने की कविता हैं। इनमें एक कन्फेन्शन है। अब तक गलत-सलत जिए जीवन का। लेकिन उतना गहरा, साफ और ईमानदार नहीं जितना पश्चाताप 'गरूड़ किसने देखा है' में श्रीकान्त वर्मा करते हैं। वहाँ एक गहरी आन्तरिक व्यथा और अपराध बोध है। 'कहीं नहीं वहीं' में अवसाद है, लेकिन उसके कारणों पर पर्दा डाल दिया गया है। यहाँ चले जाने की, भागने की, अलमस्त फकीरी की सूफीयाना मुद्रा, अपने डर से भागने के लिए अपनाई गयी है। इन कविताओं में वाचक अपने देश-निकाले की दुहाई तो देता है, पर यह क्यों हुआ? इसके प्रति चुप रह जाता है। वह अच्छे दिन वापिस आने की उम्मीद करता है, पर उसकी उम्मीद में आशा से अधिक आशंका है- हमने उम्मीद नहीं छोड़ी है। हालाँकि हम जानते हैं कि हम/ वहीं रहेंगे/ अन्त में/ जहाँ हम चाहते हैं/ कि हम न रहें।' 'तत्पुरुष' की तरह इस बार अनजाने हो गये किसी पुण्य का सहारा भी उसके पास नहीं है। पहले खंड की इन कविताओं में भारत- भवन से निष्कासन और सत्ता का ध्वंस साफ दिखता है।

दार्शनिक सम्मोहन में रचा अध्यात्मवाद अशोक वाजपेयी की कविता की अन्य महत्त्वपूर्ण पहचान है। ध्यान देने की बात है कि कविता के सन्दर्भ में दर्शन आधुनिकता की झोंक में आकर एकदम खारिज करने की चीज नहीं है। हमारे समय के बड़े कवि मुक्तिबोध के यहाँ दर्शन जीवनानुभवों से शून्य नहीं है। विजयदेव नारायण साही की कवितओं में भी भिन्न संवेदनात्मक स्तर पर यही चीज देखी जा सकती है। लेकिन अशोक वाजपेयी अध्यात्मवाद का तेवर सच कहने से बचने के

लिए अपनाते हैं। यह अभिजात वर्ग का अध्यात्मवाद है। अपनी जटिल लड़ाइयों में जूझते मनुष्य की सुख-शान्ति से इसे कुछ लेना-देना नहीं है। अजय तिवारी ने बहुत ठीक लिखा है कि 'अभिजात वर्ग का अध्यात्मवाद अपनी मरणासन्न नियति का, अपनी दिशाहीन और विकल्पहीन स्थिति का परिणाम है। वे खुद अपने संकट से उबर नहीं सकते, जन-आन्दोलनों का उभार उनकी नियति को और भी आसन्न और भी तीव्र करनेवाले होंगे। जाहिर है कि अशोक वाजपेयी का दर्शन-चिन्तन सत्ताधारी वर्ग के अध्यात्मवाद का अंग है। उनका तत्त्व-चिन्तन बहुत हुआ तो यथार्थ के नाम पर यथास्थितिवाद का समर्थन करता है।

सत्ताधारी वर्ग के कुलीनतन्त्र में जैसा समाज-चिन्तन सम्भव है—वह अशोक वाजपेयी भी करते हैं। मुहल्ले के पुराने मन्दिर के अँधेरे कोने में चोरी से लाई गयी मिठाई को छुपाकर रखती गरीब बच्ची, यातना तपे चेहरेवाली बुढ़िया, शताब्दी और उसके बीतने से बेखबर एक बूढ़ा, गरीबी से अनाहत बच्चे, थर्ड क्लास डिब्बे में बैठा बुन्देली किसान, बनारस का जानकार प्रूफरीडर, पुलिया पर दो आदमी, राजापुर गढ़ेवा के दौआ बाबा,—ये मजदूर—शोषित किसान, बच्चे जैसे शब्द चित्र अशोक वाजपेयी की कविता में आकर जो परिवेश रचते हैं, वह वास्तविक नहीं लगता। इन कविताओं की करूणा आयातित और सायास लगती हैं। अधिकतर कविताएँ अतीत में घटित घटनाओं को उठाती हैं। और यह विडम्बना ही है कि अतीत तक सच्चा नहीं लगता। सब बातें एक अप्रामाणिक संसार की लगती है। ऐसे स्थल बहुत विरल हैं, जहाँ मानवीय विश्वास की तरफदारी, ईमानदारी और जिम्मेदारी महसूस की गयी है। वहाँ भी हवाई तत्त्व चिन्तन अधिक है।

अशोक वाजपेयी के यहाँ यथार्थ से अभिप्राय यथास्थिति से है। यह दृष्टि यथास्थिति को आदर्श मानती है। यही कारण है कि उनकी पूर्ववर्ती कविताओं में आनेवाले-फूल, चिड़िया, पत्थर, दूब, वनस्पतियाँ, झुरमुट, आकाश-गंगा, गोधूलि, ब्रह्मांड, नक्षत्र, देवदार, चन्द्र, सूर्य, पृथ्वी, दिगम्बर, आकाश, किसलय, अंगों की प्रभा, अनन्त आकाश, पर्वतमालाएँ, मेघ, अमलतास, पलाश- जैसे प्रकृति-सच, महज शब्द बनकर रह जाते हैं, वैसे ही यहाँ बूढ़ा, ईश्वर, अन्तरिक्ष, गोधूलि, प्रार्थना, पवित्रता- जैसी ठेठ भक्तिकालीन पदावली पाठकीय चेतना को सक्रिय करने की बजाय उसे चकित-मोहित करने में ही अपनी चरम सफलता मानती है और सजावटी आंलकारिक जुगत बनाकर रह जाती है। यह संवेदना के निजी स्थिति-बिन्दुओं को छूने भर का परिणाम है।

अशोक वाजपेयी मुहावरे के स्तर पर केदारनाथ सिंह और रघुवीर सहाय से खासे प्रभावित हैं। उनकी गद्य-कविताओं में रघुवीर सहाय की अभिव्यंजना प्रणाली का प्रभाव साफ महसूस किया जा सकता है। अशोक वाजपेयी के यहाँ अँग्रेजी के

वाक्यांशों को संस्कृत की तत्समता में ढालकर कहने की पुरानी आदत है। उनकी जो शब्दावली है उससे लगता है उन्हें आज की कविता भाषा पर भरोसा नहीं है। यह साधारण जन की भाषा है जिसे अखबारी भाषा कहकर अशोक वाजपेयी हिकारत से देखते हैं।

अशोक वाजपेयी बुनियादी तौर पर रूपवादी कवि हैं। 'शहर अब भी सम्भावना है के बाद अशोक वाजपेयी तेजी से रूपवाद की ओर गये हैं। शिल्प की बारीकियाँ उजागर करती, सजी-संवरी उनकी कविता इस समय की रीति-कविता का प्रत्यक्ष उदाहरण है। यह स्वाभाविक परिणति है उन कवियों की जो अपने घर को दुनिया और अपनी चोट को ही परम पीड़ा मानते हैं। ऐसे कवि आत्मरति का शिकार होकर सर्वनिषेधवाद का झंडा फहराते हैं या अपनी लोक-विमुखता को छिपाने के लिए कविता की सजावट पर मेहनत करते हैं। श्रेष्ठ कविता अपना रूप लेकर आती है और समर्थ कवियों को अतिरिक्त प्रयास नहीं करना पड़ता। शिल्प-आश्रित कीमियागरों की यह धारणा है कि रूप, कथ्य का निर्धारण करता है। यह अशोक वाजपेयी सरीखे कवियों की विवशता है। इनकी कविता एक-बन्धे-बन्धाए पैटर्न पर चलती है। विषय-परिवर्तन के नाम पर ये शब्द बदलने पर जोर देते हैं। अशोक वाजपेयी इस सम्प्रदाय के प्रतिनिधि कवि हैं। उनके यहाँ जीवन को अपने तरीके से जीने या समझने की ललक तो है, लेकिन इसके बीच आनेवाले कठिन समय और मुश्किल रास्ता में होनेवाली वारदातें नहीं हैं। भाषिक स्तर पर इतनी मेहनत करने के बावजूद ऐन्द्रिकता, अर्थ-विस्तार और अर्थ-सम्पन्नता की जगह खेल-खेल में केवल शब्दों की कलाबाजी और उलझाव अधिक है।

अपने पहले कविता संग्रह 'शहर अब भी सम्भावना है' (1984) से लेकर अशोक वाजपेयी एक ही कविता लिख रहे हैं। यहाँ भी अशोक वाजपेयी अपने परम्परित मैनरिज़्म से मुक्त होने की कोशिश नहीं करते हैं। श्रीराम वर्मा ने अशोक वाजपेयी की दुर्लभ एकांगिकता या एकान्तप्रियता को लक्षित करते हुए लिखा था कि अशोक वाजपेयी का कवि, गहरे अर्थों में मानवीय कवि; अहं से परिचालित होकर हठी और अनुदार हो गया है। दरअसल वह सुरक्षित सुविधाभोगी दुनिया के आनन्द-मंगल के कवि हैं।' अशोक वाजपेयी जिस सुख-कामना को प्रस्तावित करते हैं वह कतई निजी है—'हम पर सुख की छाया हो/ मैं इसी सुख का जो सिर्फ हमारा है/ हम ही से है/ हम ही तक है—प्रस्ताव करता हूँ/ 'सुख के प्रस्ताव' की ये पंक्तियाँ आत्मकेन्द्रित सुखवाद का घातक विमर्श हैं। उनकी आत्मबद्ध दृष्टि आनन्दवादी धारणा की उपज है। छायावादी कविता में यह आखिरकार रहस्यवाद में परिणत हुई तो समकालीन कुलीनतावादी कवियों के यहाँ अमूर्तन के आतंक में उसके दिव्य

दर्शन हुए हैं।

दार्शनिक सम्मोहन में रचा अध्यात्मवाद अशोक वाजपेयी की कविताओं की खास पहचान है। यह दर्शन सामान्य जीवनानुभावों से शून्य और किताबी है तथा यथार्थ को व्यक्त करने से बचने की काव्य-युक्ति मात्र है। अभिजात वर्ग के इस अध्यात्मवाद को संघर्ष करते मनुष्य की अशान्ति से कोई सरोकार नहीं है। दिशाहीन-विकल्पहीन स्थितियों से उपजा यह दर्शन चिन्तन सत्ताश्रयी वर्ग की कथित संस्कृति का अंग है।

शब्द-सम्प्रदाय की इन कविताओं में शब्दातीत समाज है। वह इतना अमूर्त है कि 'अनन्त के पड़ोस' जैसी पदावली में ही होना सम्भव है। वर्तमान का निषेध और काल्पनिक भविष्य, अतीत को भी अविश्वसनीय बना देता है। तत्काल को खारिज करके कालातीत होने की भावुकता कवि द्वारा रचे गये परिवेश को अप्रामाणिक बना देती है। वहाँ करूणा आयातित और अवसाद नकली लगता है।

प्रेम अशोक वाजपेयी का प्रिय विषय है। वह हिन्दी कविता के प्रेम विशेषज्ञ कहे जा सकते हैं। 'कहीं नहीं वहीं' की प्रेम कवितओं में 'उद्दाम उत्सुक कुचाग्र', 'रमण-मर्दन', 'चुम्बन', 'नितम्बों के वृत्त' पर फोकस किया गया था। वहाँ 'केलि के बाद शय्या में पड़ गयी सलवटें केन्द्रीय थीम थी। प्रेम उत्पाद है जिसे कवि जिस की तरह सजाता है। 'अभी कुछ और' में यह तथ्य पुख्ता होता है कि कवि के लिए प्रेम की कठिनाईयाँ नहीं, देह का भोग ही प्रेम का पर्याय है। जैसे-तैसे काबू करके भोगने की लिप्सा रति का रीतिवाद रचती है। 'कवि प्रियाओं की प्राचीन रति' के स्मृतियों में 'रतिश्लथ स्तन', 'पुरस्कृत दिगम्बर', 'उसके होठों के बीच कत्थई कुचाग्र', 'वह उस पर मदनारूढ़', 'केलि का अर्द्धचन्द्र', 'किसी ज्वलन्त पुष्प से बिन्धने-भर' जाने की प्रतीक्षा करता गझिन झाड़ी से ढका अपने ही रस से द्रवित वह रहस्य फूल' प्रेम संवदेना का यह विकास सम्भव है कि शीघ्र सम्भोग के आसन के वर्णन में चरम परिणति प्राप्त करे। यह की पोर्न फिल्मों की काम-फंतासियों का शाब्दिक अनुवाद सामान्य जीवनानुभवों से रहित केलिवादी दर्शन का प्रस्तावक है। उसका इससे बेहतर अंजाम और कोई हो ही नहीं सकता है।

अशोक वाजपेयी की कविताओं में तराशा हुआ स्थापत्य मिलता हैं। 'कहीं नहीं वहीं' में जीवनी-शक्ति चुकने, गिरने, ढहने, शस्त्रों के भोंथरे होने और अस्त्रहीन, होने का भयाक्रान्त सन्ताप और कातरता थी। वहाँ गहरे अवसाद से घिरा एक 'कन्फेशन' था। 'भारत-भवन' से निष्कासन, सत्ता छिन जाने की आसन्न नियति और साम्राज्य-ध्वंस से उपजे विषाद की गहरी पीड़ा थी, वैसा आत्मस्वीकार विरल है। 'शहर अब भी सम्भावना है' अशोक वाजपेयी की श्रेष्ठतम काव्य-उपलब्धि है। 'कहीं नहीं वहीं' में निर्णायक मोड़ का संकेत मिलता है। 'अभी कुछ

और' में भी कवि कहता है—'ऐसा बहुत-सा है जीवन में जो कविता में नहीं जा पाता। इसलिए नहीं कि कविता की सरहद उसके लिए बन्द है। शायद इसलिए कि हम ही उसे कविता में ले जाने की कोशिश नहीं करते'—कवि की इस सद्इच्छा पर भरोसा करना चाहिए कि शब्दों के अनुभाव बनने से बाकी बचा विराट सत्य, कुछ अंशों में ही सही; इस प्रतिभाशाली कवि की कविता में आयेगा अवश्य!

लीलाधर जगूड़ी

1 जुलाई, 1944

कठिन दुनिया की जटिलता

लीलाधर जगूड़ी ने कविता लिखने की शुरूआत अकविता के दौर से की थी। उस दौर में धूमिल और राजकमल चौधरी के अकवितावादी तल्ख-तेवर और आग उगलते मुहावरे से उनके समकालीन ही नहीं; कई पूर्ववर्ती कवि भी सम्मोहित हुए। विशेषकर धूमिल ने कविता की शक्ल बदलकर रख दी। उस दौर में उभरे चन्द्रकान्त देवताले, लीलाधर जगूड़ी, त्रिनेत्र जोशी, जगदीश चतुर्वेदी इत्यादि आगे चलकर महत्त्वपूर्ण रचनाकारों के रूप में स्थापित हुए और इन्होंने परवर्ती कवियों के लिए उत्प्रेरक का काम किया है। इसमें से लीलाधर जगूड़ी और देवताले आज भी खुद को दोहराये बगैर रचनारत हैं। 'शंखमुखी शिखरों पर', 'नाटक जारी है', 'इस यात्रा में'; तक लीलाधर जगूड़ी अकविता और धूमिल के प्रभाव में रहे लेकिन 'रात अब भी मौजूद है', 'बची हुई पृथ्वी' और 'घबराए हुए शब्द' में उन्होंने अपना निजी मुहावरा विकसित और प्रमाणित कर लिया। यह आपातकाल का काला समय था। लीलाधर जगूड़ी के शुरुआती तीन संग्रहों की कविताओं में समकालीन मोहभंग के त्रासद अनुभव हैं तो उनके बाद के इन तीन संग्रहों में बुरे के खिलाफ कुछ न कह सकने के मारक दृश्य हैं। 'भय भी शक्ति देता है, 'ईश्वर की अध्यक्षता में', 'खबर का मुँह विज्ञापन से ढका है' और अभी हाल ही में प्रकाशित लीलाधर जगूड़ी की रचनाएँ साबित करती हैं कि वे समय-सजग जागरूक सक्रिय कवि हैं। उनका रचनाकर्म हिन्दी समाज के लम्बे दौर को समझने वाला रचनात्मक इतिहास है। उनकी रचनाशीलता हिन्दी कविता की युवतर पीढ़ी के लिए सन्दर्भ का काम करती है।

लीलाधर जगूड़ी बहुपठित पेचीदा कवि भी हैं। उनकी कविता के अप्रत्याशित मोड़ और पड़ाव निजी नहीं हैं; यह मोड़ और पड़ाव हिन्दी कविता के भी हैं। विचारों को बिम्बों में व्यक्त करने में कुशल लीलाधर जगूड़ी जटिल दृश्यों के कवि हैं। उनके दृश्य अमूर्तन का उदाहरण भी बनते हैं—'ईश्वर के कपड़े बचाने का मतलब है अपनी खाल बचाना/ ईश्वर के जूते नहीं रह गये हैं/ मंजन खत्म हो गया है/ ईश्वर के चरण उस इलाके में घिसट रहे हैं.../ आवागमन भंग है। यातायात जोरों

पर/ रातें ब्लैकाउट में भटकीं/ कोई भक्त उसे दाएं से बाएँ पहुँचा दे.../' मनोदशाएँ और विचार जब एक-दूसरे को समन्वित करते हैं तो ऐसे बिम्बों में ही काव्यार्थ व्यंजित होता है। ऐसी हिकमत शमशेर और मुक्तिबोध के यहाँ भी मिलती है। खास बात यह है कि लीलाधर जगूड़ी चित्र पहेलियाँ नहीं बूझते बल्कि जीवन-जगत की अबूझ पहेलियों को खोलने के सिलसिले में ऐसा करते हैं। परिवेश में फालतू चीजें बोझ डालती हैं। आसपास ज्यादातर अर्थहीन और अतिरिक्त है। यह समस्या पैदा करता है—'उसने कभी नहीं सोचा कि मेरा नाम चिड़िया है वो/ जो घोड़े की नसों में फँसी हुई/ घोड़े की आँख से आकाश देखती है/ और उड़ जाना चाहती है/' लीलाधर जगूड़ी के यहाँ अमूर्त्तन काफी जगह घेरता है। यह कवि की मानसिक अस्पष्टता का नहीं है; पर्यावरण की जटिलताओं से उपजा है। जीवन कई प्रसंगों के घात-प्रतिघात से विकसित होता है। ऐसे में जो व्यर्थताबोध उभरता है वह प्रयोगवादी किताबी किस्म का तत्त्वचिन्तन नहीं है। बल्कि सार्थक चीजों के कम होने की दुर्घटना से ऐसे अनुभव लीलाधर जगूड़ी की कविता में आकर शब्दों का अनुभव बन जाते हैं—'और उस तितली को/ जिसमें हम सबके प्राण शामिल हैं/ चुपके से/ मुट्ठी में बन्द करना चाहते हैं/ रात को वे कवि से/ गिरती हुई देखना चाहते हैं/ अँधेरे के मसलकर/ महसूस करना चाहते हैं/' वे अदृश्य हैं ताकतवर हैं भयानक हैं—'वे आने वाले वर्षों में/ आनेवाले दिनों को पकड़ेंगे/ जैसे कभी/ अश्वमेध के घोड़े पकड़े जाते थे/ चुनौती देते हुए/ किसी भी समय/ आकाश से वे हमारे फेफड़ों में उतर रहे हैं/'—इसे साफ करना जरूरी है यहाँ कविता अतिबौद्धिक कलात्मक संरचना बन गयी है। फिर अर्थ खुलने पर कविता का रचाव ज्यादा परेशान नहीं करता। महीन बुनावटवाले कवियों की एक दीर्घ परम्परा है। जगूड़ी का शुमार उनमें होता है। लीलाधर जगूड़ी का संक्रामक मुहावरा उनकी कविता में जिस सम्मोहन की रचना करता है उसकी गिरफ्त बेहद मजबूत है।

'बची हुई पृथ्वी' तक की कविता में बार-बार विसंगतियाँ घेरती हैं। वहाँ विडम्बना का स्वर गहरा है। जीवन की विडम्बना को व्यक्त करने के लिए लीलाधर जगूड़ी भाषा को जिस सलीके से बरतते हैं; उसमें केवल शब्द-क्रीड़ा नहीं है। कवि शब्दों की पच्चीकारी से बचते हुए, बल्कि कहना होगा भाषा के अभिजात को बार-बार तोड़ते हुए ऐसी काव्यभाषा ईजाद करता है जिसमें शब्द नहीं चमकते, अर्थ भास्वर हो जाता है—'मेरी कथा/ फावड़ा घिस जाने की/ कारखाना उजड़ जाने की/ सड़क टूट जाने की कथा है/ मेरी कथा/ पत्थर के रेत हो जाने की/ पेड़ के/ लकड़ी हो जाने की/ कोयले के/ आग हो जाने की कथा है/' यहाँ यह काव्य-प्रसंग जीवन के सन्दर्भों की प्रस्तुति है। तिलमिलाने वाली सच्चाईयाँ इनसानी जीवन को नये कोणों से देखती और जाँचती हैं। जीवन का ऐसा तल्ख अहसास समय और समाज

के असर से अछूते नहीं है—'ये वो चिड़ियाँ हैं/ जिसकी चोंच में नये घोंसले के लिए/ पुराने तिनके हैं/' एक और छोटी कविता देखिए—'जब उसने कहा/ कि अब सोना नहीं मिलेगा/ तो मुझे कोई फर्क नहीं पड़ा/ पर अगर वह कहता/ कि अब नमक नहीं मिलेगा/ तो शायद मैं रो पड़ता/' और—'कसम खाए बिना जहाँ किसी बात को अर्थ न माना जाए/ और उसके बाद भी/ सच्चाई संदिग्ध हो/ बुरा समय इससे ज्यादा बुरा क्या होगा—'जहाँ कानून को भी यकीन नहीं/ और अपराधी को भी/ कहाँ घबराना स्वाभाविक है/ तब तो और भी ज्यादा/ जब कोई हद हो/ जैसे कि—मौत/' ऐसी ताकत सत्ता के अन्याय से लड़ने से मिलेगी—'जरूरत है/ पहलवानी और गुंडेपन से बाहर/ एक ऐसी ताकत की/ जिसे लेकर/ कमजोर से कमजोर आदमी भी/ जीत जाए/' कवि गलत की खिलाफत मनुष्येतर दुनिया में भी देखता है—'फलों/ जब तुम महँगे बेचे जाओ/ तो तुरन्त सड़ जाया करो/ छूते ही या देखते ही/' संघर्षशील विवश व्यक्ति लड़ता है, हार नहीं मानता और थोपी हुई नियति को खारिज कर देता है। लगातार लड़ते हुए मनुष्य का वाजिब गुस्सा यहाँ बार-बार उजागर होता है।

लीलाधर जगूड़ी की शुरूआती कविताएँ अतिवाचालता से मुक्त नहीं हैं। धीरे-धीरे उन्होंने मौन की व्यंजना का स्थापत्य रचने में महारत अर्जित की है। शब्द-अन्तराल में जो चुप्पी है; उसकी अर्थपूर्ण मुखरता वहाँ रेखांकित की जा सकती है—'मैं आऊँगा/ मगर उस तरह नहीं/ बर्बर लोग जैसे कि पास आते हैं/ उस तरह भी नहीं/ गोली जैसे कि निशाने पर लगती है... 'मैं आऊँगा/ आऊँगा तो उस तरह जैसे कि हारे हुए/ थके हुए में दम आता है/' उनके प्रतीकों में अर्थ की कई परतें हैं। बिम्ब सक्रिय दृश्य बनाकर काव्यार्थ को व्यंजित करते हैं।

लीलाधर जगूड़ी के यहाँ सन्नाटे की गहरी गूँज है। अँधेरा बड़ा काला है—'एक दिन घबराए हुए शब्द आए और कहने लगे/ हमें बचाइए/ जगह-जगह से हम काट दिए गये हैं/ पंक्ति से हटा दिए गये हैं/ या तो हमारे विकल्प खोज लिए गये हैं/ या हमारे बिना भी काम चलाया जाने लगा है/ और 'कपड़े की तरह निचोड़े हुए फटकारे हुए वर्तमान को/ भविष्य से भिगोती है बूँद-बूँद रिसती हुई काली रात/' यह 'घबराये हुए शब्द' का अँधेरा है—'रात में सफर था/ सफर में रात थी/ हमारा सफर था कि रात का सफर था?'—'बची हुई पृथ्वी' में भी अँधेरा फैला था—'अखंड रात की हवाओं में/ जंजीर खणमण रही है/ कुछ पता नहीं चल रहा हम बन्धे हुए हैं या कि खुल्ला/ ?' कैसी मजबूरी है—'हत्यारों के इस देश में हम सब/ अपनी-अपनी हत्या तक जी रहे हैं/ कुछ अपने फटे कपड़े सी रहे हैं/ कुछ सहला रहे हैं घाव/ कुछ दवा पी रहे हैं/ कुछ खून/ कुछ हाथ धो रहे हैं साबुन से/ कुछ जान से/' 'रात अब भी मौजूद है' में रात का शिकंजा मरणान्तक था लेकिन बीसवीं सदी

के सातवें दशक के आखिर में जगूड़ी की कविता में अँधेरा उजाले में बदलने लगता है। सन्नाटे और शोर के बीच कवि की अपनी आवाज अपने अलगपन से पहचाने जाने लगती है। धीरे-धीरे लीलाधर जगूड़ी खुद चुप रहकर शब्दों को बोलना सिखा देते हैं।

जीवन के नाटक को उसके मंच के मध्य और नेपथ्य में लीलाधर जगूड़ी बखूबी पकड़ते हैं। इस नाटक की अमूर्त और एब्सर्ड स्थितियों में उनकी कविता का निहितार्थ व्यक्त होता है। 'अनुभव के आकाश में चाँद' में व्यक्ति के निजी और बाहरी जटिल अन्तर्विरोध आसानी से व्यक्त होते हैं। लीलाधर जगूड़ी की कविता की नयी दुनिया बनने लगती है। सच को परखने की नजर ज्यादा साफ हो जाती है। समाज का समकाल तमाम विद्रूपों समेत उभरने लगता है। कवि अपनी कथ्यरूपगत प्रयोगशीलता में दुरूह हुए बगैर कविता में ले आता है—'अखरोट पर फूल/ और पत्थर पर चूना खिले/ तो सबके घर पौत दूँ/ जिन्हें मकानों ने खोंस रखा है/ और जिनमें लोग इस तरह रहते हैं/ जैसे पेटी में औजार/' इस कवि के लिए क्षणिक अनुभव भी शाश्वत अनुभव बन जाते हैं। जो शब्दों में नहीं कहा गया; वह अर्थ भी दृश्य, विचार या प्रतीक बनकर चमकने लगता है।

वक्र कथनों के कवि जगूड़ी के यहाँ वक्रता केवल वाक्यगत नहीं है। भावगत भी है लेकिन वे रूपवादी कवि नहीं हैं। इसे उनकी शिल्प-सजगता मानना चाहिए। अकवितावादी दौर में भी वे नया निजी सौन्दर्यबोध गढ़ने के सिलसिले में कविता के स्थापत्य में तोड़-फोड़ करते रहे लेकिन कठिनता से सरलता की तरफ बढ़ने की बजाय लीलाधर जगूड़ी कई बार दुरूहता की राह पर चलते दिखाई देते हैं। गहराई की जगह फैलाव उनके यहाँ बढ़ता नजर आता है। इसे उनके वाक्यों के गठन और दृश्यों की प्रस्तुति में भी देखा जा सकता है। उनकी कविता जिन वाक्यों में प्रस्तावित हुई है; वह जटिल संयुक्त वाक्य हैं—'मुझे सुन्दर लगते हैं मोड़ चाहे सड़क पर हों चाहे वृक्ष में चाहे जिन्दगी में/ इन्हीं में से होते हैं कुछ अच्छे कुछ खराब कुछ कुछ विचित्र मोड़/ जिनके बिना कुछ दूर तक ही भली लगती है सपाट सड़क फिर आना ही चाहिए कोई नया मोड़/ बस आता ही होगा कोई नया मोड़/' लम्बे वाक्यों की बुनावट विष्णु खरे के यहाँ भी है। विष्णु खरे सायास उसमें शब्दगत और वाक्यगत वक्रता नहीं लाते। वक्रता उनके यहाँ अर्थगत है। इसलिए उनके जटिल काव्यार्थ बहुस्तरीय होते हुए भी आश्चर्यजनक रूप से आसानी से पकड़ में आ जाते हैं।

लीलाधर जगूड़ी के यहाँ बाजदफा दुरूहता असहनीय हो जाती है। केवल बौद्धिक उलझाव पसन्द करनेवाले काव्य रसिक इसके मुरीद हो सकते है। फंतासी के स्थापत्य में उनकी शब्दों से खेलने की आदत, दो परस्पर विरोधी आशयों के तनाव में नया निहितार्थ आविष्कृत करने का सामर्थ्य उन्हें बड़ा कवि बनाता है—'डरा

मैं और मरा मेरा पड़ोसी/ मेरी वजह से उजड़ा है एक घर/ मेरी वजह से कमजोर बने हैं कुछ लोग/ ठीक जैसे कि कुछ लोग शक्तिशाली/ क्योंकि जितना मालूम है उससे कहीं ज्यादा मालूम होना चाहिए था/ मुझे कुछ दिन मुझे यहाँ से दूर चला जाना चाहिए जहाँ किसी मौत का लयबद्ध विलाप न हो/' लीलाधर जगूड़ी की कविता के पैटर्न या डिजाइन की जटिल संरचना कई बार लगता है कवि -समय की जटिलता है—'मैं यहाँ हूँ/ सैकड़ों वर्ष पुराने संगीत की/ चट्टान पर ताजा खोदी हुई मिट्टी की गन्ध से भरी/ आसपास मेरी वर्तमान पृथ्वी है/' इसमें घात-प्रतिघात-संघात हैं। परमानन्द श्रीवास्तव इस तरफ इशारा करते हैं कि-समय बार-बार अपनी क्रूर शक्लों में बेतरतीब विडम्बनाओं के साथ लीलाधर जगूड़ी की कविताओं में आता है। इसके बावजूद कि ये कविताएँ अपनी अलग-अलग संरचना और अपने अर्थ सन्दर्भ में नये अनुभव देती हैं। हर कवि अपने समूचे रचनाकाल में अपने को और अपने समय को ही समय का अनुभव बनाता है। लीलाधर जगूड़ी के यहाँ भी देशकाल की निरन्तर उपस्थिति मिलती है। कैसा है यह जीवन जिसमें हम रह रहे है- जहाँ जीवन से बड़ा है जीवन का उत्पाद! जहाँ जीवन के घाटे आर्थिक फायदे से आंके जाते हैं। जहाँ शिकार होने में जीवन सार्थक होता जान पड़ता है। कैसा है समय- जिसमें बहुतों की खुशियाँ विराट बंजर में है! कैसा है समय का संस्थान—जिसमें 'मौसम एक व्यापारी है/ जिसे घर में ढूँढ़ों तो सन्दूक में चला जाता है/ तुलना में ढूँढ़ों तो बन्दूक में चला जाता है/ इतनी कम बराबरी में मौसम आता है और खर्च बढ़ जाता है/ कुछ सामान आकाश में कुछ सामान पाताल में चला जाता है/ कैसा है समय, जिसमें मिठासें सारा नमक खा जाती है/' यह समय है या समयों का गम जो एक अनवरत फंतासी है। लीलाधर जगूड़ी की कविता में जहाँ समय-विमर्श खासा जटिल किस्म का है और वह महानगरों से लेकर पहाड़ी अंचलों तक के विस्तृत फलक के अध्ययन के आधार पर बना है। परमानन्द श्रीवास्तव सही पहचान रहे हैं कि लीलाधर जगूड़ी का समय-विमर्श जटिल है लेकिन यह समय ऐसा क्यों हैं? इसकी मार से बचने के उपाय क्या है?—जहाँ लीलाधर जगूड़ी प्रश्नोन्मुख नहीं रहते—मुक्तिबोध की तरह उत्तर भी ढूँढ़ने का मुश्किल उपक्रम करते है; वहाँ उनकी कविता खुलती है और देशकाल के बड़े विमर्श में बदल जाती है।

अपनी काव्य-जुगत, सम्मोहन और स्थापत्य को तोड़ने का जोखिम उठाने से लीलाधर जगूड़ी नहीं हिचकते हैं। ऐसा चन्द्रकान्त देवताले, मंगलेश डबराल, राजेश जोशी, अरुण कमल और लगभग अलक्षित रह गये कवि राजा खुगशाल के यहाँ भी है। अलग-अलग जीवन की सच्चाईयाँ चिकनी नहीं; खुरदरी और अपरूप हैं। जीवन उन 'जन्मजात' देवताओं से त्रस्त हैं जो 'नाल कटवाते ही वरदान देने लगते हैं। 'लोग' भय के कारण ही साहसी हैं जीवन जिस दुनिया में सम्भव हो रहा है वहाँ

'समस्या न्यायपूर्वक सुदृढ़ सुन्दर होने और जीने की है क्योंकि न्याय सुन्दर हो सकता है। इस जीवन को काबू करनेवाला एक अदृश्य जीवनलोक भी है क्योंकि जिस मृत्युलोक में यह दृश्य-जीवन पलता है—'यह 'मृत्युलोक' एक बाजार है आत्माओं का/ बिना देह के आत्माएँ भटकती हैं वहाँ/ हर चीज उन्हें दिखती है देह में/ कुछ आत्माएँ खरीददार आत्माएँ होती हैं/ कुछ आत्माएँ आमरण बिकाऊँ/ आत्माएँ मरणोपरान्त भी जीवित लोगों से अपना काम साध लेती हैं/' सारा झंझट आमरण बिकाऊँ आत्माओं ने पैदा किया है।

बीहड़ कामकाजी अनुभव, अपरम्परागत शिक्षा-दीक्षा और दुनिया को अपनी नजर से देखने तथा जीवन को अपनी तरह से जीने की जिद—इन सबका असर लीलाधर जगूड़ी की कविता पर साफ दिखता है। जैसाकि पहले कहा बार-बार अपने काव्य-सांचे को बदलने का जोखिम भी उन्होंने उठाया है। पहाड़ों पर बाघ अपने शिकार से खेलता है। कभी एक छोटे पत्ते पत्ते के पीछे समूचा छिप जाता है और कभी अपनी परछाई से शिकार को ढककर उसे स्तब्ध कर देता है। लीलाधर जगूड़ी भी ऐसा शब्द-आखेट करने में माहिर हैं। विचारों को दृश्यों में बदलना और फँतासी के रूपबन्ध में अतिरंजित हुए बगैर अतिकल्पना को वास्तव बनाकर प्रस्तुत करने का कौशल लीलाधर जगूड़ी को बड़ा कलाकार बनाता है लेकिन इससे उन्हें कलावादी या 'जड़िया' कवि कहना दिमागी कच्चापन होगा। जिस तरह अपनी सोच में वे भाववादी नहीं हैं; उसी तरह कथ्य के धरातल पर रूपवादी नहीं हैं। लीलाधर जगूड़ी के यहाँ 'कहना' महत्त्वपूर्ण है। कई बार लगता है कि जरूरत से ज्यादा कह दिया है या सीधी बात को जान-बूझकर बेवजह टेड़ा बनाकर कहा गया है। वहाँ कहने का ढंग महत्त्वपूर्ण बन जाता है। ऐसे मोड़ और आसक्तियों से जहाँ वे अपनी कविता को बचा ले जाते हैं, बेहतरीन कविता सम्भव हो जाती है—'अंजुली भर पानी में'/ सिकुड़ते आकाश की तड़फ की तरह/ जीना और समाना पड़ता है कई बार/ रिसना पड़ता है उड़ जाना पड़ता है/ छीजना पड़ता है कई बार/ मिट्टी के गुण का शिकार हवा के गुण का शिकार/ पानी के गुण का शिकार/ जीवन में जीवन का शिकार होना पड़ता है कई बार/' ऐसे अर्थगत तनाव से सम्पन्न जितनी पंक्तियाँ लीलाधर जगूड़ी के यहाँ हैं, उनके आधार पर कह सकते हैं कि यह क्षमता उन्हें मुक्तिबोध की काव्य-चिन्ताओं को विस्तार देनेवाले कवियों की पंक्तियों में आगे की जगह पर बिठाती हैं।

राजेश जोशी

18 जुलाई, 1946

साधारण और सही के पक्ष का विचार

राजेश जोशी अपनी कंडीशनिंग और काव्य मुहावरे को बार-बार तोड़नेवाले सही अर्थ में प्रतिबद्ध कवियों में से एक विशिष्ट कवि हैं। राजेश जोशी की प्रतिबद्धता और वैचारिक निष्ठा का स्त्रोत या नियामक शक्ति हर बार ठगे-लूटे जाते, सताए हुए आदमी की पक्षधरता में निहित है। यहीं उनकी कविता का नाभिकीय बिन्दु या मूल रसायन छिपा है। गलत के विरुद्ध चुप न रहकर, प्रखर आवाज में बोलनेवाली प्रामाणिक अनुभूति का विश्वसनीय बिम्ब राजेश जोशी की कविता प्रस्तुत करती है।

राजेश जोशी उन कवियों में से हैं जिनकी कविताएँ नये सौन्दर्यशास्त्र की माँग करती हैं। क्योंकि अपनी कविताओं में आज के मनुष्य की तकलीफों को समझने का शास्त्र वे निरन्तर आविष्कृत करते रहे हैं। उसे परम्परागत औजारों से समझा नहीं जा सकता। उनकी कविता को उनके वास्तविक अर्थों में समझने के लिए नीरस आलोचकीय प्रतिमान अपर्याप्त हैं। उसके लिए नयी रचनात्मक दृष्टि की अनिवार्यता कोई भी समझ सकता है।

'समरगाथा' से सामने आए राजेश जोशी 'एक दिन बोलेंगे पेड़' से चर्चित हुए थे। 'मिट्टी का चेहरा' ने उन्हें एक पुख्ता पहचान दी। उनका चौथा काव्य-संकलन 'नेपथ्य में हँसी' उनकी गतिशील काव्य यात्रा के विकास को रेखांकित करता है। प्राणवान लेकिन मूक चीजों का बोलना और हँसी के अदृश्य-दृश्य प्रस्तावित किए गये थे। उनके पाँचवाँ काव्य-संग्रह 'दो पंक्तियों के बीच' और उसके बाद आया 'चाँद की वर्तनी' की कविताएँ यह दिखाती हैं कि उनके कवि ने जैसा विरल वैविध्यपूर्ण विकास किया है वह एक उदाहरण है। हिन्दी कविता कितनी तेजी से प्रौढ़ और विकसित हुई है; इनकी तरफ राजेश जोशी की कविताएँ संकेत करती रही हैं।

राजेश जोशी कविता के उन विषयों को उठाते हैं जो किसी भी रूप में उनके जीए हुए परिवेश से अलग नहीं होते। परम्परागत विषयों पर लिखने के जोखिम भी उन्होंने उठाए हैं। ग़ौर करने की बात है कि ऐसे विषयों पर सरलीकृत कविता लिखी

जाती रही है या कवि एक अमूर्त रहस्यलोक की सृष्टि करने में ही अपनी रचनात्मक शक्ति को व्यर्थ करते रहे हैं। व्यर्थ की दार्शनिक कलाबाजी और कृत्रिम अनुभव से उपजी दिखावे की गम्भीरता से राजेश जोशी बचते रहे हैं। इसीलिए उनके यहाँ सतही सरलीकरण नहीं, जटिल जीवन की सहज-प्रस्तुति सम्भव हुई है।

'नेपथ्य में हँसी' में माँ, बच्चे, लड़की, घर जैसे विषयों पर कविताएँ हैं। इन विषयों पर राजेश जोशी अलग ढंग से सोचते हैं। 'वह मुझे दुबारा जन्म देना चाहती थी।' एक पुरानी काव्य-रूढ़ि बनकर अवश्य रह गयी है। दरअसल मानवीय सम्बन्ध कविता के ऐसे विषय हैं जिन पर अभ्यास के द्वारा आसानी से औसत कविता लिखी जा सकती है। माँ-विषयक इस कविता से अलग बच्चों की दुनिया पर इसी संग्रह में दो बेहतरीन कविताएँ देखी जा सकती हैं। 'बच्चों की चित्रकला प्रतियोगिता' और 'बच्चे काम पर जा रहे हैं', ये कविताएँ बतलाती हैं कि बच्चों के सपने और उम्मीदें किस तरह से उदासी और निराशा में बदल जाते हैं। छोटे बच्चों का अपनी उम्र की दुनिया से इस तरह अनुपस्थित होने की दुर्घटना यहाँ दर्ज हुई है। बच्चे अपनी किताबों और खिलौनों से दूर जिस दुनिया में उपस्थित हैं उसे समकालीन भाषा एक ठंडे वर्णन में बदलकर रख देती है। राजेश जोशी इन सब खतरों को पहचानते हैं। 'नेपथ्य में हँसी' में उन्होंने बच्चों की अभावग्रस्त दुनिया के परिप्रेक्ष्य में इसे उभारा था। वे मानते हैं कि मैदान, बगीचे, घरों के आँगन इत्यादि लुप्त होने के बाद दुनिया में कुछ नहीं बचेगा। इसलिए वह ज्वलन्त सवाल उठाते हैं कि बच्चे काम पर क्यों जा रहे हैं—'बच्चे काम पर जा रहे हैं/ हमारे समय की सबसे भयानक पंक्ति है यह/ भयानक है इसे विवरण की तरह लिखा जाना चाहिए/ लिखा जाना चाहिए/ इसे सवाल की तरह काम पर क्यों जा रहे हैं बच्चे' अच्छी कविता सवाल उठाती है और पाठक के विवेक को झकझोरती है। इस अर्थ में राजेश जोशी की कविताएँ खासा परेशान करती हैं और मात्र विवरण होने से इनकार करती हैं।

राजेश जोशी जनवादी कवि हैं लेकिन अपनी स्थानीयता से जुड़े हुए भी हैं। 'मिट्टी का चेहरा' में भोपाल गैस त्रासदी पर राजेश जोशी की कविताएँ इस तथ्य को पुष्ट करती हैं। 'दो पंक्तियों के बीच में', 'हमारे शहर की गलियाँ', 'हाथ' 'अहद होटल', 'चाँद के बारे में कुछ पंक्तियाँ' जैसी कविताओं में स्थानीयता के नये सन्दर्भ देखे जा सकते हैं। 'चिट्ठी का चेहरा' की कविताओं में स्थानीयता के विशिष्ट रंग-रूप उभारते हुए राजेश जोशी स्थानीयता का आतंक नहीं रचते; काव्यार्थ को विस्तार देते हैं। यहाँ स्थानीय परिवेश का रंग-रूप, लहजा-बोली देखने लायक है। 'मिट्टी का चेहरा' में राजेश जोशी ने युद्ध की विभीषिका को भी पाठकों के सामने रखा था लेकिन वह कविताएँ युद्ध और शान्ति की औपचारिक चिन्ताओं भर

की कविता नहीं थीं। उनमें वास्तविक बेचैनी मौजूद थीं। वह जद्दोजेहद पाठकों को सक्रिय करने में समर्थ है—'कभी भी खत्म हो सकती है यह दुनिया/ खत्म हो सकता है—किसी भी/ पल/ सारा जीवन' दुनिया और मानवीय जीवन पर मंडराते आसन्न संकट में अद्भुत दृश्य हैं लेकिन वह काल्पनिक नहीं हैं। यहाँ भी राजेश जोशी इस लय को और सघन करते हैं। 'दुनिया में बहुत अँधेरा है, बत्ती गुल हो गयी है।' दुनिया और उसे सम्भव करनेवाले मनुष्य के बचे रहे की आशा सन्दिग्ध होती जा रही है। ऐसे में राजेश जोशी की कविताएँ इन खतरों से आगाह ही नहीं करतीं; उनके संचालन-सूत्रों की ओर इशारा भी करती हैं। उनके यहाँ बचाने की चिन्ता इसीलिए एक मूल्य बन जाती है। 'बचाना' कविता में लुप्त होती स्मृति; नष्ट होती चीजों के बहाने दुनिया को बचाने के अनथक संघर्ष को शब्दबद्ध करने की विकलता देखी जा सकती है। 'औरत की हथेलियों की ओट में दीये की काँपती लौ' तथा 'बूढ़ी औरत की कमजोर आवाज में गूँजता गीत' दरअसल विश्वास, उम्मीद, विरासत, धरोहर को बचाने का संघर्ष ध्वनित करते हैं। ऐसी ही साधारण-सी लगती चीजों को बचाने का अर्थ है जीवन अर्थात मनुष्य को बचाने की पहलकदमी—'बची है यह दुनिया/ कि कोई न कोई, कहीं न कहीं बचा रहा है हर पल/ कुछ न कुछ जो जरूरी है/' सहज मानवीय आस्था इन कविताओं को विश्वसनीय बनाती है। यहाँ दुनिया को बचाने का बड़ा सवाल चेतना को घेरता है।

जीवित रहने लायक चीजों का क्रमिक क्षरण बड़ी सामाजिक दुर्घटना है। इस क्षति को राजेश जोशी की कविता अनेक रूपों में उभारती है। 'संयुक्त परिवार' कविता में आधुनिकीकरण मशीनीकरण इत्यादि के चलते परिवारों के विखंडन और उससे उत्पन्न विद्रूपित सामाजिक विन्यास पर ऐसी टिप्पणी की गयी है कि कुछ ही पंक्तियाँ मानवीय सम्बन्धों में पसर गये अलगाव और टूटन को सहसा उजागर कर देती हैं—'मेरे आने से पहले ही कोई लौटकर चला गया है/ घर के ताले में उसकी पर्ची खुर्सी है/ कैसा लगता है इस तरह किसी का घर से लौट जाना/ इस तरह कभी कोई नहीं लौटा होगा।/ बचपन के उस पैतृक घर से/ कोई न कोई हर वक्त बना ही रहता था घर में/ पल दो पल को बिठा ही लिया जाता था/ हर आनेवाले को पूछ लिया जाता था। 'गुड़ और पानी को/' इसके बाद कविता तत्काल वर्तमान पर आती है और शान्त लेकिन अन्दर तक भेदती हुए पंक्ति में भयावह सूचना देती है—'टूटने के क्रम में टूट चुका है बहुत कुछ, बहुत कुछ/' हालाँकि अब एकल परिवार व्यवस्था से आगे बढ़कर एकल अभिभावक प्रणाली आ चुकी है। यानी पारिवारिक तन्त्र में ध्वंस और विस्फोट जारी हैं लेकिन उसके कैसे डरावने नतीजे या दुष्परिणाम होंगे, इसे यह कविता सोचने को विवश करती है—'कम हो रहा है मिलना-जुलना/ कम हो रही है लोगों की जान-पहचान/ सुख-दुख में भी पहले की तरह इकट्ठे नहीं

होते लोग/' अब परिवार केवल जड़ तस्वीरों में बचे हैं—'अब सिर्फ एलबम में रहते हैं/ परिवार के सारे लोग एक साथ/ टूटने की इस प्रक्रिया में क्या-क्या टूटा है/ कोई नहीं सोचता/' राजेश जोशी की कविता अन्दरूनी और बाहरी टूटफूट के नतीजों को निष्कर्षों की तरह नहीं, सवालों की तरह सामने रखती है।

निहित स्वार्थ और सत्ता-पोषित धर्म का त्रासदायक रूप राजेश जोशी अच्छी तरह पहचानते हैं। 'नेपथ्य में हँसी' में भी उस क्रूर प्रक्रिया पर उनकी गहरी नजर है— 'धर्म की ध्वजा उठाए जो नहीं जाएँगे जुलूस में/ गोलियाँ भून डालेंगी उन्हें/ काफ़िर करार दिए जाएँगे/' हथियार की पहचान और हत्यारे की शिनाख्त राजेश जोशी करते हैं। कठिन स्थितियों को सरलीकृत किए बगैर मर्म को वे उजागर कर देते हैं। राजेश जोशी संस्कृति पर राजनीतिक कविता नहीं, धर्म की कुत्सित राजनीति पर बृहत्तर मानवीय आशय-सम्पन्न सांस्कृतिक कविता लिखते हैं। सपाटबयानी का जोखिम उठाकर भी उनकी कविता आलंकारिक नहीं होती। उसका शिल्प वस्तु के दबाव से अपनी शक्ल ग्रहण करता है। उसका यह चरित्र आज की हिन्दी कविता में अलग से पहचाना जा सकता है। जिसका राजेश जोशी के यहाँ निरन्तर विकास मिलता है। वर्तमान दुनिया और उसमें जीवित मनुष्य का संघर्ष राजेश जोशी की कविताओं में दस्तावेजित हुआ है।

अद्भुत नाटकीयता और तीव्र कॉमिक सैंस उनकी कविता के अन्तरंग लक्षण हैं। यहाँ शाब्दिक कौतुक या चामत्कारिक वक्र कथनों का खिलवाड़ नहीं है। जबकि इसी खेल को कविता माननेवाले कम नहीं हैं। अँग्रेजी में सोचकर और अनन्त-अनादिकाल की जाने किस गुप्त भाषा में लिखी गयी कथित पंक्तियों को हिन्दी कविता का एक स्वनामधन्य घराना कथित शिल्पसजग-शाश्वत विषयग्रस्त कविता का अपना आविष्कार कहकर पेटेंट कराने के लिए खासा उद्योग करता रहा है। राजेश जोशी की कविताओं में जीवनगत सन्दर्भों-परिस्थितियों से उपजा गम्भीर व्यंग्य है, जो देर तक अपना काम करता है। वह करुणा को जगाता है। व्यंग्य और करूणा के इतने गहरे अन्तर्सम्बन्ध, एकदम से याद करें तो विनय दुबे, इब्बार रब्बी, नरेश सक्सेना जैसे कुछ ही समर्थ कवि साध पाए हैं।

'नेपथ्य में हँसी' में राजेश जोशी ने घर स्त्री-बच्चों, श्रमिकों की अभावग्रस्त दुनिया के परिप्रेक्ष्य में जीवनदायी स्रोतों के खत्म होते जाने की विकट त्रासदी को पहचाना था। वहाँ भी नष्ट होने और बचाने की जद्दोजहद थी। संवेदनशील मनुष्य ही जान सकता है कि जीवन देनेवाले घटकों के न रहने के बाद दुनिया में कुछ नहीं बचेगा। राजेश जोशी का काव्य-ग्लोब खूब बड़ा है। इसलिए अपने समय की सार्वभौमिक जटिल चिन्ताएँ भी उनका कथ्य बनी हैं। 'मिट्टी का चेहरा' में राजेश जोशी ने युद्ध की विभिषिका को मार्मिकता के साथ शब्दों में रखा था लेकिन वह

कविताएँ युद्ध और शक्ति की औपचारिक विमर्शों की कविताएँ नहीं थीं। उसमें मनुष्य की वह सच्ची बेचैनी मौजूद थी जो सोचने-विचारने वाले व्यक्ति को सक्रिय करती है जैसा कि पहले कहा है कि राजेश जोशी सपाट कथनों और सामान्य सूचनाओं को ऐसे प्रश्नों में बदल देते हैं, जो सोचनेवाले आदमी का पीछा करते हैं। यह प्रश्नाकुलता जीवन के मार्मिक पक्षों को ही उद्घाटित नहीं करती बल्कि अमूल्य संवेदनाओं को बचाने की भूमिका निभाती है। इसीलिए कवि की आँख 'सहायक क्रिया', 'इत्यादि जैसे हाशिए पर पड़े और लगभग व्यर्थ मानी जानेवाली चीजों और लोगों के होने की अनिवार्यता और अपरिहार्यता को रेखांकित करती हैं—'काल को चिह्नित करती सहायक क्रिया अक्सर/ शब्दों की पांत में इस तरह अन्त में आकर बैठती है/ जैसे वह गरीब पाहुना हो/ जो सिकुड़कर बैठा हो पंगत के आखिरी कोने पर/ '—यहाँ यह 'बहुत छोटी-सी इकाई' कमजोर आवाजवाले निर्बल जन में बदल जाती है।

शाब्दिक संरचना में संगीत-विधान इत्यादि दृष्टि से सहायक क्रिया को महत्त्वहीन माना जाता है। सामाजिक विन्यास में भी अतिसाधारणजन की असाधारणता को राजेश जोशी इसी तनावग्रस्त समान्तरता में उभारते हैं। अभिजात के जीवन और कुलीन भाषा-प्रणाली से निर्वासित, बहिष्कृत और अवांछित होने के बावजूद असहाय जन की वास्तविक ताकत के अर्थ यहाँ स्पष्ट हो जाते हैं—'वह जितनी चुप-चुप लगती है/ उतनी जिद्दी भी है वह चाहे तो गड़बड़ा सकती/ है पूरे वाक्य को/ अकेले!!/ ' जीवन में हाशिए पर रहने को अभिशप्त और किसी भी इतिहास में शामिल न किए गये पदनामहीन लोगों का वृतान्त 'इत्यादि' बहुजन की गाथा हैं—'कुछ लोगों के नामों का उल्लेख किया गया था जिनके ओहदे थे बाकि सब इत्यादि थे/ ' हर मोर्चे पर मारे-जानेवाले और भुला दिए जानेवाले ऐसे लोगों को याद करनेवाले भी कुछ अलग किस्म के लोग हैं—'इत्यादि हर जगह शामिल थे पर उनके नाम कहीं भी शामिल नहीं हो पाते थे/ इत्यादि बस कुछ सिरफिरे कवियों की कविता में अक्सर दिख जाते थे/ ' यह जीवन के यथार्थ के स्वीकार की वास्तविक कविता है।

यहाँ सही का सकारात्मक स्वीकार और गलत का गहरा नकार है। इस परिप्रेक्ष्य में राजेश जोशी की 'नेलकटर' एक असाधारण कविता है। गलत का प्रतिरोध न करने की आदत कैसे रक्त में घुल जाती है, इस तथ्य को यह कविता व्यक्त करती है।

राजेश जोशी की कविताओं में अर्थ के अनेक धरातल हैं। उनके यहाँ अभिधा मात्र शब्दगत है। घर-परिवार-बाजार में रोजमर्रा इस्तेमाल होनेवाले शब्द भी उनके यहाँ व्यंजित अर्थ से रहित नहीं होते हैं। शब्दार्थ की दृष्टि से जैसी लाक्षणिकता

उनके यहाँ है; वह विरल है। कई बार लगता है कि राजेश जोशी की कविता पाठक पर विश्वास करते हुए बौद्धिकों के सामने यह प्रश्न रखती है कि क्यों हम शब्दार्थ की इस ताकत का इस्तेमाल भूलते जा रहे हैं।

आज की कविता का प्रस्थान बिन्दु समकालीन राजनीति का विसंगत यथार्थ है। राजेश जोशी ने कुछ ऐसी उल्लेखनीय कविताएँ लिखी हैं, जिनका केन्द्रीय विमर्श समकालीन राजनीति है। ऐसी कविताओं का मुख्य सरोकार मनुष्य ही है। इस आस्वाद को सम्भव करनेवाली उनकी कविताओं में वर्तमान का उचित बोध या कहें समकालीन मनुष्य का विवेक-शब्दों के प्रति भरोसा पैदा करता है। उनकी कविताओं का यह पक्ष विस्तृत विवेचन का विषय है। यह मनुष्य की बेहतरी के स्वप्नों के रोमान के साथ ही वह वैचारिक प्रतिबद्धता है जो कविकर्म को अपने किस्म के राजनीतिक संघर्ष का पर्याय बनाती है।

राजेश जोशी की कविताओं ने वह स्पेस अर्जित कर लिया है जहाँ हम मानवीय इच्छाओं, मूल्यों, सपनों, आकांक्षाओं, डरों तथा हताशाओं के लगभग लुप्त हो चुके उस स्पर्श को पा सकते हैं जो आज शब्दों की दुनिया में निरर्थक वाक्यों के घटाटोप में अर्थहीन हो गया है। दरअसल यह सार्थक शब्दों की नयी दुनिया निर्मित करने का उपक्रम है। इससे जीवन की क्षीण सम्भावनाओं को बल देने वाली कविता तैयार होती है। इस दुनिया का अधूरापन भी पूर्णता को पाने का अनथक संघर्ष व्यक्त करता है—'दुनिया में सबसे बड़ी तादाद अधूरी कविताओं की है/ पूरी कविता में भी कहीं न कहीं बचा ही रहता है। एक अधूरापन/ '—यह खायी-अधायी और ऊबकाई में बदलती कथित सम्पूर्णता नहीं है। यथार्थ के 'वास्तविक' पाठ को भरसक कहने की विकलता राजेश जोशी की कविताओं में बची है। यह तथ्य उन्हें अपने ढेर सारे समकालीन कवियों से अलग करता है। वर्तमान दुनिया और उसमें जीवित मनुष्य का संघर्ष प्रकट करनेवाली उनकी कविताओं में अपने समय और स्वयं को ठीक से व्यक्त करने की बड़ी इच्छा जाहिर होती है।

वीरेन डंगवाल
5 अगस्त, 1947 — 28 सितम्बर, 2015

जीवन का नया आस्वाद

बीसवीं सदी में सत्तर के दशक के आसपास हिन्दी में कुछ प्रतिभाशाली कवियों की उपस्थिति दर्ज की गयी जिनमें राजेश जोशी, मंगलेश डबराल, असद जैदी, आलोक धन्वा जैसे नाम प्रमुख थे। वीरेन डंगवाल ने उसी दौर में लिखना शुरू किया लेकिन वरिष्ठ कवि–आलोचक विष्णु खरे के अनुसार, वीरेन हिन्दी कविता की 'लेट डिसकवरी' हैं। हिन्दी कविता के सदर दरवाजें पर उनका आगमन थोड़ी देर से हुआ लेकिन अपनी शुरूआती कविताओं से ही इस कवि ने अपनी अलग पहचान बना ली। अब तक वीरेन डंगवाल के 'इसी दुनिया में' (1991), 'दुश्चक्र में सृष्टा' (2002) और अभी हाल में ही प्रकाशित 'स्याही ताल' (2009) को मिला कर कुल तीन कविता संग्रह छप चुके हैं।

कविता में गद्य का अद्‌भुत इस्तेमाल करनेवाले वीरेन अपने अनूठे काव्य विषयों और शिल्पगत नये प्रयोगों से आकर्षित करते रहे हैं। उनकी कविताएँ इस तथ्य की साक्षी हैं कि उन्होंने अपने समकालीनों की तरह एकरस कविता का ढेर नहीं लगाया है और खुद को दोहराने से भी वीरेन डंगवाल बचे हैं। अपनी कविताओं में वे हमारे समय की उन भयानक सच्चाइयों को उजागर कर देते हैं, जिन्हें कहने से भी दूसरे कवि डरते हैं या अति कलात्मकता के बोझ तले विषय को कुचल देते हैं लेकिन वीरेन जिद के साथ उनसे टकराते हैं—'बेईमान सजे-बजे हैं/ तो क्या हम मान लें कि बेईमानी भी एक सजावट है?/ कातिल मजे में हैं/ तो क्या हम मान लें कि कत्ल करना मजेदार काम हैं?/ मसला मनुष्य का है/ इसलिए हम तो हरगिज नहीं मानेंगे/ कि मसले जाने के लिए ही/ बना है मनुष्य/' यहाँ वीरेन अपनी विशिष्ट शैली में उन क्रूर पंजों का विरोध करते हैं जो मनुष्यता की गरदन दबोचने को आतुर हैं।

वीरेन डंगवाल को शब्दों से खेलने में महारत हासिल है—'उत्कृष्ट उच्चारण परिनिष्ठत भाषा/ मृदुल हास/ बुद्धि तीक्ष्ण/ चेहरा भी सुन्दर और मोहरा भी/ धर्मनिरपेक्षता पर भी है पूरा विश्वास/ अब आत्मा में ही नहीं है सुवास/ तो क्या

कीजे!'—यह पदावली शमशेर की याद दिलाती है—'जो नहीं है/ जैसे कि सुरुचि/ उसका गम क्या?/ ' वीरेन के यहाँ भी देख सकते हैं कि वे खेल-खेल में ही एक गम्भीर सच को स्पष्ट कर देते हैं—'क्या कीजे!', 'पेप्पोर रद्दी पेप्पोर', 'कुछ कद्दू चमकाए मैंने', 'उठा लंगर खोल इंजन', 'गलत हिज्जे' इस दृष्टि से उल्लेखनीय कविताएँ हैं।

समाज को निर्धारित-नियन्त्रित करनेवाली ताकतों के निहितार्थ को पहचान कर वीरेन डंगवाल जिस प्रकार की कविताएँ लिखते हैं, विषय-चयन और प्रस्तुति में वे बिलकुल अलग हैं। इसीलिए वे 'खुद अपने हाथों झुलसाए पृथ्वी के केश' और दग्ध होंठ/ जिनमें इच्छाएँ स्मृतियों की तरह हरी हैं/ ' को 'चूमते ईश्वर को देख' लेते हैं और उसे उसी के विरुद्ध गवाही देने के लिए खड़ा कर देते हैं। 'बेआवाज सिसकियों से हिलती दिल की बूढ़ी पीठ', 'दिल की आँखों से उबलते आँसू' और 'दिल का घबराया जर्द चेहरा'—कवि की नजर में यह केवल चित्र भर नहीं है बल्कि एक डरावनी खबर के काँपते हुए शब्द हैं।

इस कवि की कविता केवल विश्व की बाहरी परिक्रमा नहीं करती बल्कि एक मनुष्य की वास्तविक दुनिया जहाँ शुरू होती है यानी घर के जाने-पहचाने चेहरे भी उनकी कविता में विश्वसनीयता से आते हैं और पाठक को घेर लेते हैं। बीमार पिता पर लिखी कविता हो या पिता की मृत्यु के बाद उनकी कचोटती अनुपस्थिति को गहराने वाली पंक्तियाँ, वे हमारे सामने ऐसे आती हैं जैसे हम भी उस दृश्य के एक हिस्से हों—'चार दिन की दाढ़ी बढ़ी हुई है/ उस निष्प्राण चेहरे पर/ कुछ देर में वह भी जल जाएगी! पता नहीं क्यों और किसने लगा दिए हैं! नथुनों पर रुई/ के फाहे मेरा दम घुट रहा है।/ ' ये पंक्तियाँ पीड़ा की ठंडी भाषा में दर्द के सघन ताप को धधका देती हैं। पिता की मृत्यु के बहाने वीरेन ने जीवन और मृत्यु की सच्चाई को एक ऐसे सच की तरह प्रस्तुत किया है, जिसके सामने पाठक देर तक स्तब्ध रह जाता है।

वीरेन डंगवाल समाज के हाशिये पर पड़े उस मनुष्य की आशाओं और आशंकाओं के कवि हैं, जिसे आमतौर पर अनदेखा कर दिया जाता है क्योंकि वह कविता का सामान्य विषय ही नहीं है, जबकि उसका जीवन किसी भी दुखान्त कविता से अधिक कारुणिक है। दरअसल, पिछली शताब्दी के अन्तिम तीन दशकों में हाशिये के मनुष्य को लेकर कविता में खासी नारेबाजी हुई या उसे एक आँसू बहाते दृश्य में बदलकर संकुचित कर दिया गया। वीरेन डंगवाल ने इस मनुष्य के जीवन के सरोकारों को समाज के मुख्य सरोकारों की तरह देखा है—'खुश्क रेतीले जंगल में आँसू/ उसका दिल कैसे उपले की तरह सुलगता रहता है/ आँसू इसे वही जानती है? आँसू या फिर वे अदेखे सुदूर भले लोग/ आँसू जिन्हें वह जानती नहीं/

आँसू मगर जिनकी आँखों में अब भी उमड़ते हैं/ नम बादल कविता में हो या कविता से बाहर/ यह कठिन जीवन ही है' जो वास्तविक समाज की रचना करता है।

वीरेन डंगवाल नक्सलवादी आन्दोलन के दौर में उभरी कवि-पीढ़ी के कवि हैं। आलोकधन्वा, मंगलेश डबराल के साथ वीरेन डंगवाल की युवा-त्रयी ने हिन्दी की नक्सल कविता में आग के धधकते अनुभव शामिल किए है।' दुर्भाग्य से अथाह प्रतिभाशाली आलोक धन्वा केवल एक संग्रह के कवि बनकर रह गये। मंगलेश डबराल के मुहावरों में बर्फ का ठंड़ापन आता गया। यह देखना दिलचस्प है कि वीरेन डंगवाल ने सही और वाजिब की पक्षधरता जतलाते हुए अपने मूल स्वर को लगातार प्रौढ़ता दी है। वीरेन डंगवाल का कविताकर्म हमारे समय के लिए एक विशिष्ट कवि का काव्य-सृजन नहीं है बल्कि उनके लगातार और अर्थ-सम्पन्न काव्य-विकास का पुख्ता प्रमाण है। इसके माध्यम से हम हिन्दी कविता की दशा और दिशा को पहचान सकते हैं।

वीरेन पहाड़ के कवि हैं लेकिन उनकी कविता में स्थानीयता आतंकित नहीं करती क्योंकि उसे समझने के लिए शब्दकोश नहीं खंगालने पड़ते। इस मायने में वे हिन्दी कविता के स्थानीय भूगोल का विस्तार करते हुए कविता का एक नया आयाम पाठकों के आस्वाद के लिए सम्भव कर देते हैं। इस नजरिए से देखे तो पहाड़ी जीवन के कठिन कोने लीलाधर जगूड़ी और मंगलेश डबराल से ज्यादा सघनता में वीरेन डंगवाल के यहाँ उभरते हैं। इस मामले में वीरेन सरल कवि नहीं हैं।

मंगलेश डबराल

16 मई, 1948

अँधेरे की परतों से घिरे मनुष्य की पुकार

बीसवीं सदी के अन्त में जिस काव्य पीढ़ी ने अपनी उपस्थिति दर्ज कराई थी उस पर मंगलेश डबराल के काव्य-मुहावरे की गहरी छाप है। उन्होंने हिन्दी कविता को ऐसे विषय, विचार और भाषा दी जो उनकी पूर्ववर्ती कविता में नहीं थी। उनकी कविता की आवाज वाचाल नहीं है। उसमें संगीत की गूँज है। शोर से रहित इस आवाज में ऐसी विश्वसनीयता है जो जीवन को पढ़ने-देखने से हासिल नहीं होती, बल्कि उसे जीने के क्रम में पाया जाता है।

मंगलेश डबराल के यहाँ हाशिए बहुत महत्त्वपूर्ण हैं बल्कि हाशियों पर पड़े लोग उनके यहाँ केन्द्र में हैं। यही वजह है कि पिछली सदी के अन्त में उभरी काव्य-पीढ़ी ने जो हाशिए का हाशिया अपनी कविता में शामिल किया, उसका उत्स मंगलेश डबराल की कविता में हैं। परमानन्द श्रीवास्तव ने लिखा है—''मंगलेश डबराल के काव्यात्मक मुहावरे में हाशिया हो सकता है 'कविता का अर्थात' हाशिया—जिसे खाली भी छोड़ा जा सकता है, पर अब जैसा समय है—कवि को निरन्तर है हाशिए की खोज—''वहाँ जितनी हवा और रोशनी है उसे रेखाओं से घेर लेता है, वहाँ कुछ शब्द लिखता है। पशुओं, वनस्पतियों या तार पर सूखते कपड़ों की शक्ल में कुछ आकृतियाँ बनाता है, अपने कुछ कर्तव्य दर्ज करता है, कुछ निशान छोड़ जाता है, लाल रंग के। कविता देखती है कि हाशिया कवि की उम्र की तरह फैलता जाता है जहाँ ''साइकिल चलाती बहनों की तेजी से बीतता कठिन बचपन है, पिताओं की बाहरी साँसें और पानी की तरह माँओं का जीवन है, स्मृति है छोटी-सी एक बच्ची की तरह बड़ी होती हुई।'' केन्द्र बिन्दुओं से बाहर है ये हाशिया—जो मंगलेश डबराल जैसे कवि के लिए किसी केन्द्रीय विषय से बढ़कर है। अपने समय में ही कालातीत हो चुके कवियों के काम का नहीं है—यह कविता का अर्थात-कविता में कविता से अधिक कहने का साहस—जाहिर है कि मंगलेश डबराल की कविता का यह हाशिया, हाशिए पर पड़े मामूली लोगों का वास्तविक जीवन है। यही कारण है कि उनकी कविता समय के हाशिए पर ठिठके यथार्थ की प्रस्तुति नहीं,

पड़ताल करती है। हाशिए से बाहर जो जीवन है, वह नकली है लेकिन वह हाशिए के अन्दर सिमटा बहुसंख्यक जीवन को संचालित करता है। मंगलेश डबराल जानते हैं कि जो बनावटी संसार है, वह दरअसल शक्ति केन्द्र है। जहाँ दूसरों को काबू करने, कब्जा करने और अपनी तरह से चलानेवाले चतुर तिकड़मी सूत्रधार हैं। यह एक जटिल दुनिया है, इसके अर्थ और भी कठिन है। इसे सरल वाक्यों में कहने के पक्षधर मंगलेश डबराल जैसे कवि इसकी कठिन चालाकियों सहित इसके मन्तव्य को पकड़ते हैं—'मंगलेश डबराल की कविताएँ हमारे समय के यथार्थ के सरलीकृत चित्रण के पक्ष में नहीं हैं। वे यथार्थ को एकाधिक आयामों में देखने और जीवन मर्म को जटिल समुच्चय में पाने या लिखने के प्रयत्न में हैं।' हाशिए और उसके बाहर फैली दुनिया अपनी तमाम क्षुद्रताओं समेत मंगलेश डबराल के यहाँ उभरती हैं।

मंगलेश डबराल की कविता में ऐसी दुनिया मौजूद है, जहाँ पर मामूली चीजों और लोगों के गैरमामूली जीवन को उजागर किया जाता है। साधारण लगती घटनाओं के निहितार्थ रेखांकित किए जाते हैं। अनदेखे किए गये दृश्य देखे जाते हैं और अनसुनी आवाजों को सुना जाता है। यही उनकी कविता का जीवन है। मामूली लोगों के गैरमामूली जीवन का बयान बननेवाली इस कविता में एक स्पष्ट पक्षधरता और गलत का प्रतिरोध मौजूद है। यह ऐसी कविता है जिसका स्वभाव सत्ता के प्रतिपक्ष में हाथ उठाना है। इनसानी विवेक को तरजीह देनेवाली इस कविता में नैतिकता को फिर से खोजा गया है।

मंगलेश डबराल, लीलाधर जगूड़ी और वीरेन डंगवाल जैसे अपने समकालीन कवियों से एक समानता यह रखते हैं कि ये कवि पहाड़ पर पले-बड़े हैं। मंगलेश डबराल के यहाँ कठिन पहाड़ी जीवन के अन्तर्विरोध और यथार्थ की मौजूदगी उन्हें इनसे अलग करती है। कहीं न कहीं पर उनकी 'एक सरल वाक्य को बचाने' की चिन्ता पहाड़ के कठिन जीवन में बचे रहने की चिन्ता से उभरी है। वैसे भी मंगलेश डबराल इनसानी भावनाओं को पहाड़ और मैदान में नहीं बाँटते। कई कवियों की स्थानीयता या दिखावटी लोकवाद इस धरातल पर आकर कई बार प्रान्तीय उग्रवाद और बोली के आतंकवाद में बदल जाते हैं। मंगलेश डबराल के यहाँ किसी तरह का अतिवाद है ही नहीं। मंगलेश डबराल की हाल में छपी कविताएँ साबित करती हैं कि वे चीजों के सबसे बुरे दौर में चीजों को जीवन के परिप्रेक्ष्य में देख रहे हैं। उनके यहाँ उलझी हुई फंतासी और अतिनाटकीय शिल्प नहीं हैं। एक चुप-सी आवाज में कहने वाला यह कवि गद्य में भी प्रगीत की पारदर्शिता हासिल कर लेता है। 'पहाड़ पर लालटेन', 'घर का रास्ता', 'हम जो देखते हैं', 'आवाज भी एक जगह है', से लेकर उनकी नवीनतम कविताओं में उस कवि का संघर्ष नजर आता है जो कठिनता के बरक्स सरलता को रखता है और अपनी आवाज में अपना विलाप नहीं, दूसरों के

दुख रखता है।

मंगलेश डबराल की कविता अपने से नहीं, अपनों से की गयी बातचीत है। इसलिए वहाँ आपबीती, जगबीती बन जाती है। इस जगत कथा में अँधेरा और दुख बहुत घना है। जीवन को ग्रसनेवाला यह घनी रात है। जो अपने अन्धकार जितनी काली है। इस अन्धकार में मंगलेश डबराल जीवन को देख लेते हैं और उन चीजों को प्रस्तुत कर देते हैं जो जीवन को बचाती हैं—'मैं चाहता हूँ कि स्पर्श बचा रहे/ वह नहीं जो कन्धे छीलता हुआ/ आततायी की तरह गुजरता है बल्कि वह जो एक अनजानी यात्रा के बाद/ धरती के किसी छोर पर पहुँचने जैसा होता है/' यह सघन निराशा में उम्मीद को बचाए रखना है और उन लोगों को देखना है जो 'संगतकार' के साथी हैं या उनके नाम 'केशव अनुरागी' और 'गुणानन्द पथिक' हैं। यह उपेक्षितों को पहचाने का उपक्रम है क्योंकि चीजों के साथ लोग भी गुम गये हैं या जानबूझकर उन्हें पहचानने से इनकार किया गया है।

मंगलेश डबराल के यहाँ लीलाधर जगूड़ी, लीलाधर मंड़लोई और आलोक धन्वा की तरह अँधेरा और अन्धकार बार-बार आता है— 'अथाह रात थी जिसकी कई परतें हमने पार कीं हम एक बाढ़ में डूबने एक आंधी में उड़ने से बचे हमने एक बहुत पुरानी चीख सुनी'/ यहाँ अन्धेरी रात की कई परतें हैं और बचाने की पुकार है। यह दरअसल कवि-समय का सत्य है। मंगलेश डबराल के यहाँ लोगों और चीजों के छूटने और गुमने की कई स्मृतियाँ हैं। यह दरअसल जीवन के अभावों को भाव क्षेत्र में लाकर उनकी पूर्ति करना है। ऐसे स्थलों में उनेक यहाँ एक मारक खालीपन घिरता है। खोई हुई चीजें, पेड़ से गिरे पत्ते की तरह या रात में नींद के घेरे हुए सपनों की तरह उनके यहाँ आती हैं। वे बार-बार अतीत में, स्मृतियों में जाते हैं। विशेषकर इस नजरिए से उन्होंने जो पहाड़ी लोक-गीतों की पुर्नरचनाएँ की है उन्हें देखा जाना चाहिए। वहाँ पारिवारिक सम्बन्ध और सामाजिक-आर्थिक विसंगतियों को लेकर लोगों को आपस में लड़ाने वाला तथा पैसे से संचालित होने वाला बाजार; दृश्य-अदृश्य तरीके से मौजूद है। शहरी जीवन का कालापन, एक-दूसरे का गला काटकर जैसे बन पड़े; होड़ में सफल होने का पागलपन और—शक्ति केन्द्रों पर कब्जा करने की दिवानगी इन सबका प्रतिरोध मंगलेश डबराल की कविता करती है। कई जगह पर वह भावुक क्रियाव्यापार लगता है या अपने ही सम्मोहन से घिरे हुए परास्त व्यक्ति का करुणा विगलित भाव लगता है। इस तरह की कविताएँ उनके यहाँ जो दृश्य बनाती हैं, वह दरअसल दुनिया से लगातार निराश होने का परिणाम है जो बाजारीकरण के कारण हमारी चेतना पर छा गया है। वहाँ मंगलेश डबराल मानवीय सहजीवन और प्रेम के सामने अलगाव, क्रूरता और अन्याय को तान देते हैं। इससे जो कविता मुमकिन होती है वह एक सजी-सँवरी कविता को अपर्याप्त साबित

करते हुए नया विमर्श रचती है।

भूमंडलीकृत समय में लम्पट पूँजी के कारण जो बदलाव आया है उसे मंगलेश डबराल अपनी कविता में व्यक्त करते हैं। 'पैसे' कविता इसी सर्वग्रासी उपभोक्तावाद से इनकार है। लीलाधर जगूड़ी जब कह रहे थे आत्मा किसी 'अठन्नी' का ही नाम है तो उनका आशय कुछ और था। जब मंगलेश कहते हैं—'मेरी जेब के बचे-खुचे सिक्कों/ बाहर निकलो/ कोई रास्ता खोजो जाने का/ पसीने के छेदों/ से या मेरी आत्मा में से बाहर निकलो/ तुम्हें मैंने काफी मेहनत से कमाया था/ जाओ खर्च हो जाओ/ मेरी मेहनत भी इसी तरह/ होती रही है खर्च!/' तो वे प्रेमचन्द की-सी धन से दुश्मनी और श्रम का मूल्य घटने की चिन्ता की भी याद दिला रहे होते हैं। एक चौकन्नी आन्तरिक गतिमयता प्रश्नशीलता में है। एक स्थिति का बयान करते-करते वे एक और बड़े सच को उदघाटित करने लगे हैं। मंगलेश डबराल के पाठक को यह डायनामिक्स आकृष्ट करता है। चुप-चुप कविता में जो उद्वेलन पैदा होता है वह इसी आन्तरिक डायनामिक्स के चलते। कवि के सौन्दर्यबोध में और सामाजिक चिन्ता में—वह डायनामिक्स फर्क लाता है। प्रगीत में कथा। कथा में स्मृति और इतिहास। कल्पना में भविष्य। यह सब इसी आन्तरिक डायनामिक्स में चलते सम्भव है। मंगलेश डबराल के कवि से पाठक की यह एक नयी पहचान है। वह कविता एक बनी-बनाई सोच के ढांचे को बदल देती है। एक नये सौन्दर्य विवेक और मानवीय चिन्ताओं को जगाती है।

मंगलेश डबराल की कविता में अन्याय, अत्याचार और आततायी बार-बार आते हैं। इसी तरह से उनके यहाँ 'इनकार' भी आता है—''जब जीवन ठीक चल रहा होगा/ मैं कुर्सी पर बैठने से इनकार कर दूँगा/ किसी जंगल में जाकर कहूँगा लो सुनो मेरी आप-बीती/ मैं लोगों, बातों और चीजों का भंडार हो ज़ाऊँगा/ मुझे चीखना नहीं पड़ेगा/ क्रोध नहीं आएगा/ थकूँगा नहीं मिन्नतें नहीं करूँगा/ मुझे अपना भविष्य साफ नहीं दिखेगा/ मैं नहीं कहूँगा बस हो गया बहुत/' यह एक जटिल विमर्श चुनने जैसी चुनौती है। 'चुप्पी' में छा रही एक नहीं अशान्ति! इसे डॉ. परमानन्द श्रीवास्तव ने एक 'जटिल विमर्श चुनने जैसी चुनौती' या 'चुप्पी में छा रही अशान्ति' की तरह रेखांकित किया है। करूणा और क्रूरता का परस्पर विरोधी पाठ इनके यहाँ बनता है। यह दरअसल मामूली व्यक्ति की असफलताओं और विवशताओं का पाठ है। इसे मंगलेश डबराल बेहद ठंडे शब्दों में और कभी व्यंग्य के माध्यम से उजागर करते हैं। इसीलिए उनके यहाँ इस मानवीय मजबूरी को लेकर जो पीड़ा उपजती है उसमें भक्तिकालीन वेदना भाव उभरता है लेकिन यहाँ दैन्यता के लिए पूजाभाव का अभाव है।

जब पूरे देश को एक विक्रय वस्तु की तरह बनाया जा रहा हो, चीजें अपने

असली रूप को खोकर विकृत हो रही हो, मंगलेश डबराल मनुष्य की ताकत पर भरोसा करते हैं। उनकी 'पहाड़ पर लालटेन' की शुरूआती कविताएँ जिन इनसानी चिन्ताओं को लेकर सामने आई थीं उसमें आगे चलकर कवि ने अपने समय के नये जटिल यथार्थ को शामिल किया है। उनकी 'हारमोनियम' कविता में जो गहरी निराशा उभरती है या 'प्रायोजित व्यापार' में जो व्यंग्य उभरता है; उसके बीज उनकी शुरूआती कविताओं में मिल जाते हैं। मंगलेश डबराल कविताओं में एक मुश्किल जीवन की चिन्ताओं को व्यक्तिगत विचार नहीं रहने देते इसीलिए उसे ऐसा सार्वजनिक विचार बना देते हैं जिसमें तकलीफ से बनी दुनिया को बदल देने की लालसा है। बेहद मजबूर समय में हमेशा बची रहनेवाली उम्मीदें हैं। कठोरता के सामने कोमलता को रखनेवाला यह कवि अपनी पदावली की शब्दावली के कारण भी अलग से पहचाना जाता रहा है। उन्होंने अकाव्यात्मक विषयों और साहित्य से इतर ब्यौरों को कविता का बनाया है। एक ऐसी कविता जिसमें तमाम जटिलताएँ एक सरल वाक्य में व्यक्त होकर नयी वैचारिकी प्रस्तावित करती हैं। बिम्ब विचारों में कैसे बदलते हैं और अपने समय के वैचारिक विमर्शों को पारदर्शी दृश्यों और सुगम ध्वनियों में कैसे बदला जा सकता है; इसे मंगलेश डबराल की कविताएँ साबित करती हैं। इस कविता में मामूली व्यक्ति की ताकत पर बार-बार भरोसा किया गया है। इस मायने में ये कविता अभाव में भी ऐसी जगह खोज लेती है जहाँ जीवन हमेशा बचा रहा है।

ज्ञानेन्द्रपति

1 जनवरी, 1950

अपने लोगों के सपनों का रंग

ज्ञानेन्द्रपति सत्तर के उत्तरार्द्ध में उभरे उन कवियों में हैं जिनका कवि कर्म आज भी उत्साह जगाता है। ज्ञानेन्द्रपति के शुरूआती काम 'आँख हाथ बनते हुए' (1970) और 'शब्द लिखने के लिए यह कागज बना है' (1981) अपने दौर की रचनात्मक उपलब्धि की तरह रेखांकित किए गये थे। उनके दूसरे संग्रह 'शब्द लिखने...' की कविताओं ने एक बड़े पाठक वर्ग को कविता के साथ जोड़ा। कवि के कहने के विशिष्ट अन्दाज ने कवि-समाज को आकृष्ट किया और सोई हुई आलोचना को झकझोरा था। आज वे मुख्यधारा के गम्भीर कवियों में, उन लोकप्रिय कवियों में हैं जो सबसे ज्यादा पढ़े जाते हैं।

ज्ञानेन्द्रपति का विषय-चयन और शब्द-सजगता कलावादी समीकरणों से अछूते ऐसे सृजन का साक्ष्य है जिसमें कविता एक अनिवार्य कर्म की तरह उभरती है क्योंकि उसमें अपने समय और समाज के मानवीय सरोकार धड़कते हैं—'यह कविता नहीं पत्थर है/ वही/ काला पत्थर जिस पर जमी हुई/ खून की लकीरें मेरी मुट्ठी के भीतर/ नसों की तरह धड़कती हैं।/ ज्ञानेन्द्रपति की कविता जमे हुए पत्थर जैसी अवरुद्ध नहीं, बहते हुए पानी की तरह है। जिसका स्वभाव गति है और आमूलचूल बदलाव उसकी आदत है। इनमें ऐसा मनुष्य उभरता है जिसमें यह कहने का साहस है कि 'हम चाहे गिर जाएँ/ मिट्टी हो जाएँ हममें ही जड़ें फेंकेंगी वे अन्तड़ियाँ/ पौधे बन उगेंगी/ हममें ही नये वृक्ष बड़े होंगे/ पत्तियाँ और फूल उगाते/ हवा को बदलते।' इसीलिए ज्ञानेन्द्रपति की पंक्तियों में बहादुर, गोविन्द, रामेसर, बुधवा, परताप-केवल व्यक्ति के नाम नहीं रहते; वर्ग बन जाते हैं और 'एक बड़े पंजे की तरह फैले हुए इस शहर की/ उंगलियों में खून की तरह गश्त करने लगते हैं।/ कवि उनके पक्ष में अपना हाथ उठाता है—'मैं उनकी ओर का हूँ/ शहर के पेट में इस तरह सिकुड़े सोए हुए अपने इन लोगों के सपनों का रंग मैं जानता हूँ/ '—यह जनपक्षधरता उनकी प्रतिबद्धता का साक्ष्य है। यह वैचारिक नहीं; व्यावहारिक है। उनकी तरफ का होना यानी उन जैसा होना; उनके संघर्ष में 'भले ही मानसिक

धरातल पर' शरीक होना है। ऐसे प्रसंगों में अकसर प्रान्तवाद या संकीर्ण सोच का आरोप आसानी से लगाया जा सकता है लेकिन ज्ञानेन्द्रपति की कविता ऐसी नहीं है।

बच्चों, मेहनतकशों और प्रताड़ित औरतों पर मार्मिक कविताएँ ज्ञानेन्द्रपति ने लिखी हैं। व्यंग्यात्मक तेवर की बेजोड़ कविता 'आशीर्वाद' में ज्ञानेन्द्रपति बचपन पर हमला करनेवाले हमलावरों की खबर लेते हैं—'वे तुम्हें शिशु नहीं रहने देंगे/' बचपन छीनकर बच्चों को अकाल प्रौढ़ बनाना कितना बड़ा अपराध है—'वे तुमसे तुम्हारे दिनों को नोच देंगे/ वे उन तितलियों को/ छुड़ाकर उड़ा देंगे/ जिनकी दुम में तुमने तागा बाँध रखा है/ और तुम्हें तुम्हारी निष्क्रण क्रियाओं के लिए डांटेंगे/' ऐसी होड़ करनेवाले हारे हुए पिता हैं—'वे तुम्हारे बुजुर्ग हैं/ वे तुम्हें बड़े होने का आशीर्वाद दे रहे हैं/ उनके रथों के घोड़े थक गये हैं/ (और उन्हें अभी और दूर जाना है)।/' ये लोग नहीं जानते कि बच्चों पर अपने सपनों को थोपना, कहीं भविष्य के समाज को नष्ट करना है।

मनुष्य-जीवन ज्ञानेन्द्रपति उनकी कविता की धुरी है। हालाँकि मनुष्येत्तर जगत भी उनके संवेदन-संसार में शामिल है। नेवला, चींटियाँ, चमगादड़, हाथी-सहित समूची प्रकृति उनकी काव्य चेतना का हिस्सा है। 'अपने अस्तित्त्व के सघन अरण्य में एक भटकी हुई मुस्कान खोजने' और 'अपने स्वप्न में टहलते पशुओं को खदेड़ते' सोई हुई बनानी बनर्जी हो या 'कुछ कुछ खुश/ कुछ-कुछ उदास/ कभी देखती तारे/ कभी देखती घास/' तथा 'नन्हीं गेंद-सी उल्लास से भरी'—चेतना पारीक; ये काव्य-चरित्र जीवन के विराग में राग का सन्दर्भ बन जाते हैं। 'ट्राम में याद' की चेतना पारीक बाँग्ला कवि जीवनानन्द दास की 'वनलता सेन' के जोड़ की अनूठी कविता है। परम्परित प्रगीत के साँचे को तोड़कर ज्ञानेन्द्रपति ने अर्थ की अद्‌भुत लय को साधा है। 'चेतना पारीक' और 'वनलता सेन' दोनों का भाव-रसायन कतई अलग लेकिन दोनों प्रेम की विलक्षण रचनाएँ हैं। कैसी दुनिया बन गयी है जिसमें मनुष्य पशुओं से बदतर हालात में जीने के लिए मजबूर कर दिए गये हैं—

> सभ्यता के इस तरफ सूअरों के साथ खेलने के लिए छोड़ दिये गये बच्चे
> जिनके तन में केवल आँखें चमकती हैं
> मानव-शिशु की आँखों की तरह
> अहो! कि जिनसे
> मिलकर झुक जाती हैं आँखें
> यह खुद पर शर्मिन्दा होने का क्षण है। यह और भी सघन हो जाता है-
> तब दिखता है
> इस आदिवासी गाँव के आँगन से गुजरती हुई यह सड़क
> अत्याचारियों के गुजरने का रास्ता है

यह इनके पैरों से नहीं बना
यह इनके पैरों के लिए नहीं बना
बड़े-बड़े रोड रोलर आए थे लुटेरे वाहनों के आने से पहले
धरती कँपाते धीरे-धीरे चलते हुए विशालकाय रोड रोलर

ज्ञानेन्द्रपति लाउड हुए बिना यह सत्य उजागर करते हैं कि शोषण का एक तय तन्त्र है जो इस प्रकार है—

चमक पड़ा मर्म
आदिवासी गाँव की छाती से गुजरती सड़क का
कि हमारी शोषण की सभ्यता का
कि जिसकी बाँह राजधानी से
यहाँ तक आई है
लुटेरी बाँह
टटोलती इसकी छाती के कोयले आत्मा का अबरख

इस तन्त्र की मार निश्चित और गहरी है। कोयलांचल को खोदकर अपने खून से सोना निकालने वाले मेहनतकश बेकसूर लोग बेवजह शोषकों के हाथों मसल दिए जाते हैं—

पिपासु पहिए के नीचे आ जाते हैं जब-तब
इनके चूजे और बच्चे
और अड़हुल-सा खिला किसी युवती का यौवन रौंदा जाता है
और ताड़ी से भरी लबनियाँ रीछ उतार लेते हैं
भुक्कड़ मानव-रीछ
इनके ताड़ के पेड़ों से
और ढक-ढक पी जाते हैं

मनुष्य और मनुष्येतर सभी संसाधनों पर मुनाफाखोर शोषकों का ही कब्जा है। इनकी बुरी नजर तमाम चीजों पर है। देखते-देखते चीजें लापता हो जाती हैं। ज्ञानेन्द्रपति की कविता गुमी हुई चीजों को फिर से लौटाने की बेचैन कविता है-

स्मृतिशेष मैदानोंवाला यह गाँव
अपने मैदानों को गँवा बैठेगा अन्तिम बार
जब हम गुजरेंगे
मैं और मेरे दोस्त
अपना शिथिल शीश लिये
फैला है जिनके मन की सबसे निचली तह में
सूख गये तालाब की पाँक-सा मुलायम मैदान

दूब और धूप-भरा।

गाँव गुम गया लेकिन स्मृति में उनकी उपस्थिति सदा के लिए दर्ज हो गयी है। समय बड़ा विकट है। इस उत्तरआधुनिक विज्ञापनी समय के 'उत्तर-परमात्मा' का चित्र देखिए—

वे आपादमस्तक शील हैं
जितना चाहो बस उतना अश्लील हैं
विचारक के मुखमंडल वाले प्रचारक हैं
मुक्त बाजार-व्यवस्था में वे ही उद्धारक हैं!
तुम्हारी रूचियों के रचयिता!

ज्ञानेन्द्रपति उसके व्यक्तित्व के विरोधों को आमने-सामने तान देते हैं। इससे ऐसा मारक व्यंग्य उभरता है जो तिलमिला देता है—

तुम्हारी इच्छाओं का मूर्तिकर्ता
तुम्हारी इच्छाओं का पूर्तिकर्ता
अनन्त देहोंवाला
वह एक माया-पुरुष है
एक छाया-पुरुष है
वैज्ञानिक की प्रयोगशाला के फूल-फैलकर
पूँजीवाद की निर्माणशाला बनने की प्रक्रिया में
सिरजा गया है वह
बहुरूपधारी
एक परमात्मा के मरने से पहले
उसकी जगह लेता दूसरा छलावा।

आपादमस्तक शील सज्जनों की अश्लीलता पर्दाफाश हो जाती है। आभासी सच के युग में नये मायावी मनुष्य का उदय हुआ है। यह समय-निर्माता नहीं; समय संहारक है। यह ऐसा आभास देता है कि इसका अन्त कभी नहीं होगा। एक जाता है तो दूसरा उसका चेहरा पहनकर दुनिया को चलाने लगता है।

कवियों से उम्मीद थी कि वे निर्लज्ज अश्लीलता से बचकर बचे रहने का बेहतर विकल्प सुझाते लेकिन 'टी.वी. युग के कवि आत्मतेज से रहित हैं। उनके चेहरे पर संघर्षों की ताब नहीं है—

नहीं, फासफोरस नहीं
बेचैनी नहीं, तड़प नहीं
संशय नहीं, सवाल नहीं
सुहाऊ और सजाऊ

कवि टी.वी. युग के
आओ छाओ
चितवती जनता चेतेगी कैसे के
चित्तचुराऊ प्रोग्रामों में।
यह जोड़तोड़ में लगे जुगाड़ू कवियों का युग है।

देश की वर्तमान राजनीति और अपसंस्कृति के साथ-साथ ज्ञानेन्द्रपति मनुष्य के निजी सन्दर्भों को काव्य-प्रसंग बनाते हैं। ज्ञानेन्द्रपति के यहाँ प्रेम की स्मृतियाँ और उसका वर्तमान भी है—

आम्र-मंजरियों की गन्ध
बसी रही मेरे घर में तुम्हारे जाने के बाद
पिछली बार
अबके तो
तुम्हारे जाने के बाद
आम्र-मंजरियों की गन्ध उठने लगी है मुझसे भीनी-भीनी।

प्रेम के सहस्त्रकमल से खुलती एक और 'पंखुरी' से लेकर प्रेम की उत्सुक उदासी भी यहाँ घिरती है—

हलकी-सी उदासी तुम्हें सोहती है
मुझे मोहती है
कि जैसे जब सिहरावन शुरू होता है
हेमन्त के सीमारम्भ पर
लपेट ली हो ओढ़नी तुमने चादर-सी
और साँझ गहरा रही हो
या कि दिन हो रहा तो मेघिल-श्यामल
एक निश्शब्दता तुम्हारे गिर्द आ रही है
मैं चुप सरक आता हूँ तुम्हारे और भी करीब।

प्रेम की निशब्द वाचालता को लेकर ज्ञानेन्द्रपति की कविता बोलने लगती है। प्रकृति के बहाने परिवेश और परिवेश के माध्यम से प्रेम की स्मृतियाँ घेरने लगती हैं। प्रेम के ऐसे बिम्ब ठेठ क्लासिकल अन्दाज के हैं—

तुम्हें मेरी याद न होगी
लेकिन मुझे तुम नहीं भूले हो
चलती ट्राम में फिर आँखों के आगे झूली हो
तुम्हारी कद-काठी की एक
नन्ही-सी, नेक

सामने आ खड़ी है
तुम्हारी याद उमड़ी है

प्रेम की स्मृति उसकी अनुपस्थिति है जबकि प्रेम की अनुपस्थिति को रेखांकित करना प्रेम को उपस्थित करना है—

इस महावन में फिर भी एक गौरैये की जगह खाली है
एक छोटी चिड़िया से एक नन्ही पत्ती से सूनी डाली है
महानगर के महटट्हास में एक हँसी कम है
विराट धक-धक में एक धड़कन कम है कोरस में एक कंठ कम है
तुम्हारे दो तलवे जितनी जगह लेते हैं उतनी जगह खाली है
वहाँ उगी है घास वहाँ चुई है ओस वहाँ किसी ने निगाह तक नहीं डाली है

किसी के न होने से घिर आया सूनापन ठिठका देता है। सर्वग्रासी बाजार चारों तरफ से घेरकर कई संवेदनाएँ नष्टकर रहा है। प्रेम की आवाज घोटनेवाले इस विश्वव्यापी बाजार में क्या-क्या नहीं बिकता—

बेच-ख़रीद के इस जमाने में
जब लोग बेच रहे हैं अपना वर्तमान ही नहीं, अपना अतीत-भविष्य
एक बैंक के मुंडाकार वाल्ट में से निकलकर
चली आती है आइंस्टाइन की अगाध आँखें
नीलामी पर चढ़ने
उनकी बग़ल में पिकासो की यशस्वी कूची है
और एलिवस प्रेस्ले का वीर्यस्वी जाँघिया

इससे सही जीवन की सम्भावनाएँ नष्ट हो गयी हैं। भविष्य में होनेवाली आशंकाओं की तरफ ज्ञानेन्द्रपति इशारा करते हैं—

एक दिन नीलामी की ऊँची-टेबुल पर, काठ के हथौड़े के नीचे
कौन जाने जो तुम्हारे बच्चों के अस्फूट मेधावी मस्तिष्क की बग़ल में हो
वान गॉग का कटा बायाँ कान
और ब्रह्मा का छिन्न पाँचवाँ शीश
ठेठ कपालमोचन से बरामद आयद

इन हादसों का कारण है दुनिया का विराट बाजार में तबदील होना यानी समूची दुनिया को भूमंडलीकरण ने बाजार बना दिया है। वहाँ हरेक बिकाऊ है-

बेचो बेचो बेचो खरीदो खरीदो खरीदो
उनके सन्देश के सप्तम स्वर में
डूब गयी हैं सारी पुकारें
क्रय-विक्रयिक उनके समवेत क्रेंकार में

तुम्हारे मस्तिष्क के खोखले गुम्बद में गूँजते
तेज धुन के संगीत में बिला गये हैं आर्तनाद
जो तुम्हारें चौतरफ मँडराते हैं
तुम्हारी वेदना के केन्द्रबिन्दु पर।

खरीदने-बेचने के अश्लील शोर में संवेदनाएँ पत्थर हो गयी हैं। मनुष्य के बरक्स पत्थरों में संवेदना बाकी है। निर्जीव लगते पहाड़ कितने सजीव हैं, उनमें कितना जीवन है अथाह संवेदना है; इसे 'झारखंड़ के पहाड़ों का अरण्यरोदन' सुनते हुए ज्ञानेन्द्रपति व्यक्त करते है—

ये वही पुरखे पहाड़ हैं जिनके हाड़
आज लालची मानव-गिद्धों का भोजन-भर
पूरब में
डबडबा आया है भुरूकवा
कि जैसे वह छोटानागपुर के छीजते जंगलों, मिटती वनस्पतियों
खंखुरते खनिजों की
आँख हो
कि क्या धरा है भू में
इन भूधरों की छाँह के गुजर जाने के बाद
बस आपत और बिपत।

लालची मुनाफाखोर मनुष्य ने प्रकृति के साथ भी बदसलूक किया है। ऐसे दृश्य ज्ञानेन्द्रपति की कविता के प्रसंग बनते हैं। ज्ञानेन्द्रपति के दृश्य जीवन्त अनुभव बन जाते हैं—

उसकी सैंडिल अपने टूटे हुए फ़ीते को
चादर की तरह ओढ़कर
दरवाजे के पास लम्बी पड़ी है

प्रगति का आभास देनेवाली ज्ञानेन्द्रपति की कविता में विचार बिम्बों में और बिम्ब नाटकीय दृश्य में बदल जाते हैं—

उसकी नींद में सारी लोकल ट्रेनें स्थगित हो गयी हैं
लोहे की पटरियों पर बर्फ गिर रही है
घर के भीतर उल्लास की तरह अंगीठी जल रही है।

कविता के रूप में जीवन का नाटक मंचित होता है—

अपने स्वप्न से दबी उसकी छाती धड़कती है थोड़ी देर
उसकी छत के ऊपर चले आए हैं सप्तर्षि
उसकी लम्बी साँस रात की लय में मिल जाती है

जिन बेटों को वह जन्म देगी वे उसकी नींद में मचलते हैं।

जीवन के नाटक की कई परिधियाँ हैं। उसके हाशिये सन्धि-उपसन्धि के घात-प्रतिघात और भाव-अभाव से गतिशील हैं। इस जीवन को ज्ञानेन्द्रपति ठेठ उसके केन्द्र से उठाते हैं—

यह कालिदास की शिखरिदशना श्यामा नहीं—
अलकापुरीवासिनी
लेकिन हाँ, साँवली गाढ़ी
गली पिपलानी कटरा की मंजु श्रीवास्तव।

जीवन बिम्ब, रूपक और आखिरकार जीवन में बदल जाता है क्योंकि ज्ञानेन्द्रपति के बिम्बों में झूठ रचनेवाली कलाकारी नहीं, सच्चाई का मर्म है।

कविता की दुनिया में सफर के शुरूआती दौर में ही ज्ञानेन्द्रपति ने चीजों को देखनेवाली नयी नजर और अपनी बात अपनी आवाज में कहने की खूबियाँ अर्जित कर ली थीं। अकसर ओझल रह जानेवाले लोग और चीज़ें, हरबार अनसुनी रह गयी ध्वनियाँ और आवाजें तथा मामूली समझी गयी घटनाओं को ज्ञानेन्द्रपति की कविताओं ने ऐसे काव्य-विषयों के रूप में प्रस्तावित किया जिसे प्रतिभाशाली कवि ही कर सकते हैं—'बारूद उगलने वाली लम्बी नली के मुँह से/ उड़ती है एक चिड़िया/ वहाँ उसका घोंसला है/ जाने-पहचाने भाव भी ज्ञानेन्द्रपति के यहाँ नये अनुभव के रूप में खुलते हैं-नदी के किनारे नगर बसते हैं/ नगर के बसने के बाद/ नगर के किनारे से/ नदी बहती है। यह कोरा किताबी अनुभववाद नहीं है, अर्थ की नयी कौंध है। 'गंगातट' (2000) और 'संशयात्मा' (2004) के कवि ज्ञानेन्द्रपति की कविताएँ आज जिस मुकाम तक पहुँची हैं उनके बहाने ज्ञानेन्द्रपति ही नहीं, हम हिन्दी कविता के समृद्ध होते वर्तमान को देख सकते हैं।

उदय प्रकाश

1 जनवरी, 1952

कविता में गुस्से और उदासी की कथा

उदय प्रकाश हिन्दी के उन कवियों में से हैं जिनके यहाँ यथार्थ एहसास भर नहीं है। बल्कि यथार्थ अपने तीखे रूप में उपस्थित होकर हमारे समय और समाज की पड़ताल करता है। यह समाज बड़ा जटिल है और समय क्योंकि वर्तमान है, इसलिए बड़ा कठिन है। इसकी दिखती न दिखती अनेकमुखी मुश्किलें हैं। इन पर कविता करना जीवट का काम है। इसके लिए अथाह रचनात्मक धैर्य और कलात्मक कौशल की जरूरत है। जबकि अनेक वरिष्ठ और कई नवजात रचनाकार इन्हें अखबारी सनसनी बनाकर शब्दों को जाया कर रहे हैं। इस मायने में उदय प्रकाश की कविताएँ और उनका कथात्मक गद्य भी उनके समकालीन रचनाकारों से इस लिहाज से अलग है कि उसमें अपने समय की सच्चाइयों का किताबी या अखबारी वर्णन नहीं है। उनके यहाँ घटनाएं उनके समय और समाज का विचार बनाकर उभरती हैं और कभी बिम्बों और विचारों के माध्यम से सच उजागर होता है। उदय प्रकाश छोटे-छोटे दृश्यों को फैलाकर कविता में कहानी ऐसे कहते हैं कि कविता बिम्बों का सघन अनुभव बन जाती है—'एक छाँह जैसी कुछ, जो मेज के ऊपर काँप रही थी/ थोड़ी-सी कटी-फटी धूप, जो चेहरे पर गिरती थी/ पसीने की कुछ बूँदें, जो ओस बनती जाती थी/ वह एक नन्ही-सी लड़की/ आकाश से गिरती एक पत्ती से छू जाने से खुद को बार-बार/ किसी कदर खुद को बचा रही थी/' यह चित्रभर नहीं है। हमारे समय का सच है जो हम सबको कटघरे में खड़ा करता है। 'वह एक नन्हीं सी लड़की'—'पीली छतरीवाली लड़की' के कथाकार उदय प्रकाश की काल्पनिक फंतासी नहीं है। वह लड़की हमारे परिचित परिवेश का एक जाना-पहचाना हिस्सा है। उसके जीवन में समाज ने इतनी दीवारें खड़ी कर दी हैं कि वह जैसे किसी खुली जेल में नजरबन्द है। माता-पिता द्वारा निर्धारित सारे विधि-निषेध और वर्जनाएँ उसी को झेलने हैं क्योंकि इस दुनिया पर पुरुषों का कब्जा है। उसे दिखावटी सम्मान नहीं, वास्तविक समानता की दरकार है। उदय प्रकाश बिना किसी स्त्रीवादी शोरगुल के एक स्त्री के जीवन की विडम्बना को हमारे समय का चर्चित नहीं; जरूरी विमर्श बना

देते है। यह ऐसा हुनर है जो लम्बे अभ्यास और काव्य-संघर्ष के बाद ही अर्जित होता है।

उदय प्रकाश के यहाँ स्त्री जीवन के कुछ चुभते हुए सवाल और विचलित करनेवाली परेशानियाँ भी हैं। हिन्दी जमात का एक बड़ा हिस्सा स्त्री के कथित विमर्श के बहाने ठेठ रीतिकालीन प्रसंगों को चटखारे लेकर अर्थहीन चुटकुलों में बदल रहा है या दम्भपूर्ण सामन्ती निर्लज्जता का प्रदर्शन करते हुए भी सरेआम जीभ चिढ़ा रहा है। उदय प्रकाश की कविताओं में झलकते-उभरते स्त्री चरित्र ऐसे सवालों को उठाते हैं कि सिर झुकाकर खामोश रह जाना पड़ता है—'वे बिस्तर की तरह ठंडी/ और किसी लावारिश लाश की तरह बेबस थीं/ जब सारी खिड़कियाँ-दरवाजे बन्द कर बाजे-गाजे के साथ उनकी जंघाएँ खोली गयीं/ वे जायकेदार व्यंजनों की तरह मसालों की खुशबुओं में महकती थी/ '—इनसान में छिपे वहशीपन को उदय प्रकाश इंसानियत और हैवानियत के विपरीत छोरों पर तान देते हैं। जो सही लेकिन लाचार है, भला लेकिन कमजोर है; उसके पक्ष में, उसके बचाने के लिए हाथ अपने-आप उठ जाते हैं।

इस कवि ने अपने समय के सामाजिक इतिहास के कुछ दारूण दृश्य कविता में शब्दबद्ध किए हैं। 'आग' शीर्षक कविता में उदय प्रकाश ने साम्प्रदायिकता को इस रूप में रखा है कि वह साम्प्रदायिक विध्वंस और विद्रूप का सार्वदेशिक उदाहरण बन जाता है। अक्टूबर, 1984 दिल्ली में फैला बवाल हो या गुजरात में साम्प्रदायिक तत्त्वों द्वारा फैलाई गयी आग हो; कवि यह साफ कर देता है कि इस आग में वे ही झुलसते हैं जो सबसे ज्यादा विवश और बेकसूर होते हैं क्योंकि राजनीति के लिए उनकी हैसियत उस हाशिए की है जिसका मनचाहा इस्तेमाल कर सत्ता के केन्द्र में पहुँचा जा सकता है। ऐसा इसीलिए होता है कि व्यवस्था बुनियादी तौर पर बुरे को बचाती है-'हत्यारे ने उस औरत को मारने में दो मिनट लगाए/ इस पर दो शताब्दियों तक चलता है मुकदमा/ जिसने सार्वजनिक-कोष से साफ-साफ उड़ा लिये सैंकड़ों करोड़ रुपये/ उनकी सत्तर साल तक जाँच करता है जाँच आयोग/ ' हमारे समय की विसंगत अप्रासंगिकताओं को उदय प्रकाश प्रासंगिक काव्य-प्रसंग बना देते हैं।

रघुवीर सहाय के बाद विष्णु खरे, लीलाधर जगूड़ी, मंगलेश डबराल, अशोक वाजपेयी, आलोक धन्वा के साथ उदय प्रकाश ऐसे कवि हैं जिनके पास कविता रचने की दिलकश शैली है—'पानी अगर सिर पर से गुजरा, आलोचकों/ तो मैं किसी दिन आजिज़ आकर अपने शरीर को/ परात में गूँथकर मैदे की लोई बना डालूँगा/ और पिछले तमाम वर्षों की रचनाओं को मसाले में लपेटकर/ बनाऊँगा दो दर्जन समोसे/ और सारे समोसे आपकी थाली में परोस दूँगा/ ' खास बात यह है कि उनकी कविता सम्मोहित तो करती है लेकिन किसी मैनरिज्म में फँसकर नष्ट नहीं

होती। दिलफरेब नारेबाजी और चमकदार शब्दावली से उदय प्रकाश की पदावली कतई मुक्त है। इस भाषा में जीवन की गन्ध है क्योंकि वह रोजमर्रा की मुठभेड़ों से कमाई गयी है।

उदय प्रकाश की काव्य-शैली पर चित्रकला और सिनेमा का भी प्रभाव है। इस शिल्प का बेहतर इस्तेमाल वरिष्ठ कवि विष्णु खरे ने किया है। उदय प्रकाश ने भी कई कविताओं में यह कौशल दिखाया है। विशेषकर जहाँ वह मीडिया, ग्लैमर और सीधे-सीधे सिनेमा की दुनिया पर लिखते हैं—'अदालत में चंकी पांडे ने कहा है कि वह तो अबू सलेम को पहचानता ही नहीं/ और टेप में तो वह यों ही उसके गले से लिपटा हुआ दिखाई देता है/ ऐसा ही बाकी हस्तियों ने कहा... और जो वह एक्ट्रेस उसकी गोद में बैठी चूमा-चाटी कर रही थी/ उसका बयान भी अदालत ने माना है कि कोई जरूरी नहीं कि कोई औरत किसी को चूमे/ तो वह उसे पहचानती भी हो/' फिल्मी दुनिया की अन्दरूनी सच्चाईयों को उदय प्रकाश ने 'चंकी पांड़े मुकर गया' जैसी कविताओं में उजागर किया है; वही 'जो फिल्म नहीं है का दृश्य' जैसी कविता शब्दों से बनी एक फिल्म है। एक छोटी-सी कविता में इस दुनिया का सच इस प्रकार दिखाया गया है कि उसमें हम 'एक सज्जन-सा खलनायक', 'अनुपस्थिति और गोपनीय पटकथा', 'संगीतहीन पृष्ठभूमि' और 'डरकर चीखता हुआ नायक' जिसे 'फिल्म के बाहर मारने का पुख्ता इन्तजाम था' सबको हम प्रत्यक्ष देख लेते हैं—स्पष्ट है कि वर्चुअल रियल्टी का यह शिल्प हिन्दी कविता के लिए नया है लेकिन उदय प्रकाश ने अद्‌भुत कलात्मकता के साथ इसे सम्भव किया है।

उदय प्रकाश की रचनाओं में साहित्य की राजनीति, उसकी अन्दरूनी उठापटक और पुरस्कारों की सच्चाइयाँ भी बयान की गयी हैं। ऐसे दुर्दान्त बीहड़ में एक संवेदनशील रचनाकार का स्वयं को अकेला पाना; उनकी कविताओं और कहानियों में भी इस तरह आता है कि जो साहित्य से केवल पाठक के रूप में ही जुड़े हैं, वह भी इन विवरणों को पढ़ते हुए ठिठक जाते हैं—'और जो शुद्ध साहित्य है वह विस्मरण का ही एक शातिर औजार है/ लेकिन जो विचारधाराओं वाला साहित्य है वह भी सरकारी फंडखोरी और/ संस्थाओं में सेंधमारी की ही बीसवीं सदीवाली इंड़ो-रूसी तकनीक है।/' 'समकलीन साहित्य की केन्द्रीय समस्या', 'स्मृति शेष', 'सफल चुप्पी', 'एक डरे हुए रिएक्शनरी कवि की कविता', 'रेख्ते में कविता',— सरीखी कविताओं में रचनाकार के सरोकार और अपने साथ किए गये बेरहम सलूक से कवि की नाराजगी उभरती है। दरअसल उदय प्रकाश की कविता गुस्से और उदासी की लम्बी कथा है।

आवेग, आवेश, विडम्बना और विलाप से मिलकर उदय प्रकाश की कविता बनती है। उसमें इतना व्यंग्य है जो आखिरकार करूणा जगाता है। हमारे समय के शायद सर्वाधिक चर्चित इस कथाकार और समर्थ कवि के यहाँ जाने किस चीज की

बेचैन तलाश है—'जबकि घर रोजगार नहीं है/ जबकि कोठरियों में बाजार नहीं लगा है/ जबकि घर से दूर मेरा शरीर आज खुद एक घर है अवसाद में डूबा/ जबकि इस घर में कई प्राणी बसते हैं/ इस समय जबकि घर की ओर जो ताकता है/ वह नष्ट हो रहा है/ जो इस दिशा को जा रहा है वह हार रहा है/ और यथार्थ उसे निर्ममता के साथ सरलता-पूर्वक मिटा रहा है/' यह घर में घर की तलाश यानी यह अभाव में भाव की ढूँढ़ है। इससे हुआ यह है कि उदय प्रकाश के यहाँ सार्वजनिक क्षति की बात ऐसी सुनाई देती है कि वह व्यक्तिगत नुकसान हो। इस सन्दर्भ में उदय प्रकाश की कविताएँ निजी रचनाएँ हैं—'अब हर बार हारा हुआ यह माथा है/ अकेला अपनी आत्मा से लाचारी के साथ क्षमा माँगता हुआ/ इसे अभी उठाऊँगा तो यह अपनी ही गति से अपनी ही दिशा में जाएगा/ मुझे उपेक्षा, उदासी और थोड़े से गुस्से के साथ देखता हुआ/' असुरक्षा का आतंक उदय प्रकाश का पीछा करता है—'एक दीवार उठाई है हमने कि हो अपना भी कहीं ठौर/ और सौ ठोकरें, हजार अपमान झेले हैं/ एक खिड़की निकालने पर देखो/ हमारी पीठ पर करोड़ों कोड़ो के लहूलुहान घाव हैं/ एक रोशनदार बनाने के एवज में मुजरिमों की तरह/ दिनरात थाने पर बिठाया गया है हमें/ पुलसिया जुल्म ढाए गये हैं/' यह नाटकीय जीवन है या जीवन का जीवित नाटक; जो संवेदनशील मनुष्य को झुलसा रहा है—'हमारे चेहरे अफवाहों की आग में झुलसा दिए गये हैं/ यन्त्रणाओं की सुरंग में झोंक दिए गये हैं/ हमारे बालबच्चे, हमारे परिवार/' यहाँ पर उदय प्रकाश मामूली व्यक्ति के डर को गैरमामूली अर्थ-सन्दर्भ बना देते हैं।

उदय प्रकाश जीवनगत अमानवीय परिस्थितियों का लगभग तत्त्ववादी विश्लेशण करते हैं लेकिन उसमें ठंडापन नहीं; आग, चीख और उत्तेजना का संश्लेषण मिलता है। दुख इस कदर कवि को घेरता है कि वह आत्मदया में डूब जाता है—'एक असहनीय पीड़ा उठती है शरीर के भीतर और व्याप जाती है' और उसका यह डर कि 'क्या कोई खोलेगा मेरे घर का दरवाजा मेरी खातिर/' फिर उसे भान होता है जीवन का सारा पाठ ही गलत था—'इतने बरस जीए चले जाने के बाद/ लगा कि मूलत: जीवन का विन्यास ही गलत था/ अधिकांश स्थलों पर हिज्जे की अक्षम्य अशुद्धियाँ थीं और शायद ही कोई वाक्य कहीं व्याकरण सम्मत रहा हो/ सम्भवत: इसी कारण जो कहा उसका सदा अनर्थ हुआ/ एक समूचा का समूचा जीवन ही इस भाँति व्यर्थ हुआ/' अशोक वाजपेयी ने उदय प्रकाश की कविताओ के बारे में लिखा है कि 'हमारे समय में कविता शायद ऐसा समाज नहीं बना सकती जो उसका अपना हो, पर वह ऐसे समाज की आकांक्षा करती है।' इस मायने में उदय प्रकाश की रचनाएँ कविता के वांछित समाज की जरूरत रेखांकित करने के साथ-साथ समाज की कविता का उदाहरण बनती हैं।

लीलाधर मंडलोई

जन्माष्टमी, 1953

बोलता हूँ अपनी बोली

कविता कहने की अपनी अलग शैली के कारण लीलाधर मंडलोई की कविताओं की रंगत उनके समकालीनों से अलग है। यह केवल शिल्पगत विशेषता नहीं है बल्कि उनकी विषयवस्तु के बारे में भी यही कह सकते हैं। कवि-कर्म की सामाजिक जिम्मेदारियों को लेकर उन्होंने कुछ अच्छी पंक्तियाँ लिखी हैं—'मैं उन लोगों में नहीं हूँ/ कि जो जान बूझ के चुप हैं/ न सही इस वक्त कोई बड़ी कार्रवाई/ मैं कोलगेट की जगह दातून और/ मैकडॉनल्ड की जगह एक साँझे चूल्हे की/ वकालत में कर सकता हूँ अपनी आवाज बुलन्द/ मैं रंग, लिंग, धर्म या नस्ल के आधार पे/ बढ़ रही ज्यादती के खिलाफ/ सड़क पे जा सकता हूँ/ मुमकिन है टूट पड़े कानून का कहर/ कम-से-कम मैं एक ऐसा समाचार तो बन ही सकता हूँ/ कि बन्द पलकों में एक सही हरकत दर्ज हो/ बन्द कपाटों में ऐसी हलचल कि सोचना शुरू हो/' कवि का यह कथन वैयक्तिक नहीं है। कविता की दुनिया में कम होते दृश्य और धीमी पड़ती ध्वनियों को लेकर चिन्ता करनेवाले काव्य-परिदृश्य में 'स्थानापन्न की भयावह निर्विकल्पता' को देखने के लिए अचूक निगाह चाहिए—'रामू लगातार कुछ बताने की गरज से कोंचता है/ और मैं बस सामने की सजीव कविता में डूबा/ कि अजब एक बेताब लहर रूह में सरसराती/ उधर हरी फिजा की मखमल पे/ मादा अपना मनुहार भरा पंजा उठा रही थी/ देखा मैंने उसने चूमा उसकी पीठ/ और जैसे ही सूरज की तरह पहाड़ी की पीठ पर हुआ आरूढ़/ हवाएँ बहने लगीं नये रंग-रूप और सजधज में/ रोशनी के उतरते झरने में/ मैंने उस रोज अपना अन्धकार देखा/' यह कल्पना के स्वप्नलोक के टूटने और सच्चाई से उपजी सीधी-सरल आवाज है। इसमें मिलने की मादकता है। यथार्थ की मार्मिकता के कारण यह जीवन्त बिम्ब बन जाता है।

लीलाधर मंडलोई ने गद्यवत कविताएँ भी लिखी हैं। यह उनका फैशनेबल प्रयोगवाद नहीं है बल्कि इसे पाठक तक सीधे पहुँचने की काव्य-युक्ति कह सकते हैं। यहाँ 'पेड़', 'नमक', 'जन्मकथा', 'धरती की सुगन्ध', इत्यादि कई गद्य-

कविताएँ हैं। जिनमें गद्य की ताकत को पहचानकर उसका सजग इस्तेमाल कवि ने किया है—'कि वहाँ पेड़। पेड़ों पर झूमती शाखाएँ। उनकी पत्तियाँ। पत्तियों से झरता रंग। पत्तियों के बीच दुबके फल या लम्बी फल्लियाँ। धूप है कि खिली जाती है उनके रोम-रोम में। वे रह-रहके हँस पड़ते। उनका रंग हँसी से सुर्ख हो उठता हैं। मानो रस से भीग उठने की दुर्लभ हँसी। इसी बीच फल्लियाँ हौले से खोलती हैं अपने होंठ। अनार की-सी चमक लिए उनके भीतर छिपे दाने झाँकने लगते हैं कि सब उन्हें सराहें। चिड़ियाँ इसी समय अपना प्रेमगीत गुनगुनाने को पंखों का सुरमंडल छेड़ती हैं। हवा जैसे आलाप लेती है/' यहाँ-नीरस-निष्प्रभ गद्य नहीं है—'बताया रामू ने कि उनमें एक जो अधिक शोख/ दौड़ने में कम उमर, मादा थी/ जवान मादाएँ बरहमेस उमरदार साथी पसन्द करतीं/ मैं उस अदेखे रोमांच को नसों में अनुभव कर रहा था/ मादा की आँखों में हसरतों के धधकते फूल थे/ वहाँ से देखी जा सकती थीं वे जुम्बिशें जो उनकी पूँछों में जाग-जाग उठती/' निरी गद्यात्मकता का जोखिम उठाकर भी कविता का आवेग हमें उन स्थलों तक ले जाना चाहता है, जहाँ यह साफ हो सके कि मुद्दे की तात्कालिकता, रूप को नहीं वस्तु को बदलने की है। यहाँ काव्यभाषा का विस्थापन और विस्तार एक साथ ऐसे अनगढ़ और अव्यवहृत और इसीलिये ऐसे ताजे और टटके शब्दों के माध्यम से हुआ है जो भाषा को नये सिरे से समृद्ध करते हैं। पक्षीजल और अभिनय, मुस्तैद अफसर से लेकर, झटाझूम, लमलेट, मरगुल्ला, बरहमेस, बरकाना, सगामन और पन्हइयाँ जैसे शब्दों की एक लम्बी सूची बनाई जा सकती है।

बचपन के गाँव-कस्बे लीलाधर मंडलोई के यहाँ अतीत का अटूट हिस्सा बनकर आते हैं। उनकी कविताओं में दिल्ली के वर्तमान को भी देख सकते हैं तथा ओझल अतीत को भी—'न पूरी तरह जागने, न ही सो पाने के बीच/ जब मैं लड़ रहा था अपनी नींद के लिए/ 'डिस्कवरी' पे देखा मैंने वह युगल और/ पहुँच गया 1986 की उस श्वेत-श्याम दोपहर में/ जब मैं रामू बैगा के साथ 'कन्हर' में था/ सालों बाद बचपन में छूटी हवाओं की छागल सुनते हुए/' ऐसी पंक्तियाँ कहकर लीलाधर मंडलोई अतीत के साथ अपने संवेदनात्मक सन्दर्भों को प्रत्यक्ष उजागर कर देते हैं।

आज के मनुष्य का जीवन इतना जटिल है कि उसे शब्दों में कहना दिनोंदिन कठिन होता जा रहा है। जीवन की छोटी-छोटी घटनाओं में कविता ढूँढ़ना एक मुश्किल कविकर्म है। जीवन और कविता के इस जटिल समीकरण को समझने की कोशिश करनेवाले कवियों में लीलाधर मंडलोई का नाम भी शामिल है। लीलाधर मंडलोई की 'पचास पार का प्रेम' निम्नवर्ग से ठीकठाक मध्यवर्ग में देर से पहुँचे उस व्यक्ति का अनुभव है जो लक्ष्य तक हमेशा देर से पहुँचा। यह त्रासदी, विडम्बना,

विसंगति और व्यंग्य का वृतान्त है—'अपरिचित है यह दुख/ कि पचास पार का प्रेम/ एक अटपटा जीवन ठौर/ संझा बाती के समय/ यह हाल-बेहाल/ ऐसी दुर्गति/ हाय! बूढ़ा बसन्त/' यहाँ राजेश जोशी की पचास की उम्र में कार चलाने के अनुभव पर लिखी बेहतरीन कविता याद आती है दोनों रोमांच जगानेवाले अनुभव हैं। मनुष्य के रूप में मंडलोई अपनी मुश्किलें पहचानते हैं। दरअसल नागरिक कवि की कठिनाई यही है कि भ्रष्टाचार और अत्याचार को सामाजिक स्वीकृति मिले एक अरसा हो चुका है, मगर वह जानता है कि कविता ही है जो गलत का विरोध करती है—'मैं एक छाया दिल्ली की सड़कों पर पागल/ मेरा 'मैं' तक अनुपस्थित कि मारा गया/ उगते सूर्य का उजाला था जिधर अनुपस्थित/ अनुपस्थित सूर्य का मन्त्रोचार था बहुत/ जो उपस्थित बहुत हर जगह और जुगाड़/ से विरोध में रहा मैं उनके और इस तरह बाहर/ अनुपस्थित की याद बहुत हर घड़ी ईमानदार तो मैं एक कवि/ यही संवेदनशील व्यक्ति का नैतिक साहस है जो जीवन के अर्थ को बचानेवाला सबसे अहम घटक है।

आधी दुनिया के सच का बयान करती लीलाधर मंडलोई की कविता स्त्री-विमर्श के सतही अखबारी विवरणों से अलग उन तथ्यों को दर्ज करती है जिसे खबर नहीं; कविता ही बता सकती है। 'अचानक स्त्री', 'कस्तूरी', 'बेटियों से क्षमायाचना', 'स्त्री का कंकाल', 'विलाप में औरत' के अस्तित्त्व और पहचान को इन शब्दों से बेहतर कोई और पदावली नहीं कह सकती—'बाज-दफ़ा हम कहना चाहते थे बेटियों/ से कि हमारी सिरजी दुनिया/ उनके काबिल नहीं/ कि वहाँ अन्त तक उनके हिस्से कुछ भी नहीं 'हम गुनहगार हैं/ पहली फुरसत में छोड़ जाना हमें/ कि हमें छोड़ना ही मुक्ति के रास्ते पहला कदम/' यह स्त्री-विषयक पुरुष वैचारिकी का प्रामाणिक पाठ है।

लीलाधर मंडलोई अपनी कविता में राजनीति की विडम्बनात्मक उपस्थिति को तमाम विसंगतियों सहित प्रस्तुत करते हैं—'अब यह जेल है कि दफ्तर कोई सरकारी/ नहीं जानता मैं, न कोई दिलचस्पी/ किन्तु तय है इतना कि उन्हें मालूम है/ कि मैं इस समय बाएं नथुने खींच रहा जीवन/ मैं अदृश्य में चाहे गढ़ूं कोई योजना जाने किस उपग्रह से वह पहुँच जाएगी/ उनके सुपर कम्प्यूटर के गुप्त स्क्रीन पर/ उनकी जानकारी में सब कुछ है/ पल रहा गुप्त से गुप्त मेरा विचार/ चाहते हैं वे इतना कि उठाऊँ/ एक निवाला रोटी का और/ डूब जाऊँ उनके कर्ज में/ पियूँ जब एक घूँट जल भी/ बहने लगे 'नर्मदा' उनके इशारे पर/ मेरा विरोध ही मनुष्यता मेरी/ मैं चलता हूँ नंगे पाँव अपनी धरती पर/ रहता हूँ अपने लोगों के बीच/ बोलता रहता हूँ अपनी गंवई बोली/' देश-दुनिया के इस दौर के विद्रूप को देखनेवाली कवि की सौन्दर्य दृष्टि अलग है और विद्रूप को देखने वाली कवि की सौन्दर्य दृष्टि अलग है

और उसका सौन्दर्यशास्त्र भी भिन्न है। इसका लगातार विकास लीलाधर मंडलोई की कविताओं में साफ दिखाई देता है।

राजनीति समकालीन जीवन का केन्द्रीय विमर्श है। इसने ऐसा परिवेश निर्मित किया है, जिसका सूत्रधार लम्पट पैसे से चलनेवाला बाजार है। इस निरर्थक अर्थ केन्द्रित अपसंस्कृति ने समूचे समाज और उसकी प्राथमिक इकाई, व्यक्ति पर चतुर्दिक दबाव डालकर उसके जीवन को तनावग्रस्त बना दिया है क्योंकि पूँजी ने व्यक्ति को बिकाऊ वस्तु बना दिया है—'बाजार जो कि पूँजी पे सवार/ छाता जा रहा है दुनिया के कोने-कोटरों में/ और बिलकुल सामाजिक नहीं/ उनकी दिशा को मोड़ना चाहते हैं हम/ कि जहाँ जीवन की साझा उजास है/ मुझे खरीद लिया एक चमकते सिक्के ने/ फौटू जिस पर विदेशी कोई/ और मैं इतना अपढ़ जितनी सरकार/ जड़ें कहीं भीतर थीं मानो पाताल तक/ मुमकिन है किसी एक सुरक्षित जगह/ जैसे शैतान की साँस सात समुन्दर पार/ बात आज की चोखी और दादी का किस्सा नहीं/' यह अकारण नहीं है कि आज कविता में जिस संघर्षशीलता की बात की जाती है उसका प्रस्थान-बिन्दु यही तनाव है जो आज की कविता का महत्त्वपूर्ण चिह्न बनकर उभरा है। मनुष्य के निजी आत्मीय सम्बन्धों से लेकर सामाजिक सदभाव के तन्तुओं को आहत करनेवाले इस वातावरण ने कवि को खासा विचलित किया है। अनुपस्थित होती चीजें उसे बार-बार घेरती हैं—'देखा जाए तो अनुपस्थित में होता है उपस्थित बहुत कछ/ अब इधर देखो कि अनुपस्थित हैं बच्चे/ मुझे सुनाई पड़ रही उनके बोल-बोलकर पढ़ने की आवाजें/ कोई नहीं रसोई में और मूर्ख मैं इतना कि/ सुन रहा तड़के की ध्वनि और घिरा/ अनुपस्थित भोजन की गन्ध से कि दृष्टि इतनी/' लीलाधर मंडलोई इस कठिन वैतरणी को शब्दों के सहारे पार करने का विकल्प सामने रखते हैं।

लीलाधर मंडलोई की कई कविताएँ कठिन वक्त में मामूली आदमी के संघर्ष को विषय-रूप में प्रस्तावित करती हैं। इन कविताओं में कविता की जीवन में भूमिका और समाज में उसकी वर्तमान हैसियत का विश्लेशण मिलता है। इस भावभूमि की कविताओं में जनशक्ति पर विश्वास व्यक्त किया गया है। लेकिन रोमानी आशावाद का अभाव है। इसीलिये क्रान्तिकारिता इनमें नहीं मिलती। बल्कि कवि शाब्दिक क्रान्ति का प्रतिपक्ष प्रस्तुत करता है—'वह देख सकता है कि भूख से लड़ने के लिए/ सौ से अधिक कल्याणकारी योजनाएं हैं/ रोज नये-नये दफ्तर खुल रहे हैं/ सरकार और ग़ैरशासकीय संगठनों के/ पैसा बह रहा है भूखों की पहुँच से बाहर/ कि ऐसा ही होता है 'अकाल उत्सव' में/' सरकारी आंकड़ों की सच्चाई अकाल उत्सव मनानेवालों का ही खेल है—'यदि सरकारी आंकड़ों को माना जाए सच/ तो कालाहाँड़ी में पानी बरस रहा है जरूरत से अधिक/ फसलें लहलहा रही हैं

हर बरस प्रति व्यक्ति आवश्यकता से अधिक/ उगा रहा है खाद्यान और/ गुम होता जा रहा है दलालों की मार्फत/' अमानवीय व्यवस्था का विरोध, शोषक के प्रति विद्रोह और वास्तविक क्रान्ति विषयक प्रगतिशील विचारों की सही पहचान करनेवाला कवि ही समझ सकता है कि सकारात्मक सोच से सम्पन्न शक्तियाँ आमूलचूल सामाजिक परिवर्तन की पहल करती हैं। उनके संघर्ष को नारे में बदले बिना, बेहतर कविता रेखांकित करती है। लीलाधर मंडलोई यह पहचानते हैं कि मामूली जन ऐसे चालाक लोगों से घिरे हैं जो हर जगह काबिज हैं। हर मौके का फायदा उठाने में माहिर हैं—'सहज रूप से सोया प्रशासन/ ऐसे ही समय में होता अभिनय मुस्तैद/ छुपाता अधिक-से-अधिक सच इस हद तक/ कि रूदन, कराह, चीखें, अंग-प्रत्यंग, कफ़न/ यहाँ तक जीवित बचे-खुचे लोगों का आक्रोश मीड़िया की चुस्त नजरों से गायब/ बस कुछ अवसरपरस्त एकाएक दृश्य पर क़ाबिज/ इधर-से-उधर नाक पर रूमाल रखे निर्देश पेलते/' यहाँ 'अवसरपरस्त' शब्दावली में जिस रूप में संयोजित है उसमें बलाघात है। यह दागदार राजनीति का अर्थ देने लगता है।

राजनीतिक परिदृश्य की विकृतियों को लीलाधर मंडलोई सामाजिक पर्यावरण के परिप्रेक्ष्य में देखने की कोशिश करते हैं। संस्कृति की आड़ में पाखंड, आस्था के नाम पर कट्टरपन और इनसे उपजी मूल्यहीनता के प्रतिफल; साम्प्रदायिक विद्वेष, स्थानीय दंगों से शुरू होकर सामूहिक हत्याकांड में बदल जाते हैं। लीलाधर मंडलोई की 'मैं इतना अपढ़ जितनी सरकार' तथा 'उनपर न कोई कैमरा' इसी यथार्थ की कविताएँ हैं। कामकाजी व्यक्ति के रोजमर्रा अनुभव, तनाव, हताशा, प्रेम, सौन्दर्य विवेक भी उनकी कविताओं में मिलता है। 'पचास पार का प्रेम', 'आसान है यह विकल्प' तथा 'घर-घर घूमता' की अनेक कविताएँ ऐसी ही रचनाएँ हैं जिनमें मानवीय सम्बन्धों को ऐसे अनुभवों के रूप में पहचाना गया है जिन्हें परिभाषा में नहीं बाँधा जा सकता। इन कविताओं में सम्बन्धों के छीजने का संकेत और रिक्तता से उत्पन्न अपूरणीय अभाव को तान दिया गया है—संवेदना के यह विपरीत लगते छोर मार्मिक करूणा को रचते हैं और संस्कार, मूल्य, परम्परा नये सन्दर्भों में अर्थवान हो जाते हैं।

संयुक्त वाक्यों में विन्यस्त लीलाधर मंडलोई की कविताओं का स्वभाव लिरिकल है। यह गेयता गीत से ज्यादा गजल, सॉनेट इत्यादि के नजदीक पड़ती है। कवि ने अपने पक्ष को स्पष्टता से रखना चाहा है। हालाँकि कुछ जगह पर कविता सरलीकृत वाक्यों का सपाट विन्यास बनकर रह गयी है फिर भी 'कहाँ जाएँ', 'खुली हुई नींद', 'कुछ दोपहर कुछ शाम', 'हो गयी पीड़ा सयानी', 'मन की गठरी', 'तुम आओ न आओ' जैसी कविताएँ अपनी बात लयबद्ध या गद्यवत; किसी

भी रूप में सहजता से रखनेवाली बड़ी कविताओं का उदाहरण बनती हैं। लीलाधर मंडलोई जीवन के बेतरतीब साज में जीवन देनेवाले सुर साधने का जटिल काम करते हैं। उनकी कविताओं की विशेषता यह है कि इनमें जीवन की टूटी हुई लुप्तलय को ढूँढ़ने जोड़ने का उपक्रम किया गया है।

अरुण कमल

15 फरवरी, 1954

अभिधा का व्यंजित सौन्दर्य

विगत सदी के अन्तिम दो दशकों में जिन कवियों की उपस्थिति ने हिन्दी कविता का चेहरा और समूचा काव्यास्वाद बदलकर रख दिया उनमें मंगलेश डबराल, आलोक धन्वा, वीरेन डंगवाल, राजेश जोशी सरीखे कवियों के साथ अरुण कमल का नाम भी है। 15 फरवरी, 1954 ई. को नासरीगंज, रोहतास, बिहार में अरुण कमल का जन्म हुआ। 1980 ई. में अरुण कमल का पहला काव्य-संग्रह 'अपनी केवल धार' प्रकाशित हुआ। यह वह वर्ष था जिसमें काव्य-जगत की रचनात्मक सक्रियता बढ़ गयी थी। कविता की वापसी का वर्ष कहलाने वाले इस दौर में अरुण कमल का उल्लेखनीय योगदान है। अब तक 'अपनी केवल धार' सहित उनके चार कविता—संग्रह 'सबूत', 'नये इलाके में', 'पुतली में संसार' प्रकाशित हो चुके हैं।

प्रगतिशील सरोकार के हिन्दी कवि अरुण कमल अँग्रेजी के प्राध्यापक रहे हैं। कविताओं के अतिरिक्त उनकी विचारोत्तेक आलोचनात्मक टिप्पणियाँ भी चर्चा में रही हैं। वे सिद्धहस्त अनुवादक भी हैं। वियतनामी कवि 'तो हूँ' की कविताओं एवं टिप्पणियों की एक अनुवाद-पुस्तक तथा अँग्रेजी में 'बॉयसेज' नाम से भारतीय युवा कविता की किताब प्रकाशित तथा किपलिंग की जंगल बुक का अनुवाद शीघ्र प्रकाश्य है। 'आलोचना' त्रैमासिक के सम्पादक रहे इस कवि को कविता के लिए 'भारतभूषण अग्रवाल पुरस्कार', 'सोवियत भूमि नेहरू पुरस्कार', 'श्रीकान्त वर्मा स्मृति पुरस्कार', 'रघुवीर सहाय पुरस्कार' तथा 'शमशेर सम्मान' और वर्ष 1998 का 'साहित्य अकादमी पुरस्कार' प्राप्त हुआ है। एफ्रोएशियाई युवा लेखक सम्मेलन, ब्राजाबिले में भारत के प्रतिनिधि इस कवि की अनेक देशी-विदेशी भाषाओं में कविताएँ अनूदित हुई हैं। इन तथ्यों से स्पष्ट होता है कि अरूण कमल लिखने-पढ़नेवाले ऐसे कवि हैं जो अलक्षित नहीं रहे हैं।

अरुण कमल की कविता सुन्दर नहीं, सही कविता का उदाहरण बनती हैं। इनमें हिन्दी कविता का पिछले तीन दशकों का इतिहास धड़कता है। उनमें हम देश और दुनिया की धड़कनें भी सुनते हैं। व्यक्ति और समाज दोनों धरातलों पर अरुण

कमल की कविता की आवाजाही है। उनकी कविताओं की सबसे बड़ी खूबी यह है कि वह बड़बोली नहीं हैं उसमें कुछ भी नितान्त निजी नहीं है, सार्वजनिक है। नाउम्मीदी भी और उम्मीदें भी—

कौन बचा है जिसके आगे
इन हाथों को नहीं पसारा
यह अनाज जो बदल रक्त में
टहल रहा है तन के कोने-कोने
यह कमीज जो ढाल बनी है
बारिश, सरदी, लू में
सब उधार का, माँगा-चाहा
नमक-तेल, हींग-हल्दी तक
सब कर्जे का
यह शरीर भी उनका बन्धक

यह कविता विवरणों में व्यक्त प्रगीत है। उसमें व्यक्तिगत और सामाजिक दोनों एक हो गये हैं—

अपना क्या है इस जीवन में
सब तो लिया उधार
सारा लोहा उन लोगों का
अपनी केवल धार।

अरुण कमल के लिए निजी तथा सामाजिक-राजनीतिक प्रसंग एक-दूसरे से अभिन्न और अखंड हैं। विश्वनाथ त्रिपाठी के अनुसार 'उनकी कविता मानव नियति की कविता है। इसमें मानवीय स्थितियाँ जीवन की विसंगतियों समेत विश्लेषित होती हैं। इसलिए वह दिव्य या अलौकिक न होकर लौकिक कविता हैं। इसीलिये छोटे से छोटे विषय पर लिखी जाकर भी यह कविता अपने अर्थ को दूर तक प्रक्षेपित करती है और उनकी बाह्य तरंगों को हर जीवन-कोशिका में सुना जा सकता है। व्यक्तिगत जीवन के सुख-दुख, 'हर कदम की सोच' से लेकर अफ्रीका के संघर्षों तथा न्यूटन बम की त्रासदी तक उनकी कविता एक चौड़ा 'जीवन का चाप' बनाती हे। इसके लिए कवि ने अनेक लयों, रूपों का उपयोग किया है और नये बिम्ब रचे हैं। इन कविताओं का एक अपना रचाव है—देखते ही देखते मिट्टी एक आकार लेने लगती है और कविता सम्पन्न होती है।' यह पंक्तियाँ अरुण कमल की कविताओं के मूल चरित्र को बयान करती हैं। वस्तुतः वैयक्तिक या सामाजिक जैसे खानों में बांटकर उनकी कविताओं को नहीं समझा जा सकता क्योंकि उनमें अनेक विषयों का संश्लिष्ट विधान मिलता है।

अरुण कमल का रचना-संसार कविता का उर्वर प्रदेश है। उनके लिए विषयों की कोई कमी नहीं है। क्योंकि अरुण कमल अपने आसपास की वस्तुओं, घटनाओं पर तर्क पूर्ण विचार करते हैं जो उनके संवेदन का रूप निर्मित करते हैं। यह सिर्फ विचारधारा या सिर्फ भावना का काम नहीं! विचारधारा और संवेदन दोनों का परस्पर-अनुकूलन है। डॉ. विश्वनाथ त्रिपाठी इस कवि के काव्य-कौशल पर अपनी टिप्पणी करत हुए कहते हैं—अरुण कमल सामाजिक विषयों पर कविता लिखते हुए भी उसके विशिष्ट वैकल्पिक, पारिवारिक पक्ष को उभारकर मार्मिक बनाते हैं। ऐसा करके ये हमारे आत्मीय कवि बन जाते हैं। प्रगतिशील सामाजिक मुद्दों को वैयक्तिक भाव-तीव्रता का विषय बना देते हैं।

अपने वैयक्तिक अनुभवों को वे एक मामूली इंगित-किसी निहायत मामूली इंगित से विशेष बनाकर मार्मिक बना देते हैं जिससे उनकी वैयक्तिगत संवेदना चमक उठती है—'सब कुछ यहीं रहता/ ऐसी ही थाली/ ऐसी ही कटोरी/ ऐसा ही गिलास/ ऐसी ही रोटी/ और ऐसा ही पानी/ बस थाली के एक तरफ/ माँ ने रख दी होती एक सुडौल हरी मिर्च/ और थोड़ा-सा नमक/ '

ऐसी कविताओं को पढ़कर लगता है कि सामान्यजन हवा-पानी-धूप-अनाज की ही तरह कविता का भी उपयोग करता है। कविता सामान्य साहित्यिक संस्कारों से अदीक्षित जन के जीवन में व्याप्त होती है। वह उसका उपयोग करता है। वह घटनाओं, स्थितियों में व्याप्त कविता को भी भोगता-झेलता है। पढ़े-लिखे लोग कविता करते हैं और उस पर विचार करते हैं।

अरुण कमल जैसे कवि जीवन में व्याप्त कविता को लगभग सामान्य जन जैसी सहजता से उठा लेते हैं, ऐसी सहजता विरल है। जन-जीवन से सीधे जुड़े अरुण कमल सरीखे कवि पर्याप्त अभ्यास के बाद इसे साध सकते हैं।

जीवन की सच्ची उमंग से समृद्ध अपनी कविताओं में अरुण कमल अपनी परिचित दुनिया को अत्यन्त प्रेम, आस्था और विश्वास के साथ व्यक्त करते हैं। सहज ऐन्द्रिकता और मानवीय आकुलता लिए इन कविताओं ने नया काव्य-परिदृश्य निर्मित किया और परम्परित काव्य-रूढ़ियों की जगह ऐसी कविता सम्भव की जो विश्वसनीय है। इन कविताओं ने बड़ा पाठक-वर्ग तैयार किया और पाठकों को गम्भीर सवालों से जूझती कविताएँ पढ़ने की ललक उत्पन्न की तथा यह साबित किया कि रोजमर्रा के जीवन में घटनेवाली घटनाओं से काव्यानुभाव बनते हैं। स्पष्ट है कि मामूली लगनेवाले जीवन-प्रसंगों से ही अच्छे कवि असाधारण कविताओं का सृजन करते हैं।

अरुण कमल के पास वैज्ञानिक विचारधारा से उपजी काव्य-दृष्टि है। इस सन्दर्भ में डॉ. विश्वनाथ त्रिपाठी के शब्द उल्लेखनीय हैं—अरुण कमल प्रगतिशील

विचारधारा के कवि हैं। वे श्रम-सौन्दर्य की नैसर्गिकता प्रस्तुत कर सकते हैं। केदारनाथ अग्रवाल के बाद श्रम-सौन्दर्य की उत्कृष्ट कविता अरुण कमल के यहाँ मिलती है। विचार एक है लेकिन उसे रखने का अन्दाज अलग है। डॉ. बच्चन सिंह अरुण कमल की कविता की विशेषताएँ उजागर करते हुए लिखते हैं—उन्होंने अपनी कविता की धार इस तरह से पैदा की है जिसमें आधुनिकतावादी तकनीकी कारीगरी नहीं है। इसलिए उनकी कविता बिना किसी व्यवधान के अपना लक्ष्य हासिल कर लेती है। अपने समकालीन कवियों से विचारधारा में भिन्न होते हुए भी, भाषा-शैली में भिन्न हैं। वे त्रिलोचन की परम्परा के कवि हैं। लेकिन उनकी सरल दिखाई पड़नेवाली कविताओं में थोड़ा-बहुत बाँकपन है ही। बाँकपन कविता का आन्तरिक गुण है। सबसे अच्छी बात तो यह है कि वे प्रतिबद्ध कवि होते हुए भी न उसका बयान करते हैं, न बखान। यही उनकी शक्ति है। दरअसल, कवि की पक्षधरता उनकी बयानबाजी नहीं, कविताएँ तय करती हैं। कवि खुद नहीं बोलता, यह काम कविताओं को करने देता है। कविता इस काम को बखूबी अंजाम देती हैं।

अरुण कमल की कविताओं की एक अन्य विशेषता है कि उसमें कवि का व्यक्तित्त्व झलकता है। टटकापन, मार्मिकता और सूक्ष्म अन्तर्दृष्टि समाहित किए उनकी कविता आद्यन्त एक नये स्पेस का सन्धान है। मनुष्य के अन्वेषण के रास्ते अरुण कमल अपना कवि-सत्य आविष्कृत करते हैं। उनके यहाँ देशकालगत यथार्थ सम्पूर्ण निहितार्थ-सहित उपस्थित है। यह कहना गलत नहीं होगा कि अरुण कमल के यहाँ हर बार एक नयी कोशिश मिलती है। जीवन को देखने-समझने का, एक गहरा नैतिक बोध जो पहले इतना मुखर नहीं था। यहाँ कुछ भी स्वयंसिद्ध जैसा नहीं है, न ही पहले से तय या अनुमानित। प्रत्येक पंक्ति, एक आशंका और हिचक से आगे बढ़ती है मानो अंजान दुर्गम कोनों खोहों में चल रही हो। यह नया इलाका स्थूल अर्थों में सामाजिक-राजनीतिक नहीं, हालाँकि यह सही है कि पूरा तात्पर्य पाने के लिए पिछले वर्षों में हुए विभिन्न बाह्य परिवर्तनों को ध्यान में रखना जरूरी होगा, लेकिन ये कविताएँ वहीं तक सीमित नहीं है, अपने उठान और प्रसार में ये नये अर्थ प्रक्षेपित करती हैं। बिलकुल नये बिम्ब, बोलचाल की भाषा खड़ी बोली के अनेक लय-छन्द को स्मरण कराते हैं। इन कविताओं के बारे में निश्चित रूप से कह सकते हैं कि यह रेडीमेड कविताएँ नहीं हैं क्योंकि यह जीवन की कविताएँ हैं और जीवन सर्वाधिक अनिश्चित है। इनमें चमकती खाल के बाहर चकाचौंध नहीं है, तनी हुई रीढ़ का सीधापन है। व्यर्थ की त्वरा, चतुराई और आत्ममुग्धता नहीं है जो अन्ततः कविता को ध्वस्त करती है। सतही आवेश नहीं, उदात्त काव्यावेग से भरी इन कविताओं में सागर की उत्ताल लहरों जैसा उठान है। इनमें नया काव्य-मुहावरा निर्मित करने की छटपटाहट बची रहती है क्योंकि लोकप्रियता प्राप्त कर चुके

कथ्यरूप को तोड़ने का जोखिम हर बार अरुण कमल उठाते हैं। इन विशेषताओं को समझकर ही उनकी कविता का आस्वाद मिलता है।

अरुण कमल सामाजिक विभाजन की सच्चाईयों को अपनी कविता में प्रमुखता से उठाते हैं। अपने पहले काव्य संग्रह 'अपनी केवल धार' की शीर्षक कविता में अरूण कमल ने इस कविता में बन्धुआ मजदूर-किसान की संघर्ष चेतना और जिजीविषा तथा सामर्थ्य को अत्यन्त अल्प शब्दों में हमारे समक्ष रखा है। कवि ने शोषित वर्ग की दीनता को दर्शाया है। उसकी धमनियों में बहते खून, तन पर पड़ा हुआ कपड़ा, जीवन को चलानेवाले मूलभूत तत्त्व-नमक, तेल, हींग, हल्दी, यहाँ तक कि शरीर भी शोषक और सम्पत्तिशाली वर्ग का बन्धक है। कवि का कहना है कि शोषित लोगों के जीवन में जो कुछ भी है वह दूसरों का दिया हुआ है लेकिन अपने श्रम और सामर्थ्य से वह सारे मानव समाज को क्रियाशील बना देता है।

अरुण कमल प्रगतिशील कविता के समकालीन हस्ताक्षर हैं। समकालीन इस मायने में कि उनकी प्रगतिशीलता उनकी लेखकीय प्रतिबद्धता से तय होती है। उनकी कविताओं में अन्धविश्वास और जड़ परम्पराओं का मुखर विरोध दिखाई देता है। 'पृथ्वी किसलिए घूमती रही?' कविता उनके गृहराज्य बिहार और पूर्वी उत्तर प्रदेश के एक प्रमुख पर्व—छठ-पूजन से जुड़ी अनेक मान्यताओं पर पुनर्विचार की माँग करती है—

जिन्हें कभी जीवन में मिला नहीं
सुख से भोजन दो जून
वे औरत गाती हैं छप्पन व्यंजनों के गीत!

जिनके बच्चों ने खल्ली भी छुई नहीं
वे माताएं गाती हैं पढ़े-लिखे पंडित दामादों के गीत!

यहाँ मामूली लोगों का मजाक नहीं उठाया गया है; उसके विसंगत जीवन की विडम्बना उजागर की गयी है—

और जिन्होंने आज तक आँख भी खोली नहीं
वे गा रहे हैं सूर्य के महिमा-गान!

यह जीवन के अभावों की मानसिक क्षतिपूर्ति हैं। जहाँ जिन्दगी कमियों से भरी रहती है वहाँ इच्छाएं ऐसे ही जाहिर होती हैं। छठ पूजन के दौरान सूर्य से छप्पन व्यंजन, पढ़े-लिखे बेटे, दामाद और जिन्दगी के लिए ज्योति माँगने की प्रथा है। इस पर्व में वे जनसमूह बढ़-चढ़कर हिस्सा लेते हैं जो अत्यन्त निर्धन, गरीब और अशिक्षित हैं। अरुण कमल इस कविता के माध्यम से प्रश्न करते हैं कि पृथ्वी के लगातार घूमने के बावजूद उसे सुख शान्ति नहीं मिली तो पाँच फेरे मात्र से सूर्यदेव

मनुष्य को छप्पन व्यंजन, पढ़े-लिखे दामाद और बेटे तथा सुख भरा जीवन नहीं देंगे—

कोई देवी-देव नहीं, कोई सूर्यदेव नहीं
तुम्हीं से पूरी होंगी सारी इच्छाएँ
यहीं इसी धरती पर मिलते हैं।
छप्पन व्यंजन
पढ़े-लिखे बेटे-दामाद
और सुख भरा जीवन

अभावों को खुद ही अपने कर्मों से दूर करना होता है। अरूण कमल मानते हैं कि मनुष्य के साथ इच्छाएँ हमेशा बनी रही हैं और सब की सब पूरी नहीं होतीं। आज भी सबसे बड़ी इच्छा भरपेट भोजन की ही है। उसके लिए मनुष्य तरह-तरह के अनुष्ठान करता है। प्रथाओं का पीढ़ी दर पीढ़ी चलता सिलसिला पृथ्वी के घूमने के द्वारा इस कविता में व्यंजित किया गया है।

अरूण कमल ऐसी सामान्य शब्दावली में जीवन में निहित असाधारण काव्यार्थ को प्रस्तावित करनेवाले कवि हैं। उनके यहाँ धीमी आवाज में सधा हुआ अचूक व्यंग्य मिलता है। इस व्यंग्य की चोट इसलिए अचूक होती है क्योंकि वह जीवन की विसंगत स्थितियों को बदलने के सिलसिले में अनायास प्रकट होता है। अरूण कमल की कविताएँ नाटकीय नहीं होतीं लेकिन उनमें जीवन के छोटे-छोटे दृश्य बड़े नाटक के रूप में मंचित होते हैं। कई अर्थों में उनकी कविताएँ पठ्य कविता और श्रव्य कविता का भेद मिटानेवाली ऐसी रचनाएँ हैं जिनके अर्थ पढ़ते हुए नहीं; सुनते हुए भी खुलते हैं।

❑❑❑